国家"十二五"重点图书

世界主要政党规章制度文献

丛书主编：俞可平
执行主编：陈家刚

法 国

主编：李姿姿 赵 超

中央编译局文库出版工作领导小组（编委会）

组　　长：贾高建
副组长：魏海生　陈和平　柴方国　季正聚
成　　员：崔友平　沈红文　杨雪冬　冯　雷　陈家刚
　　　　　赖海榕　郗卫东　张文成　葛海彦

中央编译局文库出版工作领导小组办公室

主　　任：薛晓源
成　　员：徐向梅　苗永姝

中央编译出版社文库编辑中心编辑小组

葛海彦　董　巍　贾宇琰　曲建文　苗永姝
杜永明　盛菊艳　李媛媛　薛迎春　董　妍

总　序

近代的政党，是基于一定的阶级或阶层之上，为了夺取和巩固国家的政治权力，从而维护特定利益的政治组织。与其他政治组织相比，政党最明显的特征，就是它有着明确的政治目标，即夺取政权和维护政权。除了执掌国家政权这一基本职能外，政党也是现代社会中最重要的利益表达和利益综合机构，是连接政府与民众的政治桥梁。政党还是国家政治生活的最重要组织者，是公民参与国家政治生活的重要平台，它履行着政治动员、公共参与和政治教育等重要的政治职能。因此，从权力的角度看，在所有政治组织中，政党是最重要的政治组织，它对近代国家的政治生活有着极为重要的影响。实际上，近代政治就是政党政治。国家权力主要由政党掌握，并且通过政党运行。

由于政党在国家公共政治生活中起着如此关键性的决定作用，规范政党组织本身及其成员的行为和活动，就变得极其重要。从国家的角度看，宪法及相应的专门法律，通常要对政党参与国家政权的方式、途径、范围等作出原则性规定，从而形成了不同的政党制度，如多党制、两党制、一党制、一党主导或一党独大制、多党合作制等。从政党自身的角度看，每个政党都必须有一整套政治纲领和规章制度，明确宣示政党的性质、使命、目标、任务和政策倡议，详细规定党员的资格、条件、义务、责任、权利，以及党的组织形式、选举制度、领导机制、决策程序和纪律约束等。广义上说，政党制度既包括政党的外部制度，也包括政党的内部制度，它们一起构成国家政治制度的重要组成部分。

如果说主权国家是国际政治舞台的主角，那么政党便是国内政治舞台的主角。除了少数小国之外，世界上绝大多数国家的政权实际上都掌握在执政党手中。一个个政党的产生、发展、壮大、掌权、下台、消亡，以及各个政党之间的竞争、合作、争斗、兼并、分化、组合，构成了现实政治生活一幅五彩斑斓的图景。要真正了解当代世界，就要了解世界各国的政治图景，那就不能不了解主演这些政治图景的各个政党。世界的丰富多彩，不仅体现在文化传统、生活方式和乡土风情上，也体现在社会结构、发展模式和政治体制上。进而言之，要真正了解一个国家，就要了解这个国家的政治体制；而要了解一个国家的政治体制，就不能不了解这个国家的政党制度。

中国共产党是按照马列主义原则建立起来的一个革命政党，在夺取国家政权后，特别是在改革开放后，它逐渐从一个革命党转变为执政党。党的根本宗旨没有改变，但党的群众基础、指导思想、组织结构、领导机制和执政方式等，都发生了重大的变化。坚持人民主体地位，发展人民民主已经成为中共执政的基本政治目标；民主、自由、平等、公正、法治、和谐，已经成为中共追求的核心政治价值；民主执政、依法执政和科学执政，已经成为中共的基本执政方式；建设中国特色的社会主义法治国家，推进国家治理现代化，已经成为中共全面深化改革的总目标。所有这些都表明，中国共产党自身正处于现代化的转型之中，实现治理的现代化，不仅是党执政治国的目标，也是党自身建设的目标。政党治理的现代化，是世界各国主要政党共同面临的时代课题。一些政党在推进治理现代化方面，取得了成功的经验，得以继续在本国的政坛叱咤风云；而另一些政党则付出了惨重的代价，直至失去了政权。学习和借鉴国外政党的成功经验，汲取它们的失败教训，对于中国共产党实现治理现代化，有着重要的现实意义。

1998年，我曾经主编过当时国内唯一的《当代各国政治体制》丛书，总共有16册之多，内容包括了世界各主要国家。那套丛书比较客观地介绍了各国主要政治体制，为读者全面了解当代世界的各种政治制度提供了翔实的资料，从而广受好评。此后，我一直想编纂一套介绍世界各主要政党制度的丛书，可惜终未如愿。巧的是，前几年中央为了加强党内法规建设，需要了解和借鉴国外政党的经验做法，有关部门便委托我局编译国外主要政党的规章制度。我认为，这些党内规章制度，虽不能在整体上等同于政党制度，但却在很大程度上体现了党的组织制度、领导制度、决策制度和纪检制度，因而，编译这些国外政党的法规制度，不仅对于我们加强党内法规建设有其借鉴意义，而且将这些材料正式汇编出版，也可以在一定程度上起到帮助读者了解世界各国政党制度，从而更全面地了解世界各国政治制度的作用。

《世界主要政党规章制度文献》丛书，总共有20卷，收录了当今世界绝大多数重要政党的代表性规章制度。在收集、编选和翻译这套丛书的过程中，我们得到了社会各界的大力支持。例如，一些从事世界政党研究的专家学者提出了很好的编纂建议，一些驻外使领馆人员为我们提供了所在国主要政党的最新材料，一些译者放弃休息时间，努力按照要求完成翻译任务；国家出版基金给予了专项出版资助。在此，我代表编者向所有为本丛书出版作出过贡献的朋友们表示衷心的感谢。参与本丛书的许多译者，是年轻的博士后和博士生，他们积极性高，责任心强，但尚缺乏足够的翻译经验，错讹之处还望读者谅解并不吝批评。

俞可平

2015年1月13日于方圆阁

目　录

导　言 ··· 1

第一部分　宪法、全国性涉党法律与规章 ······················ 1
法兰西共和国宪法 ·· 3
选举法 ·· 32
结社契约法 ··· 108
关于政治生活资金透明的法律 ······························ 115
国民议会议事规程（节选） ································ 126
参议院议事规程（节选） ·································· 128

第二部分　主要政党内部规章制度 ··························· 131
社会党的价值观 ·· 133
社会党章程（2012 年） ··································· 135
社会党章程（2005 年） ··································· 173
社会党内部条例（2006 年） ······························· 205
社会党 2012 年总统选举竞选纲领（摘要） ·················· 222
共和党章程 ·· 228
人民运动联盟的价值观 ···································· 252
人民运动联盟新章程 ······································ 254

人民运动联盟内部条例 267
法国共产党章程 280
欧洲环保—绿党章程 303
欧洲环保—绿党内部条例 327
左翼党章程 361
新中间党的价值理念 380
新中间党章程 383
新中间党内部条例 389
民主运动党价值宪章 394
民主运动党伦理宪章 396
民主运动党章程 397
国民阵线章程 407
国民阵线2012年总统竞选纲领 416

参考书目 435
后　记 437

导　言

　　现代意义上的政党是和民主制度的发展相伴而行的。19世纪中期，随着普选制的确立，欧洲主要资本主义国家的议会内政治团体开始走出议会，在全国范围内自下而上建立政党，使政党成为选举和民主实践的重要载体。与英国和德国相比，现代化政党在法国形成较晚，直到19世纪末20世纪初才真正开始进行组建，又经历了较长时间才实现了完全的转型。另外，受法国政治文化的影响，很长时间以来，法国的思想界一直批评政党是狭隘利益的代表，认为政党会阻碍国家整体利益的实现，因此，政党的作用受到来自法律和政治制度的种种制约。不过，随着民主制度的深入发展，政党不断渗入法国政治和社会生活的各个层面，在选举、政策制定与政策执行过程中发挥着不可替代的作用。

　　随着现代化政党在民主政治生活中影响力的日益扩大，如何规范政党行为，使政党在民主制度中发挥积极的作用，成为法国社会关注的问题。从外部环境来看，对法国政党发展起重要影响的是法国的政治制度、选举制度和涉及政党的法律规章。在政治制度上，法国第五共和国建立了半总统半议会制度，强化总统和行政部门的权力，弱化议会的作用，以达到稳定政治制度、避免政府频繁更迭的目的，这从法国第五共和国的宪法中可以体现出来。在选举制度上，法国的总统选举和国民议会选举都实行两轮多数选举制，这种选举制度限制了政党进入议会的数目，对政党的选举策略起着直接的影响。在法律规章上，对政党行为的规范主要体现在各类相关法律中，其中较重要的是1901年的《结社契约法》和1988年的《关于政治生活资金透明的法律》，这些法律对调整政党行为起到了较重要作用。

与此同时，为了实现政党的宗旨，贯彻党的纲领，达到执掌政权或影响政策制定的目标，政党也必须通过内部的规章制度来确保党的生命力与活力。这些内部的规章制度主要体现在党的章程和内部条例中，它们对政党的组织原则、党员的权利和义务、各级领导机构的产生方式、财务管理方法以及纠纷处理程序等都作了具体的规定。通过这些内部的规章制度，政党可以维护党的纪律，确立党的权威，巩固选民基础，扩大社会影响力，通过执掌政权将政党的纲领上升为国家的法律和政策，实现政党的理念和宗旨。

基于此，《世界主要政党规章制度文献》法国卷收集了法国涉及规范政党行为的现行重要法律和主要政党的内部规章制度。为了加深对这些法律和政党内部规章制度的理解，有必要对法国的政治文化、宏观制度环境以及主要政党的历史演变进行简要介绍，以使我们对影响法国政党的政治生态环境有一个系统的了解，从而对政党在当代法国社会中的作用有更客观的认识。

一、法国政治文化中的政党

在现代社会，政党被看作是民主政治的表达渠道，是社会阶级选民利益的代表。在英国，人们较早就认识到了政党在民主政治和推进集体福祉事业当中的作用。例如，英国政治哲学家伯克对政党的定义指出："政党是建立在一些人们集体认同的特别的原则之上、以共同努力促进国家利益的联合起来的实体。"[①] 因此，政党被看成是连接人民和政府的渠道，是服务于集体福祉的，在民主政治中发挥代表性功能和表达功能。[②] 相比而言，

[①] [意] G. 萨托利：《政党与政党体制》，王明进译，北京：商务印书馆2006年版，第22页。

[②] [意] G. 萨托利：《政党与政党体制》，王明进译，北京：商务印书馆2006年版，第57页。

在法国，政党观念从贬义的"宗派"到"民主政治的表达渠道"的转变经历了一个更为漫长的过程。在近代历史上，卢梭对私人利益团体的批评影响深远。卢梭认为国家代表了公意，高于政党、团体和地区代表的特殊主义利益。社会团体会限制公意的表达，因为如果人们组成团体并影响公共决策，那么国家就不能代表公意。受卢梭学说的影响，法国大革命中的革命团体一致谴责政党。孔多塞反对英国式的政党，提出"法兰西共和国最基本的需要之一是不要政党"。1791年6月《勒沙普利埃法》（*Loi Le Chapelier*）宣布互助团体、同业公会等团体为非法，直到1884年该法被取消后，才允许组织职业性团体。

尽管法国社会对中间团体的不信任由来已久，但随着时间的推移，这种观念也发生改变，政党作为一种现代性组织的积极作用逐渐得到认同。1848年法国实行直接普遍选举，多种多样的政治组织在政治舞台上开始出现[①]；1875年法国建立第三共和国，制定了《法兰西第三共和国宪法》，共和政体得到最后的确认。随着普选权的扩大和共和制的确立，法国的政党开始向现代转型。19世纪末20世纪初，法国现代化政党在经过长期酝酿后先后诞生：右翼政党从议会内的政治派别转向在议会外建立组织基础，成立了民主共和联盟、共和联合会、激进和汲进社会主义共和党等组织；左翼政党在工人运动的蓬勃发展下登上政治舞台，1905年成立国际工人运动法国支部。随着政党的选举功能得到确认，其组织结构日趋完备，法国的政党体系也初步形成。这一时期的很多政党是由地方政治实力人物的追随者组建而成的组织，政党利益高度受地方利益的影响，政党观念并没有完全摆脱宗派主义和特殊利益的思维，但政党组织的出现和功能的专门化表明，法国对政党组织的合法性有了缓慢的认识。20世纪以来，特别是第五共和国成立后，政党得到法国宪法的承认。1958年《法兰西共和国宪法》第4条指出，"政党和政治团体协助普选的表达。政党和政治团体

---

① Raymond Huard, *La Naisssance du Parti Politique en France*, Paris：Presses de Sciences Politiques, 1996, p.119.

可自由组织并从事活动,但须遵守国家主权和民主原则"。这是法国第一次在宪法中写入政党的作用,表明政党获得了公法的地位,是对政党作用的肯定。政党也积极参与法国的政治生活,在法国现代化过程中发挥着重要的作用。

和法国民众对政党的认识相比,法国与政党相关的立法发展是相对滞后的。当19世纪80年代法国的各种政治组织慢慢地走向政党这种组织形式时,法国的各种中间团体还受到立法的限制。此后,有关互助会和工会自由成立的法律打破了这种禁锢,最终1901年《结社契约法》取消了之前的规定,允许政党和其他协会(宗教团体除外)一样可以自由建立。《结社契约法》规定,社会团体无须获得许可或者事先宣告就可以自由成立,但要获得法律保护,就必须符合一定的程序,包括进行宣告备案和公开化。《结社契约法》是19世纪60年代以来法国社会团体迅猛发展的结果,它为政治力量在法律范围内的存在提供了保障,也宣告政党作为个人与集体利益联系纽带的作用得以肯定。

尽管《结社契约法》肯定了结社自由权,但它对社会团体的管理提出了许多限制性条件,特别是在经费管理上不能较好地适应政党发展的需要。20世纪80年代,法国政党腐败案件频发,促使政党资金立法问题被提到议事日程上来,1988年制定的第88—227号法律从政党融资的问题上对政党的法人身份进行了界定。这是法国目前对政党行为进行规范的最主要的法律性文件,它对政党的法律地位进行了明确的界定,指出政党和政治组织可自由组成和进行活动,具有法人资格,可以进行诉讼,可无偿或有偿获得动产或不动产;还规定政党可以接受国家的公共补贴。在这一法律的推动下,法国的主要政党获得了比较充裕的资金补贴,政党组织也获得了较稳定的发展。

总体来看,从法国政党概念的发展演变可以看出,人们对政党作用的认识是一个逐渐变化的过程,这种观念上的变化,推动了政党组织上的变迁,并最终带动了立法上的改变,从法律上对政党行为进行规范。作为法国政治文化的一部分,国家至上主义和对中间体的怀疑具有根深蒂固的传统，时至今日它仍然对法国政党从名称选择、组织模式到竞选策略上都起着无形的影响。但无论如何，政党已经成为法国民主化进程中一种重要的组织形式，发挥了其他团体不可替代的作用。

二、法国政党的外部规制与发展空间

政党的发展离不开制度环境的滋养，不同的制度为政党提供了不同的发展空间，塑造了各具特色的政党间关系。对法国政党发展影响最大的外部环境包括法国的半总统制、两轮多数选举制度以及政党公共补贴制度，它们在形塑政党行为的同时，自身也受到政党政治的影响。

（一）法国的半总统制及对政党的影响

1958年10月，法国制宪委员会制定了《第五共和国宪法》，确立了法国第五共和国的基本政治制度。和第四共和国相比，第五共和国建立了强总统的政治体制，加强了政府的作用，对议会作为政党活动场所的作用进行了限制。1962年4月，法国就总统直接选举举行全民公决，使总统从间接选举变成由法国全民直接选举。这一改变对法国政治体制产生了深远的影响，它进一步强化了总统在第五共和国的地位和权力，使总统成为政治体制的核心，其他所有政治活动的组织都围绕总统而展开。

在法国第五共和国的政治体制下，总统是国家元首，是国家权力的象征。《宪法》第5条指出，"总统监督宪法的遵守。总统通过其仲裁保证公权力的正常运行及国家的延续。总统确保国家的独立和领土的完整以及国际协定与条约的遵守。"总统被赋予超越党派的地位，确保国家的整体利益。在总统和政府的关系上，由总统任命总理，总理对议会负责。在总统和议会的关系上，总统有权解散国民议会，但国民议会不能罢免总统，只能罢免总理和解散政府；总统还可以通过全民公决的方式对一些议案进行决策，从而绕过议会的作用。此外，总统拥有紧急状况下的非常权力。宪法第16条规定，"当共和制度、国家独立、领土完整或国际条约义务的履行遭受严重而即刻的威胁，致使宪法所规定的公权力正常运作受到阻碍时，经正式咨询总理、议会两院议长和宪法委员会主席，共和国总统须采取紧急措施。"也就是说，在紧急状态下，总统掌握着国家的全部权力。尽管和典型的总统制相比，法国的行政权力不是完全掌握在总统手中，而有一部分行政权是由总统和总理分享的，比如总理是政府首脑，指导政府的运行并对议会负责等，但总体来看，法国的总统是国家政策发展方向的规划者，而总理的作用主要是执行总统所确定的大政方针。

第五共和国政治体制在扩大总统权力的同时也削弱了议会的权力。法兰西第三和第四共和国采取的是议会制政体，其中议会拥有较大的权力，总理对议会负责。由于法国是多党制国家，政党数量众多，难以在内阁中形成一个稳定的多数派，导致政府更迭频繁，政策缺乏稳定性和持续性。因此，第五共和国的宪法制定者有意识对议会的权力、地位和作用进行了限制。①《宪法》第34条确定了议会的立法项目，除此之外均属于条例范围，由政府及其行政机构负责制定，从而对议会的立法范围实行了限制。此外，在法律创议权上，政府也有更加优于议员的地位。②

第五共和国政治制度的确立改变了法国政党的运作环境，使政党的主要目标从以前的议会选举转向总统选举。在第五共和国成立初期，右翼在戴高乐的影响下形成了新的统一的组织，组建了戴高乐党，在20世纪60至70年代的总统选举中一直获胜。面对右翼崛起带来的挑战，法国左翼在20世纪60至70年代也进行了重组，直到1973年社会党改组后才逐渐实现左翼力量的整合和复兴。20世纪80年代以来，总统选举越来越受政党政治的影响，总统选举逐渐向政党政治靠拢，所有总统都是在得到议会大党支持后才当选的，而总统候选人人选的确定也成为政党的一项重大问题，很多政党开始把总统候选人的选择方式写入它们的章程之中，一些政党还实行了将选举权对党外人士开放的总统候选人初选制度。2011年，社会党举行了总统候选人初选，由法国全体左翼同情

---

① 吴国庆：《法国》，北京：社会科学文献出版社2010年版，第166页。
② 吴国庆：《法国》，北京：社会科学文献出版社2010年版，第171—172页。

者参与选举社会党 2012 年总统选举候选人;右翼政党人民运动联盟 2015 年 6 月更名为共和党后,也制定了《初选宪章》,规定共和党所支持的 2017 年总统候选人将通过对所有支持中右翼共和价值观的法国公民开放的初选方式来确定。① 因此,总体来看,法国政治制度的"总统化"和总统选举的"政党化"是相互影响的两种趋势,"总统逻辑"和"政党逻辑"两条线同时发挥作用。② 总统的至高地位和超越党派利益的身份并没有使总统这一职位免受政党竞争的影响,而是使总统成为更激烈的政治竞争的对象。

(二) 法国的选举制度及其对政党的影响

选举是法国政治生活的重要组成部分,也是政党发挥作用最主要的途径之一。当前法国主要有以下七类选举:市镇议会选举,由选民选举市镇议会议员,每六年选举一次;省议会选举,由选民选举省议会议员,每六年选举一次;大区议会选举,由选民选举大区议会议员,每六年改选一次;国民议会选举,由选民选举国民议会议员,每五年改选一次(除非由共和国总统解散议会进行提前选举);参议院选举,由各省的选举人团选举参议员,每六年举行一次,参议员任期六年,每三年改选二分之一;总统选举,由具有选举权的法国公民直接选举共和国总统,每五年举行一次;欧洲议会选举,由选民选举法国在欧洲议会中的代表,每五年选举一次。在这些选举中,总统选举和国民议会选举受到全国的关注,是政党竞争的重点。

法国宪法规定,总统由选民通过两轮多数制选举产生。在第一轮选举中,候选人需获得百分之五十以上的选票才能当选,如果没有候选人胜出,将进行第二轮选举,只有在第一轮中得票最高的两名候选人才能参

---

① "Charte de la Primaire", juin 2015, 参见法国共和党官网: http://www.republicains.fr/textes_fondateurs.

② Emiliano Grossman and Nicolas Sauger, "The End of Ambiguity? Presidents versus Parties orthe Four Phases of the Fifth Republic", *West European Politics*, March 2009, Vol. 32, No. 2, pp.423-437.

选，获得相对多数选票的候选人在这一轮中获胜。2000年9月24日，法国通过全民公决，将总统任期从七年缩减到五年，并将总统选举提前在议会选举之前举行，这些调整进一步增强了总统选举对国民议会选举的影响。

和总统选举一样，法国的国民议会选举也采用两轮多数选举制，在每个选区选出一名代表。在第一轮选举中，获得百分之五十以上的候选人当选，如果没有候选人获得百分之五十以上的选票，则举行第二轮选举。获得注册登记选民百分之十二点五选票支持的候选人有资格参加第二轮选举，如果没有或只有一位候选人在第一轮的选票超过百分之十二点五，那么由得票最多的两名候选人参加第二轮竞选。在第二轮竞选中，得票相对较高的候选人当选。

两轮多数选举制的设立对政党产生了较大的影响。首先，通过设定一定的选举门槛，限制某些政党在选举中的影响。例如，要成为总统候选人，必须得到500个拥有民选代表的支持者的提名，这些支持者须来自30个不同的省，而且每个省不能超过50人。这样做的目的一方面是使候选人不一定必须得到政党的支持，另一方面也是为了避免反民主体制和支持率较少的候选人参与竞选。这些规定的确起到了限制作用，极右政党国民阵线候选人让-玛丽·勒庞（Jean-Marie Le Pen）在1981年因为没有得到足够的支持而没能参加总统竞选，反对欧盟的候选人夏尔·帕卡（Charles Pasqua）在2002年也未能获得参加总统竞选的资格。在国民议会选举中，只有获得注册登记选民百分之十二点五选票支持的候选人才有资格参加第二轮选举，这也对极右政党带来了限制。1986年，社会党执政期间曾将国民议会选举制度改成了比例代表制，以省作为选区，每个省按得票比例分配席位，结果使极右政党国民阵线有35名代表进入国民议会；右翼政党执政后，将选举制度重新改回到原来的两轮多数制，结果1988年国民议会选举中国民阵线仅有1名代表，1997年失去了所有议席，直到2012年才有1名代表进入国民议会。

其次，两轮多数选举制有利于大党和政党联盟的形成。两轮多数选举制的特点是集合了比例代表制和多数选举制的一些要素,即通过第一轮投票展现各党派的实力,通过第二轮投票避免选票过于分散、减小政党数目,促进形成较稳定的多数派。在第一轮投票中,大多数情况下没有政党可以获得超过百分之五十的选票,因此各政党争相通过这一轮展现自身的实力;在第二轮投票中,由于总统选举中只有两名候选人可以进入最后决战,国民议会选举中通常只有两到三名候选人进入对决,因此各政党通常会建立选举联盟,在第二轮的竞选中相互支持。自20世纪70年代以来,法国逐渐形成了以共产党、社会党为代表的左翼和以保卫共和联盟、法国民主联盟为代表的右翼并存的两极四边体制。然而,这种选举制度也在客观上加剧了第一轮的分化,特别是20世纪90年代以来,法国出现了两极多党制的趋势,即在上述两大联盟之外,一些小党日益受到关注,比如国民阵线、绿党、左翼党、新反资本主义政党等。这使得法国政党体系在向两极化发展的同时,也出现了多元化和碎片化的趋势。

除选举制度外,法国的《选举法》对国民议会议员、参议员、省议员、市议员的选举作了原则性规定,包括选民登记途径、候选人资格要求、议员任期、不可兼任的情形、竞选宣传的要求、选举经费的筹措和限制、投票规则、议员更替方式、处罚原则、争议解决方法等。《选举法》中直接涉及政党的条款较少,只在选举经费筹措和竞选宣传部分对政党的作用有具体的规定,这体现了国家对政党行为规范的重要方面是竞选宣传和竞选资金的管理。不过,由于大部分候选人都是获得政党支持的,《选举法》中的规定对政党参与选举的行为都会起到间接的约束作用。

(三) 政党在议会中的活动方式

政党在议会内部活动的组织形式之一是议会党团,大多数提到议会全体会议上的法案或其他提案,都是首先在它们内部酝酿、讨论,并得出一致见解的,因此议会党团有着十分重要的作用。自大革命以来,法国在很长一段时间内不承认议会党团在议会中的合法地位,认为议员在议会中的活动应是完全独立自由的,一切强制委托权(即某些人、某些组织、选民要求议员一定要投什么票)都是非法的、无效的。第三共和国中期（1910年7月1日）通过的《众议院议事规程》终于承认了议会党团的存在，并在实践中使议会党团的数目得到了大的发展。① 目前，法国《参议院议事规程》（Règlement du Sénat）和《国民议会议事规程》（Règlement de L'assemblée Nationale）都对议会党团的行为进行了规定。

《参议院议事规程》第二章对参议院中的政党团体进行了规制。在参议院，议会党团每三年重新组成一次。议会党团的组成需满足以下两个条件：首先，最少要10名参议员才能组成一个议会党团；其次，要发布一个由成员签名的议会党团的政治声明，说明党团的政治目标和政治资金情况。根据参议员与议会党团的关系，参议院中的党团成员有三种形式，即成员（Membre）、结盟成员（Apparenté）和行政性附属者（Rattaché）。没有宣布属于任何政党团体的参议员将根据参议院议事规程的要求，发布一个声明，并且这些议员根据参议院议事规程的要求组成一个行政团体，并选出一名代表，以便在参议院主席团和委员会的席位分布中代表他们的权利。

在内部组织上，参议院议事规程规定这些团体可以自由组成自己的主席团，主席团包括一名主席、两名以上副主席、两名以上的秘书。主席在辩论诸环节拥有一系列广泛的权力。每个政党团体选择参加参议院管理委员会和参议院常任委员会的候选人。参议院主席团和委员会按政党团体的比例分配名额。

议会党团在参议院中的作用比较广泛，包括立法程序中的日程设定、表达立场、对一些行为进行诉讼等。党团主席的作用包括要求组建一个审查某项法律议案的特别委员会、要求进行公共投票、要求参议院通过委员会决议对欧共体的法律议案进行审查。党团主席在参议院的运作中有着重要的作用，他们通常也是重要的辩论中的本团体的代言人。

---

① 许振洲：《法国议会》，北京：华夏出版社2002年版，第47—48页。

根据《国民议会议事规程》,国民议会中的议会党团最少由 15 名国民议会议员组成,议会党团需发布政治声明,由成员签名,提交给主席,声明中政党团体可以表明属于反对党团。没有声明属于反对党团的,除非是人数最多的党团,否则都属于少数派党团。根据国民议会议员与议会党团的关系,国民议会中的党团成员有两种形式,即成员和结盟成员(Membre Apparenté)。

议会党团在国民议会的运作中发挥着重要的作用,主要包括:党团主席参加国民议会的主席联席会议;议会委员会的构成反映各党团的人数多少;议会党团参加议长会议以便决定议会工作日程、决定议会的工作方法等。①

除议会的议事规程对政党行为进行规范以外,政党对拥有参议院和国民议会议员身份的党员的行为也有一定的纪律约束,最主要的是党员代表的投票需要与党的决定保持一致,这也被称为政党团体的一致性。第五共和国确立以来,政党团体的一致性和政党纪律得到强化。一些研究发现,如果将政党代表的投票和党的决定完全一致以 100 为指数的话,自 1967 年以来,法国政党团体的一致性都在 90 以上,从 1988 年到 2007 年,这种一致性指数大约为 98。议会中的中间派政党团体的一致性低于其他政党团体,大约为 95。② 政党有权以不遵守投票命令为由将某一议员开除出党,但开除出该党的议会党团无权剥夺该议院的议员资格。但在现实生活中,议员如果违背了议会党团的投票命令,就会受到党纪的制裁,失去政党在下次选举中的支持。由此可见,尽管法国宪制强调议会议员地位的绝对独立,反对任何"强制委托",但在实际运作中党员高度遵守政党的决定,对政党存在较强的依赖。

---

① 吴国庆:《法国》,北京:社会科学文献出版社 2010 年版,第 170 页。
② Nicolas Sauger, "Party Discipline and Coalition Management in the French Parliament", *West European Politics*, 2009 March, Vol. 32, No. 2, pp.310–326.

(四) 法国的政党公共补贴制度

在有关政党公共补贴的法律出台以前，法国政党主要依赖自主性收入维持运展。20世纪80年代一系列腐败丑闻曝光后，法国启动了对政党公共资助制度的改革。1988—1995年，法国确立了对政党资金管理的基本法律框架：1988年3月11日《关于政治生活资金透明的法律》建立了对政党的公共资助原则；1990年1月5日《关于选举支出限制和政治活动融资清晰的法律》将对政党的公共资助划分成两部分；1995年1月19日《关于政治生活资金的法律》禁止企业对政党捐款。此后又对1988年3月11日的立法进行了多次补充和修订，政党公共资助的立法框架不断得到完善。总体来看，法国的政党公共资助制度主要包括以下三个方面。

首先，对个人和企业捐款进行了严格的规定。在法国，政党可以收取个人捐款和党费作为政党合法的资金来源。法律对个人捐款部分做了严格规定：每年对政党的捐款不得超过7500欧元；150欧元以上的捐款必须通过支票或转账的形式转交。在党费部分，政党可以自主设定党费标准，政党还可以对拥有民选职位的党员收取特殊党费，这些特殊党费通常超过一般的党费标准。尽管法律没有规定党费的最高限额，但党费需要符合政党章程中的规定，民选官员的缴费超出党费的部分，将被看作是个人捐款，适用7500欧元的上限。在企业捐款部分，1995年1月19日《关于政治生活资金的法律》禁止企业法人向政党提供捐款，企业法人也不能通过直接或间接捐款的方式向候选人的竞选提供资助，外国捐款也被禁止。

其次，确立了对政党的公共补贴制度。1988年，法国建立了对政党的公共补贴制度。国家每年对政党的公共补贴分成两部分发放。第一部分根据每个政党在最近一次国民议会选举第一轮投票中所获得的选票按比例分配。获得补贴的前提条件是政党在该选举中在50个以上的选区推出候选人，并且每名候选人在各自的选区至少获得百分之一以上的选票。第二部分公共资金根据政党或政治团体的议员席数按比例分配。只有已经获得第一部分资金的政党或政治团体才有资格参与这一部分的分配。国民议会议员和参议员必须加入一个议会党团才能获得这一部分资金，他们须在每年11月向各自的议会主席团宣布属于或者隶属于某个政党或政党团体。议员只能属于或隶属于一个政党或政党团体。

除此以外，法国对政党的公共资助还包括以下部分。① 法国对在国民议会选举中新出现的政党有专门的补贴。1995年1月19日的法律规定，如果该政党在12个月内获得1万人15万欧元以上的捐款，其中至少有500名是民选代表，就有资格获得政府补贴。另外，国家对政党提供其他间接的资助。在竞选期间以外，国民议会或参议院中的政党团体拥有一定的广播时间，在公共电台和电视台做宣传活动。同样，国家还对政党的一些收入提供税收减免，降低它们的企业税。

最后，建立了监督政治生活透明度的机构。法国主要有两个负责监督政治透明的机构，分别承担公职人员个人财产和政党及竞选账目的监督。根据1988年3月11日的法律，法国设立了"政治生活透明委员会"（CT-FVP）。该机构负责监督政府成员和民选代表的个人财产。在任期开始和结束时，所有政府成员、国民议会议员、欧洲议会议员、地方民选代表都必须向该委员会提交财产申报报告，说明财产的具体项目和任何财产上的变化。该委员会负责审查这些人员有没有因所担任的政治职务和公共职务而获取金钱或其他物质报酬。2013年10月，法国成立"公共生活透明度最高管理局"，取代了此前的"政治生活透明委员会"。"公共生活透明度最高管理局"负责监督包括政府部长和议员在内的9000名拥有重要职位的人员的财产和利益冲突情况，进一步加强了对政治透明度的监管。根据1990年1月15日第90—55号法律，法国设立了"全国竞选审计和政治资助委员会"（CNCCFP）。该机构承担监督政党的账目和资金、审查候选人的竞选账目的双重职能。为了领取公共资助，政党必须建立一个账户，由两名审计员审计，并且向该委员会提交。该委员会审查后，将摘要在《政府公报》上公布。

---

① http://www.ambafrance-uk.org/Politics-Political-party-funding.

政党公共补贴法律体系的建立是法国政党制度发展过程中的重要事件。1988年以前，法国政党主要受1901年《结社契约法》管理，根据该项法律规定，社会团体不得有盈利性收入，只允许少量的党费，禁止捐款。由于缺乏国家资助，政党主要依赖党费作为合法的资金来源，而法国政党的成员人数较少，党费收入十分有限。随着竞选费用的增加，党费远远不能满足需求，因此政党主要依赖非法的融资网络进行融资。通过设立公共资助，法国政党的资金有了较稳定的来源，政党资金的管理规范化。可以说，通过建立政党公共资助制度，法国结构性的非法政党资金基本终结。

与此同时，公共补贴制度增强了法国政党联合与合并的动力。在公共资助制度下，一个政党要获得公共资助，需要满足一定的条件，比如在最近一次议会大选中在50个以上的选区推出自己的候选人，并且每名候选人至少要获得选区百分之一以上的选票，而且议会代表必须宣布隶属于某个议会党团或政党，才能获得第二部分的公共资金。这些条件促使政党建立联盟，以满足获得资助的条件。因此，尽管法国政党众多，但能够获得国家资助的大约只有50个，而进入国民议会的大约只有20多个，有影响力的政党数目相对稳定。

不过，公共补贴制度也助长了政党的投机行为，加大了法国政党制度碎片化的压力。在国家资金的支持下，政党的活动能力增强，在选举期间和选举前后都有能力进行活动，有利于政党的发展和成熟，这对绿党、国民阵线这样后来崛起的政党尤其如此。但是，这也滋生了政党在选举中的投机行为。如果政党不能满足获得资助的条件，它们可以通过宣布隶属于某个政党，从而将一部分资金交给其他政党，以此获得资助；或者有的政党会拉拢独立候选人，让其宣称隶属于该政党，然后给这些候选人其他形式的支持。结果，为了获取公共资金，很多政治运动都纷纷组建政党，政党的数目急剧增加，从1990年到1995年，向"全国竞选审计和政治资助委员会"注册登记的政党从29个增加到了261个。2004年，向"全国竞选审计和政治资助委员会"注册登记的政党有230个。很多海外政治运动也纷纷成立政党,2013 年公共资金分配的结果显示,在 52 个获得第一部分资助政党团体中,海外政党或政党团体有 39 个之多。① 它们当中很多只不过是在选举前为了获取资助而组成,很容易解散和重组,从而加大了政党制度的不稳定。另外,在两轮多数选举制下,只有少数政党才能进入第二轮,因此第一轮成为各个政党争取选民支持的竞争场所,小的政党会尽量在这一轮提高自己的得票率,以加大在政党联盟中的谈判筹码,提高分配给自己的资金。因此,法国选举的第一轮的选票日益分化,2002 年总统选举第一轮出现了 16 名候选人,其中多个激进左翼政党分散了法国社会党的得票,使极右政党国民阵线候选人勒庞的得票超过社会党候选人若斯潘而进入第二轮选举。这种极度分化的局面增加了法国政党制度碎片化的压力。

对政党的公共补贴还增加了政党对国家资金的依赖,使政党向"卡特尔"型政党转变。法国国家资助制度设立后,降低了政党对成员党费的依赖性,增强了政党对国家资金的依赖。部分学者指出,公共资助制度推动了政党的卡特尔化。所谓卡特尔型政党,是 1995 年理查德·卡茨(Richard S. Katz)和彼得·梅尔(Peter Mair)在《政党组织和政党民主的模式转变:卡特尔政党的出现》一文中提出的一个概念,指的是 20 世纪 60 年代以来西方民主国家政党组织模式出现的一种新变化,表现为国家与政党之间相互渗透加深和政党之间的竞争降低。② 卡特尔政党进行的选举变成了资本密集的、职业化的和集权化的运动,其组织基础是对国家财政补贴和其他福利待遇的强烈依赖。尽管法国的政党资助制度并没有形成完全符合卡茨和梅尔所说的卡特尔化的政党,但是法国政党成员减少,选举投票率降低,选民普遍对政治冷漠,一定程度表明法国政党的"传送带"和代表性功能正在退化,政党日益脱离市民社会,成为国家制度的一

---

① 法国《政府公报》2013 年 5 月 27 日第 2013-430 号法令(Décret n° 2013-430 du 27 mai 2013),可参见 http://www.cnccfp.fr/index.php? art = 822。

② Richard S. Katz, Peter Mair, "Changing Models of Party Organization and Party Democracy: the Emergence of the Cartel Party", *Party Politics*, 1995, Vol.1, No.1, pp.5-28.

部分。

三、法国政党的内部规制

在政治体制、选举制度、公共资助制度等宏观环境的约束下，法国政党为了获得执政或进入联合政府的机会，也不断调整内部组织规章制度，以适应外部环境的变化。政党的内部规章制度主要体现在政党的《党章》和全国性的《内部条例》中，它们指明了政党的宗旨、组织结构和权力运作方式。不过，这些制度只是对政党内部规制的静态的展现，我们需要透过这些条例看到制度设立的背景和它们实际的执行情况。基于此，为了对法国政党的内部规章制度有更深入的理解，下面将结合政党的历史发展，对几个主要政党的历史、现状及组织结构特征进行说明。

如前文所述，尽管法国的政党数目较多，但能够进入国民议会的政党只有20多个，而其中最有影响力的为6—8个。从传统影响力和目前实力来看，法国当前最主要的政党是法国社会党和共和党（2015年5月前为人民运动联盟）。其他较有影响力的政党有左翼的欧洲环保—绿党、法国共产党、左翼党，右翼的原法国民主联盟分裂后形成的新中间党和民主运动党，以及极右政党国民阵线。

（一）左翼政党

1. 法国社会党

19世纪70年代，法国的工人阶级在马克思主义的影响下开始组织起来，并于1880年成立了法国工人阶级的第一个独立政党——法国工人党。但是，党内围绕革命的道路和方式发生分裂，形成了主张激进革命的法兰西社会党和主张改良道路的法国社会党。1905年，在第二国际阿姆斯特丹代表大会关于"党的统一"的号召下，法兰西社会党和法国社会党合并成法国统一社会党，也即工人国际法国支部（SFIO）。在1920年12月的图尔代表大会上，党内的激进派和改良派在是否接受加入第三国际的条件上再次出现分歧，最终，与会代表的四分之三同意加入列宁领导的第三国际，并于 1921 年 5 月在马赛成立了法国共产党；其余成员不同意更改名称和加入第三国际，他们在莱昂·勃鲁姆（Léon Blum）的领导下继续沿用了"工人国际法国支部"的名称。1969—1971 年，工人国际法国支部进行重组，重新命名为社会党。1981 年，社会党取得总统选举和国民议会选举的压倒性胜利，取代法国共产党成为法国最大的左翼政党，并在 20 世纪 80 至 90 年代在法国长期执政。

法国社会党的发展经历了四个重要时期。一是作为"工人国际法国支部"存在的时期。20 世纪 30 年代至 40 年代，社会党积极参与了抵抗法西斯的战争，赢得了法国民众的支持，第二次世界大战结束后，成为仅次于法国共产党的第二大左翼政党。在第四共和国期间，社会党和其他党派组成了联合政府。1958 年第五共和国建立后，社会党的力量不断遭到削弱。

二是社会党重建时期。20 世纪 60 年代，社会党进行了与不同左翼力量联合的探索，在 1969 年伊希莱—穆利诺大会上，决定改组工人国际法国支部为社会党。在 1971 年埃皮纳大会上，社会党对党的成员结构、组织规章、路线方针都进行了调整，最终完成重建，以全新的姿态出现在选民面前。

三是取得政权时期。社会党在 1981 年的总统选举和国民议会选举中取得胜利，密特朗担任总统。这次选举不仅标志着社会党已经取代共产党成为法国左翼第一大党，而且实现了第五共和国历史上第一次在左右政党之间进行的政权交换。社会党执政后，执政的现实要求与社会党的传统纲领之间出现十分紧张的冲突，党内出现了严重的派别斗争，加上价值定位模糊，在 20 世纪 90 年代初遭遇了一系列选举的挫折。

四是力量调整时期。1997 年社会党在国民议会选举中取得胜利，若斯潘出任总理，社会党进入一个新的历史时期。若斯潘宣称一种新的社会主义，表示自己代表了"新左派"，在施政方针上提出"要市场不要市场经济"，平衡社会党传统的理念与现实的要求。若斯潘政府将失业问题放在首位，实施了青年就业计划、35 小时工作制和增加公共部门就业等措施，在公民自由、男女平等、环境保护等方面推进了立法工作，促进了法国的经济、社会和政治民主发展。2002年社会党在大选中失利,失去总统职位和在国民议会中的主导地位,直到2012年重新取得总统和国民议会选举胜利,社会党领袖奥朗德担任总统。

在组织结构上,社会党有相对严密的组织纪律,党内民主化程度较高,这种组织结构有利于党保持较高的战斗力,同时又维持了党的活力。法国社会党的组织结构主要有三层。最基层是地方支部或企业支部,党员可以在支部开展活动和进行讨论,表达不同观点并提出党的政策建议。第二是省级联合会,负责党在每个省的政策制定与执行,联合会的决策机构是联合理事会,联合会全体支部成员选举产生联合会第一书记。最高层是全国代表大会,每两年召开一次,对党的活动和大政方针进行总结和讨论。在全国代表大会之上是党的主要领导和执行机构,包括全国理事会、全国执行局、全国书记处,最顶层是党的第一书记。

社会党的每一层机构都通过选举产生,而且各级负责人都通过所在层级的全体党员大会投票选举产生:联合会的第一书记由联合代表大会成员选举产生(每个候选人需要提交行动计划),党的第一书记由全国代表大会的全体党员直接选举产生。此外,党的领导机构全国理事会由比例代表制选举决定,即全国代表大会中的不同派别提交各自的提案,根据提案的得票率按比例分配名额。通过比例代表制,社会党内的不同观点可以得到充分讨论,同时也可以形成最后决策;社会党内不同派别的成员都有可能进入领导层,同时,得票最高的议案通常凝聚并反映了党内的主流共识,有利于党的稳定。

近年来,社会党在组织结构上进行的最主要的探索是党的总统候选人的推选方式。1995年,社会党进行党内直接选举总统候选人的改革。2006年,党内初选对党内积极分子开放,凡交付20欧元的人都可以入党和参加投票。2011年10月,党内初选进一步对社会开放,在全体左翼同情者中进行选举,即任何进行选举注册、支付1欧元并在"左翼价值"(自由、平等、博爱、世俗主义、正义、团结与进步)上签名的人都可以参加投票。这是法国总统候选人选举第一次对公众开放,也是社会党为适应法国政治制度发展而对党内规章进行的探索和改革。通过较为严密的组织体系和扩大党内民主，社会党对党内不同派系的力量进行整合，加强了政党对外在环境的适应能力。

2. 欧洲环保—绿党

法国的环境保护运动在20世纪70年代开始兴起，在1974年的总统选举中初露锋芒。在1983年的市镇选举中，比例代表制的采用使环境保护运动获得了750个市镇议员的席位。1984年，"环保主义者联合会"和"环保主义党"合并成立绿党。此后，绿党的成员不断增加，实力和影响力逐渐壮大。2010年11月13日，绿党和欧洲环保合并成欧洲环保—绿党（以下简称"绿党"）。

绿党重视环境保护问题，主张减少对核能的使用，反对转基因食品，支持缩短狩猎季的时间。自20世纪90年代以来，绿党在总统选举中维持在百分之三至五的支持率，在国民议会选举中的议席约为百分之四。从20世纪80年代到90年代初期，绿党采取"非左非右"的立场，不与其他政党结盟，保持自身的独立性，但是在选举中遭到了失败，在1994年欧洲选举中仅获得2.9%的支持率。通过和社会党建立选举联盟，绿党在1997年和2012年的大选中取得较好的成绩，并参与了左翼联合政府。比如，在2012年国民议会选举中，绿党得到17个席位。绿党在大区议会和欧洲议会选举中的表现好于其他层面的选举：在大区议会选举中，绿党有百分之五至六的支持率，在欧洲议会中也有过不俗的表现，其中2009年获得了百分之十六的支持率。[①]

在组织结构上，绿党崇尚直接民主，重视多元主义，认为组织应该确保所有成员之间的平等。绿党主要有四个组织原则。第一是大区优先，大区在组织结构上保持完全的独立性。绿党十分重视大区的自主性，认为政党是地区组织的联盟，是自主和团结的统一体，是对多元化的保证。1993

---

① Robert Elgie, *Political Institutions in Contemporary France*, New York: Oxford University Press, 2003, p.57;法国内政部官方网站：http://www.interieur.gouv.fr/Elections/Les-resultats/Europeennes.

年绿党曾要求加强各大区组织章程的一致性，但 1994 年后却强化了大区的自主性。第二是集体决策制定。在绿党的现行《章程》中可以看出，绿党实行集体领导，设立执行局，包括 11—15 名成员，特别包括一名全国书记，一名全国财务主管，一名或两名发言人。第三是崇尚基层民主，重要提案由内部全体成员投票表决。绿党认为，成员的例行大会是参与民主的集中体现，而代表大会是代议民主的体现，为了综合二者的长处和避免二者的不足，绿党试图寻找一种新的组织形式。从 1995 年开始，绿党建立了一种混合制：代表大会分两个阶段进行，首先进行"分散的全体大会"，在每个大区举行大会，全体有投票权的成员都参加会议；第二阶段是"联合会代表大会"，由第一阶段按比例代表制选出的代表构成。通过这种方式，绿党试图调和直接民主和代议民主的关系。第四是尊重男女平等，绿党在各级机构中都最大程度贯彻男女平等的原则。

3. 法国共产党

法国共产党在法国政坛经历了由盛入衰的历程。法国共产党是从工人国际法国支部中的激进派演变而来的，20 世纪 20 年代，法国共产党在共产国际的领导下进行了反对资本主义的斗争。20 世纪 30 年代中期，面对法西斯崛起的威胁，在苏联的推动下，法国共产党与社会党进行了合作。1935 年，法国共产党同社会党、激进党等多个政党组成人民阵线，人民阵线在 1936 年的议会选举中取得胜利，共产党支持以社会党人勃鲁姆为总理的人民阵线政府。1939 年，法国共产党被宣布为非法，被迫转入地下。1940—1945 年，法国共产党积极参与抵抗德国纳粹的斗争，赢得法国人民的支持，壮大了自己的力量。在 1946 年国民议会选举中，法国共产党获得百分之二十八的选票，成为法国第一大党，这是法国共产党在法国历次选举中获得的最好成绩。1947 年 5 月，法国共产党被排挤出政府。20 世纪 60 至 70 年代，法国共产党在国民议会中的得票率一直保持在百分之二十左右，保持了法国最大左翼政党的地位。1972 年，法国共产党与社会党结成左翼联盟，在 1978 年国民议会选举中，社会党的选票第一次超过了法国共产党。1981 年社会党执政后，法国共产党参加了联合政府，但是其支持率此后持续下降。1991年苏联解体对法国共产党带来巨大冲击，影响力进一步下滑。1997年，法国共产党与社会党等左翼政党组建"多元左翼联盟"，并参加了由若斯潘领导的联合政府。进入21世纪，法国共产党的支持率进一步下滑。在2002年总统选举中，全国书记罗贝尔·于（Robert Hue）仅获得百分之三点四的选票，2007年总统选举中玛丽-乔治·比费（Marie-George Buffet）仅获得百分之一点九的选票。2012年，法国共产党和左翼党组成了左翼阵线，共同推出的候选人梅朗雄在总统选举中获得百分之十一的选票，名列第四位。

自20世纪60年代以来，法国共产党的意识形态处于不断调整之中。1964年瓦尔德克·罗歇（Waldeck Rochet）任党的总书记后，开始了党的章程的民主化。1968年，法国共产党提出通过议会道路向社会主义和平过渡。1970年乔治·马歇（Georges Marchais）任总书记后，强调要发展法国社会主义的特殊道路。1976年法国共产党宣布放弃无产阶级专政，提出"法国式社会主义"的口号，1979年进一步放弃"马克思列宁主义"的提法。1994年，罗贝尔·于当选为全国书记，正式用民主原则替代民主集中制。1996年，罗贝尔·于提出了"新共产主义"的理论主张，进一步抛弃阶级斗争的口号，提出"公民干预"的理论。2001年玛丽-乔治·比费成为全国书记，放弃了同社会党结盟的战略，走更激进的路线，反对新自由主义，主张提高对产业工人的工资和就业保护。2010年，原《人道报》主编皮埃尔·洛朗（Pierre Laurent）当选为全国书记。

法国共产党有比较完整的自下而上的组织结构。党的最基层组织是市镇一级的地方支部和企业支部，在省、大区和全国层面设立全体党员大会、委员会、执行委员会等机构，以保证党的大政方针反映党员的要求，同时确保党的纲领得到贯彻和遵守。当前法共在大力推进党内民主的改革，赋予党员和各级代表大会较大权力，党的民选代表由相关选区的党员以多数制选举产生，党的大政方针的文件须经全体党员充分讨论后予以确定，各级投票中都遵守男女比例均等原则，在党的领导层推行干部不兼职和干部轮换原则等。

4. 左翼党

法国左翼党成立于2008年，其创始人是法国前社会党党员和参议员让-吕克·梅朗雄（Jean-Luc Mélenchon）。梅朗雄早年加入法国社会党，2000—2002年在若斯潘领导的政府中担任职业教育部长，因对社会党采取新自由主义的方针政策表示不满，于2008年宣布退出社会党，与社会党议员马克·多雷（Marc Dolez）及部分持不同意见的党员共同组建法国左翼党。

法国左翼党成立后，与法国共产党宣布组成一个欧洲选举竞选联盟——左翼阵线（Front de Gauche），在2009年欧洲议会选举中，左翼阵线获得4个席位。由于梅朗雄的动员能力较强，加上法国共产党在地方有较完备的组织基础以及法国总工会（CGT）的支持，左翼阵线成立后发展十分迅速。在2012年总统选举中，梅朗雄作为左翼阵线推选的候选人在第一轮投票中获得百分之十一点一的支持，位居社会党、人民运动联盟和国民阵线候选人之后，使左翼阵线成为法国第四大政治力量；在2012年国民议会选举中，左翼阵线获得10个席位。

左翼党汇合了各种左翼的和政治生态的政治文化传统的因子，在内部管理上既有较严格的组织体系，又充分尊重民主和多元性。从左翼党2013年通过的《章程》来看，左翼党在基层设立党委会，在大城市、省和大区设立各级协调会，在中央设立全国委员会、全国办公室、全国秘书处。在党的领导人上，左翼党由两位党的联合主席共同作为合法代表。党的纲领在党员代表大会上以民主投票的方式产生，包括提交提案、全国委员会投票、党员代表投票、提出修正案等几个阶段，以便在党员充分讨论的基础上形成统一的观点。为了与外界建立更广泛的联系，左翼党还设立了联谊会，以联合左翼党的同情者。

左翼党旨在将法国社会党以外的所有左翼力量团结起来，为法国人民提供一种不同于新自由主义的替代性选择。左翼党的基本主张包括：建立35小时工作制，恢复60岁退休制，1700欧元最低工资制，保护工人的工作权利；对金融资本和银行实行监管；保护生态环境；维护共和主义和社会主义的价值观；解除《里斯本条约》，建立一个新的安全、独立、和平与团结的欧洲；支持法国军队从阿富汗撤兵，法国退出北约，建立以尊重人民主权为基础的新型国家间关系等。左翼阵线成立后，一些原来的激进左翼政党，比如新反资本主义政党和工人斗争的力量受到了削弱，但是，由于左翼党、共产党和其他激进左翼政党在很多方面存在分歧，因此左翼党试图建立一个统一的左翼多数派仍然面临很大的挑战。

（二）右翼政党

1. 共和党

2015年5月，法国最主要的右翼政党人民运动联盟（UMP）更名为共和党（les Républicains），这是法国右翼政党的又一次转型重要转型。追根溯源，共和党的前身是戴高乐于1947年成立的法兰西人民联盟，1958年戴高乐重返政坛后，将政党名称变更为保卫新共和联盟（UNR）。在法兰西第五共和国第一届国民议会选举中，保卫新共和联盟竞选获胜，成为执政党，并且在1958—1974年长期执政，党的领袖戴高乐和蓬皮杜曾先后担任总统。1974年和1976年，保卫新共和联盟先后失去总统和总理职位，1976年12月改名为保卫共和联盟（RPR），希拉克任主席。1995年，保卫共和联盟获得总统选举胜利，希拉克担任总统。2002年，为了赢得总统选举和议会选举胜利，保卫共和联盟内支持希拉克的人员，加上原法国民主联盟大部分成员和自由民主党（DL）的成员，共同组成一个竞选联盟"运动联盟"。总统竞选成功后，为了在议会中合作，以"运动联盟"为基础成立"总统多数联盟"，并于2002年11月召开奠基性代表大会，改名为"人民运动联盟"。2007年，人民运动联盟赢得总统选举和国民议会选举胜利，萨科齐任总统。该联盟在2012年总统选举和国民议会选举中失败，此后内部纷争不断，2014年11月，萨科齐当选为党主席，2015年5月更名为共和党。

共和党前身人民运动联盟的党纲是"自由、责任、团结、国家、欧洲"，主张奉行务实、开放的经济政策，加强法治和秩序，推动欧洲建设。

从组织结构上，共和党是右翼政党中组织结构相对严格和完备的，党的纪律对党员具有较强的约束性。从成员结构上看，党员构成比较复杂，汇集了右翼持不同政治观点的人，包括了传统的戴高乐主义、基督教民主主义、传统的自由民主主义等。如何保持内部多元化和政党团结之间的协调和统一，是共和党需要面临的重要挑战。

共和党在发展过程中也逐步探索建立制度化的党领袖和党的总统候选人产生机制。2012年大选失败后，党内权力之争给党的统一带来了严重的挑战。2014年，萨科齐当选为党主席。为了摆脱人民运动联盟内部争斗带来的不利影响，以新的姿态迎接2017年的总统和议会选举，萨科齐推动修改党的名称为共和党，并制定了新的党章，调整了党主席、党的总统候选人和其他选举候选人的选派方式，推动政党朝着进一步制度化的方向发展。

2. 民主运动和新中间党

在2002年人民运动联盟成立以前，法国右翼存在两个主要政党，即保卫共和联盟和法国民主联盟（UDF）。法国民主联盟成立于1978年，由瓦莱里·吉斯卡尔·德斯坦（Valéry Giscard d'Estaing）领导。1974年，吉斯卡尔·德斯坦当选为总统，为了巩固其实力，1978年将非戴高乐派的几个中右政党整合成法国民主联盟。1981年法国民主联盟在总统选举中失败，在此后20年间，该党与保卫共和联盟组成了稳定的选举联盟。1998年，法国民主联盟内部的"民主自由"派脱离出来；2002年，法国民主联盟中很多议会代表和知名人士都参与了希拉克组建的总统多数派联盟和其后的保卫共和联盟。2007年法国民主联盟解散，其成员分别组建民主运动和新中间党。

民主运动成立于2007年5月10日，属于原法国民主联盟中的少数派，领袖是弗朗索瓦·贝鲁（François Bayrou）。民主运动主张社会自由主义，支持欧洲联合，维持自身的政治独立性，不与人民运动联盟合作。近年来，民主运动的选举空间不断受到挤压，在2007年的国民议会选举中仅获得3席，在2012年国民议会选举中仅剩下两个席位。

新中间党是由法国前中右政党法国民主联盟中支持执政党人民运动联盟的成员组成的政党。2007年5月10日贝鲁组建"民主运动"后，法国民主联盟中很多党员表示反对，2007年5月29日，他们组成了支持人民运动联盟领袖萨科齐的"新中间党"。新中间党对内主张一定程度的社会改革，提倡在社会、经济、文化等领域实行自由化政策，对外主张积极加强欧盟建设。在2007年的国民议会选举中，新中间党获得22个议席成为第三大党。在2012年国民议会选举中获得12个议席。

作为从原法国民主联盟分化而来的两个政党，民主运动和新中间党在组织结构上具有很多的相似性。党的机构主要包括全体大会、全国委员会、全国执行局，其中民主运动还设立了全国代表会议，新中间党特别设立了政治局。两党的党主席职务都由专门的机构确立候选人名单，通过全体大会选举产生，任期三年。两党都设有纪律监察机关，负责监督党员的违纪行为和接受党员对党的处分决定的申诉。

3. 国民阵线

国民阵线是法国的极右的激进主义政党，成立于1972年10月5日，由多个极右组织和极右分子组成。国民阵线成立初期的影响力很小，在1981年总统选举中，因为没有得到500名议会代表的签名，国民阵线甚至未能推选出候选人。但是，1983年后情况出现了转机。1983年3月，国民阵线领袖让-玛丽·勒庞在市镇选举中得到百分之十一的选票；11月，国民阵线候选人在市镇补缺选举中得到百分之十七的选票，四名议员当选。在1984年的欧洲议会选举中，国民阵线得到百分之十一的选票，十名欧洲议会议员当选。在1986年的国民议会选举中，国民阵线第一次超过共产党，得到百分之九点八的选票，由于当时比例代表制的实行，获得35个议席。

进入2000年以后，国民阵线的选举力量得到进一步的巩固。在2002年的总统选举中，国民阵线候选人勒庞在第一轮投票中获得百分之十九点二的选票，打败社会党候选人若斯潘进入第二轮总统竞选的角逐，引发了法国政坛的震动。尽管人民运动联盟候选人希拉克在第二轮投票中以压倒性胜利击败了勒庞，但国民阵线在选民，特别是在传统产业工人选民中获得的支持已使它成为一股不可小觑的力量。2007—2009年，国民阵线一度陷入低谷。在2011年1月全体党员大会上，玛丽娜·勒庞当选为党主席，将国民阵线带入了玛丽娜·勒庞时代。在2012年的大选中，国民阵线进一步巩固了自身的实力，在总统选举的第一轮中获得百分之十七点九的支持率，超过左翼阵线，成为第三大党，在国民议会选举中获得2个议席，这是自1993年以来国民阵线在国民议会中零的突破，表明国民阵线在全国性政治机构中确立了自己的地位。

国民阵线的主要纲领是反对欧洲建设、反对经济全球化、反对外来移民。主要的政策主张包括加强社会安全，提高法律和秩序的权威，严格打压犯罪；限制移民，给本国国民优先权；反对欧盟的政策，尤其反对欧盟的自由流动和取消边界政策，主张收回法国对本国民众保护方面的主权；反对地方和欧洲选举中将投票权扩大到外国人；反对现代社会，反全球化，认为欧盟的经济政策削弱了法国的优势，降低了法国民众的社会福利水平，要求重新协商欧盟条约和申根协约。

国民阵线的社会构成主要是中小资产阶级，包括自由职业者和高级管理干部。成员中老年人口所占的比例较高。近年来，国民阵线注意吸引传统产业工人和青年阶层的支持，在农村地区有较高的支持率。在组织结构上，国民阵线依靠其党领袖让-玛丽·勒庞个人和其家族的影响力，根据该党现行《章程》，党主席和行政委员会是党的主要领导机构，是整个政党运转的核心和枢纽。1999年，国民阵线发生了一次严重的分裂，一半的上层精英和相当大一批草根成员以及被看成是勒庞继承人的党的总代表布鲁诺·梅格雷（Bruno Mégret）脱离国民阵线，成立了新政党"共和国民运动"（MNR）。尽管这次分裂分散了国民阵线的部分力量，但国民阵线在1999年欧洲议会选举和2002年总统选举中都领先于共和国民运动。进入玛丽娜·勒庞时代后，国民阵线进行了一些"去妖魔化"的改革，在2014年的市镇选举中赢得1498个市镇议员席位，在2014年欧洲议会选举中获得24个席位，超过人民运动联盟和社会党，排在法国第一位。

国民阵线的崛起引起了法国社会的普遍担忧，主流政党和有识之士呼吁选民警惕极端右翼组织给民主和自由带来的威胁，并且劝诫其他政党在议会选举中放弃和国民阵线结盟，从而限制极右政党力量的持续发展。

四、结语

从对法国的制度环境和政党历史的简要介绍可以看出，法国的政党受到来自外在环境的塑造与影响，如历史传统、政治文化、政治制度、选举制度等，同时政党自身也根据环境的变化而改变，修订宗旨、章程和内部条例，改变传统的动员模式和领袖选举方式，以适应政治经济和社会观念发展的需要。政治环境与政党的互动，使法国的政党和政党制度呈现出以下几个特点。

首先，通过多种制度安排，确保政党多元化与政治制度稳定相统一。在法国，统合主义思想具有根深蒂固的传统，这体现为对国家大一统的向往、对中央集权的强调和对法律至上的崇拜[①]；然而，在现实生活中，单个个体面对国家出现的社会无序问题，也促成了以政党为代表的中间体的诞生，从而使法国呈现国家一体化和社会多元化的两重性。从第三共和国建立议会制以来，法国就形成了多党制，政党的数量众多，参政和执政的政党数量也多。为了限制政党众多带来的政治不稳定，法国在不同时期都采取了措施使多党制制度化，特别是第五共和国建立以来，通过"半总统半议会制"的政治体制以及两轮多数的选举制度，主要政党的数量大大减少，进入议会的政党在二十多个，而影响力较大的只有六到八个，巩固了政治的稳定性。有关选举门槛以及政党公共资助等制度，也有利于现有大党的地位，不利于小党的发展。这些制度安排为法国实现多党制下的政治稳定奠定了基础。

---

① 〔法〕皮埃尔·罗桑瓦龙：《法兰西政治模式——1789年至今公民社会与雅各宾主义的对立》，北京：生活·读书·新知三联书店2012年版，第15页。

其次，政党的组织形式既存在共性，也有各自的特征。普选制的深入发展对法国政党的现代化转型起到重要作用，政党不再是局限于议会内活动的团体，而是在全国范围成立的以选举为行动指向的现代化政党。因此，总体而言，法国政党的一个共同点是采取了以行政区域为基础，逐级建立全国性组织的结构模式，其中党员全体大会或党员代表大会是最高权力机构，执行委员会或理事会是领导机构，政党领导人以民主选举的方式产生。为了使党员权利和党的领导有机结合起来，政党在章程和内部条例中对党员权责、领袖选定方式、财务管理、争议仲裁等方面作了具体和细致的规定。由于理论基础和历史传统不同，政党的组织结构也存在很大的差别。其中，社会党和共产党是随着工人运动登上政治舞台而组建起来的，有自下而上的全国性网络，有较严格的纪律规章，是"群众型政党"的代表；绿党是从当代社会运动转化而来，崇尚多元主义和直接民主，组织结构更为扁平和开放；左翼党在思想原则上具有马克思主义的传统，但在组织结构上与社会运动保持较密切的联系。右翼政党带有较多的"干部党"的特征，主要由地方精英和团体组成，较之于新中间党和民主运动等组织更为松散的右翼政党，共和党及其前身人民运动联盟有较强的命令链条，组织结构也相对完善。国民阵线代表法国右翼中全面反对法国革命传统的一极，在组织结构上也更多地保留了前现代政党的许多特征。

最后，传统政党面临多重挑战，但政党政治的基本格局没有改变。20世纪70年代以来，法国政党的地位和作用受到来自多方面的挑战。随着社会结构改变和新阶层的出现，以阶级为基础建立起来的政党受到巨大冲击，党员人数流失，政党的影响力下降。政党对国家资源和竞选专业咨询人员的依赖加深，与普通党员的联系减少，也在一定程度上削弱了政党在社会与政府之间起到的纽带作用。加上绿党、左翼党等新兴政党的发展加剧了政党体系的多元化，政府组阁的不确定性增加。尽管存在这些挑战，但法国政党政治的基本格局没有改变，即始终由左、右两大阵营轮流执掌政权，左翼和右翼在政治、经济和社会等问题上持有相对的立场。即便新兴政党不断出现,但它们在发展成熟后也向传统政党的组织结构靠拢,成员参与和支持、议会纪律、政党对社会的渗入等传统的组织特征仍然发挥十分重要的作用。可以预见,随着政党承担的公共责任的增加,国家对政党行为和功能的管理和规范也将变得更为普遍,而政党内部的组织规章制度也必将根据时代的需要进行调整,如此才能拥有更大的发展空间与活力。

第一部分
宪法、全国性涉党法律与规章

法兰西共和国宪法[①]

（1958年10月4日）

依1958年6月3日宪法性法律，由共和国政府提议，法兰西人民投票通过，总统宣布宪法全文如下：

序　言

法兰西人民郑重宣告恪遵1789年人权宣言中明确规定并在1946年宪法序言中确认与补充的人权和国家主权原则，以及2004年环境宪章中所规定的权利与义务。

依上述各项原则及人民自由决定的原则，共和国为愿意与共和国结合的海外领地提供基于自由、平等、博爱的共同理想和适合其民主发展的新政治制度。

第1条　法兰西是一个不可分割、世俗、民主、社会的共和国。

共和国保障所有公民不分出身、种族、宗教信仰，在法律面前一律平等。共和国尊重一切信仰。共和国的组织结构为地方分权。

法律应当有利于妇女和男子平等地参与选举和获得选举产生的职位以及承担职业和社会的责任。

[①] 译文采用《世界各国宪法（欧洲卷）》（中国检察出版社2012年版）中法国宪法的中译本。编者参照法国立法官方网站（http://www.legifrance.gouv.fr/Droit-francais/Constitution）该宪法文本的法文版对部分词语有所调整。

第一章 主 权

第 2 条 共和国的语言是法语。

共和国国旗为蓝—白—红三色旗。

共和国国歌为《马赛曲》。

共和国的箴言为：自由、平等、博爱。

共和国的原则是：民有、民治、民享的政府。

第 3 条 国家主权属于人民，并由人民通过其代表或公民投票来行使。

人民的任何部分以及任何个人都不得擅自行使国家主权。

选举应当依宪法所规定的条件以间接或直接的方式进行。选举应当是普遍、平等、秘密的。

所有享有公民权与政治权的成年法国男女，符合法律所规定的条件，均得为选民。

第 4 条 政党和政治团体协助普选的表达。政党和政治团体可自由组织并从事活动，但须遵守国家主权和民主原则。

政党和政治团体须依法律规定的条件协助实施宪法第 1 条第 2 款所宣布的原则。

法律保障观点表达的多元化与政党和政治团体公平地参与国家民主生活。

第二章 共和国总统

第 5 条 总统监督宪法的遵守。总统通过其仲裁保证公权力的正常运行及国家的延续。

总统确保国家的独立和领土的完整以及国际协定与条约的遵守。

第 6 条 总统由普遍、直接投票选举产生，任期五年。

任何人连续任职不得超过两届。

本条的实施方式由组织法予以规定。

第7条 共和国总统须获得有效选票的绝对多数始得当选。如在第一轮投票中无人获得绝对多数选票，则须在此后的第14日举行第二轮投票。在第一轮投票中得票最多的两位候选人得参加第二轮投票。如出现第一轮投票中得票最高的候选人退选的情况，则由得票次之的候选人取代。

投票依政府的通知举行。

新任总统的选举应于现任总统任期届满前35日至20日内举行。

总统不论因何原因而缺位，或经政府提请宪法委员会以其成员的绝对多数确认无法履行其职权，由参议院议长暂时代行共和国总统职权，但宪法第11条和第12条所规定的职权除外。如参议院议长亦无法履行其职权，则由政府临时代行。

如总统缺位或经宪法委员会确定地宣告总统不能履行职权，除经宪法委员会确认有不可抗拒的情况之外，新任总统的选举应当在总统缺位或经宪法委员会确定地宣告总统不能履行职权之时起20日到35日内举行。

如竞选人在总统候选人资格登记截止日期前30日内公开宣布其竞选决定，但在上述期限前七日内死亡或不能参加竞选，宪法委员应当决定延期举行选举。

在第一轮投票前，其中一个候选人死亡或不能参加竞选，宪法委员会应当宣告延期举行选举。

在第一轮投票中获得最多选票的两位候选人之一在其可能退出竞选之前死亡或不能参加竞选时，宪法委员会应当宣告重新举行选举。在第二轮投票中出现两位候选人之一死亡或不能参加竞选时，亦依上述方法操作。

在上述情况下，得依宪法第61条第2款的规定或依第6条所提及的组织法中有关提出候选人的规定向宪法委员会提交审查。

宪法委员会可以延长本条第3款和第5款所规定的期限，但投票须在宪法委员会所确定的日期之后的35日内举行。如适用本款的规定而导致选举在现任总统届满后举行，则现任总统的权力延续行使至其接任者宣告当选为止。

在总统缺位期间，或在确定地宣告总统不能履行职权至选举其接任者期间，宪法第 49 条、第 50 条和第 89 条不得被适用。

第 8 条　共和国总统任命总理，并依据总理提出的政府辞呈而免除其职务。

共和国总统依总理的提名任命政府其他成员或免除其职务。

第 9 条　共和国总统主持部长会议。

第 10 条　共和国总统应于法律最终通过并送达政府后 15 日内公布法律。

共和国总统可以在上述期限内要求议会对该法律全部或部分条款进行重新审议，议会不得拒绝。

第 11 条　共和国总统依已经在《政府公报》上发表的政府在议会会议期间所提出的建议或议会两院联合提出的建议，得将涉及公权力组织、国家经济、社会或环境政策与促进公共服务的改革，或授权批准国际条约，虽与宪法不相抵触但将影响现行制度运行的法律草案，提交公民投票表决。

如公民投票是依政府的建议而组织，则政府应向议会两院报告并举行辩论。

第 1 款中所规定的公民投票须经五分之一议员的提议并获得十分之一登记选民的支持，该项提议以议员议案的形式提出，并且不得以撤销公布不满一年的法律条款为目的。

提出公民投票的条件以及宪法委员会监督遵守前款规定的条件由组织法予以规定。

如法案在组织法规定的期限内未被议会两院审议，则共和国总统得将其交由公民投票。

当议案在公民投票中未获得通过，则在公投日后的两年内，不得再次提起与此议案主题相同的公民投票。

经公民投票表决通过的法律草案或法律议案，由共和国总统在宣布投票结果后 15 日内予以公布。

第12条　共和国总统可以在咨询总理和议会两院议长后宣布解散国民议会。

全国的大选应在国民议会解散后的20日至40日内举行。

国民议会在选举后的第二个星期四自行召集会议。如此集会是在规定的议会正常会期之外，其会期应为15日。

在该次大选后一年内，国民议会不得再次被解散。

第13条　共和国总统签署经部长会议决议的法令和命令。

共和国总统任命国家文武官员。

国家行政法院法官、荣典院院长、大使和特使、审计院委员、省长、宪法第74条所规定的海外领地和新喀里多尼亚的国家代表、将级军官、大学区首长、中央行政机关首长，均须经部长会议任命。

其他须经部长会议任命的职位以及共和国总统将其任命权委托并以总统名义行使的条件，由组织法予以规定。

上述第3款规定以外的工作或职位，鉴于其关系到公民权利和自由的保障以及国家经济、社会生活，共和国总统任命权的行使须公开征询议会每一院相关常设委员会意见。如两个委员会各自的否决票总数不少于有效投票的五分之三，则总统不得作出任命。常设委员会的权限依该项工作或职位由法律予以规定。

第14条　共和国总统委派驻外大使和特使，并接受外国委派的大使和特使。

第15条　共和国总统是军队的统帅。总统主持最高国防会议和国防委员会。

第16条　当共和制度、国家独立、领土完整或国际条约义务的履行遭受严重而即刻的威胁，致使宪法所规定的公权力正常运作受到阻碍时，经正式咨询总理、议会两院议长和宪法委员会主席，共和国总统须采取紧急措施。

共和国总统应将该项措施昭告全国。

总统所采取的措施应以保障宪法的公权力为目的，并在最短期限内实施能够完成其使命的办法。该项措施应咨询宪法委员会。

在此期间，议会应自行召集会议。

国民议会在共和国总统行使紧急状态权期间不得被解散。

总统行使紧急状态权 30 日后，国民议会议长、参议院议长、60 名国民议会议员或 60 名参议员须将此事项提交至宪法委员会，由其裁定第 1 款所规定的条件是否仍然具备。宪法委员会应尽快作出决议并予以公布。总统行使紧急状态权 60 日后或其后的任何时间，宪法委员会得主动进行审查并以同样的方式作出决议。

第 17 条　共和国总统有特赦权。

第 18 条　共和国总统得向议会两院提出国情咨文，予以宣读，对该咨文不得进行讨论。

总统可以在为此目的而举行的议会两院联席会议上发言，可以在总统不在场时针对总统的发言进行讨论但不予以投票表决。

如在休会期间，议会两院应为此召集特别会议。

第 19 条　共和国总统所签署的法案，除宪法第 8 条第 1 款、第 11 条、第 12 条、第 16 条、第 18 条、第 54 条、第 56 条及第 61 条所规定的事项之外，应由总理副署，在必要的情况下也由负责的部长副署之。

第三章　政　府

第 20 条　政府制定并执行国家政策。

政府支配行政机构及军队。

政府依宪法第 49 条和第 50 条规定的条件和程序，对议会负责。

第 21 条　总理领导政府的活动，负责国防，保证法律的执行。除宪法第 13 条规定的事项外，总理行使规章制定权，并任命文武官员。

总理得将其部分职权授予其他部长行使。

如情况需要，总理得代理共和国总统主持宪法第 15 条所规定的最高国防会议和国防委员会。

在特殊情况下，总理得依总统明确的授权，就某一特定议程，代理共和国总统主持部长会议。

第 22 条　总理所签署的法案，必要时由负责实施该法案的部长副署。

第 23 条　政府阁员不得同时兼任议会议员、全国性职业代表及其他一切公职或专门职业。

上述议会议员、职业代表及公职人员的递补条件由组织法予以规定。

议会议员的递补依宪法第 25 条的规定。

第四章　议　　会

第 24 条　议会投票通过法律。议会监督政府行为。议会评估公共政策。

议会由国民议会和参议院组成。

国民议会议员不超过 577 名，由直接选举产生。

参议院议员不超过 348 名，由间接选举产生。参议院应保证共和国各地方公共团体的代表性。

居住在法国境外的法国人在国民议会和参议院中应有其代表。

第 25 条　议会两院的任期、议员名额、议员薪俸、被选举资格、无被选举资格和不得兼任的情形，由组织法予以规定。

有关国民议会议员和参议院议员席位空缺，议员所属议会全部或部分改选前人员的递补，或因其接受政府职位而被暂时递补的条件，亦由组织法予以规定。

独立委员会得就国民议会议员选区划分，调整国民议会或参议院席位的政府法案公开发表意见，其组成、组织规则和职能由法律予以规定。

第 26 条　议会议员在行使其职权期间所发表的言论或所进行的投票，不受追诉、调查、逮捕、拘留或审判。

任何议会议员非经其所属议院秘书处的批准，不得因刑事或违警事件被实施逮捕、剥夺或限制自由的措施。但此批准程序对于刑事重罪、现行犯或终审判决的罪行不予适用。

对于议会议员的拘留、剥夺或限制其自由的措施或追诉，如其所属议院提出请求，应当在会期内予以中止。

为实施上述条款，相关议院在必要时得自行集会举行补充会议。

第 27 条　所有的强制性委托均为无效。

议员的投票权属于议员个人。

组织法在特殊情况下可以许可委托投票，但每人接受委托不得超过一次。

第 28 条　议会自行召开常会，自十月第一个工作日开始，至六月最后一个工作日结束。

议会两院各自常会的会期都不得超过 120 日，会期的周次安排由各院自行决定。

总理在咨询相关议院议长后，或应议会各院多数议员要求，可以延长会期。

议会会期的日数和时间表由议会两院议事规程予以规定。

第 29 条　议会应总理或国民议会过半数议员的请求，须就特定的议程召开临时会议。

依国民议会议员的要求而召开的临时会议，在议会特定的议程结束后休会，会期最多不得超过 12 日。

总理可以在休会后的一个月内单独要求召开新的临时会议。

第 30 条　议会除自行集会外，临时会议的召开和闭会均依共和国总统的命令进行。

第 31 条　政府内阁成员得列席议会两院的会议。他们须应议会两院的要求发言。

政府内阁成员可由政府专员予以协助。

第 32 条　国民议会议长由选举产生，任期与国民议会任期相同。参议院议长在每次部分参议员改选后由选举产生。

第 33 条　议会两院会议公开举行。议事记录全文刊登于《政府公报》。

议会两院均可依总理或该院十分之一议员的要求召开秘密会议。

第五章　议会与政府的关系

第 34 条　下列事项的准则由法律予以规定：

——公民权及公民行使公共自由的基本保障，媒体的自由、多元化和独立，公民个人及其财产为国防而承担的义务；

——国籍、个人身份和权利能力、婚姻制度、继承和赠与；

——重罪和轻罪的确定及其适用的刑罚，刑事诉讼，大赦，新司法秩序的创立和法官的地位；

——各种税收的基准、税率和征收方式，货币发行制度。

下列事项的准则亦由法律予以规定：

——议会两院、地方议会与海外法国人的代议机构的选举制度，及地方公共团体议事机构成员行使议员权责和担任选举职务的条件；

——各类公共机构的设置；

——国家文武官员的基本保障；

——企业国有化及公营部门企业所有权向民营部门的移转。

下列事项的基本原则由法律予以规定：

——国防整体的组织；

——地方公共团体自主的行政管理、权限及财源；

——教育；

——环境保护；

——所有权制度，物权，民事和商事义务；

——劳动法、工会法和社会保障。

财政法依组织法所规定的条件及保留事项，确定国家财政的来源及支出。

社会保障财政法依组织法所规定的条件及保留事项，确定社会保障财政平衡的一般条件，并依收入预算确定支出目标。

国家活动目标由计划法予以规定。

公共财政长期方针由计划法予以规定，并应有利于公共行政财政平衡的目标。

本条有关事项由组织法予以细化和补充。

第 34—1 条　议会可以依组织法规定的条件投票作出决议。

如政府认为议案的通过或否决将使政府承担责任或包含有此方面的命令，则该议案不得被接受和不能纳入议程。

第 35 条　宣战须经议会批准。

政府应在派遣军队到国外执行任务开始后三日内将此决定知会议会，并应详述派遣军队驻外的目的。议会可对该项知会进行讨论但不得投票表决。

如派遣军队驻外超过四个月，政府延长驻扎的期限应得到议会的批准。政府可要求国民议会作出最后的决定。

如在四个月结束之时正值议会闭会，议会应在下一个会期开始时予以决定。

第 36 条　戒严须经部长会议颁布决定。

戒严期限超过 12 日者，须经议会批准。

第 37 条　由法律予以规定的事项之外的其他事项均具有行政立法属性。

凡以法律的形式介入行政立法事项，须在咨询国家行政法院的意见后以命令（Décret）进行修改。在本宪法生效实施后所制定的法律文件，经宪法委员会确认其内容具有上款所述行政立法性质，始得以命令进行修改。

第 37—1 条　法律和行政法规得基于特定目的而在一定期限内规定试验性条款。

第 38 条　政府为执行其计划，可以要求议会授权在一定期限内，以法令（Ordonnance）的方式规定本属于法律范围的事项。

法令在咨询国家行政法院意见后，由部长会议予以颁布。法令自公布之日起生效，但如在授权法规定的期限内未将请求批准的法律草案呈送议会，则该法令即归于无效。法令的批准须以明确的方式为之。

法令介入立法范围的事项，在本条第 1 款规定的期限届满后，只能以法律加以修改。

第 39 条　总理和议员均有立法创议权。

政府提出的法律草案在咨询国家行政法院意见后，由部长会议讨论并呈送议会其中一院的秘书处。财政法草案和社会保障财政法草案须先提交国民议会审议。在不违反宪法第 44 条第 1 款的情况下，关于地方公共团体组织的法律草案须先提交参议院审议。

法律草案依组织法规定的条件而提交给国民议会或参议院。

如法律草案被首先提交的议院议长会议认为组织法的规定没有被遵守，则该法律草案不得被列入议事日程。如议长会议和政府之间存在分歧，则该议院议长或总理得向宪法委员会提请审查，宪法委员会应在八日内作出裁定。

议会各院议长得按照法律规定的条件，将本院议员提交的法律提案在进入委员会审查之前送交国家行政法院征求意见，但提交法律提案的议员反对则不在此限。

第 40 条　议会议员提出的提案和修正案，如通过将导致公共财政收入的减少，或者创设或增加公共财物的支出，则不予接受。

第 41 条　在立法过程中，如法律提案或修正案不属于立法范围或与宪法第 38 条规定的授权内容相抵触，则政府或相关议院议长可对此提出异议。

如政府和相关议院议长意见不一致，则宪法委员会须依任何一方的要求在八日内作出裁决。

第 42 条　在议会全体会议上，关于法律草案与提案的讨论应就依宪法第 43 条提交给委员会通过的文本展开，如果没有，则就提交给议会的文本展开。

但在议会全体会议上，宪法修正案、财政法草案、社会保障财政法草案在最先被提交的议院一读期间应就政府提交的文本展开讨论，在之后的审议过程中，则就另一院所提交的文本展开讨论。

在议会全体会议上，法律草案或提案在最先被提交议院一读程序中只有在其交存六个星期后方可展开讨论。在另外一院，法律草案或提案只有在转交给另一院四个星期后方可展开讨论。

如加速程序依宪法第45条的规定被启动，则前款规定不再适用。财政法草案、社会保障财政法草案和紧急状态法案也不适用前款规定的程序。

第43条 法律草案和提案被提交给议会中的一个常设委员会。两院各自设立的常设委员会不得超过八个。

法律草案和提案应依政府或其被提交议院的请求而被提交给因此而任命的特别委员会进行审查。

第44条 议会议员和政府都有提出修正案的权利。该项权利在全体会议或委员会上行使，其条件由议会议事规程依组织法确定的框架予以规定。

辩论开始后，政府可反对将事先未提交委员会的任何修正案提交审查。

政府如提出要求，则接受提交的议院应只能就政府提出或接受修正案的全部或部分以一次投票进行表决。

第45条 所有法律草案或提案应在议会两院相继审议，以便通过内容一致的文本。在不影响宪法第40条和第41条适用的情况下，所有的修正案，如与提交或转交的文本有直接或间接的联系，在一读期间均可被接受。

如议会两院不能达成一致，法律草案或提案经两读仍未被任一院通过，或政府决定启动加速程序而未遭到两院议长会议的联合反对，在两院各自完成单独的一次审议之后，总理，或在法律提案情况下的两院议长联合，可提议成立一个双方代表人数相等的联合委员会，专门就讨论中的条款提出一个文本。

政府可将经联合委员会草拟的文本提交议会两院通过，非经政府同意不得进行任何修改。

如联合委员会不能达成一致的文本，或该文本不能依前款规定的条件获得通过，政府在国民议会和参议院再读后，可以要求国民议会作最后决定。在此情况下，国民议会得依联合委员会草拟的文本，或就国民议会最终投票通过并于必要时经参议院对其进行一项或几项修改的文本再作决定。

第 46 条 本宪法所称的组织法应依下述条件予以通过和修改：

组织法草案或提案在一读过程中只有在依宪法第 42 条第 3 款规定的期限结束后才能提交议院进行审议和表决，但如采用宪法第 45 条所规定的加速程序，法律草案或提案只有在被提出 15 日后始得在最先提交的议院进行审议。

组织法的审议适用宪法第 45 条规定的程序，但如议会两院对文本不能达成一致，则在国民议会最后一读过程中必须以其绝对多数票才能通过。

有关参议院的组织法须由议会两院以一致的文本表决通过。

组织法须经宪法委员会宣告其符合宪法方可以公布。

第 47 条 议会依组织法规定的条件表决通过财政法草案。

如国民议会在法律草案提交后 40 日内仍未完成一读程序，政府须将其提交参议院在 15 日内作出决定，此后再依宪法第 45 条规定的条件进行。

如议会在 70 日内仍未作出决议，则该法案的条款可通过法令的方式生效。

如财政年度收支的财政法案未能及时提出并在财政年度之前予以公布，政府得紧急要求议会授权征税，并以命令拨付已经表决通过的各项事业的开支。

本条所规定的期限，如在议会闭会期间，则予以中止。

第 47—1 条 议会依组织法规定的条件投票通过社会保障财政法草案。

如国民议会在法律草案提出后 20 日内未完成一读程序，政府须将其提交参议院在 15 日内决定，此后再依宪法第 45 条规定的条件进行。

如议会在 50 日内仍未作出议决，则该法案的条款可通过法令的方式生效。

本条所规定的期限，如在议会闭会期间及两院各依宪法第 28 条第 2 款决定不开会的周次期间，则予以中止。

第 47—2 条 审计院协助议会监督政府行为，协助议会和政府监督财政法与社会保障财政法的实施及评估公共政策，并通过其公共报告向公民提供信息。

公共机构账目应合法和真实，忠实反映其管理结果、资产及财政状况。

第 48 条 在不影响宪法第 28 条后三款适用的情况下，议会两院确定各自的议事日程。

每四周中应有两周会期依政府确定的顺序优先审议政府要求列入议程的文本并进行讨论。

审议财政法草案、社会保障财政法草案、在保留下一款规定的前提下至少六个星期以前由另一院转交的文本、紧急状态法案及依宪法第 35 条所要求的授权，应依政府要求优先列入议程。

每四周应保留一周会议，由两院各自决定监督政府行为和评估公共政策。

每月应保留一日会议给两院依各自相关议院反对党和少数团体提议而决定的议程。

每周至少保留一次会议，包括宪法第 29 条规定的临时会议，优先供议会议员质询及政府答辩。

第 49 条 经部长会议讨论，总理就政府施政纲领或必要时就其总政策声明对国民议会负责。

国民议会得通过不信任案要求政府承担责任。此项动议至少需要十分之一的国民议会议员签署才能提出。在动议提出 48 小时后，才可以将其付诸表决。不信任投票只统计赞成票，并须国民议会议员以多数票通过。除以下第 3 款规定的情况外，国民议会议员在一个常会会期内签署不信任案不得超过三次，在一个临时会期内签署不得超过一次。

经部长会议讨论，总理得就一项财政法草案或社会保障财政法草案向国民议会提出信任案。在此情况下，除非在此后 24 小时内，一项不信任案被依前款规定付诸表决，否则该法案被视为通过。另外，总理在每次会议期间可就另一项法律草案或提案诉诸该项程序。

总理有权要求参议院赞同其总政策声明。

第 50 条 国民议会通过不信任案或否决政府施政纲领或总政策声明时，总理应向共和国总统提出政府总辞职。

第 50—1 条 政府得主动或应第 51—1 条规定的议会团体的要求，就特定事项向议会两院中的任何一院作出宣告并展开辩论，若政府愿意则进行表决，但不涉及信任问题。

第 51 条 议会常会或临时会议结束后，如有必要可自行延长，以适用宪法第 49 条的规定。基于相同目的，议会可自行召开补充会议。

第 50—1 条 议会两院的议事规程决定各自院内设立的议会团体的权利，同时，也应确认相关议院反对党和少数团体的特殊权利。

第 51—2 条 为实施宪法第 24 条第 1 款确定的监督和评估任务，议会两院可依法律规定的条件设立调查委员会以搜集各类信息。

调查委员会的组织和运作，依法律规定；其设立条件则由议会两院各自议事规程予以规定。

第六章　国际条约与协定

第 52 条 共和国总统商定并批准条约。

无需批准的国际协定，其所有谈判过程均须向总统报告。

第 53 条 媾和条约，商务条约，有关国际组织的条约或协定，涉及国家财政的条约或协定，有关修改法律性条款的条约或协定，有关个人身份的条约或协定，以及有关领土的割让、交换或合并的条约或协定，须以法律的方式进行批准或认可。

上述条约或协定未经批准或认可不得生效。

领土的割让、交换与合并，非经有利害关系的居民同意不产生效力。

第 53—1 条 共和国可与欧洲国家就其共同义务，在庇护及人权和基本自由保护方面签署条约，以确定各自对庇护申请的审查权限。

但是，即便庇护的申请不属于条约规定的范围，共和国政府仍有权为因追求自由的行为遭受迫害或基于其他理由而申请法国保护的外国人提供庇护。

第 53—2 条　共和国依 1998 年 7 月 18 日所签署条约规定的条件承认国际刑事法院的司法管辖权。

第 54 条　基于总统、总理、议会任何一院议长、60 名国民议会议员或 60 名参议员的提请，宪法委员会如宣告国际条约含有与宪法相抵触的条款，则该条约只有在对宪法进行修改后才得批准或认可。

第 55 条　国际条约或协定经正式批准或认可，自公布之日起具有优于法律的效力，但以条约或协定对其他成员国的适用为限。

第七章　宪法委员会

第 56 条　宪法委员会成员九名，任期九年，不得连任。宪法委员会成员每三年改任三分之一。宪法委员会成员中，三人由共和国总统任命，三人由国民议会议长任命，三人由参议院议长任命。宪法第 13 条最后一款所确定的程序适用于此项任命过程。两院议长所实施的任命须交由相关议院常设委员会单独提出意见。

除上述九名成员之外，已卸任共和国总统为宪法委员会法定终身委员。

宪法委员会主席由共和国总统予以任命。在出现赞成票与反对票相同的情况时，主席有最后决定权。

第 57 条　宪法委员会委员不得兼任部长或议会议员。宪法委员会委员不得兼任的其他职务由组织法予以规定。

第 58 条　宪法委员会监督共和国总统选举合法进行。

宪法委员会审理选举争议并宣布投票结果。

第 59 条　国民议会议员和参议员选举发生争议时，由宪法委员会裁定其合法性。

第 60 条　宪法委员会监督宪法第 11 条、第 89 条和第十五章规定的公民投票合法进行，并宣布其结果。

第 61 条 各组织法公布前，宪法第 11 条规定的法律提案付诸公民投票前，以及议会两院议事规程在施行前，均须提请宪法委员会审查并就其合宪性作出宣告。

基于相同目的，法律在公布前得由共和国总统、总理、国民议会议长、参议院议长、60 名国民议会议员或 60 名参议员向宪法委员会提请审查。

出现前两款规定的情况，宪法委员会应在一个月内作出裁决。如情况紧急，应政府的要求，此期限缩短为八日。

出现上述情况，一旦向宪法委员会提请审查，法律公布期限即行中止。

第 61—1 条 法院在受理诉讼过程中，如认为一项立法构成对宪法所保障的权利和自由的侵犯，须由国家行政法院或最高法院提请宪法委员会进行审查，宪法委员会应在一定的期限内作出裁决。

本条的适用条件由组织法予以规定。

第 62 条 依宪法第 61 条第 1 款的规定，宪法委员会宣告违宪的法律不得公布，也不得适用。

根据宪法第 61—1 条的规定被宣告违宪的法律，应于宪法委员会裁决公布之时或该裁决确定的最后期限前予以废除。宪法委员会得决定由此法律而产生的后果接受重新审查的条件或限制。

宪法委员会的裁决，不得上诉，并对公权机关及所有行政机关、司法机关具有拘束力。

第 63 条 宪法委员会的组织原则和运作规则、提请宪法委员会审查的程序，特别是争议提请审查的期限，由组织法予以规定。

第八章 司法机关

第 64 条 共和国总统是司法独立的保障人。

共和国总统由最高司法委员会协助。

法官的地位由组织法予以规定。

法官终身任职。

第 65 条 最高司法委员会设立法官事务组和检察官事务组。

最高司法委员会法官事务组由最高法院首席院长主持，此外还包括五名法官，一名检察官，一名由国家行政法院任命的推事，一名律师及六名既不属于议会也不属于司法和行政体系的能胜任的社会杰出人士。其中，这六名杰出人士由共和国总统、国民议会议长、参议院议长各任命两名，任命程序适用宪法第 13 条最后一款的规定，两院议长所实施的任命须交由相关议院常设委员会单独提出意见。

最高司法委员会检察官事务组由驻最高法院总检察长主持，此外还包括五名检察官，一名法官，一名国家行政法院推事，一名律师和六名第 2 款中提及的杰出人士。

最高司法委员会法官事务组提名最高法院法官、上诉法院首席院长和高等法院院长。其他法官均须依其意见提名。

最高司法委员会检察官事务组负责对检察官的提名提供意见。

最高司法委员会法官事务组作为法官纪律委员会进行裁决。在履行此项职能时，其除上述第 2 款规定的成员之外，还包括最高司法委员会检察官事务组中的法官。

最高司法委员会检察官事务组应对涉案检察官的纪律处分提供意见。在履行此项职能时，其除上述第 3 款规定的成员外，还包括最高司法委员会法官事务组中的检察官。

最高司法委员会应召开全体会议以回应总统依宪法第 64 条征求意见的要求，它同样还得就法官职业道德相关问题或司法部长提出的司法运作任何相关问题表达意见。最高司法委员会全体会议包括第 2 款中所规定的五名法官中的三名、第 3 款中所规定的五名检察官中的三名以及第 2 款规定的国家行政法院推事、律师和六名适合的杰出人士。该会议由最高法院首席院长主持，也可由驻最高法院总检察长替代。

司法部长得参加最高司法委员会除纪律事项之外的各类会议。

最高司法委员会可受理应由法院审判的人所提交的申诉，其条件由组织法予以规定。

本条实施细则由组织法予以规定。

第 66 条　任何人不得被任意地拘留。

司法机关是个人自由的捍卫者，并依照法律规定的条件保证此原则的遵守。

第 66—1 条　任何人不得被判处死刑。

第九章　特别高等法院

第 67 条　共和国总统不必对其为履行职务所实施的行为负责，但宪法第 53—2 条和第 68 条另有规定者除外。

总统在任职期间不得被要求在法国任何司法机关和行政机关作证，也不得成为诉讼、预审、审讯或追诉的对象。所有法定时效或权利丧失期限在此期间均予以中止。

在总统停止职务一个月后，可对其重新启动或实施由此而被中断的法律活动和程序。

第 68 条　共和国总统仅在其明显不能履行义务并与其职务不相适应的情况下，方可被免除职务。总统被免除职务由特别高等法院会议作出宣告。

召集特别高等法院会议的提议由议会其中一院通过后立刻转交另一院，由其在 15 日内作出决议。

特别高等法院由国民议会议长主持。特别最高法院在一个月内就免除总统职务以秘密投票作出裁决，该裁决即刻生效。

依本条所作的裁决须以相关议院或特别高等法院全体成员的三分之二多数通过。投票权不得被授予他人。只有对召集特别高等法院会议或罢免案的赞成票被计算在内。

本条实施的条件由组织法予以规定。

第十章 政府成员的刑事责任

第68—1条 政府成员在执行公务过程中，如其行为之被认定构成重罪或轻罪，应承担刑事责任。

政府成员由共和国法院进行审判。

共和国法院应遵守法律所规定的犯罪定义和所确定的刑罚。

第68—2条 共和国法院由15名成员组成：12名为议员，由国民议会和参议院在每次全部或部分更新后各选出六名；三名为最高法院法官，并由其中一名法官主持共和国法院。

任何人若认为遭受政府成员在行使其职权时实施的犯罪行为的侵犯，均可向调查委员会提出控诉。

调查委员会应安排相应的程序，或将案件向驻最高法院总检察长移交，以便向共和国法院提交。

驻最高法院总检察长亦得依调查委员会的同意向共和国法院提交。

本条实施的条件由组织法予以规定。

第68—3条 本章的规定同样适用于其生效前实施的行为。

第十一章 经济、社会与环境委员会

第69条 经济、社会与环境委员会得依政府的提请就所提交的法律草案、法令、命令以及法律提案发表意见。

经济、社会与环境委员会得指派一名委员向议会两院表达其关于法律草案或法律提案的意见。

经济、社会与环境委员得受理申诉，具体条件由组织法予以规定。在审查申诉后，经济、社会与环境委员会得通知政府和议会其建议采取的行动。

第 70 条 政府和议会得就所有经济、社会或环境问题向经济、社会与环境委员会咨询意见。政府亦得就计划法草案确定的公共财政长期方针向委员会咨询意见。所有经济、社会或环境方面的计划或计划法草案均须交由经济、社会与环境委员会提出意见。

第 71 条 经济、社会与环境委员会成员不得超过 233 人,其组成与运作规则由组织法予以规定。

第十一章（补） 权利捍卫官

第 71—1 条 权利捍卫官监督国家行政机关、地方公共团体、公共机构及其他所有承担公共服务职责或组织法授予其公共服务职权的机关尊重权利和自由。

任何人认为其权利因公共服务运作或第 1 款中提及的机关而受到侵犯,皆可依照组织法规定的条件向权利捍卫官提请保护。权利捍卫官亦得自行提出请求。

权利捍卫官的职权及介入方式由组织法予以规定。权利捍卫官在团体帮助下行使特定职权的条件亦由组织法予以规定。

依宪法第 13 条最后一款规定的程序,权利捍卫官由总统任命,任期六年,不得连任,政府职员、议会议员不得兼任。其他不得兼任权利捍卫官的人员由组织法予以规定。

权利捍卫官应就其行为向总统和议会作说明。

第十二章 地方公共团体

第 72 条 共和国的地方公共团体为市镇、省、大区、特殊法律地位的行政区域和宪法第 74 条规定的海外领地。所有其他的地方公共团体均应依法创建,必要时可替代本款规定的一个或多个地方公共团体。

地方公共团体得在其管辖范围内以最适当的方式行使职权,作出决策。

依法律规定的条件，地方公共团体通过选举产生的委员会实施自治，并为行使职权享有规则制定权。

根据情况，当法律或行政法规已有规定，地方公共团体或其联合体可以依照组织法规定的条件，为特定目的并在确定期限内，试验性地减损调整其有权行使的立法性或者法规性条款，但此项不得影响行使公共自由或宪法所保障的权利。

任何地方公共团体均不得对其他的地方公共团体行使管辖权，但如有必要联合多个地方公共团体行使权力，法律得授权其中一个地方公共团体或联合体安排共同行动的方式。

在共和国地方公共团体内，国家代表，政府成员的代表，负责国家利益、行政监督和遵守法律。

第72—1条 每个地方公共团体的选民得通过行使请愿权要求该行政区域议事机构将与其权限相关的事项纳入议事日程的条件，由法律予以规定。

依组织法的规定，供审议的草案或有关地方公共团体权力的法案可以由地方公共团体自行交给该区域选民以公民投票的方式作出决定。

欲建立特殊地位的地方公共团体或改变其组织结构，须依法律规定咨询相关地方登记选民的意见。改变地方公共团体边界亦须依法律规定的条件咨询选民意见。

第72—2条 地方公共团体享有财政收入并依法自由处置。

地方公共团体得获得各种税收的部分或全部，法律得授权其在法律规定范围内决定征税基数和税率。

对于各类地方公共团体而言，其税收和其他财政收入即为其收入的主要部分。此项规则的实施由组织法予以规定。

国家和地方公共团体间的权力转移均应辅之以权力行使所需的财政分配。所有创设或拓展权力造成地方公共团体支出扩大亦须辅之以法律确定的财政收入。

法律应规定均衡的分担机制以促进不同地方公共团体之间的平等。

第 72—3 条 共和国承认自由、平等、博爱为海外领地人民和法国人民共同的理想。

对瓜德罗普、圭亚那、马提尼克、留尼汪、马约特、圣巴泰勒米、圣马丁、圣皮埃尔—密克隆、瓦利斯和富图纳群岛及法属波利尼西亚的管理依宪法第 73 条有关海外省和大区的规定、宪法第 73 条最后一款有关地方公共团体的规定及宪法第 74 条有关其他地方公共团体的规定。

新喀里多尼亚的地位由宪法第十三章予以规定。

法属南半球和南极领地及克利珀顿的立法体制及特别组织由法律予以规定。

第 72—4 条 对于宪法第 72—3 条第 2 款规定的其中一类地方公共团体的全部或部分,宪法第 73 条和第 74 条中所规定的制度发生任何变化,未经相关地方公共团体全部或部分选民依下一款的规定事先同意不得实施。此种制度的变化由组织法予以规定。

依已在《政府公报》上发表的政府在议会会期中的建议或议会两院联合提议,共和国总统可决定是否就有关海外的一个地方公共团体的组织、权力或立法体制咨询该地方公共团体选民的意见。当就上款所述规定的变化而实施的咨询为依政府建议而组织时,政府应向议会两院发表声明,继而展开辩论。

第 73 条 法律和行政法规在海外省和大区当然适用。法律和行政法规可依地方公共团体的特有情况与限制而作出调整。

此类调整可由地方公共团体在其权力行使范围内予以决定,并考虑是否根据情况得到法律或行政法规的授权。

依第 1 款规定的例外情况并考虑到地方公共团体的特殊性,本条规定的各地方公共团体可依法律或行政法规的授权,在属于法律或行政法规立法范围的某些方面自行制定适用于其辖区内的规则。

此类规则不得涉及国籍、公民权利、公民自由的保障、个人的身份及行为能力、司法组织、刑法、刑事诉讼程序、外交政策、国防、公共安全和秩序、货币、信贷和汇兑、选举法。以上列举事项得由组织法进行细化和补充。

上述两款不得适用于留尼汪省和地区。

第2款和第3款规定的授权应依相关地方公共团体的要求并依组织法规定的条件而作出决定,但此类授权的实施不得影响公共自由或宪法保障的基本权利。

依法创立一个地方公共团体来取代海外省和大区,或以单一的议事机构服务于两个地方,非依宪法第72—4条第2款规定的形式获得该类地方登记选民同意的不得实施。

第74条 本条规定的海外领地应考虑到其在共和国内各自利益的章程。

此类章程由组织法予以规定,在咨询有关议事机构意见后通过,其内容包括:

——法律和行政法规适用的条件;

——地方公共团体的权限;已经保留给地方公共团体行使,国家权力转移亦不得涉及的宪法第73条第4款规定的事项,必要时由组织法予以细化和补充;

——地方公共团体机构的组成和运作规则及议事机构的选举制度;

——就法律草案和提案、法令和命令草案包含关于此类团体之特别规定者,以及国际条约之批准与认可涉及此类区域之权限者,征求此类团体之机构的意见的条件。

组织法对于被授权自治的地方公共团体同样还规定以下事项的条件:

——国家行政法院就属于法律规范范围内的事项对其议事机构的某些种类条例实施特殊的司法审查;

——当地方公共团体机关向宪法委员会提请审查,宪法委员会确认地方公共团体章程生效后颁布的法律介入了地方公共团体的权限范围时,其议事机构得修改该法律。

——为有利于人民就业，以及实施职业活动培训或保护土地，地方公共团体得采取符合地方正当需要的措施；

——地方公共团体在国家监督下，在尊重和保障全国范围内公共自由行使的前提下，行使其保留的权力；

其他关于本条地方公共团体特殊组织机构的模式须在咨询其议事机构后以法律形式予以规定或修改。

第74—1条 在宪法第74条规定的海外领地，以及新喀里多尼亚，政府得就原属国家权限范围内的事项通过法令，结合必要的调整，将适用于法国本土具有法律性质的规则扩大适用，只要法律未针对相关法律文件明确排除此类程序的适用。

此类法令在咨询相关议事机构和国家行政法院意见后由部长会议发布，其在公布之时即行效，但如在其公布后的18个月内仍未得到议会的批准，则即行失效。

第75条 共和国公民不具备宪法第34条规定的国民身份，在未放弃其身份前，保持其个人原有的身份。

第75—1条 区域性语言属于法国的文化遗产。

第十三章 新喀里多尼亚过渡条款

第76条 新喀里多尼亚人民于1998年12月31日前，就1998年5月5日在努美阿签署并于1998年5月27日在法兰西共和国《政府公报》上公布的协定内容举行公民投票。

凡符合1988年11月9日第88—1028号法律第2条规定条件的公民都有投票权。

有关组织投票的必要措施经部长会议讨论后，由国家行政法院以命令发布。

第77条 依宪法第76条的规定通过该协定后，为保证新喀里多尼亚的发展，遵守协定所确定的基本框架并依执行所需的必要方式，经咨询新喀里多尼亚议事机构，由组织法对以下事项予以规范：

——国家确定转移给新喀里多尼亚各机构的权限、转移的层次和方式及所需要费用的分担；

——新喀里多尼亚各机构组织及其运作的规则，特别是新喀里多尼亚议事机构的某些法案在其公布实施前提交宪法委员会审查的条件；

——有关公民身份、选举制度、就业和习惯法中个人身份的规则；

——新喀里多尼亚相关居民举行投票表达意见实现其完整主权的条件和期限；

——有关实施第76条规定的其他必要措施，由法律予以规定。

为选举新喀里多尼亚和各省议事机构成员而确定选举团之目的，第76条所规定之协定所指名单，及关于新喀里多尼亚的1999年3月19日第99—209号组织法第188条和第189条规定之名单，应为第76条所规定之投票的名单，名单中亦包括不具备投票资格之人员。

第78—86条　（已废除）

第十四章　法语国家和联合协定

第87条　共和国应致力于法语国家及其人民间团结与合作的发展。

第88条　共和国可以同有意与其联合以发展双方文明的国家签订联合协定。

第十五章　欧洲联盟

第88—1条　共和国参加由各个国家自由选择组成的欧洲联盟，并依2007年12月13日《里斯本条约》而产生的《欧洲联盟条约》和《欧洲联盟运行条约》共同行使相关权力。

第88—2条　根据欧洲联盟之机构通过的法案所签发的欧洲逮捕令，其规则由法律规定之。

第88—3条 基于互惠，及1992年2月7日《欧洲联盟条约》规定的方式，在法国居住的欧洲公民可被赋予参加市镇选举的选举权和被选举权。这些公民不得担任市长和副市长，也不得参加参议员选举人的选派和参议员的选举。本条的实施细则由议会两院以一致文本通过的组织法予以规定。

第88—4条 政府向欧盟理事会提交有关欧洲立法文件的草案和欧盟其他的法律文件的草案或提案，同时也向国民议会和参议院提交审议。

关于第1款所提到的草案和提案以及向某一欧盟机构发出的任何文件，如有必要，在议会的会期之外，亦应依两院议事规程规定的方式通过欧盟问题决议。

议会两院各应设立一个负责欧洲事务的委员会。

第88—5条 任何法律草案如涉及批准某一个国家加入欧洲联盟的条约，该法律草案均应经共和国总统提请公民投票。

但依两院各自以五分之三投票表决通过的内容相同的提议，议会得依宪法第89条第3款规定的程序授权通过该法律草案。

第88—6条 国民议会或参议院可以就欧洲联盟立法草案是否符合补充性原则发表意见，该意见由相关议院议长提交给欧洲议会主席、欧洲理事会和欧盟委员会并同时知会政府。

议会两院可以向欧洲法院提请关于一项欧洲联盟立法违反补充性原则的申诉，该项申诉由政府转交给欧洲法院。

为实现此目的，即便在议会会期之外，可以依两院各自议事规程规定的创议和讨论的方式通过决议。依60名国民议会议员或60名参议员的要求，亦可提出申诉。

第88—7条 通过对国民议会和参议院以一致文本通过的提议进行投票，议会可以根据2007年12月13日《里斯本条约》而产生的《欧洲联盟条约》和《欧洲联盟运行条约》的规定，基于条约简单修改程序或民事司法合作，反对对通过欧洲联盟法令的规则进行修改。

第十六章 宪法修改

第89条 宪法修改创议权同时属于共和国总统和议会议员，共和国总统依总理建议行使此项权力。

宪法修改草案或提案应依宪法第42条第3款规定的期限条件进行审查，并经议会两院以一致文本投票通过。该修正案经公民投票通过后予以确定。

当共和国总统决定将宪法修改草案提交议会两院联席会议审议时，则该草案不必提交公民投票；在此情况下，宪法修改草案须获得议会联席会议五分之三多数票方可通过。国民议会秘书处即作为议会两院联席会议秘书处。

国家领土完整遭受危险侵犯时，任何修宪程序均不得启动或继续。

政府共和政体的形式不得作为修宪的主题。

第十七章 过渡条款（已废除）

（2004年环境宪章）

法国人民，

鉴于，

资源和自然的平衡是人类产生的条件；

人类未来及生存与其所处的自然环境密不可分；

环境是全人类的共同财富；

人类对其生活条件及其自身演进的影响与日俱增；

生物多样性、人的全面发展和人类社会进步因人类一些消费或生产方式以及对自然资源过度开发而受到影响；

保护环境应该和其他国家基本利益一样受到重视；

为保证可持续发展，满足当前需要的选择不应损害后代及其他人民满足自身需求的能力，特宣告：

第1条 每个人均有权利在平衡和有益于健康的环境中生活。

第2条 所有人皆有保护环境和改善环境的义务。

第3条 所有人均应依法预防或限制其可能对环境造成的危害。

第4条 所有人均应依法对其造成的环境危害承担赔偿责任。

第5条 环境危害可能造成严重的不可逆转的影响时，即便无法科学地确认状况，公权力机关也应适用预防性原则，在其职权范围内启动环境危害评估程序，并采取临时而适当的措施以避免危害发生。

第6条 公共政策应促进可持续发展，并为此协调环境保护和开发、经济发展和社会进步的关系。

第7条 所有人依法定条件和限制皆有权利获得由公权力机关控制的环境信息，有权利参与制定可能对环境产生影响的公共决定。

第8条 环境教育和培训应有利于实现本宪章规定的权利和义务。

第9条 研究和改革应协力促进环境保护和开发。

第10条 本宪章鼓励法国在欧洲和国际上的行动。

（李晓兵 译　高婧、王建学 校）

选举法①

(立法部分)

第一部分 国民议会议员、省议员和市议员的选举

第一编 有关国民议会议员、省议员和市议员选举的统一规定

第一章 选民条件

第1条 选举方式为全民直接选举。

第2条 年满18周岁、享有公民权和政治权、没有被依法剥夺选举权的法国人均为选民。

第3—4条 〔已废除〕

第5条 法官在裁定实施监护或更新监护时,有权决定被监护人是否享有投票权。

第6条 被法院依法禁止享有投票权和选举权的人在判决有效期内不得被列入选民名单。

第7—8条 〔已废除〕

---

① 法国的《选举法》分为"立法部分"和"规章部分",因篇幅所限,本书收录了"立法部分",选取其中第1—327条进行了翻译。

第二章 选民名单

第一节 选民名单的登记条件

第 9 条 列入选民名单是必要条件。

国家行政法院对此条款的执行条件有相应规定。

第 10 条 禁止一个人同时登记在几份选民名单上。

第 11 条 以下人员提出申请后可列入选民名单：

1）在该市镇拥有实际住所、或在此居住超过六个月的选民；

2）申请当年连续第五次出现在市镇直接税缴纳名单上、即使没有在该市镇居住也申明愿意在此行使选举权的选民。任何选民都可以选择是否同自己的配偶列入同一份选民名单；

3）因为担任公务员职务而必须在此市镇居住的选民。

名单起草时尚未满足上述年龄和住所条件、但在名单正式截止前符合条件的公民同样可以列入选民名单。

因为服役而缺席并不影响上述规定的执行。

第 11—1 条 在不妨碍第 11 条执行的情况下，在前一次名单截止日期后满足年龄条件、或将在下一次名单截止前满足、并同时符合法律规定的其他条件的人，按规定登记在其真实住所所在市镇的选民名单内。

第 11—2 条 对于三月份能够如期举行的一般选举，之前名单修改时，第 11—1 条同样适用于将在名单截止日期后、投票日期前达到年龄规定的人。

如果选举到达三月份既定日期却推迟举行，在前一次名单截止日期后、在投票日期前满足年龄条件、并同时具备其他法定条件的人按规定登记在其真实住所所在市镇的名单上。

第 12 条 旅居国外、在其住所被辖使领馆登记在册的法国人可以要求登记在下述市镇的选民名单上：

出生地；

最后房产所在地；

最后居住地，但必须居住六个月以上；

父辈或祖辈出生、并在该地选民名单登记或登记过的市镇；

某个第四亲等以内亲属登记或登记过的市镇。

第13条 海陆空三军将士成为选民的条件和其他公民一样。没有满足第11条中任一条件的职业军人或雇佣军人——无论驻守何地——都可以要求登记在第12条（第1款）提到的市镇的选民名单上。

如果上述市镇均不在法国境内，他们可以要求登记在所属招募办公室所在市镇的选民名单上。

第14条 旅居国外、在其住所被辖使领馆登记在册的法国人和职业军人或雇佣军人的配偶同样可以在出具婚姻证明后登记在其配偶登记地的选民名单上。

第15条 船员、手工业者或受雇员工和他们住在船上的家属可以不受住所限制、但在满足其他法定条件的前提下，登记在下述市镇的选民名单上：

巴黎大区：巴黎（第12区），孔夫朗—圣奥诺里讷，隆格伊—阿奈勒，圣马麦斯，圣乔治新城。

北部大区：杜埃，敦刻尔克，贝杜讷，布杉，德南，阿布维尔。

下塞纳河大区：鲁昂。

东部大区：维特里—勒弗朗索瓦，南锡，梅兹，斯特拉斯堡，科尔马，牟罗兹。

中央大区：蒙吕松，布尔日，罗昂，蒙索莱米讷。

西部大区：南特，雷恩。

南部大区：波尔多，图卢兹，贝济埃。

东南部大区：塞特，马赛，阿尔勒，里昂，索恩河畔沙隆，圣让-德罗斯讷。

第15—1条 不能提供住所证明、法律也不能确定其归属的公民可以申请登记在《社会行为和家庭法》第264—6条和第264—7条许可的收容机构所在市镇的选民名单上：

——该机构地址已在其身份证上出现六个月以上；

——或该机构为他们出具了上述法典第264—2条提及的、有关两者存在六个月以上关系的证明。

第二节 选民名单的设立和修改

第 16 条 选民名单长久有效，每年修改。

命令对修改的规则和形式有专门说明。

选举在名单截止后整一年进行修改而后通过的名单基础上进行。

但是，执行第11—2条第2款规定时，由此产生的补充名单于立法选举之日生效。

第 17 条 根据地域范围设立投票办公室。

每个投票办公室都会设立一个行政委员会，由市长或其代表、省长或专区区长指定的行政助理，以及大审法院院长指定的代表共同组成。行政委员会为投票办公室编制选民名单。

在超过10000名居民的市镇，行政助理由省长在该地市镇议会成员以外挑选。

出现第11—2条第2款情况时，行政委员会最迟应于立法选举前第二个月的第一天召集开会并组织登记。

此外，由市长、省长或专区区长指定的行政助理，以及大审法院院长指定的代表组成的行政委员会应该根据每个投票办公室编制的选民名单汇总出一份该市镇总名单。

巴黎、里昂和马赛的总名单需要分区设立。

第 17—1 条 为了执行第11—1条和第11—2条，管理国民服务法统计资料和医疗保险基础服务机构资料的部门需要向行政委员会提供上述条款提及的符合年龄条件的公民的个人信息：姓名、国籍、出生日期、出生地点、家庭住址。纸质材料包含的信息借由国家统计与经济研究所转交给行政委员会。

对于超过第 20 条和第 25 条规定的诉讼期限的信息和提起诉讼后最终决定已经下达的信息，行政委员会将予以销毁。

处理上述个人信息时需遵循 1978 年 1 月 6 日通过的有关信息、资料和自由的第 78—17 号法律。

第 18 条　负责修改选民名单的行政委员会必须在名单上写清所有选民的姓名和住址。住址信息必须具体到所在的街道及号码。

但是，对于第 15—1 条提到的选民，他们的住址信息替换为他们登记在选民名单上的收容机构的地址。

第 19 条　选民的出生时间和出生地点必须出现在名单上。

第 20 条　省长收到有关选民名单信息增减的表格后，如果认为第 18 条规定的程序没有得到遵守，可以两日内向行政法庭提交针对行政委员会行为的诉讼。如果存在舞弊，不影响第 113 条的执行。

第 21 条　选民名单递交至市政府秘书处，在命令规定的条件下予以公示。

第 22 条　〔已废除〕

第 23 条　被第 17 条所任命的行政委员会从名单上删除、或登记受到该委员会质疑的选民会免费接到市长通知，可陈述意见。

第 24 条　〔已废除〕

第 25 条　当事选民可在小审法院对行政委员会的决定提出异议。

同等条件下，任何一位登记在同份选民名单内的选民都可以申请把遗漏的选民补上或将非法登记的选民删除。

省长和专区区长拥有同等权利。

第 26 条　〔已废除〕

第 27 条　小审法院的判决是终审判决；但判决本身可被提至最高法院进行申诉。

最高法院对申诉作出最终裁定。

第 28 条　选民名单汇总成册，保存在市镇资料馆。

任何选民、候选人、党派和政治团体都可以查阅并复印名单。

第 29 条　编制名单产生的印刷费用由国家承担。

第三节　修改期外登记

第 30 条　以下公民在名单修改期外、选民被召集起来投票时也可以列入选民名单：1）登记期限截止后调动工作或退休的公务员和行政人员，以及在他们调动或退休之日随同迁来的家属；2）登记期限截止后返回家乡或改换住址的退伍复员军人；2）（补）除上述两种情况，在登记期限截止后因为工作原因迁居其他市镇的公民，以及随同搬迁的家属；3）在登记期限截止后达到法定选举年龄的公民；4）选举期限截止后获得法国国籍的人；5）之前根据法律判决被剥夺政治权利、现已恢复行使选举权的法国人。

第 31 条　上述条款涉及的登记申请需加附证明文件后递送至市政府。申请受理时间截止到投票前第 10 天。

第 32 条　根据第 17 条成立的行政委员会对登记申请进行审查，最迟于投票前五日作出裁决。

第 33 条　行政委员会的决定在作出裁决后两日内由市长通知相关公民，如有撤销，也需通知相关市镇的市长。

选民信息须同时登记在选民名单和选民大会前五日公布的修改表格内；如果修改表格已经公布，市长需要张贴特别告示。

第 33—1 条　当事人、同一份名单上的选民、省长或专区区长可对行政委员会根据第 30 条作出的决定提起诉讼；受理诉讼的小审法院直到投票之日都有权作出裁决。

第 34 条　小审法院的受案法官直到投票之日都有权对声称出于单纯操作失误而从名单上遗漏或因为第 23 条和第 25 条的规定没有得到遵守而从名单上删除的人员的申请进行裁决。

第 35 条　对小审法院法官决定不服者可在决定告知后 10 日内提起上诉。

第四节 登记审查

第36条 如果一个公民同时登记在几份名单上，市长或其中任何一份名单上的任何一位选民都可以——最晚在名单截止前八天——借由行政委员会要求该公民选择一份予以登记。

如果通知以挂号信方式送抵住宅八日内该选民没有作出选择，他的信息将只保留在最后登记地的选民名单上，其他作废。

与此相关的申明和争议由负责修改当事选民所在名单的行政委员会和小审法院根据本章第二节规定的程序与期限审理并裁决。

第37条 国家统计与经济研究所拥有选民总名单，以便审查。

第38条 省长应通过各种法律手段确保必要的名单修改得以进行。

如果发现存在违背刑法的地方，他可以提请法院予以追究。

第39条 一位选民同时登记在两份及以上名单上时，省长需要联系该选民最后登记地的市长，予以干涉。

即使修改期限已过，该市市长也必须立即通过带有接收回执的挂号信告知该选民：除非他提出反对，否则他的信息将只保留在最后登记地的名单上，其他名单上的登记一律删除。

该选民作出回应后或者如果没有回应则在挂号信寄出八日后，该市市长进行删除事宜，或通知删除涉及地的市政府。

第40条 上述条款涉及的名单修改由根据第17条成立的行政委员会负责进行，无需考虑修改期是否结束，没有时间限制。行政委员会的决定可以受到质疑，接受诉讼的小审法院根据第25条的规定进行审理。

第五节 减 税

第41条 根据税法第1131条，与选举程序有关的文本、决议和名册免除印花税、登记费和税法第698条提及的司法费。

第42条 任何人提出请求，都可以免费获得印在公文纸上、用来证明年龄的出生公证。正文抬头说明其指定用途，不可挪作他用。

第六节　选民证

第 43 条　选民证相关费用由国家承担。

第三章　候选人资格

第 44 条　所有具备选民资格的法国人都可以参选并且获胜；法律规定无选举能力或无选举资格者除外。

第 45 条　不能证明已经履行国民服务法义务的人不能参选。

第 45—1 条　下述人员不能提交候选申请：1）被行政法官根据第 118—3 条和第 118—4 条宣布无候选人资格的人在判决之日起至多三年内；2）被宪法委员会根据第 136—1 条和第 136—3 条宣布无候选人资格的人在判决之日起至多三年内。

第四章　不可兼任

第 46 条　职业军人和正在服役的兵士不可以兼任本法典第一部分涉及的职务。

该项规定不适用于预备役军人。但国家宪兵队的预备役军人不能在所在辖区参与选举。

第 46—1 条　任何人不可兼任以下职务两项以上：大区议员，科西嘉议会议员，省议员，巴黎议员，圭亚那议会议员，马提尼克议会议员，市议员。

除本法典第 270 条、272—6 条和 360 条规定的特殊情况外，任何兼任者都必须辞去先担任的职务，从而终止对不可兼任规定的违背。他拥有从使他出现兼任困境的当选之日起、如遇争议则从承认选举有效的判决成为最终决定之日起 30 天的处理期限。如果规定期限内当事人没有作出选择、或辞去最新当选的职务，则其最早获得的职务自动终止。

因为在本法典第一部分第四编第二章涉及的市镇当选市议会议员而出现兼任困境的公民可以选择辞去任一职务。他同样拥有从使他出现兼任困境的当选之日起、如遇争议则从承认选举有效的判决成为最终决定之日起

30 天的处理期限。如果规定期限内当事人没有作出选择，则被视为已经放弃最早获得的职务。

第 46—2 条 兼任第 46—1 条第 1 款列举的两项职务者如果获得欧洲议会议员职务，则应该根据 1977 年 7 月 7 日关于欧洲议会代表选举的第 77—729 号法律第 6—3 条规定辞去之前担任的一项职务，从而终止对不可兼任规定的违背。当事人拥有从宣布当选欧洲议会议员之日起、如遇争议则从承认该选举有效的判决成为最终决定之日起 30 天的处理期限。如果规定期限内当事人没有作出选择或辞去最新当选的职务，则其最早获得的职务自动终止。

第五章 宣 传

第 47 条 选举会议召开条件参见 1881 年 6 月 30 日有关集会自由的法律和 1907 年 3 月 28 日有关公共集会的法律。

第 48 条 宣传活动参见 1881 年 7 月 29 日有关新闻自由的法律，但该法律第 16 条除外。

根据上述法律第 15 条第 3 款，有公文内容的宣传海报只能在空白纸上印刷。

在上莱茵省、下莱茵省和摩泽尔省，上述法律第 15 条和第 17 条只在符合 1906 年 7 月 10 日当地法律的前提下执行。

第 48—1 条 与选举宣传有关、借助各种电子途径向公众传播的信息都必须遵守本法典有关选举宣传的限制与禁忌。

第 48—2 条 禁止任何候选人选择竞争对手无法在选举结束前有效回击的时机向公众抛出新的论战议题。

第 49 条 投票前一日零点起，禁止散发公报、通知及其他资料。

投票前一日零点起，同样禁止以任何电子途径向公众传播与竞选宣传有关的信息。

第 49—1 条 投票前一日零点起，禁止通过自动或非自动系统分批给选民打电话，鼓动他们为某个候选人投票。

第 50 条 禁止公共机构或市政府工作人员散发候选人的选票、政治主张或宣传告示。

第50—1条 从选举当月第一日前六个月至该轮投票完成之日，禁止任何候选人及为其竞选服务的人员把某个免费电话号码（包括网络电话）告诉给公众。

第51条 选举期间，每个市政府都要划出特定场地，用于张贴竞选海报。

每位候选人或每份候选名单可支配的面积必须一致。

从选举当月第一日前六个月至该轮投票完成之日，禁止在该场地以及允许自由表达的公告板（如果存在的话）以外的地方张贴任何与选举有关的海报。同样禁止每位候选人占用其他候选人的宣传场地。

第52条 如果市长拒绝遵守上述规定，或执行中有所疏漏，省长必须亲自或指定代表接手此事，确保法律得以遵守。

第52—1条 从选举当月第一日前六个月、至该轮投票完成之日，禁止以选举宣传为目的、借助新闻媒介或任何视频手段进行商业广告。

从预计举行立法选举该月前六个月的第一天起，不允许在选举地区进行有关该地市政工程或行政管理相关成果的广告性宣传。在遵守本章规定的前提下，这一禁令不适用于某位候选人或其竞选团队在竞选期间对其现在或过去担任的职务进行工作总结。相关费用的管理请遵照本编第五章（补）有关选举经费筹措和上限的规定。

第52—2条 立法选举时，在法国本土最后一个投票办公室关闭前禁止把选举结果（部分或最终）通过新闻媒介或电子途径传达给公众。海外省同样如此，在该省最后一个投票办公室关闭前，禁止透露选举结果。

补选时，在相关地区的最后一个投票办公室关闭前，同样适用此规定。

第52—3条 每位候选人或每份候选名单都可以在自己的选票上印上标记。

第五章（补） 选举经费的筹措与上限

第52—4条 根据第52—5、52—6条规定，每位候选人最迟在其候选人资格登记之日宣布代理人。代理人可以是竞选筹款协会，也可以是作为"财务代理"的自然人。一位代理人不可以同时为几位候选人工作。

从选举月第一日前一年起、至提交竞选财务报告之日，代理人负责筹集竞选专用资金。

代理人负责结算投票日之前所有用于选举的费用，但由某个党派或某个政治团体承担的花销除外。候选人或其团队在宣布代理人之前的花销可以由代理人事后报销，并体现在其银行或邮局账户上。

如果选举提前，或需要举行补选，则该规定的适用时间调整为使这场选举成为必要的事件发生之日起。

本条款不适用于少于9000名居民的区举行的省议员选举，也不适用于少于9000名居民的镇举行的市议员选举。

第52—5条 竞选筹款协会的成立需遵守1901年7月1日结社契约法第5条的规定。成立声明需同时附有候选人的书面同意书。候选人不能成为支持自己的竞选筹款协会的成员。如果是候选名单投票，则名单上的任何成员都不可以成为支持该名单上首位候选人的竞选筹款协会的成员。负责提交竞选财务报告的会计师不能担任该协会会长或出纳一职。

竞选筹款协会需要开立唯一的、用以体现所有财务往来的银行账户或邮局账户。协会的财务报告需要附在它支持的候选人或是它支持的候选人所在的候选名单上首位候选人的竞选财务报告后。

协会只能在第52—4条第2款规定的时限内筹集经费。

协会在其支持的候选人提交竞选财务报告三个月后自动解散。在此之前，协会需要对不属于候选人个人出资的那部分净资产的归属发表声明。余额应该或送与某个政党的筹款协会，或送与一个或几个公共机构。如果协会在规定条件和时限内没有对资金归属作出决定，则应该协会所在省省长的要求，共和国检察官责成大审法院院长指定一家或几家公共机构，以接受净资产赠与。协会决定的资金归属不被认可时，以同样办法处理。

如果竞选筹款协会支持的候选人没有递交候选申请，协会在递交申请期限结束后自动解散。应该在解散后三个月内宣布的资金归属也请遵照前一款的规定执行。

第52—6条 候选人需要向其居住地所在省政府书面告知他所选财务代理的姓名，并同时附上该代理人的明文同意书。负责呈报竞选财务报告的会计师不能担任此项职务。候选名单投票时，名单上的任何人都不可以成为该名单首位候选人的财务代理。

财务代理需要开立唯一的、用以体现所有财务往来的银行账户或邮局账户。账户说明中明确指出账户所有人以候选人财务代理身份行事。

所有财务代理都有权开立此项账户，并在自选信用额度内拥有确保账户正常运转的各种支付手段。开立账户时，代理人需出具证明，以名誉担保之前没有以候选人财务代理名义开立账户。

如果遭到所选银行或邮局拒绝，代理人可以提请法兰西银行在收到申请和证明文件后一个工作日内指定一家位于该选举举行地范围内或其自由所选另一地附近的信贷机构。该指定信贷机构作出任何结账决定都必须给予法兰西银行和代理人书面通知及说明。必须给予代理人至少两个月的期限。结账后，代理人可以在本条款规定的条件下重新行使账户权利。这种情况下，前后账户的续存不被视为对第2款只能设立一个账户规定的违反。此项权利的行使细则参见相关命令。银行业与保险业监管机构根据货币与金融法第612—31条规定的程序对此项权利的遵守予以监督。

代理人的财务报告需要附在指定其服务的候选人或指定其服务的候选人所在的候选名单上首位候选人的竞选财务报告后。

财务代理人只能在第52—4条第2款规定的期限内筹集资金。

财务代理人的职能在指定其服务的候选人提交竞选财务报告后三个月自动解除，或者，如果该候选人没有在法定期限内递交候选申请，则在递交申请期限结束后自动解除。

代理人任职结束后，需要向候选人提交一份有关其活动的财务报表。

如果存在不属于候选人个人出资的资金结余，它将根据候选人的决定赠与某个政党的筹款协会，或一家或几家公共机构。如果没有在规定条件和时限内作出资金归属决定，则应该协会所在省省长的要求，共和国检察官责成大审法院院长指定一家或几家公共机构，以接受净资产赠与。原定的资金归属不被认可时，以同样办法处理。

第52—7条 同一场选举中，候选人不可以同时拥有竞选筹款协会和财务代理。

但是，可以先后拥有两个及以上此类代理。这种情况下，候选人必须以最初指定财务代理或同意竞选筹款协会时同样的方式结束财务代理的职务或终止与竞选筹款协会的协议。唯一的银行或邮局账户将冻结到候选人指定了新的财务代理或与新的竞选筹款协会签订协议之时。每家协会或每位代理（除非身亡）都需要对其管理作出总结。

在每个区选取多位代表的投票中，候选人可以选择其他候选人已经选择的协会，不受上述规定的限制。

第52—8条 一个有合法身份的自然人在同一场选举中捐给一个或几个候选人的竞选经费不能超过4600欧元。

政党或政治团体以外的法人不能资助某位候选人参与竞选，不能以任何形式给其捐赠，也不能以低于市场行情的价格向其提供财物、服务或其他直接间接的好处。

所有超过150欧元的捐款都必须通过支票、转账、自动扣除或银行卡支付。

根据第52—11条，如果一位候选人法律允许的竞选花费等于或超过15000欧元，则其中的现金捐赠总额不能超过百分之二十。

任何候选人都不允许直接或间接地接受外国或外国所有权法人的献金或物质帮助。

与第52—1条规定相背，候选人或候选名单可以通过新闻媒体做广告，以此筹集本条款允许的捐赠。但广告不允许包含除捐赠以外的任何信息。

本条款规定的数额每年都有命令作出调整，和不含烟草费的居民消费价格指数一样变动。

第 52—9 条 竞选筹款协会或财务代理送交第三方的文件——尤其是用来号召捐款的文件——必须写明接受捐赠的候选人或候选名单的名字、协会或代理人的名称、以及它们被宣布为代理的日期。

文件还必须强调候选人只能通过上述协会或代理人接受捐赠，并附录上前一条款的规定。

第 52—10 条 竞选筹款协会或财务代理会向捐赠者出具一份收据，国家行政法院对此收据的开立与用途有专项命令规定。该命令同样规定：针对自然人等于或少于 3000 欧元的捐赠开立的收据并不提及受益候选人或候选名单的名字。

第 52—11 条 对于第 52—4 条适用的选举，除了国家直接负担的宣传费用外，每个候选人或每份候选名单在该条款规定的时限内有竞选经费的上限。

上限数额根据选区居民人数确定，参见下表：

选区人口数（人）	以每位居民为单位计算的竞选经费上限(欧元)			
	市议员选举		省议员选举	大区议员选举
	出现在第一轮的名单	出现在第二轮的名单		
不超过 15000	1.22	1.68	0.64	0.53
15001—30000	1.07	1.52	0.53	0.53
30001—60000	0.91	1.22	0.43	0.53
60001—100000	0.84	1.14	0.30	0.53
100001—150000	0.76	1.07	—	0.38
150001—250000	0.69	0.84	—	0.30
250000 以上	0.53	0.76	—	0.23

在国民议会议员选举中，每个候选人的经费上限是 38000 欧元。选区内每位居民增加 0.15 欧元。大区议员选举经费上限同样适用于科西嘉议会议员选举。本条款规定的数额每年都会根据命令实时更新。从 2012 年起至公共财政赤字为零前，不再进行此项更新。

第 52—11—1 条 对于第 52—4 条适用的选举，候选人的竞选经费可以享受国家报销，报销比例为经费上限的百分之四十七点五。但报销金额不能超过候选人个人出资结算并列入其竞选财务报告的花销额。

下述情形中，候选人无法享受国家报销：在首轮投票中得票低于总票数的百分之五；不符合第52—11条的规定；没有在第52—12条第2款规定的时限内提交竞选财务报告；竞选财务报告出于其他原因没有审核通过；某位候选人被要求申报财产，但没有申报。

如果财务报告中存在违规行为，但不足以导致该报告被否决，则可视这些违规行为的数量与严重程度酌情减少国家报销额度。

第52—12条 遵守第52—11条有关竞选经费上限、并获得至少百分之一选票的候选人或候选名单上首位候选人需要出具竞选财务报告，体现在第52—4条所提期限内不同来源的各种收入和为选举付出的不同性质的各种花销，但不含候选人自己或其团队在选战时的花销。根据税法第200条规定，如果候选人或候选名单上首位候选人遵照本法典第52—8条接受自然人的捐赠，则也必须遵守上述规定。支持候选人的自然人和支持候选人或特地为支持候选人成立的政党或政治团体付出的直接让候选人受益、并得到候选人同意的花销同样列入候选人名下开支。候选人需要估算各种直接或间接的好处、提供的服务和实物捐赠，列入收支中。竞选财务报告必须收支平衡或有所盈余，不能亏损。

最晚于第一轮投票后第十个周五18：00前，参与第一轮投票的候选人或候选名单上首位候选人向全国竞选审计和政治资助委员会提交竞选账务报告和包含收入证明、发票、估算单及其他可以说明花销数额的材料的附件。竞选财务报告由会计师或注册会计领域的人提交；他需要检查报告，确保所需证明材料已经齐全。如果竞选财务报告上没有出现任何收支，则无需提交。这种情况下，代理人出具一份没有收支的证明。如果候选人或候选名单获得少于百分之一的选票，并且没有收受自然人的捐赠，则也无需提交竞选财务报告。

除非是对第一轮投票前承诺的花销予以结算，否则第一轮后被淘汰的候选人的竞选财务报告不能出现该轮投票日期以后的花销记录。在第52—4条所提期限内形成的固定资产的剩余市价应该从财务报告的花销中予以扣除。

委员会需要简单公布竞选财务报告。

执行第52—11条时，各海外省内部立法选举和大区选举中候选人的航空、海洋和水路交通费用不计入竞选经费上限内。

与第2款规定相背，在瓜德罗普、圭亚那、马提尼克和留尼汪，竞选财务报告同样可以提交给省政府或专区政府。

第52—13条 如果候选名单在第一轮投票前成立，名单上各候选人在名单成立前单独活动产生的花销统一计入该名单开支名下。

如果第二轮投票时新成立一份候选名单，第52—12条涉及的花销从第一轮投票起统一纳入该名单首位候选人在第一轮投票中同样位居首位的候选名单名下；如果不符合此项条件，则纳入产生第二轮新名单上大多数成员的那份候选名单名下。

第52—14条 特此成立一家独立的行政机构——全国竞选审计和政治资助委员会。

该委员会包含根据命令任命的九名成员，任期五年：

——三名国家行政法院的成员或荣誉成员，由国家行政法院副院长根据办公室意见提名任命；

——三名最高法院的成员或荣誉成员，由最高法院第一院长根据办公室意见提名任命；

——三名审计法院的成员或荣誉成员，由审计法院第一院长根据七位法庭庭长的意见提名任命。

委员会选出主席。

委员会运行必要的经费和编制纳入国家统一预算。

1922年8月10日有关审查开支的法律不适用于该委员会的花销。

委员会可以根据工作需要聘请合同制员工。

委员会的工作人员，无论是公务员还是合同工，都必须对因为工作便利得知的信息保守职业秘密。

委员会可以要求司法警察进行一切它认为对执行任务有所帮助的调查。

第 52—15 条 全国竞选审计和政治资助委员会可以批准、否决或修改竞选财务报告。它有权确定第 52—11—1 条中规定的国家报销数额。

除了第 118—2 条规定的情况，委员会必须在财务报告提交六个月内作出决定。超过此期限，报告认为被批准。

如果委员会发现竞选财务报告没有按时提交，或报告被否决，或报告被责令修改后出现竞选经费超过上限的情况，委员会可以提请选举法官进行审理。

如果委员会发现违背第 52—4 到 52—13 条以及第 52—16 条的行为存在，可以把案例移交检察院。

只有在竞选财务报告得到委员会批准后，报告上的开支才可以得到全部或部分的报销。

发现竞选经费超过上限时，委员会确定超出上限的数额，由候选人缴纳给国库。

第 52—16 条 没有候选人、候选名单负责人或他们的合法代表的明文同意，禁止投入任何形式的有利于候选人或候选名单的选举广告。

第 52—17 条 如果竞选财务报告或其附录中有份申报的花销低于市场行情，委员会在要求候选人提供必要说明后估算差价、列入财务报告开支名下。由此计入的金额被认为是相关自然人的捐赠。

委员会对候选人享有的所有直接或间接的好处、服务和实物捐赠采取相同的处理办法。

第 52—18 条 在第 52—4 条规定适用的立法选举后一年内，全国竞选审计和政治资助委员会需要向议会两院办公室提交一份报告，总结工作，提出它认为有益的意见。

第六章 投 票

第一节 投票准备

第 53 条 以市镇为单位投票。

第二节 投 票

第 54 条 投票时间只有一天。

第 55 条 投票时间为周日。

第 56 条 如果需要进行第二轮投票，则时间定为第一轮投票后第一个周日。

第 57 条 只有登记在已参与第一轮投票的选民名单上的选民才可以参与第二轮投票。

第 57—1 条 所在市镇超过 3500 名居民、并在国家代表为各省制订的名单上出现的投票办公室可以使用投票机。

投票机必须是内政部法令批准的型号，并且符合以下条件：

——含有避免选民投票时被窥的装置；

——保证残疾人无论身患何种残疾都能自主投票；

——1991 年 1 月 1 日起，允许不同选举同一天举行；

——可以投空白票；

——不允许选民一次选举中投多张票；

——可以通过计数器统计投票人数，投票过程中可以显示；

——可以通过计数器统计各候选人或各候选名单得票数及空白票数，但该计数器在投票结束前不对外显示；

——必须借助两把不同钥匙才能使用，投票期间，一把钥匙由投票办公室主任保管，另一把由从助理中抽签产生的人保管。

第 58 条 投票厅内，候选人或候选名单代理人可以在专用桌上放置选票。

设有投票机的投票办公室不适用此条款。

第 59 条 投票保密。

第 60 条 选票装入信封，信封颜色必须与之前民意调查时使用的颜色相异。

投票当日，选民可以在投票厅获得信封。

投票开始前，办公室必须确保信封数与登记的选民数相同。

如果因为不可抗力、第 113 条提及的不法行为或其他原因，信封数量不够，投票办公室主任必须用其他制式相同、盖有市政府印章的信封来代替，并按照本法典的规定进行投票。工作记录中必须说明此次替换情况，并附上五个用于替换的信封。

第 61 条 禁止携带武器进入选举大会。

第 62 条 每个选民进入投票厅后，根据相关规定出示身份证明、或出示小审法院法官同意其登记在册的决定、或出示最高法院撤销之前删减其名字判决的决定从而证明拥有投票权后，获取一个信封；然后单独走到大厅内部专门辟出、用来避免选民把选票放入信封时有人偷窥的角落；向办公室主任示意自己只拿有一个信封；主任检查一下，但不触碰，选民自己把信封投入票箱。

在每个投票办公室，每 300 名登记的选民就可以设立一个秘密写票室，或以 300 的分数为标准来设立。

写票室的设立不是为了向公众遮掩选举行为。

在设有投票机的办公室，选民出示身份证明、或根据第 1 款规定显示拥有投票权后，通过投票机投票。

第 62—1 条 投票期间，一份市长认证过、含有第 18、19 条规定内容和选民序列号的选民名单复印件会放置在办公室内桌子上。

该复印件作为签名单使用。

每位选民投票后，需在签名单上自己的名字前用墨水签名以示确认。

第 62—2 条 投票办公室和投票方式不应对残疾人在规定条件下投票构成障碍，无论是身体、感官、智力还是精神方面的残疾。

第 63 条 票箱是透明的。票箱只有一个容纳信封进入的开口。投票开始前，票箱用两把不同的锁锁好，钥匙分别保存在办公室主任和抽签产生的助理手中。

如果投票结束后，办公室主任无法获得两把钥匙，他可以采取任何必要手段，迅速打开票箱。

在设有投票机的办公室，投票开始前，办公室必须公开展示投票机运转正常、计数器已经归零。

第64条　因为身体虚弱无法把选票装入信封并投入票箱、或无法使用投票机的选民准许选择另一选民协助自己完成投票。

如果某位选民无法签名，可以选择另一选民在第62—1条第3款所提的签名单上代为签名，并附上说明：该选民无法亲笔签名。

第65条　投票结束后，应该清点签名。然后，按照以下方式清点票数：打开票箱，核查信封数。如果信封数多于或少于签名数，需要在工作报告中说明。投票办公室在到场选民中指定一定数目的能读会写的监票人，分到各个计票桌，每桌不得少于四人。如果候选人或候选名单在场，允许他们分别指定监票人，尽可能均等地分布在各桌。计票桌数目不能超过写票室数目。

装有选票的信封每100份合成一捆，装入专用大信封。每装完一个大信封，封好，投票办公室主任和至少两名代表不同候选人或候选名单的助理签名，单一候选人或候选名单除外。

每张计票桌上，一位监票人从信封中取出选票，展开，递给另一位监票人，该名监票人大声唱票；选票上的姓名由至少两名监票人记录在专门准备的名单上。如果一个信封装有几张选票，且选票上的名字或名单不同，则视为废票；如果都是同一个名字或名单，则视为一票。

在设有投票机的办公室，办公室主任在投票结束后向公众展示用来统计各候选人或候选名单以及空白票票数的计数器，以便到场的办公室成员、候选人代表和选民可以看见结果。主任大声宣读结果，秘书马上记录在案。

第66条　以下选票不计入结果：空白票；包含信息不够或暴露投票人身份的选票；票箱内没有使用信封或使用不正规信封的选票；写在彩纸上的选票；票面或信封上带有辨识标记的选票；票面或信封上带有对候选人或第三方辱骂性话语的选票。

但这些选票和带有办公室成员签名的不正规信封一起附在工作报

告后。

每张随附的选票必须说明附录原因。

如果不作附录，只有在证明该行为是以破坏选举真实性为目的、并造成相关后果的情况下，才能取消本次选举。

第 67 条 所有候选人或其合法代表都可在投票进程的各个地方对投票、点票和计票予以监督；无论投票结果宣布与否，都可要求把对上述环节的意见、异议或争议记录在工作报告内。本条款实施细则参见国家行政法院相关命令。

第 68 条 无论是第一轮投票还是因为需要而举行的第二轮投票，每个投票办公室的签名单和按规定附于其后的材料必须和有关投票的工作报告一起在计票后立即送交省政府。省议员选举和市议员选举则送交专区政府。

如果需要进行第二轮投票，省长或专区区长最迟于第二轮选举前的周三把签名单送还给市长。

在不违背第 179 条规定的前提下，任何选民都可在选举后 10 日内请求查阅已放置在省政府或专区政府的签名单；如果是在两轮选举之间，则视情况或前往省政府或专区政府、或前往市政府提出请求。

第 69 条 购买信封、第 62 条提及的特殊安排，以及购买、租赁和维护投票机的费用都由国家承担。

第 70 条 市镇举行的选举大会产生的费用由国家承担。

第三节 授权投票

第 71 条 以下选民可以提出申请，授权他人代为行使投票权：

1) 以名誉担保：因为工作关系、身有残疾、健康原因或需要照顾病人或残疾人，无法在投票当日到达自己登记的市镇，或即使身在该地也无法参与投票；

2) 以名誉担保：因为培训需要、正在度假或住在登记地以外的市镇，投票当日不在登记市镇；

3）被暂时拘押和正在服刑但没有被剥夺选举权的人。

第 72 条　代理人必须享有选举权、并和被代理人登记在同一市镇的选民名单上。

第 73 条　每位代理人不能拥有两项以上授权，其中只能有一项在法国境内。

如果上述限制没有得到遵守，则最先确立的授权视为有效，其余自动失效。

第 74 条　代理人根据第 62 条的规定参与投票。

他在出示代理投票的授权证明后拿取一个投票信封。

他在签名册被代理人姓名前签上自己姓名，完成投票。

第 75 条　被代理人有权随时撤销授权，也可以重新授权。

第 76 条　如果被代理人在代理人行使职权前到达投票办公室，则可以亲自投票。

第 77 条　如果代理人身亡或被剥夺公民权，则授权自动失效。

第 78 条　各种挂号寄送方式和执行本节规定引发的通知送达都免费。相关费用由国家预算承担，在由邮政电信部门先行支付后补偿到各自预算中。

第四节　〔已废除〕

第五节　投票监管委员会

第 85—1 条　在所有超过 20000 名居民的市镇，必须成立投票监管委员会，负责核查投票办公室的组成以及投票、点票、计票等环节是否合法，确保选民、候选人和候选名单自由行使权利。委员会必须由司法领域的法官出任主席。可在选民中选取代表加入该委员会。

委员会主席、成员和代表可以进行任何有用的核查。无论是在选举结果公布前还是公布后，他们都可以随时进入投票办公室，并要求把所有意见记入工作报告中。

市长和投票办公室主任必须提供行使该项职权时必要的信息和资料。

每轮投票后，如有必要，委员会可撰写一份送呈省政府的报告，附在投票工作报告后。

有关该委员会的组成、运行和任命条件参见国家行政法院的命令。

第七章 处罚规定

第86条 以虚假姓名或虚假身份上报选民名单、在登记时刻意隐瞒不可享受政治权利的事实、或申请并确实在两份及以上名单登记的人将被处以一年监禁和15000欧元罚款。

第87条 在发放或制作选民登记证或撤销证时舞弊将会受到第113条规定的刑罚。

第88条 借助欺骗性声明或虚假证明让自己非法登记或试图让自己非法登记的人、借助同样手段让另一公民非法登记或撤销、或试图让其非法登记或撤销的人，以及上述罪行的同谋，将被处以一年监禁和15000欧元的罚款。

第88—1条 故意以虚假姓名或虚假身份提交候选人资格、或故意隐瞒无行使政治权利能力的人将被处以一年监禁和15000欧元的罚款。

第89条 违反第49条和第52—2条规定的人将会罚款3750欧元，同时没收以各种手段散发的选票和资料。

第90条 以下行为将会罚款9000欧元：

——候选人把自己的公告板用于除宣传自己、阐释纲领、感谢词或退出竞选的声明以外的用途；

——候选人把自己的宣传材料张贴场地让与第三方。

粘贴没有印花的海报同样处罚。

本条第1款涉及的罚款同样适用于违背第51条最后一款规定的人。

第90—1条 所有违背第52—1条规定的行为将被罚款75000欧元。

第91条 因为某项司法判决或没有恢复的破产宣告而丧失投票权的人根据丧失权利前登记的名单或丧失权利后登记的名单（没有主动参与此项

登记）进行投票，将处以三个月监禁和 7500 欧元的罚款。

第 92 条　在签名单上故意代替或模仿他人签名、根据第 86 条规定的前两种情况获得登记从而投票、或使用另一选民的姓名与身份进行投票的人将被判以六个月到两年的监禁和 15000 欧元的罚款。

第 93 条　利用多次登记而多次投票的人处以同样刑罚。

第 94 条　投票过程中负责收取和计数选票的人如果增减或篡改选票，或不如实宣读选票上的姓名，将被处以五年监禁和 22500 欧元的罚款。

第 95 条　受另一选民所托代写选票、但没有写上指定姓名的人也将受到同样刑罚。

第 96 条　违反第 61 条规定时，如果武器是藏匿的而非公开的，将被处以三个月监禁和 7500 欧元罚款。

第 97 条　通过虚假消息、谣言或其他作弊手段骗取选票，或说服一人或多人放弃投票，处以一年监禁和 15000 欧元罚款。

第 98 条　纠集人群、大吵大闹或施加威胁以扰乱选举人团投票、损害选举权利的行使、损害投票自由，责任人将被处以两年监禁和 15000 欧元罚款。

第 99 条　强行闯入或试图强行闯入选举人团内部以阻止他们作出选择，将被判以五年监禁和 22500 欧元罚款。

第 100 条　如果上述罪犯携带武器并破坏了选举，则被判为 10 年监禁。

第 101 条　如果此罪行是事先预谋并企图在全国范围、一省或几省、一区或几区共同进行，则判为 20 年监禁。

第 102 条　在会议期间对投票办公室或其成员犯有侮辱罪或暴力侵害罪、或通过实际行动或威胁言论推迟或阻止选举进程的选举人团的成员将被判以一年监禁和 15000 欧元罚款。如果投票受到侵犯，将判五年监禁和 22500 欧元罚款。

第 103 条　抢走含有未清点选票的票箱，处以五年监禁和 22500 欧元罚款。

如果借助武力抢夺票箱，判为 10 年监禁。

第 104 条　投票办公室的成员或被政府派来看守尚未计数选票的工作人员破坏投票，将被判以 10 年监禁。

第 105 条　任何情况下，宣布的判决都不应导致已被相关机构宣布有效、或因为在规定时限内没有反对意见提出而自动生效的选举结果取消。

第 106 条　通过捐赠现金或实物、或通过许诺给予便利、公职、私职或其他好处直接或间接地获得或试图获得他人选票，以及通过同样手段使他人或试图使他人放弃投票，将被判以两年监禁和 15000 欧元罚款。

接受或索要此类捐赠或承诺的人处罚同上。

第 107 条　对选民施以暴力或威胁、让选民担心丢失工作、遭受人身、财产或家庭损害从而使其或试图使其放弃投票、影响其或试图影响其投票，将判两年监禁和 15000 欧元罚款。

第 108 条　为了影响选举人团投票，给予实际捐赠或承诺给予捐赠和政治好处，被判两年监禁和 15000 欧元罚款。

第 109 条　在第 106 条到第 108 条所述情形内，罪犯是公务员，则刑罚加倍。

第 110 条　根据第 106 条到 108 条规定对候选人提起的诉讼和根据第 115 条对公务员的直接传唤在宣布选举结果前不能进行。

第 111 条　故意不遵守第 71 条到第 77 条规定的舞弊行为将会受到第 107 条规定的刑罚。

第 112 条　〔已废除〕

第 113 条　除了现行法律和命令规定的特殊情况，无论是在行政委员会或市镇委员会工作的人员，还是选举前、选举时或选举后在选举办公室、市政府办公室、省政府办公室或专区政府办公室工作的人员，如果故意无视法律条令或借助其他舞弊行为，违背或试图违背投票的保密性，损害或试图损害选举的真实性，阻止或试图阻止投票行为，更改或试图更改选举结果，都将被判处 15000 欧元罚款和一年监禁，或两种刑罚中的一种。

如果罪犯是行政或司法领域的公职人员、政府或公共行政部门的工作人员、某公共服务部门专员或投票办公室主任，则刑罚加倍。

第 113—1 条

113—1.1 单记名投票制中的候选人或名单投票制中的候选名单首位候选人在以下情况下将被判以 3750 欧元罚款和一年监禁，或二者取一：

1）违背第 52—4 条规定筹集竞选资金；

2）违背第 52—8 条或第 308—1 条规定收受资金；

3）超过第 52—11 条规定的选举经费上限；

4）没有遵守第 52—12 条和第 52—13 条规定的格式编制竞选财务报告；

5）在竞选财务报告或其附属文件中，故意降低费用；

6）授意或同意违背第 51 条和第 52—1 条规定进行张贴或发布商业广告；

7）授意或同意向公众公布免费电话号码。

113—1.2 违背第 52—8 条规定给予捐赠，将判 3750 欧元罚款和一年监禁，或二者取一。

如果捐赠者为法人，则上述条款适用于它法律上或实际上的负责人。

113—1.3 以帮助竞选为目的、在没有得到候选人或候选名单首位候选人的授意或明文同意下，进行了第 52—12 条提到的某项花销，处以 3750 欧元罚款和一年监禁，或二者取一。

第 114 条 根据第 86、87、91—104、106—108、113 条规定、或因为携带明显武器违反了第 61 条而提起的诉讼时效期间为选举结果宣布之日起六个月。

第 115 条 〔已废除〕

第 116 条 第 113 条所述单位或委员会以外的人借助各种舞弊手段损害或试图损害选举的真实性，违背或试图违背投票的保密性，阻止或试图阻止投票行为，更改或试图更改选举结果，将被处以该条款规定的刑罚。

为阻止投票进行或使投票结果出错而损坏或试图损坏投票机，刑罚同上。

无正当理由把监票人或代表驱逐出投票厅、或阻止其行使职权，刑罚同上。

第117条 犯有第86—88、91—104、106—109、111、113、116条规定罪行的自然人同时被禁止行使刑法典第131—26条第1款、第2款提及的公民权。

根据刑法典第131—27条规定，被宣布犯有第101条罪行的自然人以附加刑名义还被禁止从事公职或犯罪时从事的工作，或禁止以任何名义直接或间接、为自己或为他人进行工商业活动、领导、管理、监管工商业企业。

这些执业上的禁忌可以在宣判时累加。司法机关可在刑法典第131—35条规定的条件下下令张贴或传播宣判结果。

第117—1条 如果行政法庭发现选举结果存在舞弊行为，需要把案件提交相应的共和国检察官。

第八章 争 议

第118条 根据税法第1131条，与选举程序有关的文本、决议和名册免除印花税、登记费和税法第698条提及的司法费。

第118—1条 行政法庭宣布选举因为舞弊取消后，有权决定：在随后进行的补选中，大审法院院长可以指定一人担任一个或几个投票办公室的主任。

第118—2条 如果是在选举经费达到最高限额的选区发生选举争议，负责的行政法官需要推迟到收到根据第52—14条成立的委员会作出的决定后再做判决，该委员会需要在第52—12条第2款规定的期限到期后两个月内对该轮选举中各个候选人的竞选财务报告发表意见。

在不违背第52—15条规定的情况下，如果选举法官发现上述委员会裁决不当，可以另行确定候选人根据第52—11—1条得以享受的报销金额。

第 118—3 条　受委员会所托，选举法官可以判决财务报告即使经过修改仍出现经费超标的候选人丧失被选资格；

可以判决没有在第 52—12 条规定的条件和时限递交财务报告的候选人丧失被选资格；

可以判决因为舞弊或严重违背竞选经费筹措规定导致财务报告被否决的候选人丧失被选资格。

基于第 1 款至第 3 款作出的废除候选人资格的决定有效期最长为三年，适用于所有选举。但它对候选人在此决定之前获得的职权没有效力。

如果选举法官判决已被宣布当选的候选人丧失资格，意味着或者此次选举取消，或者如果选举本身没有受到质疑，则该候选人立即辞职。

第 118—4 条　如果争议是针对选举本身，选举法官可以判决使用舞弊手段试图或确实损害了选举真实性的候选人最多三年无被选资格。

基于第 1 款作出的废除候选人资格的决定适用于所有选举；但对候选人在此决定之前获得的职权没有效力。如果选举法官判决已被宣布当选的候选人丧失资格，意味着此次选举取消。

第二编　国民议会议员选举的特殊规定

第一章　国民议会的组成与议员的任职期限

第 119 条　国民议会共有 577 名议员。

第 120 条　国民议会每次全部重选。

第 121 条　国民议会的权力在选举后第五年第六月第三个周二失效。

第 122 条　除非出现解散的特殊情况，立法选举一般在国民议会权力失效前 60 天举行。

第二章　投票规则

第 123 条　国民议会议员通过单记名多数两轮投票制选举产生。

第 124 条　以选区为单位投票。

第 125 条　根据本法典附表 1 划分选区。在上一次地域划分后进行的第二次人口普查后,根据人口变化对选区范围有所调整。

第 126 条　如果没有满足以下条件,任何人都不能在第一轮选举中获胜:

1) 获得绝对多数的有效选票;

2) 获得相当于登记选民四分之一数目的选票。

第二轮相对多数者获胜。

票数相当时,年长者获胜。

第三章　候选人资格

第 127 条　在第一轮投票时满足选民条件、并且没有出现本法典规定的任何不具候选人资格情况的人都可以被选为国民议会议员。

第 128 条　以下情况者不可以提交候选申请:1) 根据第 118—3 条和第 118—4 条规定被行政法官取消候选人资格的人在判决之日起最多三年内;2) 根据第 136—1 和第 136—3 条规定被宪法委员会取消候选人资格的人在判决之日起最多三年内;3) 根据第 136—2 条规定被宪法委员会取消候选人资格的人在判决之日起一年内。

第 129 条　处于人身被监护或财产被管理状态的成年人不具备候选人资格。

第 130 条　以下人员任职期间不具备候选人资格:1) 权利捍卫官及其助手;2) 限制自由地点的总监察官。

第 131 条　不能证明已经履行国民服务法义务的人不能参选。

第 132 条

132.1　省长不能在以下选区参选:与其现任该职或投票日期前三年内曾任该职的省在地域上完全或部分重合。

132.2　以下工作人员也不能在与其现任该职地点或投票日期前一年内曾任该职地点有地域上完全或部分重合的选区参选:1) 专区区长,省政府秘书长,省长内阁主席,省长内阁各处室主任;2) 大区事务或科西嘉事务秘书处秘书长及事务专员;3)省政府领导,省政府办公室主任,专区政府秘书长;4)大区或省内国家民事管理部门正副领导和各处室主任;5)国家财政的大区、省级或地方领导以及他们的代理,公共会计;6)学区区长,学区巡视员,学区副巡视员,负责第一等级选区国民教育的巡视员;7)劳动巡视员;8)国家公共机构地方级负责人,法兰西银行分行行长和大区负责人;9)上诉法院和大审法院的法官,街区法官;10)行政上诉法院院长,行政上诉法院和行政法庭的法官;11)大区或地方审计法院院长,大区或地方审计法院法官;12)商事法院院长,劳资调解委员会主席;13)执行领土任务的国家宪兵队的军官、士官及其助手;14)国家警察现役部队中执行领土任务的公职人员及其助手;15)执行领土任务或行政培训任务的军人、宪兵及其助手;16)大区或地方社保机构负责人;17)大区卫生办公室正副领导及秘书长;18)公共卫生部门负责人;19)火灾救险机构省级负责人及其助手;20)大区议会、科西嘉地区议会、省议会、超过20000居民市镇的议会、超过20000居民的市镇联合体的议会、社区联合体议会、城市联合体议会以及大都市议会的正副领导及各处室主任;21)内部设有主要由第20条所提领土单位的代表组成的协商部门的公共机构的正副领导;22)大区议会议长、科西嘉议会议长、科西嘉执行委员会主席、省议会议长、超过20000居民市镇的市长、超过20000居民的市镇联合体的主席、社区联合体主席、城市联合体主席以及大都市市长下属的内阁成员。

第133条 〔已废除〕

第134条 国民议会议员、参议员或两院成员的替补者不能作为国民议会议员候选人的替补者。

第135条 接替被任命为政府成员的国民议会议员的人不能在下次选举中与其竞争。

第135—1条 国民议会议员任职后两个月内,根据民法典第1538条规定,需要向政治生活资金透明委员会进行财产申报,说明自己独有财产、夫妻共有财产或被视为不可分的财产,并以名誉保证该份材料真实准确。

任职期间，国民议会议员如果认为必要，可向政治生活资金透明委员会递交所有的重大财产变更信息。

国民议会议员任职结束前最早两个月、最晚一个月需要向政治生活资金透明委员会提交符合上述规定的财产申报；如果遇到国民议会解散或该国民议会议员出于非死亡原因结束职务时，提交期限改为任职结束后两个月内。国民议会议员可在申报单中附加有关其财产变化的说明。

但如果该议员在之前六个月内已经根据本条款规定或1988年3月11日有关政治生活资金透明的第88—227号法律申报过财产，则无需进行新的申报。

如果国民议会议员故意漏报某些重大财产或进行虚假估价，损害了申报的真实性和政治生活资金透明委员会正常行使职权的可能性，则该议员会被判以30000欧元的罚款，如有必要，同时根据刑法典第131—26条规定禁止其行使公民权、根据刑法典第131—27条规定禁止其从事公职。

违背第3款规定者将被处以15000欧元的罚款。

第135—2条 国民议会议员根据选举法第135—1条规定提交的财产申报单和可能附录其后的说明只有在以下情况中才能公开：申报者或其权利所有者提出明文申请；因为这些材料的公开对解决争议非常必要、或对寻找真相非常有用，司法机关提出相关请求。

第135—3条 政治生活资金透明委员会可以向国民议会议员要求查阅其根据税法第170条至第175A条规定、甚至根据税法第885W条规定签署同意的所有申报单。如果委员会在第1款所提申报单完成后两个月内没有得以查阅，则可向税务部门申请获取申报单的复印件。

第136条 国民议会成员在以下情况完全丧失议员资格：在结果宣布以及提出异议的期限超过后，该成员被揭发无竞选资格；或在任职期间，遇到本法典规定的丧失被选资格的情况。

随后，根据国民议会办公室或掌玺大臣、司法部长、抑或宣布判决的司法公共部门（如果是在选举后宣判）的请求，由宪法委员会确认该议员失去资格。

第 136—1 条　遇到针对选举的质疑，或在第 52—15 条第 3 款规定的条件下，宪法委员会可以宣布财务报告即使经过修改仍出现经费超标的候选人丧失被选资格；

可以宣布没有在第 52—12 条规定的条件和时限递交财务报告的候选人丧失被选资格；

可以宣布因为舞弊或严重违背竞选经费筹措规定导致财务报告被否决的候选人丧失被选资格。

基于前三款作出的废除候选人资格的决定有效期最长为三年，适用于所有选举。但它对候选人在此决定之前获得的职权没有效力。

如果宪法委员会宣布已被宣布当选的候选人丧失资格，意味着或者此次选举取消，或者如果选举本身没有受到质疑，则该候选人立即辞职。

在不违背第 52—15 条规定的情况下，如果宪法委员会发现根据第 52—14 条成立的委员会裁决不当，可以另行确定第 52—11—1 条所提的报销金额。

第 136—2 条　政治生活资金透明委员会可以提请国民议会办公室审查没有提交第 135—1 条规定的申报单的议员。

受国民议会办公室委托，宪法委员会可以必要时判决当事议员丧失候选人资格、立即辞职。

第 136—3 条　如果争议是针对选举本身，宪法委员会可以判决使用舞弊手段试图或确实损害了选举真实性的候选人最多三年无被选资格。

基于第 1 款作出的废除候选人资格的决定适用于所有选举；但对候选人在此决定之前获得的职权没有效力。

如果宪法委员会判决已被宣布当选的候选人丧失资格，意味着此次选举取消。

第四章　不可兼任

第 137 条　禁止兼任国民议会议员和参议员。

选为参议员的国民议会议员或选为国民议会议员的参议员自动退出他

之前任职的议会。如遇争议，空缺的职位需要得到宪法委员会承认选举有效的决定后才能宣布。

当事人无论如何都不可以同时参与两院工作。

第137—1条　不可兼任国民议会议员和欧洲议会代表。

当选欧洲议会成员的国民议会议员自动终止在国民议会的任职。如遇争议，空缺的职位只有在作出承认选举有效的司法裁决后才能宣布。等待裁决期间，当事人不能参与国民议会的工作。

第138条　具有国民议会议员或参议员替补资格的人在被选为国民议会议员后自动丧失该资格。

第139条　不可兼任国民议会议员和经济、社会与环境委员会成员。

第140条　不可兼任法官和国民议会议员。

第141条　国民议会议员不得兼任以下两项及以上职务：大区议员、科西嘉议会议员、省议员、巴黎议员、拥有至少3500名居民的市镇的市议员。

第142条　非选举产生的公职与国民议会议员不可兼任。以下情形除外：1）选举之日已是因为职位空缺而受学校推荐成为在职人员的教授或负责指导研究的教授；2）上莱茵省、下莱茵省和摩泽尔省的司祭或政府管理祭祀的代表。

本条款适用于宪法第25条所提委员会的成员。

第143条　在外国或国际组织提供的职位上工作并在该处领取报酬者不可兼任国民议会议员。

第144条　受政府委托从事一项临时任务的人可以在不超过六个月的期限内在担任国民议会议员的同时从事该任务。

第145条　国民议会议员不可兼任国有企业、全国性公立机构中的董事会主席和成员、总经理、副总经理，以及在上述公司或机构所设委员会中长期存在的职务。

本条禁忌不适用于已经拥有此项身份的国民议会议员或根据设立这些国有企业、全国性公立机构的文本该机构董事会主席或成员拥有地方选举职务的国民议会议员。

第 146 条　议会职务不可与下述公司的董事会主席及成员、负责人、监察委员会主席、常务董事、总经理或副总经理兼任：

1）享有国家或集体经费优待的公司、企业或机构，除非这些好处是因为某项一般的法律法规自动生成；

2）仅以金融为目的并公开吸收储蓄的企业，包括允许公开吸收储蓄的民用企业，以及企业的领导机构、行政机构或管理部门；

3）公司业务主要是为国家、集体、公立机构、国有企业或外国进行项目执行、提供服务，或受上述对象管理的公司；

4）以赢利为目的的公司，其目标是买卖建筑用地，或从事房地产销售，或建筑房屋用以出售；

5）大部分资金由上述第 1）、2）、3）、4）所列企业投入的企业。

本条款对所有在上述公司里直接或间接从事管理的人员都适用。

第 146—1 条　禁止国民议会议员担任除当选前已经从事的顾问以外的顾问职务。

此禁忌不适用于有合法身份或称号受到保护的自由职业者。

第 147 条　禁止国民议会议员任职期间担任第 146 条所提企业或机构中董事会或监察委员会成员的职务。

第 148 条　虽然第 146 条和第 147 条有所规定，但作为大区议会、省议会或市议会成员的国民议会议员可以接受这些地方议会任命，代表大区、省或市，加入具有区域效益的机构，但前提是这些机构不是以派送红利为目的，当事人任职也不领取报酬。

此外，不是大区议会、省议会或市议会成员的国民议会议员也可以担任生产地方性公益设备的混合经济型公司或纯社会服务型公司的董事长、常务董事或董事，但不能领取报酬。

第 149 条　律师被授予国民议会议员职务后，禁止直接或间接从事因为存在反对国家、反对民族、反对和平，或在新闻界犯罪或损害了存贷款而需要追究刑事责任的司法案件；也不允许为第 145、146 条提到的、他选举之前并没有出任顾问的公司或机构辩护或咨询；也不允许为反对国家、国有企业或公共机构的案件辩护或咨询，1957年12月31日第57—1424号法律规定的事件除外。

第150条 禁止国民议会议员主动或同意在金融、工业或商业企业的广告中出现自己的名字，并附加说明议员身份。

为了自己所管理或所筹建的企业的利益，主动或同意在企业广告中加入国民议会议员姓名和职务的商业、工业或金融企业的创始人、经理人或管理者将处以6个月的监禁和3750欧元的罚款，或两种处罚中的一种。再犯，则处罚增至一年监禁和7500欧元罚款。

第151条 国民议会议员遇到第141条提到的兼任情形时，需要辞去一项职务，处理期限是从使他出现兼任困境的当选结果宣布之日起、如遇争议则从承认选举有效的判决成为最终决定之日起的30天。

如果规定期限内当事人没有作出选择，则他之前获得的地方性职务自动失效。

如果是同一日举行的选举，当事人需要辞去他在人数较少选区担任的职务。

如果兼任困境是在国民议会选举之后出现，获选者同样拥有从使他出现兼任困境的当选结果宣布之日起、如遇争议则从承认选举有效的判决成为最终决定之日起30天的选择时间。

第151—1条 处于第139、140、142条到第148条提到的兼任困境的国民议会议员最迟在开始工作之日、如遇争议则在宪法委员会发布决定之日起第30天辞去与议会职务相冲突的职务。

第151—2条 在第151—1条规定期限内，国民议会议员需要向国民议会办公室提交一份以名誉担保真实性的声明，包含他所从事的所有职业性或公益性活动，说明他希望保留的或是证明已经不再从事。任职期间，如果对最初声明加以修改，则需提交所有相关信息。

办公室会核查这些活动与议员身份是否冲突。如果存在怀疑，国民议会办公室、司法部长或国民议会议员自己提请宪法委员会裁决。

如果宪法委员会认为国民议会议员处于兼任困境,则该议员最迟于宪法委员会下达决定通知后第 30 天处理此事。

如果不做处理,宪法委员会宣布他辞职。

第 151—3 条 没有遵守第 149、150 条规定、或没有根据第 151—2 条提交声明的国民议会议员会被宪法委员会根据国民议会办公室或司法部长的请求宣布立即辞职。

第 151—4 条 宪法委员会宣布的辞职事宜会被立即告知国民议会议长和内政部长。

第 152 条 宪法委员会委员的职务与国民议会议员职务不可兼任。

被任命为宪法委员会委员的国民议会议员如果在任命公布八天内没有提出反对意见,则被视为接受担任宪法委员会委员的职务。

第 153 条 根据宪法第 23 条在国民议会议员身份和政府成员身份之间不可兼任的要求将在政府成员被任命一个月后生效。在这一个月的期限内,作为政府成员的国民议会议员不可参加任何投票活动。如果政府成员在此期限结束前辞职,则不可兼任的要求不会生效。

第五章　候选人资格声明

第 154 条 候选人必须完成一份有本人签字的声明,说明其姓名、性别、出生日期、出生地点、家庭住址和职业。同时还要随声明递交身份证明,证明候选人年满 18 周岁,具有参选资格。

为参加第一轮选举,还需要递交身份证明,证明候选人按照第 52—5 条和第 52—6 条的规定完成代理人声明,或者如果没有完成该声明,要证明候选人按照这些条款的第 1 款规定提交了所需证件。

第 155 条 该声明还必须指定当被选上的候选人职位空缺时的替代人选,须说明替代人选的姓名、性别、出生日期、住址和职业。声明上须有替代人选表示接受的签字;该替代人选必须满足对候选人的所有要求条件。

同一个替代人选不能同时出现在多个候选人资格声明中。

任何人不能既做候选人又做其他候选人的替代人。

第156条　任何人不能在多个区域成为候选人。如果候选人违反本条款的规定，在多个区域报名当候选人，则其候选人资格不予登记。

第157条　候选人资格声明最迟必须于选举日之前的第四个星期五18：00前提交省政府，一式两份。

候选人资格声明必须由候选人本人或其代理人提交。

提交人将得到一份接收声明的临时回执。

第158条　〔已废除〕

第159条　如果候选人资格声明未能满足上述条款规定的要求，则省长须在24小时内提交行政法庭，由行政法庭在三日内作出裁决。只有管理选举的宪法委员会能够对法院的裁决提出异议。

第160条　禁止对不具备被选举资格的人士进行候选人登记。拒绝登记须阐明理由。

候选人或者被指明属于这种情况的人士可以在拒绝登记的通知发出的24小时内向行政法庭提出异议。行政法庭则须最晚在受理日之后的三日内作出裁决。只有管理选举的宪法委员会能够对法院的裁决提出异议。

如果法院未能在规定期限内作出裁决，则应对候选人进行登记。

第161条　应在候选人资格声明提交后的四日内交付最终回执。

只有当候选人资格符合本法律所有相关规定的情况下，才能交付最终回执。

第162条　第二轮投票的候选人资格声明必须在第一轮投票结束后的第一个星期二18：00前提交。

但是，如果受到重大因素的影响，选票清点工作未能在第175条规定的期限内完成，则候选人资格声明的提交时间可以顺延到星期四18：00。

根据第163条的规定，任何人如果没有参加第一轮投票或者在第一轮投票中未获得至少百分之十二点五的选票，则不能成为第二轮投票的候选人。

如果仅有一个候选人满足本条规定的要求，则在第一轮投票中获得选票数量仅次于排名第一位的候选人即可进入第二轮投票。

如果没有一个候选人满足本条规定的要求，则在第一轮投票中获得选票数量排名前两位的候选人即可进入第二轮投票。

候选人不能在第二轮投票时推出除第一轮投票时提交的候选人资格声明中指定的替代人之外的其他替代人。

第 157 条的第 2 款和第 3 款规定以及第 159 条规定均适用于第二轮投票的候选人资格声明。在此情况下，行政法庭须在 24 小时内作出裁决。

第 163 条　如果候选人在提交候选人资格声明的最后期限到期前死亡，则其替代人变成候选人，并可以指定一名新的替代人。

如果替代人在相同期限内死亡，则候选人可以指定一名新的替代人。

第六章　宣　传

第 164 条　投票日之前的第 20 天开始拉开选战。第 51 条规定也从这一天开始生效。

第 165 条　国家行政法院发布的命令规定了每位候选人可以在第 51 条规定的海报场地和公告板中张贴海报的数量和范围，还规定了候选人可以印刷和分发给选民的传单和选票的数量和范围。

根据第 163 条规定，选票上必须印有候选人的姓名以及替代人的姓名。

禁止本规定之外任何形式的传单、海报或选票的印刷和使用。

第 166 条　选举日之前的 20 日，每个选区都应设立一个负责保证寄送和分发所有选举宣传资料的委员会。

国家行政法院发布的命令对该委员会的组织结构和运行条件进行明确规定。

候选人指定一位代理人参加该委员会的工作，可以表达协商意见。

第 167 条　依据第 166 条设立的委员会所产生的工作业务开支及其本身的运行开支均由国家负责承担。

此外，国家会为选票获得率在百分之五以上的候选人报销选票、海报、传单和张贴海报的纸张及印刷的成本花销。

第 167—1 条

167—1.1　政党与团体可以使用电台和电视台的公共服务为合法选举的选战造势。每个节目由国家广播电视公司播送。

167—1.2　第一轮投票前，国民议会的议会党团所代表的政党与团体可以自由支配的节目时间为三个小时。

这段时间被平均分割为两个系列，一个系列是针对属于多数的党团，另一个系列是针对不属于多数的党团。

在每档节目系列的框架内分配给每个团体或政党的时间都是在争得相关党团负责人同意后决定的。若双方未能达成共识，则由已卸任的国民议会办公室组成人员确定时间分配，特别要分别考虑到这些团体的规模；为更好地进行磋商，党团负责人也是办公室成员。

第二轮投票之前的节目时长一个半小时：节目按照相同的比例分配给相同政党和团体。

167—1.3　在国民议会的议会党团没有代表的政党或团体可以根据他们的要求，参加视听公共服务的节目，第一轮投票前为期七分钟，第二轮投票前为期五分钟，前提是至少有 75 名候选人在候选人资格声明中表明要参加此活动，符合 1988 年 3 月 11 日第 88—277 号关于政治生活资金透明的法律第 9 条第 2 款规定的程序。

凡是符合命令规定条件的政党或团体，均可获得授权。

167—1.4　在征求国家广播电视公司行政委员会意见后，由高等视听委员会规定制作、编排和播送节目的条件。

167—1.5　对于法国本土之外接收的节目，高等视听委员会应考虑到发送延时和时差问题。

第 168 条　凡是触犯第 158 条第 2、3 款和第 164 条到第 167 条规定的任何人，都将受到 3750 欧元的罚款处罚和三个月监禁，或者这两种处罚中的一种。

第 169 条 禁止签发或张贴与不符合第 156 条第 1 款规定的候选人相关的任何海报，禁止寄发与之相关的任何选票、传单或政治主张声明。

第 170 条 若候选人资格的产生违反第 156 条第 1 款规定，则为支持该候选人而张贴或发放的海报、展板、政治主张声明和选票都将被去除或查封。

第 171 条 违反第 156 条第 1 款的候选人将受到 9000 欧元的处罚，凡是违反第 169 条规定的任何人都将受到 4500 欧元的处罚。

第七章 投票准备

第 172 条 选民根据命令规定集会。

第 173 条 在召集选民集会的命令发布之后的第九个星期日举行选举。如果遇到国民议会整体调整与第 55 条规定相悖的情况，则在瓜德罗普、圭亚那和马提尼克地区的投票活动改在星期六进行。

第八章 投 票

第 174 条 如果候选人在多个选区报名，则投给他的票视为无效，该候选人在任何选区都不能被选举。

第 175 条 所有选区的选票清点工作都要在省会城市进行，在投票之后的星期一，并且有候选人的代表在场，这些代表是由一个委员会选派的，该委员会的组成和职能是由国家行政法院的命令具体规定的。

第九章 国民议会议员的更替

第 176 条 由于死亡、接受宪法委员会成员或权利捍卫官的职务、政府交付的临时任务超出六个月的期限等原因造成的国民议会议员席位空缺，则该议员应由与他同时当选的其他民选代表接替，直至国民议会改选为止。

接受政府职务的议员应由与他同时当选的其他民选代表接替，直至该政府职务终止后的一个月（宪法委员会 2009 年 1 月 8 日的第 2008—572 条决议宣布本条款不符合宪法）。

第 177 条　根据宪法第 23 条的实施细则，即 1958 年 11 月 17 日第 58—1099 号命令第 1 条第 2 款规定，更换拥有议员任期的政府成员的必要措施，应在第 153 条规定的期限终止的当月实施。

第 178 条　如果取消一个选区的选举活动，或者出现第 176 条提到的情况之外的空缺情况，再或者该条款的规定无法实施时，应当在三个月内举行补选。

但是，不能在国民议会的任期结束前的 12 个月内举行任何补选。

第 178—1 条　第 178 条规定的补选应当遵照一般改选的规定举行。

第十章　争　议

第 179 条　关于宪法委员会的 1958 年 11 月 7 日第 58—1067 号命令第 32 条规定了如下内容：1）向国民议会通报宣布民选代表姓名的方式；2）负责清点选票的委员会的记录及相关资料可以供质疑选举的人士核查的时间期限；3）向档案馆提交第 2 款中提到的资料的方式及通报这些资料的方式。

第 180 条　上述 1958 年 11 月 7 日第 58—1067 号命令第 33 条规定了如下内容：1）议员选举可以受到质疑的期限；2）确定哪些人士拥有质疑权利。

第 181 条　上述 1958 年 11 月 7 日第 58—1067 号命令第 34 条规定了宪法委员会的受理方式。

第 182 条　根据 1958 年 11 月 7 日第 58—1067 号命令第 35 条规定，诉状必须包括姓名、申请人的身份、受到质疑的民选代表姓名、要求的取消方式。

申请人必须把能够支持其要求方式的文件作为附件加在诉状中。宪法委员会可以特别给予申请人一个期限，用于搜集这些文件。

申请人没有任何暂停执行效力。申请人可以不用支付任何邮资或登记费用。

第183条 根据1958年11月7日第58—1067号命令第38条第2款规定，宪法委员会在没有预审的情况下，可以用阐明理由的决议拒绝不可受理的诉状或者只包含冤屈而无法对选举结果产生影响的诉状。决议必须正式通知国民议会。

第184条 根据1958年11月7日第58—1067号命令第39条规定，在其他情况下，应当向受到质疑的议员告知意见，这也适用于接替人的必要情况。须给予受质疑的议员一段时间，让他们从宪法委员会秘书处那里了解申请人及材料的情况，并完成他们的书面回应材料。

第185条 根据1958年11月7日第58—1067号命令第40条规定，自接受回应材料或给予撰写材料的期限到期起，案件即被交予宪法委员会通过出具阐明理由的决议而作出裁决。决议必须正式通知国民议会。

第186条 根据1958年11月7日第58—1067号命令第41条规定，为公平对待每一份诉状，宪法委员会可以根据情况取消受到质疑的选举，或者修改由选票清点委员会所做的声明并公布应当选的候选人。

第186—1条 根据上述1958年11月7日第58—1067号命令第41—1条规定的条件，宪法委员会可以在必要时宣布第136—1条规定的候选人丧失被选资格和选举取消。

第187条 根据1958年11月7日第58—1067号命令第42条规定，宪法委员会及其下属机构必要时可以安排调查和查阅所有与选举有关的资料和报告，特别是相关候选人开设的选举账户，以及根据第52—14条规定设立的委员会所搜集或编制的所有可能的资料、报告和决议。

报告人被委任接受证人的陈述。报告人出具案件记录，并交给案件相关人审阅，相关人有三天时间提交书面回应材料。

第188条 根据1958年11月7日第58—1067号命令第44条规定，为对案件作出判决，宪法委员会必须有能力了解所有问题和诉状提出的抗辩。在此情况下，其决议只对委员会受理的选举具有法律效力。

第189条 根据1958年11月7日第58—1067号命令第45条规定，

在被揭发的候选人或替代人丧失被选资格的情况下，宪法委员会须对候选人和替代人的选举合规性作出裁决。

第十一章 实施条件

第190条 国家行政法院发布的命令对第二、七、八章以及第154—159条、第161—168条各条款的实施作出了必要的限定。

第三编 省议员选举的特殊规定

第一章 省议会的组成与议员的任职期限

第191条 各省的每个区选举一位省议会成员。

第192条 省议员任期六年；每三年对一半议员进行改选，议员可以无限期地再次当选。

选举在三月份举行。

在各个省，选举人团在同一天举行集会。

在整体改选的时候，改选之后的会议上，省议会将本省的区分为两组，尽可能地用相同的比例将每个行政单位的区分配到各组中，随后通过抽签安排两组的改选顺序。

如果两个不属于同一个改选组的区合并成一个新区的时候，应当在最近一次改选当日举行选举，以便能够确定新区的席位。在这种情况下，虽然选出省议员的区被撤销了，但两个旧区在上一次改选中选出的省议员仍然可以工作到任期结束为止。

第二章 投票规则

第193条 如果没有满足以下条件，任何人都不能在第一轮投票中获胜：1）获得绝对多数的有效选票；2）获得相当于登记选民四分之一数目的选票。

第二轮投票时相对多数者获胜，而不用考虑投票者的数量。票数相当时，年长者获胜。

第三章　候选人资格

第194条　未满18周岁者不能当选省议员。

符合以下条件的公民都具备被选资格：居住在本省，登记在选举名单上的公民，或者能证明自己在选举日前登记的公民；不居住在本省，但在举行选举的当年1月1日在该省的直接税纳税清册上有记录的公民，或者能证明自己在当日应当有记录的公民，或者同一时期内在本省继承了地产的公民。

然而，不居住在本省的省议员人数不能超过省议会议员总数的四分之一。

第194—1条　在任职期间，如果限制自由地点总监察官的受职早于省议员的任期，则此人不能成为省议员这一届任期的候选人。

第194—2条　在任职期间，权利捍卫官不能成为省议员这一届任期的候选人。

第195条　以下人士不能当选省议员：

1）正在担任或三年内曾在该省担任过省长；正在担任或一年内曾在该省担任过专区区长、省政府秘书长、省长内阁主席或省长下属负责专门事务的专区区长、专区政府总秘书；

2）正在担任或六个月内曾在该司法辖区担任过上诉法院法官；

3）正在担任或六个月内曾在该司法辖区担任过行政法院成员及大区审计法院法官和秘书长；

4）正在担任或六个月内曾在该司法辖区担任过大审法院法官和小审法院法官；

5）六个月内曾在该地执行领土任务的海军、陆军、空军军官；

6）正在或六个月内曾经在该地任职的警察现役部队公职人员；

7）正在或六个月内曾在该省任职的总工程师、副总工程师和路桥工程师；

8）正在或六个月内曾在该地任职的矿产行业工程师；

9）正在担任或六个月内曾在包含该省的学区担任过学区区长；

10）正在担任或六个月内曾在该省担任过学区巡视员和小学巡视员；

11）正在或六个月内曾在该省税务部门任职的具有公职人员身份的各级会计；

12）正在担任或六个月内曾在该省担任过邮政、电信部门的省级领导和主要巡查员；

13）正在任职或六个月内曾在该省任职过的负责烟草生产的公共部门总工程师、烟草生产巡视员以及负责烟草文化和烟草商店的公共部门负责人；

14）正在任职或六个月内曾在该地任职过的负责农村工程、水和森林资源的总工程师、主要工程师、施工工程师以及其他公职人员；

15）正在担任或六个月内曾在该地担任过测量仪表巡视员；

16）正在任职或六个月内曾在该省任职过的负责医疗、社会事务的省级领导和巡视员；

17）正在任职或六个月内曾在该省任职过的国家民事管理部门的大区领导和各处室主任；

18）正在担任或六个月内曾在该地担任过省议会和大区议会议长内阁成员以及省议会和大区议会正副领导及各处室主任；

19）正在担任或六个月内曾经担任科西嘉议会议长内阁成员、科西嘉执行委员会主席内阁成员、科西嘉大区及其位于南科西嘉省和上科西嘉省的公共机构的正副领导和各处室主任。

上述第3—20款提到的期限并不针对在选举当日获准享有退休权利的候选人。

"符合关于政治生活资金透明的1988年3月11日第88—227号法律的第2条第2款规定条件的省议会议长或议员在一年内也不具有被选资格，本条款在此不再对该条款的具体内容做详细声明。"

第196条 在本省停止任职超过一年之后又继续任职的总兽医巡视员、主要兽医巡视员和负责管理兽医部门的兽医巡视员都不能当选省议员。

在本省停止任职超过一年之后又继续任职的负责管理农业部门或者检查植物保护的总工程师和工程师都不能当选省议员。

第 197 条 第 118—3 条、第 118—4 条、第 136—1 条或第 136—3 条规定的不具备被选资格的人士不能成为候选人。

第 198 条 〔已废除〕

第 199 条 第 6 条和第 7 条规定的人士以及根据相关剥夺法律由司法决议剥夺被选举权的人士不具备被选资格。

第 200 条 受监管或受财产管理的成年人不能当选省议员。

第 201—202 条 〔已废除〕

第 203 条 根据 1944 年 10 月 18 日颁发、1945 年 1 月 6 日修订的关于没收非法收益的命令第 3 条和第 7（2）条规定，受到罚款处罚或者对罚款处罚负有连带责任的人士不能当选省议员。

第 204 条 根据 1871 年 8 月 10 日法律第 34 条和第 91 条规定的条件被定罪的省议员，应从省议会中除名，并在定罪之后的三年时间内不具备被选为省议员的资格。

根据地方公共团体总法典第 3121—4 条规定宣布辞职的省议员，在一年内不具备被选为省议员的资格。

第 205 条 由于选举后的突发原因遭遇第 195 条、第 199 条和第 200 条规定的情况而不具备被选资格的省议员，或者突然受到某种因素的影响丧失选民资格的省议员，都应通过该省的国家代表宣布辞职，除非根据第 222 条和第 223 条规定，在接到通知的 10 日内向行政法院提出申诉，或者向国家行政法院上诉。如果一名省议员在终审受到刑法判决并由此导致公民权和选举权丧失之后被宣布辞职，则他反对省长通知的上诉不具备暂缓执行的效力。

第四章 不可兼任

第 206 条 在整个法国，省议员不得兼任第 46 条和第 195 条第 1 款至第 6 款列举的所有职务。

第 207 条　省议员在本省内不得兼任以下职务：省建筑师、国家公共工程工程师、负责道路系统区划的国家公共工程主要部门负责人或者部门负责人、省政府或专区政府办公室雇员，总而言之，就是所有由省级资金支付工资或提供津贴的公职人员。

以下职务也不得兼任：1986 年 1 月 9 日关于医院公共职能法律规定的第 86—33 号法律第 2 条第 1、2、3 款中提到的涉及省议员任职省份的省级或跨省级机构的法定代表，以及省级公共事业部门的企业家。

以下职务也不得兼任：符合前述款项列举情况的在本区或临区负责儿童保护或儿童救济部门的医生，负责流行病或疫苗接种部门的医生，或者其他具有慈善特点的类似部门的医生。

也不得兼任相同条件下负责兽疫部门的兽医。

第 208 条　禁止兼任多个省议会的议员。

第 209 条　在多个区当选的省议员必须在省议会最近一次会议后三天中向省议长声明其最终选择，在出现争议的情况下，应当从行政法院作出决议的当日开始算起，或者从国家行政法院下发决议通知开始算起。

如果在时限内未作出选择，则省议员应当在公开会议上通过抽签的方式决定自己归属哪个区。

如果不居住在本省的省议员人数超过了省议员总数的四分之一，则省议会应当通过相同的抽签方式指定省议员人选，选举应被取消。如果一个先决问题超出了居住区域的问题，则省议会应当延缓，由专门为解决此问题召集的议会办公室抽签决定。

如果一个区被分割成若干选区，则代表被分割区的省议员应在命令颁布后 10 日内选择加入哪一个从旧区中创建出来的新选区。

第 210 条　由于选举后的突发原因遭遇第 206 条和第 207 条规定的不可兼任情况的省议员应通过该省的国家代表宣布辞职，除非根据第 222 条和第 223 条规定，在接到通知的 10 日内向行政法院提出申诉，或者向国家行政法院上诉。

第四章（补） 候选人资格声明

第 210—1 条 每位参加省议会选举的候选人都必须在每轮投票前根据国家行政法院的命令规定签署一份候选人资格声明。

该声明上必须有候选人签名，内容包括姓名、性别、出生日期、出生地点、家庭住址和职业。还必须提到在第 221 条规定的情况出现时替代候选人出任省议员的人选。第 155 条和第 163 条适用于替代人选的指定。候选人及其替代人必须是不同的性别。

还应随声明提交本人身份证明，以证实候选人及替代人满足第 194 条规定的具备被选资格的条件。

对于居民人数不少于 9000 人的区，第一轮投票还需要提交相关材料，以证明候选人已经根据第 52—5 条和第 52—6 条的规定完成了代理人声明。如果没有进行代理人声明，则须提交上述两条规定第 1 款规定的材料。

如果候选人资格声明不符合第 1 款规定，或者提交候选人资格声明时未提交第 2 款提到的身份证明，再或者提交的证明材料无法说明候选人及其替代人满足第 194 条规定的具备被选资格的条件，则该候选人资格声明不予登记。

任何人不得在多个区兼任候选人。

如果候选人违反上一款规定，在多个区任候选人，则其候选人资格不予登记。

对于拒绝登记持异议的候选人将有 24 小时的时间向行政法院上诉，行政法院必须在三日内作出裁决。

若行政法院未能在规定期限内作出裁决，则候选人必须获得资格登记。

如果没有参加第一轮选举或者未能在第一轮投票时获得至少百分之十二点五的有效得票率，则任何人不能成为第二轮投票的候选人。

如果仅有一名候选人满足本条规定的要求，则在第一轮投票中获得选票数量仅次于排名第一位的候选人即可进入第二轮投票。

如果没有一名候选人满足本条规定的要求，则在第一轮投票中获得选票数量排名前两位的候选人即可进入第二轮投票。

第五章 宣 传

第 211 条 禁止本规定之外任何形式的传单、海报或选票的印刷和使用。

第 212 条 每个选区都应设立负责寄送和分发选举宣传材料的委员会，满足获得宣传资金条件的候选人必须在委员会中有自己的代表，第 217 条提到的国家行政法院颁布的命令对委员会的组成结构和运行条件进行规定。

第 213—214 条 〔已废除〕

第 215 条 以下情况将受到 3750 欧元的罚款和有期徒刑一年的惩罚，或者这两种惩罚中的一种：

1）违反第 211 条规定的任何人；

2）在宣传委员会分发的资料之外免费向选民发送其他资料的任何人。

第 216 条 依据第 212 条设立的委员会所产生的工作业务开支及其本身的运行开支均由国家负责承担。此外，国家会为两轮投票中任何一次选票获得率不少于百分之五且符合第 213 条规定的候选人报销选票、海报、传单和张贴海报的纸张及印刷的成本花销。

第 217 条 国家行政法院颁布的命令对本章各项条款的实施条件作出规定。

第六章 投票准备

第 218 条 选举人团根据命令规定举行集会。

第 219 条 但是，对于补选，选举人团在本法律法规规定的条件内根据省级政府命令举行集会。

第 220 条 集会日与选举日之间必须有 15 个整日的间隔。

第七章 〔已废除〕

第八章 省议员的更替

第 221 条 由于死亡、根据本法第 46—1 条、第 46—2 条、第 151 条或第 151—1 条规定或其他动因而出现的干预辞职、根据民法第 112 条规定意义上的缺席推定、接受宪法委员会成员或权利捍卫官的职务等原因造成的省议员席位空缺，则该议员应由与他同时当选的其他民选代表接替，直至议会改选为止。

如果是其他原因或者第 1 款无法实施而造成的职位空缺，则应在三月内举行补选。

但是，如果在空缺的三月内必须举行一次议会改选，则补选应与改选同时举行。

省议长负责监督本条款的实施情况。他可以向本省的国家代表提交请求，必要时也可以直接提交内政部。

第九章 争 议

第 222 条 区选民、候选人、省议员和省长均可就选举向行政法庭提出无效指控。省长的指控必须基于法律规定的条件和手续未得到遵守。

第 223 条 宣布当选的省议员可以就任直到对异议作出最终裁决。但是，如果同一个议员在以前的选举中由于同样的丧失被选资格的原因，由行政法院的最终决议或符合国家行政法院对上诉的决议裁定取消资格，则因反对行政法院决议而向国家行政法院的上诉不具有暂停执行效力。在这种情况下，行政法院必须详细说明该上诉将不具有暂停执行效力。

第 223—1 条 由于选举名单受到操控或投票过程违规而取消选举的情况下，行政法院不需要上诉即可决定由这次被取消的选举选出的省议员的委任暂停执行。

在此情况下，国家行政法院须在申诉得以备案的三个月时间内作出裁决。如果超过期限未能作出裁决，则暂停执行结束。

如果出现上述条款未作出规定的情况，则国家行政法院须在申诉得以备案的六个月时间内作出裁决。

第十章 实施条件

第 224 条　国家行政法院颁布的命令对本编各项条款的实施条件作出规定，第五章除外。

第四编　市议员和巴黎议会议员选举的特殊规定

第一章　所有市镇通用规定

第一节　市议会的组成与议员的任职期限

第 225 条　地方公共团体总法典第 2121—2 条对除巴黎外的市议会议员人数有明确规定。

第 226 条　〔已废除〕

第 227 条　市议员任期六年，届满全体更换，中途补选的议员也不例外。选举日期为至少三个月前就由部长会议通过的命令规定的三月份的某一天。该命令同时负责召集选民。

第一节（补）　关于法国以外欧盟成员国侨民行使市议员和巴黎议会议员选举中的投票权的特殊规定

第 227—1 条　除法国公民外，定居在法国的欧盟公民在符合本节补充规定的情况下，可以与法国选民同等条件地参与选举市议员。

第 1 款所提的定居是指该欧盟公民在法国拥有真实住所或其居住具有连续性。

巴黎议会议员选举与市议员选举一样，执行此节规定。

第227—2条 第227—1条涉及人员行使投票权时，需要申请登记在选民补充名单上。

所涉人员如果在国籍所在地享有选举权、并符合成为法国选民及登记在法国选民名单上除法国国籍外其他法定条件，均可以提出登记申请。

第227—3条 对每个投票办公室而言，选民补充名单由负责编制修改选民名单的机构编制及修改。

1998年5月25日第98—404号法律中与选民名单编制及其合法性审查相关的第10条、第11条、第15条到第17条、第18条到第41条、第43条的规定都适用于选民补充名单的编制与审查。第227—1条涉及人员同样可以行使这些条款赋予法国国民的权利。

选民补充名单上除了登记第18、19条规定的信息，还必须注明该选民的国籍。

如遇纠纷，无论是法国选民还是选民补充名单上的成员都可以行使第25条第2款规定的上诉手段。

第227—4条 法国以外的欧盟成员国侨民在申请登记于选民补充名单时，除了提供法国国民必需的证明材料，还需出具一份有效期内的身份证明和一份写有以下信息的书面申请：

1）国籍；

2）在法国国内的居住地址；

3）本人在国籍所在地没有被剥夺投票权。

第227—5条 以下情形会被处以一年监禁和15000欧元罚款：

1）以虚假住址、虚假姓名或虚假身份登记，或登记时故意隐瞒在国籍所在地无选举权的事实；

2）申请并获得在几份选民补充名单上登记的资格；

3）在制作、发放登记证或从选民补充名单删除某人过程中存在舞弊；

4）借助虚假声明或虚假证明登记或试图登记，或借助同样手段非法登记或删除他人、或试图非法登记或删除他人。

第二节 候选人资格

第 228 条 未满 18 周岁者不能当选为市议员。

市镇内所有选民、已经登记或可以证明应于选举当年 1 月 1 日登记在直接税缴纳名单上的公民都可以入选该市镇议会。

但是，在居民人数超过 500 名的市镇，选举时不住在该地的议员人数不能超过议会总人数的四分之一。

在最多拥有 500 名居民的市镇，对于由九名成员组成的市议会而言，这一人数不得超过四名；对 11 名成员的市议会而言，不得超过五名。

如果以上数字有所违背，则参照市镇法第 121—11 条规定执行。

第 228—1 条 以下符合条件的法国以外其他欧盟成员国侨民也可以入选市议会或巴黎议会：

1）或已经登记在市镇的选民补充名单上；

2）或满足成为法国选民及登记在法国选民补充名单上除法国国籍外的其他法定条件，并已经登记或可以证明应于选举当年 1 月 1 日登记在直接税缴纳名单上。

第 229 条 国民议会议员和参议院议员可以在自己候选人资格所在省的任何一个市镇参选。

第 230 条 以下人士不能成为市议员：

1）被剥夺选举权的人；

2）受监护的成人；

3）〔已废除〕

4）上述 1988 年 3 月 11 日第 88—227 号法律第 2 条第 2 款涉及的市（镇）长或市（镇）长助理如果没有提交该条法律规定的声明，则一年之内不能当选。

第 230—1 条 限制自由地点的总监察官如果在任职之前没有担任市议员则在任职期间不得成为市议员候选人。

第 230—2 条 除法国外其他欧盟成员国侨民如果在国籍所在地被剥夺

被选举权则无法担任市议员及巴黎议会议员。

第230—3条 权利捍卫官在任职期间不得成为市议员候选人。

第231条 三年内曾经担任大区区长、省长,一年内曾经担任专区区长、省政府秘书长、省长内阁主席、省长直属负责专门事务的专区区长、负责大区事务或科西嘉事务的秘书长或专员,以及正在担任以上职务的人没有被选资格。

六个月内曾经担任或正在担任以下职务的人不能在职务所在市镇被选为市议员:

1)上诉法院法官;

2)行政法院及大区审计法院成员;

3)海陆空三军军官在其执行领土任务所覆盖的市镇;

4)大审法院及小审法院法官;

5)国家警察现役部队公职人员;

6)具有公职人员身份的负责公共经费的会计和公共服务承包者;

7)省政府领导,省政府办公室主任,专区政府总秘书;

8)省议会议长内阁及大区议会议长内阁的领导,省议会和大区议会正副领导及各处室主任,科西嘉议会议长内阁主任,科西嘉执行委员会主席内阁主任,科西嘉地区及下属公共机构的正副领导及各处室主任;

9)具有路政专员身份的总工程师、专项工程师、国家公共项目工程师、重要路段负责人和国家公共工程中的路段负责人。

市镇带薪办公人员在雇用其工作的市镇不具有被选资格;以下人士除外:作为公职人员或从事独立职业时因向市镇提供服务而获得补偿的人;在居民少于1000人的市镇,仅仅因为季节性或临时性工作才成为市镇雇员的人。

以上条款所提期限并不针对在选举当日获准享有退休权利的候选人。

第232条 〔已废除〕

第233条 第199条、第201条到第203条的规定同样适用。

第234条 根据第118—3条、118—4条、136—1条或136—3条被宣

布剥夺被选举权的人无权提交候选人资格。

第 235 条　根据地方公共团体总法典第 2121—5 条有关市议员拒绝履行部分职责的规定而被宣布辞退的市议员在一年内不能再次被选。

第 236 条　任何市议员如果因为当选后某个突发原因处于第 230、231 和 232 条规定的无被选资格的境地，则省长应该立即宣布其辞职，除非当事人根据第 249 条和第 250 条的规定在接到通知后 10 日内向行政法院提出异议、或至国家行政法院提请诉讼。如果某位市议员因为一项足以使其丧失公民权和选举权的最终刑事判决被宣布辞职，则其针对省长通知可能提请的上诉也不能改变他被辞退的结果。

第 236—1 条　除法国外其他欧盟成员国侨民成为市议员或巴黎议会议员后，如果因为选举后的某个突发原因处于第 230—2 条规定的无被选资格的境地，则该省的国家代表需要立即宣布其辞职。

第三节　不可兼任

第 237 条　市议员不可兼任以下职务：
1) 省长，专区区长，省政府秘书长；
2) 国家警察中管理部队与指挥部队的公职人员；
3) 1986 年 1 月 9 日第 86—33 号法律第 2.1 条、2.2 条、2.3 条提及的市镇机构或市镇间机构的合法代表，在其工作机构所属的市镇内不可兼任。

第 46 条和本条所涉及的人士如果被选为市议会成员，在选举结果宣布起 10 日内需要在接受任职和保留原职之间作出选择。如果当事人没有在规定期限内向上级作出声明，则被认为已经选择保留原职。

第 237—1 条　民选代表不能兼任由其担任代表的市镇内社会帮扶中心的带薪职位。

如果存在市镇间的社会帮扶中心，则该条款同样适用于这些市镇间合作的公共机构的代表。

第 238 条　不允许一人兼任几个市镇的市议员。

同时在几个市镇当选的议员在选举结果宣布起十日内需要作出选择声明。声明提交至相关省份的省长。

如果当选议员在规定期限内没有告知其选择，则自动视为在选民人数最少的市镇议会里任职。

在超过500居民的市镇，最多只能有两位直系亲属或兄弟姐妹同时成为该地的市议员。

但是，在划分分选区进行选举的市镇，如果上述第4款涉及人员是从不同分选区当选，则可以同时成为一地的市议员。

第238—1条 根据为执行欧洲共同体条约第一章第8—B条制定的指令，法国以外其他欧盟成员国侨民不可以兼任法国的市议员和其他成员国内某个基层领土区划的商议机构的成员。

如果当事侨民在兼任情况出现后10日内没有辞去其中一项职务，省长应立即宣布其辞职，除非出现第239条规定的上诉情况。

第239条 任何市议员如果因为当选后某个突发原因处于第46、237、237—1和238条规定的不可兼任困境，则省长应该立即宣布其辞职，除非当事人根据第249条和第250条的规定在接到通知后10日内向行政法院提出异议、或至国家行政法院提请诉讼。

但是，处于第238条第4款规定的不可兼任困境的民选代表可以任职至所在议会改选。

第四节 宣 传

第240条 禁止不按照规定印刷及使用与选举宣传有关的通知、海报和选票。

第241条 在超过2500名居民的市镇，设有专门委员会负责选举宣传材料的寄送和分发，其组织结构和运行条件都有相关命令明确规定。

第242条 国家负担上述委员会的活动经费及运行成本。

在本编第三章、第四章涉及的市镇，候选人的纸张成本、选票和海报等印刷费用以及张贴花销可以得到报销。

第 243 条 可以按照第 242 条规定报销的候选人或候选名单必须满足享受宣传补贴的条件，并且在选举中获得至少百分之五的选票。

第 244—245 条 〔已废除〕

第 246 条 违反第 240 条规定者将被处以 3750 欧元罚款和六个月监禁，或其中一项单独惩罚。

第五节 投票准备

第 247 条 与第 227 条不同，专区区长可以颁布政府命令召集选民进行补选。

召集命令至少于选举前 15 日在市镇内公布。

第六节 投 票

第 247—1 条 在人数超过 2500 的市镇，发给选民的选票需要在法国以外其他欧盟成员国侨民候选人的姓名旁注明国籍，否则无效。

第七节 争 议

第 248 条 任何有选举权和被选举权的人都可以向行政法院指控市镇的选举行为无效。

省长如果认为法定的选举条件和选举形式没有得到遵守，同样可以向行政法院提起诉讼。

第 249 条 行政法院对诉讼拥有裁决权，除非当事人向国家行政法院提出上诉。

第 250 条 因对行政法院的决定不服而向国家行政法院提出上诉者可以是省长，也可以是相关人士。

第 250—1 条 如果行政法院因为编制选民名单或投票过程中的违规行为取消选举，则不管当事人上诉与否，它都有权撤销该次选举中民选代表的任职。

这种情况下，国家行政法院需要在上诉登记之日起三个月内作出裁决。如果规定期限内没有作出裁决，则被撤销任职的民选代表恢复原职。

遇到上述条款以外的情况，国家行政法院需要在上诉登记之日起六个月内作出裁决。

第 251 条 如果选举全部或部分取消，则需在三个月内召集全体选民大会；除非取消决定发生在市议会正常改选前三个月内。

第二章 居民人数少于 3500 的市镇的特殊规定

第一节 投票规则

第 252 条 在人数少于 3500 的市镇，议会成员采取多数制选举。

第 253 条 如果没有满足以下条件，任何人不能在第一轮投票中获胜：

1) 获得绝对多数的有效选票；

2) 获得相当于登记选民四分之一数目的选票。

第二轮投票时，无论投票者多少，都是获得相对多数者当选。如果几位候选人得票相同，则年长者获胜。

第 254 条 市议员选举以市镇为单位，采取名单投票制。

但一个市镇也可以分成不同区域进行选举，每个区域根据登记选民的人数选出相应比例的议员。但这只针对各个居民点比较分散的市镇。每个区域所选议员不得少于两人。

每个区域内部的领土必须是连续的。

第 255 条 市镇的选区划分由省长应相关市镇的市议会或选民大会要求提出实施。

会在相关市镇的市政府展开调查，市议会也会接到省长方面的问询。在市议会接受问询起六个月内不能作出有关选区划分的任何决定。

期限过后，如果各项程序都已遵守，则省长需要对划分方案作出表态。由此进行的选区划分一直存续到新的决定产生为止。

第 255—1 条 与第 254 条和第 255 条规定不同，如果出现市镇合并情况，则每个成员市镇可以要求成为单独选区，选出至少一名议员。

与第 254 条规定不同，每个选区的议员人数与组成该选区的成员市镇的居民人数成比例。

如果某个选区只有一名议员名额，则需要在同一次选举中选出一位代理，在正式议员临时缺席时投咨询票。

第二节 宣 传（无）

第三节 投票准备（无）

第四节 投 票

第 256 条 对于人口超过 2500 的市镇，不允许出现单独候选人，发放给选民的选票上必须含有与待选席位数目相等的候选人姓名。

选民投出的选票可以是不完整的候选名单。

第 257 条 选票上的姓名无论是多于还是少于候选席位均视为有效。

但选票上排在候选席位总数之后的姓名在计票时忽略不计。

第五节 市议员的更替

第 258 条 如果市议会因为职位接连空缺减少了三分之一成员，则应在最后一次出现职位空缺情况的三个月内进行补充选举。

但是，在市议会常规改选前一年，除非议员人数减少一半以上，否则没有必要进行补充选举。

在划分选区进行选举的市镇，只要某个选区缺乏半数议员，就有必要进行补充选举。

第 259 条 需要替换根据第 254 条设立的选区里选出的市议员时，替换工作只在这些议员所属选区进行。

第三章 居民人数多于 3500 的市镇的特殊规定

第一节　投票规则

第 260 条　市议员选举采取两轮名单投票制。提交的名单必须包含与待选席位数目相等的候选人，不可增减姓名，也不可修改顺序，除非遇到第 264 条第 2 款规定的情况。

第 261 条　每个市镇构成单独的选举单位。

但巴黎、里昂和马赛的议会成员需要通过划分分选区进行选举。

第 254 条到第 255—1 条的规定同样适用于居民人数在 3500 到 30000 之间的市镇。

与本章条款不同，在市镇合并后所辖的少于 2000 居民的市镇或少于 1000 选民的选区（如果选区划分与成员市镇不完全对等的话），可以参照本编第二章的规定进行选举。

第 262 条　第一轮投票时，获得绝对多数选票的名单可以获得待选的一半席位。待选席位多于四席时，如果取半数时出现 0.5，则加 0.5 取为整数；相反，待选席位少于四席，则去 0.5 取为整数。在遵守本条第 3 款条件下，余下席位再遵循最高平均数法比例代表制在所有名单间重新分配。

如果没有名单在第一轮投票中获得绝对多数，则进行第二轮投票。获得选票最多的名单可以获得待选的一半席位。待选席位多于四席时，如果取半数时出现 0.5，则加 0.5 取为整数；相反，待选席位少于四席，则去 0.5 取为整数。如果排在首位的几份名单得票相同，则所含候选人平均年龄最高的那份名单获胜。在遵守本条第 3 款条件下，余下席位再遵循最高平均数法比例代表制在所有名单间重新分配。

所获选票低于百分之五的名单不得参与席位分配。

席位授予时，应遵循名单上候选人的排名顺序。

如果授予最后一个席位时出现几份名单所得的平均数相同的情况，则其中获得选票最多的那份名单获胜。如果选票也相同，则可能当选的几位候选人中年长者获胜。

第二节 候选人资格声明

第 263 条 禁止一名候选人在多地参选，也禁止加入多份名单参选。

第 264 条 每轮投票都需要提交候选人资格声明。每份名单上候选人按不同性别交替排列。

只有在第一轮投票中获得不少于百分之十选票的名单才可以进入第二轮选举。此时，名单组成可以修改，以便吸收没能进入第二轮选举但在第一轮获得至少百分之五选票的其他名单上的候选人。名单组成修改时，候选人排列顺序也同样可以修改。

第一轮投票中同一份名单上的候选人在第二轮投票中也只能出现在同一份名单上。候选人在第二轮选择哪份名单需要由他们所在第一份名单的负责人通知省政府或专区政府。

第 265 条 候选人资格声明是指递交到省政府或专区政府的符合第 260、263、264 和 265—1 条规定条件的名单。收到后会发送回执。

每份名单的候选人资格声明由该名单的负责人统一制作。为此，每位候选人需要出具亲笔授权信，证明授予该负责人亲自或委托他人办理第一轮和第二轮投票中名单登记相关手续的权利。递交的名单必须明确以下事项：

1）所递名单的名称；

2）每位候选人的姓名、性别、出生日期、出生地点、家庭住址、职业。

第一轮投票递交名单时，需要附上该名单所有候选人的授权信，以及证明他们已经符合第 228 条前两款规定的正式文件。

每轮投票时的资格声明都需要包含所有候选人的签名，但如果某位候选人在集体声明上漏了签名，则有权在同一期限内补立一份带有签名的个人声明。

但是，进入第二轮投票后未作任何修改的候选名单则无需在候选人资格声明上添加所有签名。

对于超过 9000 人口的市镇，第一轮投票时，还需要提交候选人已经根据第 52—5 条、52—6 条宣布过代理人的证明，如果没有确定代理人，则提交上述条款第 1 款规定的证明。

只有在本条款列举的条件全部满足、并且第 4 款提及的正式文件证明候选人符合第 228 条前两款要求的候选人资格时，才会发送收到回执。

如果相关机构拒绝发送回执，所涉名单的任何一位候选人都可以在 24 小时内向行政法院提出诉讼，行政法院需要在接到诉讼三日内作出裁决。

如果逾期没有判决，则回执必须发放。

第 265—1 条 如果名单内包含法国以外其他欧盟成员国侨民，则需要在该候选人的姓名、出生日期和出生地点旁注明国籍。

此外，该候选人还需出具：

1）证明没有在国籍所在地被剥夺被选举权的声明；

2）证明满足第 228—1 条有关被选举资格的条件的正式文件。

如果对第 1 款所提声明存有疑虑，无论是在选举前还是选举后，都可以要求出具该侨民国籍所在地相关部门的证明，说明他没有在本国丧失被选举权或相关部门并不知晓丧失与否。

第 266 条 如果一份候选名单上出现第 203 条规定的无候选资格的候选人，则该名单的候选人资格声明禁止予以登记。

第 267 条 候选人资格声明递交时间不能迟于：

1）第一轮投票时，投票日前第三个周四 18：00；

2）第二轮投票时，第一轮投票后的周二 18：00。

名单递交后，不允许候选人退出或更换。

如果在本条第 1 款规定的期限前打算撤销整份名单，可以予以登记；但需要该份名单上半数以上候选人签名。

第三节　投　票

第 268 条 不符合第 260 条规定的选票视为无效。

第 269 条 投给没有正常登记候选人资格声明的候选名单的选票视为无效。

第四节 市议员的更替

第 270 条 如果一份名单上一位当选议员因为某种原因不再担任此职，则该名单上紧接着最后一位民选代表的候选人接替此职。

如果行政司法机构发现一位或几位候选人不具备候选资格，则只有这些不符合条件者的当选结果会被撤销。受理诉讼的司法机构随即宣布名单上排名随后的候选者当选。

该名替补上任的候选人如果因此面临第 46—1 条提及的不可兼任困境，他就需要在该职位空缺起 30 天内从上述条款所提职务中选择一项辞职。如果在规定期限内没有作出选择，则根据名单上排名顺序下一位候选人替补上任。

如果上述条款不能继续得以执行，则需要进行议会重选：

1）如果市议会减少了三分之一的成员，则在最后一次出现职位空缺情况的三个月内举行，同时遵守第 258 条第 2 款的规定。

2）如果需要在新市长选举前补充议会成员，则参见地方公共团体总法典第 2122—8 条和第 2122—14 条的规定。

第四章 巴黎、里昂和马赛的特殊规定

第 271 条 在巴黎、里昂和马赛，选区议员与市议员同时选举。

第 271—1 条 法国以外其他欧盟成员国侨民在根据第 227—2 条设立的市镇选民补充名单上登记后，可以与法国选民同等条件地参与区议员选举。

第 272 条 巴黎、里昂和马赛市议员选举以及所属选区议员选举都必须遵守本编第一章和第三章的规定，同时遵守以下条件。

第 272—1 条 选区议员在选举资格和不可兼职方面的规定与市议员相同。

第272—2条　禁止一名候选人在多个分选区参选。

第272—3条　完整的候选名单必须包含与待选市议员和选区议员数目相等的候选人。

第272—4条　不符合第272—2条和第272—3条规定的候选人资格声明不能予以登记。

第272—5条　在根据第262条规定分配完市议员席位后，选区议员席位以同等规则在各名单间分配。具体到每份名单，从没有当选市议员的首位候选人开始，严格遵守排名顺序。

第272—6条　与第270条规定不同，如果一份名单上某位当选市议员因为某种原因不再担任此职务，则该名单上紧随最后一位当选市议员之后的那位选区议员接替该职。

该名替补上任的候选人如果因此面临第46—1条提及的不可兼任困境，他就需要在该职位空缺起30天内从上述条款所提职务中选择一项辞职。如果在规定期限内没有作出选择，则根据名单上排名顺序下一位候选人替补上任。

如果一份名单上某位当选选区议员因为某种原因不再担任此职务，则该名单上紧随最后一位当选选区议员的候选人接替该职。

如果相关司法机关发现一位或几位候选人不具备参选资格，则只有这些不符合条件者的当选结果会被撤销。受理诉讼的司法机构随即宣布名单上排名随后的候选人当选。

如果在某个分选区第2款的规定不能继续执行，且选区议会减少了三分之一以上成员，则应在最后一次出现职位空缺情况的两个月内全部更换该分选区选出的选区议员和市议员。

第五章　实施条件

第273条　国家行政法院有专门命令对第229、240、241、244和256条的实施条件作出规定。

第二部分　省参议员选举

第一编　参议院的组成和参议员的任期期限

第274条　各省当选参议员总人数为326人。

（注：2003年7月30日第2003—696条法律第5条第2款：各省当选参议院总人数2004年将为313人，2007年将为322人。）

第275条　参议员的任期为六年。

第276条　每次参议院选举改选半数的参议员。因此，依照本法典附录中的图表五，参议员被分成两组，每组代表省份人口数量大致相同。

（注：2003年7月30日第2003—696号法律第2条第3款：本规则将于2010年补选时生效。）

第276条　每次参议院选举改选三分之一的参议员。因此，依照本法典附录中的图表五，参议员被分成三组，每组代表省份人口数量大致相同。

（2010年之前适用本规则）

第277条　每组参议员的任期始于其当选后的第一次常规会议的第一天，这一天同时也是前任参议员的任期终止日。

第278条　参议员选举在其任期起始日的前60天之内举行。

第二编　选举人团的组成

第279条　代表各省的参议员的议席按照本法典附录中的图表六分配。

第280条　参议员在各省由选举人团选举产生，选举人团成员包括：1）国民议会议员；2）负责相应省份的大区议会议员和根据本部分第三编（补）规定条件任命的科西嘉议会议员；2）（补）圭亚那议会议员和马提尼克议会议员；3）省议会议员；4）市议会代表或其候补者。

第281条　由投票统计委员会公布的国民议会议员、大区议会议员、科西嘉议会议员、圭亚那议会议员、马提尼克议会议员和省议会议员被列在参议院选举人团名单上，即使他们的选举被质疑，他们也要参加投票。当有重大阻力的时候，他们可以提交书面申请，通过委托行使选举权利。被委托人必须是参议院选举人团的成员，且仅能代理一名委托人。

第282条　当一名省议员同时也是国民议会议员、大区议员或科西嘉议员时，在他的推荐下，省议会议长将任命一名他的替代人选。

当一名大区议员，或一名科西嘉议员、圭亚那议员、马提尼克议员同时也是国民议会议员时，在他的推荐下，相应的大区议会议长、科西嘉议会议长、圭亚那议会议长或马提尼克议会议长将任命一名他的替代人选。

第三编　市议会代表的任命

第283条　关于选举参议院的选民集会的命令确定市议会代表及其候补者任命的日期。此次选举和参议院选举间隔时间不得少于六个星期。

第284条　在人口少于9000人的市镇里，市议会在其成员里选举出代表：

——有9个或11个成员的市议会从中选出一名代表；

——有15个成员的市议会从中选出三名代表；

——有19个成员的市议会从中选出五名代表；

——有23个成员的市议会从中选出七名代表；

——有27个或29个成员的市议会从中选出15名代表。

如果某市议会是按照有关市镇合并的地方公共团体总法典第2113—6条和第2113—7条法律组成，在这两条规定出台之前是根据2010年12月16日地方公共团体改革法第2010—1563条规定，则该市代表数应与在合并前原市镇有权拥有的代表数一样多。

第285条　在人口多于或等于9000人的市镇里，所有的市议员都是法定代表。

此外，在人口多于30000人的市镇里，市议会要按照超出30000人部分的人口数 1：1000 的比例选举出增补的代表。

第 286 条　当代表人数等于或小于五人时，候补者数量为三人。在此基础上代表人数每增加五人，候补者人数将增加一人。在本法典第一部分第四编第二章所指的市镇中，候补者是从市议会中选举出来的。但当市代表和候补者的数量多于市议员数量时，候补者也可以从该市镇登记在册的选民中选出。

第 286—1 条　没有法国国籍的市议员和巴黎议会成员不能以任何名义成为参议院选举人团的成员，也不能参加选举人团代表、候补代表和增补代表选举。

第 286—2 条　在所有市议员都是法定代表的市镇里，当任命参议院选举人团中增补的代表和候补时，没有法国国籍的市议员将被市议会选举中排在其选举名单最后一名民选代表之后的法国籍候选人所替换。

第 287 条　国民议会议员、大区议员、科西嘉议员和省议员不能被其所在的市议会任命为被选举出的或是法定的代表。

当一名国民议会议员、大区议员、科西嘉议员或省议员因同时担任一个市镇的市议员或联合市镇的咨询委员会成员而自动成为代表时，通过其推荐，市长将任命一名他的替代者。

第 288 条　在本法典第一部分第四编第二章所指的市镇中，代表及候补的选举按照下面的方式分开举行。投票为不记名两轮多数制。如果没有人获得绝对多数有效选票，则无人当选为代表或候补者。在第二轮中，得票数较多者将获选。在得票数相等时，年长的候选人当选。

候选者可以单独参选，也可以以组成名单的方式参加竞选，该名单不是封闭的，可以从中添加或删减候选人。

当某议员不能出席代表及候补者的选派大会时，他可以把授权书交给任意一个议员代他投票。该议员只能持有一封授权书，且这一授权可随时撤销。

候补者的排序由其获得的选票数决定。当得票数相等时，年长者优先。

第一部分　宪法、全国性涉党法律与规章

第 289 条　在本法典第一部分第四编第三章所指的市镇中，代表及候补者的选举在同一选举名单上进行。该选举采用最高平均数法比例代表制，既不是混合制投票也不是选择性投票。选举名单可包括的人数可以少于在席的议会代表和候补人数。

每个市议员或市议员团可以提交一份代表和候补者的候选名单。

候补者的排序由候选名单中他们的排位决定。

如果某代表拒绝或无法参加投票，则由候选名单上排在最后一名当选代表之后的候补者代替之。

当某议员不能出席代表及候补者的任命大会时，他可以把授权书交给任意一个议员代他投票。该市议员只能持有一封授权书，且这一授权可随时撤销。

第 290 条　如果某市镇市议会的职权是由根据地方公共团体总法典第 2121—35 条和第 2121—36 条设立的特别代表团承担，则其代表及候补者由特别代表团主席召集的前议会选举产生的。

第 290—1 条　根据地方公共团体总法典第 2113—11 条建立的联合市镇拥有和在其未合并情况下同样数量的代表。这些代表是由合并后的市镇议会任命，从相应选区的市议员或在特定条件下该选区的选民中选举产生。而当该市镇有咨询委员会时，其代表在委员会内部选举产生。当联合市镇的代表数高于咨询委员会成员数时，委员会的成员都是法定代表，其余代表将在联合体选民中选举产生。

（注：根据 2010 年 12 月 16 日第 2010—1563 则法律第 24 条第 8 款，在选举法第 290—1 条提到的地方公共团体总法典第二部第一部分第一编第三章的参考指的是上述法律之前的草案。）

第 291 条　当代表名单上所有代表和候补者都拒绝参选时，由省长发布决议确定一个新的选举日期。

第 292 条　所有省级参议院选举人团成员都有权利对省长制定的选民名单提出上诉，上诉需提交至行政法院。行政法院的决议只有在宪法委员会上能提出质疑。

在同样条件下，省长及本市选民也可以对市代表和候补者选举的合规性提出质疑。

第293条 当某位代表或候补者的当选资格被撤销时，则需要名单上下一位当选的候补者。如果代表名单仍然不完整，那么省长将发布决议，召开新的选举把名单补充完整。

第三编（补） 科西嘉议会代表的任命

第293—1条 在科西嘉议会选举结束的后一个月，科西嘉议会开始进行南科西嘉省和上科西嘉省之间的参议院选举人团人员分配。这两个省将分别有24名和27名参议院选举人团成员。

第293—2条 科西嘉议会首先任命代表地方公共团体的南科西嘉省参议院选举人团成员。

在相关人员同意的条件下，每个议员或议员团都可以提交一份候选人名单，人数最多不超过在席人数。

投票按照选举名单进行，既不能删除也不采用混合选举制。席位分布方式采用最高平均数法比例代表制。

当按照之前的条款进行的程序完成后，那些没有被任命为代表的议员将属于上科西嘉省参议院选举人团。

在改选中当选为科西嘉议会的议员可以被任命为他所替换的前议员所属省份的选举人团成员。

第293—3条 科西嘉地方公共团体中的国家代表代表国家宣布该地方公共团体内各省议员名单，旨在确立第292条提到的参议院选民名单。

第四编 参议员的选举

第一章 投票规则

第294条 在要选出至多三名参议员的省份中，选举采用两轮多数投票制。

在第一轮中，如果没有人获得绝对多数的有效选票及登记选民数四分之一的选票，则无人当选。

在第二轮中，得票数较多者将获选。在得票数相等时，年长的候选人当选。

第 295 条 在要选出至少四名参议员的省份中，选举采用最高平均数法比例代表制，既不是混合制投票也不是选择性投票。

参议院席位按照每份名单上候选人的排序授予各候选人。

第二章 候选人资格

第 296 条 不足 24 岁不能当选参议员。

其余候选人资格与国民议会选举相同。

但是，执行上述条款时需注意，当一名参议员成为政府成员时，根据第 319 条规定被要求来代替他的人如果和他出现在同一份候选名单上，则不能成为候选人。

第三章 不能兼任

第 297 条 本法典第一部分第二编第四章的规定同样适用于参议员选举。

第四章 候选人资格声明

第 298 条 候选人要发表声明，说明其姓名、性别、出生日期、出生地点、家庭住址和职业并署名。

第 299 条 在采用多数制选举的省份中，每个候选人都需要在其声明中说明依照第 319 条规定替代他成为参议员的人选的姓名、性别、出生日期和地点、住所和职业。还需附上替代人选的书面同意，替换人须满足候选人资格条件。

一人不能以替代人身份同时出现在几份候选人声明中，不可以是候选人身份同时又是另一候选人的替代人，候选人在第一轮中发表的声明中指定的替代人须和第二轮中相同。

（注：2003年6月6日2000—493则法律第17条：这些规则将于各级议会任期正常结束下一次改选时生效。）

第300条 在采用比例代表制选举的省份中，每份候选人名单人数要比在席参议员人数多两人。每份名单上，不同性别的候选人人数相差不得大于一。候选人按不同性别交替排列。

除了第298条提到的情况，候选人还要在声明中说明候选名单的编号及和其在名单上的排序。

每份名单都有一名代理人发表该名单候选人的联合声明。只有在撤销该声明并提出新声明的情况下才能变动名单的组成。联合声明的撤销需要名单上所有候选人的签名。

候选人声明指定的到期日之后不得再撤销名单。

如果某候选人在竞选活动中死亡，直至选举开始的前一天，名单上的其余候选人将有权用一名新的合适的候选人替换他。

第301条 第一轮选举时，候选者要向省政府提交候选人声明，一式两份，时间不得晚于选举前第二个星期五的18点整。

提交者将即时得到临时收据。如果该声明符合现行的法律条文，则最终的回执将在声明提交后的四天内发放。

第302条 禁止有多个候选人资格。

同一候选人不可以出现在同一选区的不同名单上，也不可以出现在不同的选区。

第303条 如果某候选人的声明未满足上述条款的要求，省长须在24小时之内将它提交到行政法院，行政法院将在三日内作出裁决，只有宪法委员会能对其决议提出质疑。

第304条 第160条法律规定适用于参议员选举。

第305条 在采用多数制选举的省份中，在预计第二轮投票开始时间至少半小时前，所有要参加第二轮选举的候选人需要向省政府递交一份符合第 298 条和第 299 条规定的候选人声明。该声明的回执将立即发放。

第五章 宣 传

第 306 条 〔已废除〕

第 307 条 以下条款均适用于参议员选举宣传：

——1881 年 6 月 30 日关于集会自由的法律条文，除了该法律第 5 条和 1907 年 3 月 28 日有关公共集会的法律；

——1881 年 7 月 29 日关于出版自由的法律条文。但是在上莱茵、下莱茵和摩泽尔三省，上述法律第 15 条和第 17 条只在符合 1906 年 7 月 10 日当地法律的前提下执行。

第 308 条 候选人能够向选举人团成员印发的传单及选票的数量、范围和发送方式由国家行政法院颁布的命令规定。

由国家承担这些传单和选票的发送费用。

此外，对于比例制选举中获得不少于百分之五有效选票的候选人以及多数制选举中在两轮投票中的一轮获得不少于百分之十的有效选票的候选人，国家将报销其印发传单和选票的印刷费和纸张费。

第 308—1 条 第一部分第一编第五章（补）的条文适用于参议院选举。

每个候选人或每份候选名单用于参议院选举的支出上限为 10000 欧元。在此基础上，对于要至多选出三名参议员的省份，每名居民可以使此上限增加 0.05 欧元；对于要至少选出四名参议员的省份，每名居民可以使此上限增加 0.02 欧元；对于在海外确定的参议员候选人，其代表的每名居民可以使此上限增加 0.007 欧元。这里所指的居民是根据第 330—1 条第 1 款确定的。此上限不包括候选人用于接收选民选票所提出的正当合规的交通费。每年相关命令的公布会确定新的支出标准。本项支出金额将随着除去烟草外的居民消费指数的变化而变化。

（注：2011年4月14日第2011—412号法律第30条第2款：在本法的起草过程中，选举法第308—1条自继下次选举之后的第一次参议院改选起实行，下一次参议院选举预计在2011年9月份举行。）

第六章 投票准备

第309条 选民根据命令规定集会。

第310条 关于选民集会的命令规定投票的开始时间和结束时间。

第311条 参议员选举最早在关于选民集会的命令公布后的第七个星期日举行。

第七章 投 票

第312条 在各省，选举人团在省会城市集会。

第313条 选票装入信封。

投票当天，装有选票的信封发放给在投票室的选民。

在投票开始前，投票站要检查信封数是否准确符合登记的选民数。

一旦由于不可抗力、因第113条法律所指的不法行为或者其他原因导致缺少符合规定的信封，投票站主任应用另一种同一格式的信封替换这种信封，并按照本法典规定的程序组织投票。投票记录中将对此替换作出评价，并附上五张这种使用的信封。

在采用比例代表制选举的省份可以使用符合第57—1条法规的投票机器。在此情况下不适用上述条款。

第314条 在进入投票室后，选民须按规定接受身份检查或出示选举证，并自行领取一张信封。在投票室，选民须单独进入秘密写票间，将选中的候选人的选票放入信封，这一举措保障投票的隐秘性；之后投票站主任将检查选民是否只携带了一张信封，但主任不能触碰选票信封，最后由选民自行将信封投入票箱。

在每个分选区，每300个登记选民或以300的分数为标准设立一个秘密写票间。

不能以向公众隐藏投票活动的方式设立秘密写票间。

在有投票机器的投票站，选民在出示身份证和选举证后，把选票录入到投票机器里。

第 314—1 条　在整个投票过程中，选举站的桌子上放有一张由省长认证的选民名单的复本。这张复本将作签名名单用。

每个选民都将在名单上自己的名字旁边签名，以证实本人投票。

第 315 条　选票上应该记有候选人的姓名，当候选人有替代人时，选票上还应有其替代人的姓名。

第 316 条　第 43 条、第 63—67 条、第 69 条和第 70 条法律规定同样适用于该投票。

第 317 条　参加投票的代表将收到一份用国家专项资金支付的交通补贴，其纳税额度和方式由国家行政法院颁布的命令确定。

这项补贴也以委任金的形式支付给不能每年收到补贴但自动具有选民身份的人。

第 318 条　如果没有合法理由，未参加投票的选举人团成员将在检察院的要求下被省级法院处以 100 欧元的罚款。

同样的惩罚在同样的情况下也适用于已被适时通知却未能参加投票的代表候补者。

第八章　参议员的更替

第 319 条　由多数选举制选出的参议员，由于死亡、接受宪法委员会成员或权利捍卫官的职务、政府交付的临时任务超出六个月的期限等原因造成的议员席位空缺，则该议员应由与他同时当选的其他民选代表接替，直至改选为止。

接受政府职务的参议员应由与他同时当选的其他民选代表接替，直至其政府职务中止后的一个月。（宪法委员会 2009 年 1 月 8 日的第 2008—572 条决议宣布本条法律不符合宪法。）

第 320 条　由比例代表制选出的参议员,除了在其接受政府职务的情况下,如果因为其他原因导致其席位空缺,那么将有一名与其在同一张候选名单上、且排在最后一名民选代表之后的候选人补上其空缺席位。

由比例代表制选出的参议员,如果其接受政府职务,将有一名与其在同一张候选名单上、且排在最后一名民选代表之后的候选人替代他,直至其政府职务终止后的一个月。一个月期满后,该参议员将重新行使其权责。这种因接受政府职务而暂时候补席位的方式适用于候选名单上成为参议员的最后一名候选人。这名候选人将被重置为候选名单上未当选者的第一名。(宪法委员会 2009 年 1 月 8 日的第 2008—572 条决议宣布本条法律不符合宪法。)

第 321 条　第 177 条法律适用于参议员的更替。

第 322 条　当某选区的选举活动取消时、当发生除第 319 条所述的情况外所致的席位空缺时、或当第 319 条和第 320 条法律不能适用时,要在三个月内进行补选。

但在参议院部分改选的前一年不能进行补选。

第 323 条　在第 319 条和第 320 条第 1 款以及第 322 条所述的情况下,补上空缺席位参议员的人员的任期于原来在其议席的参议员参加改选之日起期满结束。

第 324 条　第 322 条所述的补选须按照正常改选方式进行。

但当只有一个席位空缺时,需要按照两轮多数制进行投票。

第九章　争　议

第 325 条　本法典第一部分第二编第十章的条款适用于此。

第五编　适用条件

第 326 条　在需要时,由国家行政法院颁布命令,规定本部分法律的适用方法。

第六编 处罚规定

第 327 条 第 106 条至第 110 条以及第 113 条至第 117 条的所有条款适用于此。

［文本来源于法国立法官方网站《选举法》（立法部分）法文版（2012 年 8 月 6 日）］

（高璐、赵晓琦、赵超 译）

结社契约法

（1901年7月1日）

第一章

第1条 社团是两人或多人不以获利为目的、长期共享知识或统一行动的协议。社团的效力参照法律中有关合同与义务的基本原则管理。

第2条 社团无须获得许可或者事先宣告就可以自由成立，但只在符合第5条规定时方可享有法律效力。

第2条（补） 满16岁的未成年人可以自由成立社团。在获得他们法定代表人事先书面同意的前提下，他们可以进行一切有利于社团管理的行为；财产处置行为除外。

第3条 出于违背法律和道德的非法原因或目的、或者意图危害国家领土完整和共和政体而建立的社团是无效的。

第4条 任何社团成员在付清应缴款项和当年会费后，不论是否存在相悖条款，随时都可以退会。

第5条 任何社团欲获得第6条所规定的法律能力，应由其创办人将其公示。

应在社团总部所在省的省政府或所在区的区政府进行"事先宣告"。宣告内容包括社团名称、社团目标、机构地点和管理人员（无论何种头衔）的名字、职业、住址及国籍。宣告中需附有社团章程的样本。收受回执会在五日内开具。

如果社团总部位于境外，上述条款规定的事先宣告可在其主要机构所在省的省政府进行。

社团公示的唯一方式是：出具收受回执，于官方公报上公布。

社团管理方面的任何变化和章程中的所有改动都必须在三个月内予以通告。

这些变化和改动自宣布之日起生效。

另外，变化和改动要记载于专门登记簿上，行政机关或司法机关要求时应当向其出示。

第6条 所有合法宣告成立的社团，无需特别批准，可以进行诉讼，接受个人直接捐赠和事业单位捐赠，除国家、大区、省、市镇和公共机构所拨补助外，还可有偿获得、支配和管理以下财产：

1）社团成员的会费；

2）用于社团管理和举行社团大会的场所；

3）限于实现社团目标所必需的建筑物。

以援助、慈善、科学或医学研究为唯一目的宣告成立的社团，可在遵守国家行政法院相关命令的条件下，接受生前捐赠或遗嘱捐赠。

第7条 在第3条规定的无效情形下，大审法院可基于相关人士或检察机关的申请，作出解散社团的判决。检察机关可以确定开庭日期；法院不论对方上诉与否都可作出临时判决：关闭社团活动场所，禁止召开社团大会，否则施以第8条规定的惩罚。

第8条 违反第5条规定者，根据刑法第131—13条第5款有关初犯或累犯第五级违法罪的惩罚，判处相应罚款。

社团创办人、领导者或管理人在判决社团解散后继续维系社团或者非法重组社团，应当处以三年有期徒刑和45000欧元罚款。

同意把自己房产让与被解散社团召开社员大会者，应处以上述同样刑罚。

第9条 无论是自愿解散，还是根据社团章程或法院判决解散，社团财产处理均应遵循社团章程，如果没有相关规定，则参照社团大会所做的决定。

第二章

第 10 条 社团在至少三年试运行期满后,通过国家行政法院的命令,可以被承认为公益性团体。

公益性团体的称号也可以同样的形式被撤销。

如果需要这一称号的社团拥有足够三年运行经费的话,三年期限可以免除。

第 11 条 这些社团可以从事除章程禁止以外的所有民事行为,但只能拥有或获得为了实现其目标所必须的房产。然而,社团可以购买或无偿获得木材、森林或林地。社团的有价证券必须是记名证券、按照 1987 年 6 月 17 日关于储蓄的第 87—416 号法律第 55 条规定设立的记名参考册上的证券,或法兰西银行承认的可做贷款担保的证券。

在符合民法典第 910 条规定的情况下,社团可以接受捐赠和遗赠。

(注:2005 年 7 月 28 日第 2005—856 号命令第 9 条:第 2 条不适用于在本命令生效之前提出允许接受申请的捐赠。)

第三章

第 13 条 所有宗教团体根据在国家行政法院授意下颁布的命令均可获得法律承认;以前批准的关于宗教团体的条款也同样适用。

根据国家行政法院的命令,所有新成立的宗教机构都可以获得法律承认。

只有通过在国家行政法院授意下颁布的命令才能宣布解散宗教团体或取缔宗教机构。

第 14 条 〔已废除〕

第 15 条 所有宗教团体必须建立收支清单;每年设立上一年度的财务报表,并将其动产和不动产清册登记。

内容包括成员姓名、入会名称、国籍、年龄、出生地点和入会日期的成员名册必须放在宗教团体总部。

上述报表、名册、清单等一旦省长要求必须提交省长本人或其代表。

如果宗教团体的代表或领导在本条款上述情况下捏造虚假信息或者拒绝提供，将受到第 8 条第 2 段中列明的处罚。

第 16 条　〔已废除〕

第 17 条　任何生前或死后、有偿或免费、直接或通过中间人等间接途径、旨在帮助合法或非法组建的社团逃避第 2、6、9、11、13、14 和 16 条的行为都是无效的。

可应检察机关或相关人士的请求宣告其无效。

第 18 条　本法公布之时已存续的宗教社团，如果此前未经核准或者认可的，必须于三个月内证明其已采取必要措施以符合本法规定。

欠缺证明的社团应当被视为依法解散。核准被拒绝的社团同样适用此理。

社团所拥有的财产应当进入法院清算程序。法院可以根据检察院的请求选任一名清算人，该清算人在整个清算程序中享有争议财产管理者的职权。

只有选任清算人的法院才有权受理清算人提起的或针对清算人的民事诉讼。

清算人应当依据未成年人财产出售办法实施房屋的出售。

执行清算的判决应当依据法定告示应有程序予以公示。

社员入社之前拥有的财产和证券，或者入社之后或是基于对直系或者旁系亲属的法定继承、或是基于直系亲属的捐赠或者遗赠所取得的财产和证券，都应当向社员返回。

对于非直系亲属的捐赠或遗赠，社员也可以合法要回，但受益人必须证明其并非为第 17 条所规定的中间人。

对于无偿获得的、并未特别指定用于慈善事业的财产和证券，可以由捐赠人或其继承人或其受益人、或者由立遗嘱者的继承人或受益人申请获得，不能因为清算判决前时效问题加以反对。

如果给予或者遗赠财产和证券非为使社团成员受益，而为资助慈善事业，则只能在用以完成该目的的情况下才可以申请获得。

针对清算人的收回或获取财物的诉讼必须在清算判决公布之日起六个月内提出，否则将罹于时效。清算人到场的对席判决具有既判力，当事人必须执行。

六个月之后，清算人可以开始出售未被申请要回或者未被指定慈善用途的所有不动产。

出售财产所得及所有有价证券应当存于信托局（Caisse des dépôts et consignations）。

清算结束之前，对穷苦住院病人的拨款应被视为优先偿付的费用。

如未有异议，或在规定期限内提起的所有诉讼均被判决，净资产将在所有受益人之间分配。

对于按上述规定扣除后剩余的资产，本法第20条所指命令确定其分配方案：以一次性付清或以终身年金的形式，分配给被解散宗教社团中没有稳定生活来源或能够证明曾以个人劳动为待分配证券的获得作出贡献的社员。

第19条 〔已废除〕

第20条 有专门命令制定保障本法实施的具体措施。

第21条 下列条款被废止：

刑法第291条、第292条、第293条，以及刑法第294条涉及社团的规定；1820年7月5日至8日命令的第20条；1834年4月10日法律；1848年7月28日命令的第13条；1881年6月30日法律的第7条；1872年3月14日法律；1825年5月24日法律的第2条第2段；1852年1月31日命令，以及所有与本法冲突的规定。

此法与有关行业工会、贸易公司和互助会的特殊法律并无冲突。

第21条（补） 除第18条，本法适用于根据宪法第74条管理的法兰西海外领地和新喀里多尼亚，但需注意以下条款：

1. 本法适用于马约特岛时：

1) 第5条提到的省政府或者区政府替换为省政府；

2) 第6条关于"大区、省"的表述替换为"领地"；

第一部分　宪法、全国性涉党法律与规章

3）第 7 条提到的大审法院替换为初审法院。

2. 本法适用于圣巴泰勒米岛、圣马丁岛和圣皮埃尔和密克隆群岛时：

1）第 5 条提到的省政府或者区政府替换为国家代表部门；

2）第 6 条关于"大区、省"的表述替换为"领地"；

3）第 15 条提到的省长替换为国家代表。

3. 本法适用于瓦利斯和富图纳群岛时：

1）第 5 条提到的省政府或者区政府替换为高级行政管理人员部门；

2）第 6 条关于"大区、省、市镇"的表述替换为"瓦利斯和富图纳群岛、领土区划"；在"16 欧元"后加入"或换算为对等的当地货币"；

3）第 7 条提到的大审法院替换为初审法院；

4）第 8 条在"45000 欧元"后加入"或换算为对等的当地货币"；

5）第 11 条"按照 1987 年 6 月 17 日关于储蓄的第 87—416 号法律第 55 条规定设立的记名参考册上的证券"这一表述删除；

6. 第 15 条提到的省长替换为高级行政管理人员；

7.（已废除）

4. 本法适用于法属波利尼西亚（Polynésie française）时：

1）第 5 条：省政府替换为共和国高级专员部门；区政府替换为分区领导所在部门；

2）第 6 条："大区、省"的表述替换为"法属波利尼西亚"；在"16 欧元"后加入"或换算为对等的当地货币"；

3）第 7 条大审法院替换为初审法院；

4）第 8 条在"45000 欧元"后加入"或换算为对等的当地货币"；

5）第 11 条"按照 1987 年 6 月 17 日关于储蓄的第 87—416 号法律第 55 条规定设立的记名参考册上的证券"这一表述删除；

6）第 15 条提到的省长替换为共和国高级专员；

5. 本法适用于法属新喀里多尼时：

1）第 5 条：省政府替换为共和国高级专员部门；区政府替换为省级共和国代表专员所在部门；

2）第 6 条："大区、省"的表述替换为"法属新喀里多尼及其各区"；在"16 欧元"后加入"或换算为对等的当地货币"；

3）第 7 条大审法院替换为初审法院；

4）第 8 条在"45000 欧元"后加入"或换算为对等的当地货币"；

5）第 11 条"按照 1987 年 6 月 17 日关于储蓄的第 87—416 号法律第 55 条规定设立的记名参考册上的证券"这一表述删除；

6）第 15 条提到的省长替换为共和国高级专员。

第四章　海外社团〔已废除〕

共和国总统：

埃米勒·卢贝（Emile Loubet）

部长会议主席、内政和宗教部长：

瓦尔德克—卢梭（Waldeck—Rousseau）

［文本来源于法国立法官方网站 1901 年 7 月 1 日《结社契约法》（2013 年 1 月 5 日版本的法文版）］

第一部分　宪法、全国性涉党法律与规章

关于政治生活资金透明的法律①

(1988年3月11日第88—227号法律)

第一章　关于政府公职人员及担任某些选举职务人员申报财产的规定

第1条　所有政府成员均需在任命后两个月内向本法律第3条中规定的委员会主席提交财产状况声明，声明需根据选举法第135—1条所规定的条件制定。

停职后同样需要在两个月内执行此项义务；因死亡原因停职除外。

但是，如果政府成员六个月内提交过根据选举法第135—1条、本条款或本法律第2条制定的财产状况声明，则无需再次申报财产。

第2条

2.1　法国驻欧洲议会在任代表、大区议会议长、省议会议长、马约特岛议会议长或圣皮埃尔与密克隆议会议长、科西嘉议会议长、科西嘉行政院主席、圭亚那议会议长、马提尼克议会议长、马提尼克行政院主席、海外领土议会议长、海外领土省议会议长、海外领土当选的行政首脑、人口多于三万人的市镇的市长或人口多于三万人的可自主征税的市镇联合体当选的第一把手，需在任职后两个月内向本法律第3条中规定的委员会主席提交财产状况声明，声明需根据选举法第135—1条所规定

---

①　本书采用的是法国立法官方网站上本法律2013年9月6日的版本。2013年10月，法国议会通过了2013年10月11日第2013—907号法律，对该法进行了较大幅的修订，有需要的读者可以从法国立法官方网站上查阅。

的条件制订。

此义务适用于大区议会议员、圭亚那议会议员、科西嘉行政院议员、马提尼克行政院议员、省议会议员、马约特岛省议会议员、圣皮埃尔与密克隆省议会议员、人口多于10万人的市镇的市长助理；如果他们分别合法拥有代替大区议会议长、圭亚那议会议长、科西嘉行政院主席、马提尼克行政院主席、省议会议长或市长签字权利的话。

每个地方公共团体的行政机关需立即向第3条中规定的委员会主席告知上述授权签字事宜。

本条前两款所述人员需在任期或职务正常结束至多两个月前提交财产状况声明；如果有辞职、罢免或其主持的议会解散的情况，则在职务结束后两个月内提交。

但是，如果该成员六个月内提交过根据选举法第135—1条、本法律第1条或本条款制订的财产状况声明，则无需再次申报财产。

本条款实施时，需考虑的人口数应以距市镇议会换届最近一次的人口普查结果为准。

2.2 本条2.1中规定的义务适用于以下机构的主席和总负责人：

1）一半以上公司资产由国家直接掌控的企业或其他法人，不论其法律地位如何；

2）具有工商业性质的国家公共机构；

3）一半以上公司资产由前两项中提及的人员直接或间接、分别或全部掌控，且在有关人员任命前的财政年度营业额超过1000万欧元的企业或其他法人，不论其法律地位如何；

4）建筑和住宅法第421—1条中提及的、在有关人员任命前一年12月31日管理着超过2000所住宅的小区的公共住房办公室；

5）除1）和3）中提及的以外，一半以上公司资产由地方公共团体、地方公共团体联合体或1）到4）中提及的其他人员直接或间接掌控的，在有关人员任命前一个财政年度营业额超过75万欧元的企业或其他法人（不论其法律地位如何），或地方公共团体总法典第1525—1条第1款中提及的企业或其他法人（不论其法律地位如何）。

本条 2.1 中提到的财产状况声明需在任职开始或任职结束后两个月内向第 3 条中规定的委员会递交。如有必要，本条 2.2 中提及的人员在任命时需要提供其结束之前职务时提交过财产状况声明的证明。若在任职两个月后仍未提交规定的声明，任命无效。

为保证本法律实施，国家行政法院有专门命令规定与主席和总负责人相似的职务清单。

注：根据 2011 年 7 月 27 日第 2011—884 号法律第 21 条（本条根据 2013 年 5 月 17 日第 2013—403 号法律第 47—III 条修改），本法律生效时间：

1）有关圭亚那的条款自 2015 年 3 月与大区议会和省议会换届同时进行的圭亚那议会首次选举后第一次会议起生效；

2）有关马提尼克的条款自 2015 年 3 月与大区议会和省议会换届同时进行的马提尼克议会首次选举后第一次会议起生效。

第 3 条

3.1 设立一个政治生活资金透明委员会，负责接收国民议会议员及本法律第 1 和第 2 条提及人员的声明，委员会由以下人员组成：

1）三名法定委员：

——国家行政法院副主席，担任该委员会主席；

——最高法院院长；

——审计法院院长。

2）六名正式委员和六名候补委员：

——四名在职的或荣誉的国家行政法院处长或国务参事，其中两人作为候补；他们通过国家行政法院全体会议选举产生；

——四名在职的或荣誉的最高法院庭长或审判委员，其中两人作为候补；他们通过最高法院全体法官不分等级的选举产生；

——四名在职的或荣誉的审计法院庭长或主要委员，其中两人作为候补；他们通过审议庭选举产生。

委员会成员需通过命令进行任命。

委员会秘书长需由司法部长根据法定委员提名颁布命令任命。

委员会由报告人协助工作，报告人由国家行政法院副主席在国家行政法院的在职或荣誉委员中以及行政法院和行政上诉法院的参事团成员中任命、由最高法院院长在最高法院以及法院和法庭的在职或荣誉法官中任命、由审计法院院长在审计法院和大区审计法庭的在职或荣誉法官中任命。委员会为完成任务亦享有使用公职人员的权力。

国家行政法院有专门命令确定委员会的组成和运行机制，以及其适用的程序。

3.2 政治生活资金透明委员会如果发现第1条和第2条相关人员不遵守条款规定的义务，在要求他们提供解释后，需向主管机关通报。

本法律第1条和第2条所提及的人员在其在任或在职期间，需向政治生活资金透明委员会报告所有其认为必要的重大财产变动情况。

委员会可要求第1条和第2条中提及的人员通报其根据税务总法第170至175A条签署的声明，及必要情况下根据相同法律第885W条签署的声明。

若两个月内相关人员未通报第3款提及的声明，委员会可要求税务机关提供这些声明的复印件。

委员会需保证所接收的声明和申报人必要时撰写的财产变化说明的保密性。

只有当申报人或其权利所有者明确申请，或当通报有利于解决诉讼或发现真相而由司法机关提出要求时，才能将所提交的声明和撰写的说明予以通报。

委员会根据议会议员及本法律第1条和第2条提及人员提交的声明或说明分析其财产状况变动。委员会在其认为必要时撰写一份报告，或必须每三年撰写一份报告，发表在《政府公报》中。此报告不包含任何具名指出的财产状况。

若委员会在允许有关人员作出说明后发现存在其无法解释的财产变化，可将材料转交至检察院。

第一部分　宪法、全国性涉党法律与规章

第 4 条　以任何形式全部或部分发布或泄漏选举法第 135—1 条及本法律第 1 条至第 3 条中所提及的声明或说明的，需根据刑法第 226—1 条进行处罚，本法律第 3 条提及的报告除外。

如果政治生活资金透明委员会知晓以上情形，其主席应立即向共和国检察官通报其意见。

第 5 条

5.1　选举法第 195 条的修订。

5.2　选举法第 230 条 4）款的修订。

5.3　选举法第 340 条的修订。

5.4　海外领地议会议长和当选的行政当局首脑未提交本法律第 2 条中所规定的声明的，一年内无议会被选资格。

5.5　具有自主征税权的市镇联合体第一把手未提交本法律第 2 条中规定的声明的，一年内不具有被选举为审议机构成员的资格。行政法院在市镇联合体所在地的主管省长的要求下宣布有关人员自动辞职。

第 5—1 条

5—1.1　第 1 条及第 2 条中所提及的人员故意瞒报其重大财产或捏造财产评估，导致影响其声明的真实性并影响政治生活资金透明委员会履行任务的，将处以 30000 欧元罚金，如有必要，需根据刑法第 131—26 条规定的方式剥夺其公民权，并根据刑法第 131—27 条规定的方式禁止其担任公职。

5—1.2　不履行第 2 条中 2.1 第 4 款规定义务者将处以 15000 欧元罚金。

第 6 条　修订以下条款：

修订选举法第 167 条。

第三章　关于政党和政治组织及其资金的规定

第 7 条　政党和政治组织可自由组成和进行活动。具有法人资格。
政党和政治组织有权进行诉讼。

政党和政治组织可无偿或有偿获得动产或不动产；可根据其使命进行所有活动，特别是可根据现行法律规定创办和管理报刊及培训学校。

第8条 国民议会办公室和参议院办公室可就年度财政法案中用于资助政党和政治组织的经费总额向政府提出共同建议。

该总额分为两等份：

1）第一等份根据政党和组织在国民议会选举中的结果加以分配；

2）第二等份专门用于资助在议会中拥有席位的政党和组织。

第9条 第8条中规定的第一援助等份具体分配如下：

1）或用于在国民议会最近一次换届中有候选人参选的政党和政治组织，其中每名候选人需在至少50个选区中获得至少百分之一的有效选票；

2）或用于在国民议会最近一次换届中，仅在一个或多个海外省、或在圣皮埃尔与密克隆、圣巴泰勒米岛、圣马丁岛、马约特岛、新喀里多尼亚、法属波利尼西亚或瓦利斯和富图纳群岛，有候选人参选的政党和政治组织，其中每名候选人需在被推举的整个选区获得至少百分之一的有效选票。

需根据有关政党和组织在第一轮选举中所获得的选票数按比例进行分配。选举法第128条中指出的无选举资格的候选人所获票数不得计算在内。

为保证前款所述分配的进行，如有必要，国民议会议员候选人需在参选声明中指出其所属的政党或政治组织。此政党或政治组织可从根据内政部长命令所列出的清单中挑选，该命令最迟于选举日前第五个星期五刊登于《政府公报》，也可在清单以外选择。此清单包含已向内政部提交获取第8条规定的第一援助等份申请的所有政党或政治组织，申请应在选举日前第六个星期五18：00前提交。

第二援助等份用于享受上述第一等份的政党和政治组织，根据其在议会的议员人数按比例进行分配，议员需在11月向办公室声明已经注册或属于该党派。

为保证前款规定的实施，每名议员仅可指明一个政党或政治组织。

每年12月31日前，国民议会办公室和参议院办公室需按议会议员声明的情况，向总理汇报议会议员在各党派和政治组织中的分布情况。

分配至各政党或组织的援助金额将在年度财政法案附件报告中列出。

第9—1条 如果一个政党或政治组织在最近一次国民议会全体换届中，根据第9条第5款声明属于该政党或政治组织的男女候选人的人数差额超过其候选总人数的百分之二，根据第8条和第9条分配给该政党或政治组织的第一资助等份金额将降低，降低比例为此人数差额与候选总人数之比的四分之三。

该降低不适用仅推举海外候选人、且属于该政党或政治组织的男女候选人人数差不超过一人的政党或政治组织。

（宪法委员会2000年5月30日第2000—429条决议宣布该条款不符合宪法。）

第10条 1922年8月10日有关组织支出审查的法律中关于资金监督的条款不适用于第8条和第9条中提及的经费管理。

得到资助的政党和政治组织不受审计法院的监督。1935年10月30日有关对享有资助的协会、慈善机构和私人企业进行监督的命令中的相关条款不适用于得到资助的政党和政治组织。

第11条 政党及其地方组织或其特地指定的专门机构，可以通过其指定的委托人筹集资金，委托人可以是筹资协会，也可以是自然人。

第11—1条 如果一个政党的筹资协会的社会目标限于为其筹资，而且章程符合本条以下款项的规定，选举法第52—14条提到的全国竞选审计和政治资助委员会可对其资格表示认可。该认可刊登在《政府公报》上。

具有为政党筹资资格的协会的章程需包括：

1）协会活动所在选区的界定；

2）承诺在银行或邮局开具唯一账户，以存储所收到的作为政党资金的所有捐款。

第11—2条 政党需以书面形式向其所在地省政府申报其选出并任命为财政代理人的自然人的姓名。申报需附有所选定人员的同意文书，且需明确指出财政代理人活动所在选区。

财政代理人需在银行或邮局开具唯一账户，以存储所收到的作为政党资金的所有捐款。

第11—3条　政党可连续雇用两名或多名中间人。在此情况下，政党停止财政代理人的职务或申请收回对筹资协会的认可的形式与任命或申请认可的形式相同。在银行或邮局所开具的唯一账户在政党指定新的财政代理人或收到对新筹资协会许可之前冻结。除财政代理人死亡情况外，每个协会或每名财政代理人需建立管理账目。

第11—4条　拥有合法身份的自然人向同一个政党的一个或多个筹资协会或者一个或多个财政代理人的捐款，一年内不得超过7500欧元。

政党或政治组织之外的法人不得协助政党或政治组织进行筹款；不得以任何形式向筹资协会或财政代理人给予捐赠，也不得以低于一般行业价的价格向其提供财产、服务或其他直接或间接好处。

筹资协会或财政代理人需向捐赠者发放收据；国家行政法院相关命令对收据的开具和使用条件作出了明确规定。该命令同样规定：对自然人给予的等于或低于3000欧元的捐款所发放的收据不提及获益政党或政治组织的名称。

所有捐献给政党筹资协会或财政代理人的超过150欧元的捐款，应通过支票、转账、自动扣除或银行卡支付，不可收回，不带条件。

政党的任何筹资协会或财政代理人不得直接或间接接受外国或外国法律管辖下的法人的捐款或物质援助。

由筹资协会或财政代理人对第三方出具的、旨在号召捐款的证书与文件，应视情况指出协会名称及认可日期、或代理人姓名及向省政府申报的日期，以及所筹款项用于的政党或政治组织的名称。

本条规定的金额每年通过命令加以更新。根据除烟草外的居民消费价格指数进行调整。

第11—5条　违反上述条款规定给予或接受捐赠的，将处以3750欧元罚金和一年监禁，或上述两项处罚中的一项。

第11—6条　任何不遵守本法律第11—1条和第11—4条规定的协会

将被收回认可。

在此情况下，或发现未提交第 11—1 条中提及的简要说明时，为这个协会申请许可的政党或政治组织在这个协会的辖区内所得的选票将在下一年进行第 9 条第 1 款规定的计算时减去。

第 11—7 条　全部或部分受益于第 8 条至第 11—4 条的政党或政治组织需设立账簿。此账簿需记录该政党或政治组织的财务，以及该政党或政治组织持有一半以上企业资产、或占有一半以上管理机构席位、或行使主导性的决定权或管理权的机构、公司或企业的财务。

此类政党或政治组织的财务需每年结算一次。需由两名审计专员作出证明，并于下一个会计年度的上半年提交至根据选举法第 52—14 条设立的全国竞选审计和政治资助委员会，委员会保证将其摘要在《政府公报》中发布。若委员会发现本条规定义务未被履行，该政党或政治组织将在下一年失去从本法律第 8 条至第 10 条的规定中获益的权利。

第 11—8 条　所有已经获得筹资协会认可或者已经任命财政代理人的政党或政治组织，只可以通过该协会或该财政代理人接受有合法身份人士的捐款。如有违背，适用第 11—7 条最后一款的规定。

第 11—9 条　本法律规定的公布应发表于《政府公报》，新喀里多尼亚、法属波利尼西亚及瓦利斯和富图纳群岛、圣巴泰勒米岛、圣马丁岛、圣皮埃尔与密克隆的《公报》及马约特岛的《公示》上。

第 12 条　修订以下条款：
修订选举法第 106 条。

第 13 条　修订以下条款：
废止 1978 年 1 月 6 日第 78—17 号法律第 32 条。
修订选举法第 28 条。

第 14 条　修订以下条款：
修订 1966 年 7 月 24 日第 66—537 号法律第 168 条。

第 15 条　修订以下条款：
制定 1982 年 6 月 7 日第 82—471 号法律第 5（补）条。

第16条 修订以下条款：

修订1986年9月30日第86—1067号法律第14条。

第四章 其他规定和过渡规定

第17条 第1条和第2条的规定仅适用于本法律公布之后的总统选举以后所任命或当选的人员。

第18条 本法律颁布18个月后，政府需向议会两院办公室递交关于实施本法律以及1988年3月11日第88—226号关于政治生活资金透明的组织法中所含规定的报告。

报告递交最少一个月、最多两个月后，需在1989—1990年第一个常规会期内组织关于上段所提法律实施条件的公共讨论。

第19条 本法律在新喀里多尼亚、法属波利尼西亚、瓦利斯群岛和富图纳群岛及马约特岛适用。

在新喀里多尼亚、法属波利尼西亚、瓦利斯和富图纳群岛及马约特岛适用第11—4条时，欧元改为太平洋法郎（CFP Franc）的对应金额，除烟草外的居民消费价格指数参考值改为：

1）在新喀里多尼亚，改为新喀里多尼亚统计及经济研究所提供的除烟草外的居民价格指数参考值；

2）在法属波利尼西亚，改为法属波利尼西亚统计研究所提供的居民消费价格指数参考值；

3）在瓦利斯和富图纳群岛，改为当地居民消费价格指数参考值；

4）在马约特岛，改为国家统计及经济研究所提供的当地居民价格指数参考值。

共和国总统：弗朗索瓦·密特朗（François Mitterrand）

总理：雅克·希拉克（Jacques Chirac）

国务部长，经济、财政和私有化部长：爱德华·巴拉迪尔（Édouard Balladur）

司法部长：阿尔班·夏隆东（Albin Chalandon）

文化交流部长：弗朗索瓦·莱奥塔尔（François Léotard）

外交部长：让-贝尔纳·雷蒙（Jean-Bernard Raimond）

内政部长：夏尔·帕斯夸（Charles Pasqua）

海外省及海外领地部长：贝尔纳·庞斯（Bernard Pons）

经济、财政和私有化部负责预算的部长级代表：阿兰·朱佩（Alain Juppé）

文化交流部负责交流的部长级代表：安德烈·桑提尼（André Santini）

［文本来源于法国立法官方网站《关于政治生活资金透明的法律》（2013年9月6日版本）］

（王梓 译）

国民议会议事规程（节选）

第一编　国民议会的组织与运作

第五章　议会党团

第 19 条

19.1　国民议会议员可依政治倾向组成议会党团；任何议会党团的成员不得少于 15 人，且不得包括符合下文第 7 款规定条件的国民议会议员。

19.2　议会党团在成立时需向议长递交政治声明，声明需经成员签字并附有包含成员、结盟议员及党团主席的名单。声明可提及其属于反对派党团。此类文件刊登于《政府公报》。

19.3　可随时作出或撤回属于反对党团的声明。该声明及其撤销均刊登于《政府公报》。

19.4　那些未声明属于反对党团的党团被视作少数派党团，实际人数最多的党团除外。

19.5　需在议会任期开始时及每年常规会期开始时，根据党团情况将本议事规程认可的特殊权利授予反对派党团及少数派党团。

19.6　每名国民议会议员只可参加一个议会党团。

19.7　不属于任何党团的国民议会议员可与其选择的议会党团结盟，须经该党团主席团同意。此类议员参与依第 33 条和第 37 条进行委员会党团席位分配时的计算。

第20条 依上条规定所建立的议会党团以社会团体的形式组建,由党团主席主持,由成员和结盟成员组成。它可通过行政秘书处保障其内部运营,党团自行确定行政秘书处的招聘及报酬方式;党团秘书处的规章、设立的物质条件及其成员进入和在议会中流动的法规由国民议会办公室根据议会总务主任及党团主席的提议制定。

第21条 议会党团组成的变动需上报国民议会议长知晓。如涉及辞退,需由相关议员签字;如涉及除名,需由党团主席签字;如涉及加入或结盟,需由议员和党团主席联合签名。议会党团组成变动刊登于《政府公报》中。

第22条 议会党团建立后,国民议会议长需召集其代表,根据党团所在部门的数目进行会议室分配,并确定相对于党团的非党团议员的岗位。

第23条

23.1 禁止在国民议会中以第19条规定的形式或其他任何形式或名称,建立以维护个人、地方或行业利益为目的或使其成员接受强制委托权的党团。

23.2 禁止在议会场所内组建以维护上述利益为目的常设组织,无论其采用何种名称。

[文本来源于法国国民议会官方网站《国民议会议事规程》(2015年1月法文版第一编第五章)]

(王梓 译)

参议院议事规程（节选）

第二章 议会党团

第 5 条

5.1 参议员可依政治倾向组成议会党团。任何参议员不可加入多个党团，也不可被迫加入某个党团。

5.2 议会党团在成立时需向参议院议长递交宣布属于该党团的参议员名单。在党团成立时及参议院每次换届时，党团需公开发表声明，明确提出其主张的政治目标和手段。党团成立及参议院每次换届时，其成员名单刊登于《政府公报》中。

5.3 议会党团可自由组建其办公室。

5.4 每个议会党团至少需拥有 10 名成员。议会党团以社会团体的形式组建以便进行管理，由党团主席主持，由成员、结盟成员和行政附属成员组成。它可通过行政秘书处保障其内部运营，并自行确定行政秘书处的规章、招聘及报酬方式。

5.5 党团秘书处设立的物质条件以及其成员进入和在参议院中流动的法规由参议院办公室根据议会总务主任的提议制定。

5.6 禁止在参议院中建立以维护个人、地方或职业利益为目的的党团。

第 5 条（补） 自议会党团成立起 7 日内及每次常规会期开始时，议会党团需向参议院议长声明其为宪法第 51—1 条规定意义中的反对党团或少数派党团。党团可随时重新发表或修改其声明。

第 6 条

6.1 经党团办公室同意，实际成员少于 10 人的支部与其选择的另一个党团结盟或以行政方式附属于此党团。

6.2 对未列入任何党团或支部名单上的参议员，此权利在同等条件下适用。

6.3 支部或参议员依照本条作出的与一党团结盟或以行政方式附属于一党团的指示需列入此党团成员名单之后。

6.4 未登记、结盟或以行政方式附属于某一党团的参议员组成一个行政会议，选举一人作为代表。在参议院委员会和秘书处的任命方面，此代表拥有与党团主席同等的权利。

6.5 如需根据党团比例代表制进行第 3 条第 7、8 及 105 款规定的任命，党团实际人员除党团成员外，需包括与其结盟的或以行政方式附属于其的支部成员，以及以个人名义附属或结盟于党团的参议员。

[文本来源于法国参议院官方网站《参议院议事规程》(2015 年 7 月 28 日法文版第二章)]

（王梓 译）

第二部分
主要政党内部规章制度

社会党的价值观

"作为社会党人，就是不满足于现实世界的状况，就是要改造社会。社会主义思想属于对不公正进行反抗和为更美好的生活而斗争的范畴。社会主义行动的目标是人类个体的彻底解放。"

——社会党原则声明第 1 条

社会党是由两方面汇合而成的：一方面是产生于启蒙运动哲学和人道主义传统的内容丰富且各式各样的批判性思想；另一方面是工人运动的活动，两个世纪以来，工人运动反对由资本主义塑造的社会结构，捍卫所有成员享有同等自由和权利的团结社会计划。

从这一历史和由此引发的分析出发，我们构想出作为我们行为基石的信念和价值观。

我们所有的政治行动都表明，我们的核心信念和价值观是追求平等和反对一切不公正。

我们保持对资本主义的历史性批判，资本主义是不平等、危机和生态平衡恶化的制造者：在由金融资本主义统领的全球化时代，这些观点比以往更具有现实性。面对世界的不公正和暴力行为，社会主义思想提出为实现自由、公正、团结和博爱的人类社会而战斗。

对社会党人来讲，这些目标不能靠经济和社会的自发作用来实现。资源和财富的再分配是必要的：它可以实现权利平等、给每个人提供开创其生活的机会、降低生存条件的差距及与贫困作斗争。

社会党人还认为，决定采取共同行动的人们可以对他们的生活、他们的社会以及世界产生影响。这正是我们民主斗争的全部意义，民主斗争既是目标，也是手段。

我们的价值观即共和国的价值观：自由、平等、博爱、政教分离。

作为改良主义者，我们想要在一切层级行使政府责任以便改造社会。社会党希望通过采取激进的社会改革计划而对改变生活作出贡献。

面对生态环境的紧迫性，我们主张需要一种可持续的发展模式，人类将重新占据其重要的位置。由于最贫困者将要并且正在成为生态危机的首要受害者，因此，我们将社会要求和生态要求置于同样的高度。我们称其为社会—生态。

要详细了解这一介绍，我们邀请您咨询社会党党员 2008 年 6 月 14 日通过的"我们的原则声明"。

（文本来源于法国社会党官方网站上"我们的价值观"的法文版）

（陈露 译）

社会党章程（2012年）[①]

（2012年10月）

第一部分　一般规定

第一章　党的身份

第1.1.1条　党的名称

党的名称为：社会党。

第1.1.2条　原则声明

党的原则声明表达了党的基本价值，它构成本章程序言的第一部分。

第1.1.3条　社会党国际和欧洲社会党

社会党属于欧洲社会党，并加入社会党国际。在保持互惠的情况下，所有社会党党员可以同时加入属于欧洲社会党或社会党国际的其他政党。

第二章　党的原则

第1.2.1条　伦理宪章

社会党制定了一份伦理宪章，每位党员需遵守之。它构成本章程序言的第二部分。

---

① 2012年10月，法国社会党通过了对社会党党章和内部条例的修订，提出了一个新的版本。本书收录的法国社会党党章即采用了该党章的最新版本。由于法国社会党原来的章程和内部条例是社会党使用时间较长的版本，能较好地反映社会党的历史和传统，因此本书将这部分保留下来，供读者参考。

第1.2.2条 对党忠诚

党员应接受党的"原则声明"、章程和决定。除了在第1.1.3条规定的情况以外,党员不得加入其他政党或与除社会党外的其他政党有直接或间接联系的政治团体。在履行选举职能时,党员只能支持社会党授权或支持的候选人,不得支持其他候选人。

第1.2.3条 党内讨论方式

党内完全有讨论自由,但任何有组织的派别都是不容许的。党内讨论应遵守第1.2.2条的规定。

第1.2.4条 内部条例和通报

党的组织和运行依照本章程进行管理。内部条例和全国性机构的通报具体规定执行的方式。

第三章 比例代表制

第1.3.1条 原则

在各级党组织的选举中,都实行最高平均数法比例代表制。只有向党以及向全国提出的总政治提案、总政治计划才拥有代表权。对修正案、建议案和其他特殊或主体性文件不适用于采取比例代表制。

第1.3.2条 比例代表制在全国一级的实施

在全国一级(全国理事会、全国仲裁委员会、全国财务监督委员会、全国党员接纳办公室),要根据提案表决结果实行比例代表制。候选人名单附在每一份提交表决的提案后面。名单应遵守男女对等原则。

第1.3.3条 比例代表制在联合会和地方一级的实施

在联合会和地方一级,要根据提交给党的例行全国代表大会的大政方针的提案所进行的表决实行比例代表制。候选人名单附在将用于表决的大政方针的提案后面。名单应遵守男女对等原则。

第1.3.4条 在各级机构中拥有代表的门槛

只有提案在全国得到百分之五以上的支持,且至少在15个联合会得到百分之五以上的支持,才可以在党的全国、大区、省和地方机构中拥有代表权。

在支部、联合会和大区联盟的领导机构中，没有满足上款的要求但在所涉及的机构内获得百分之十以上支持的提案可以拥有代表。

第1.3.5条　参加代表大会或会议的代表的构成

参加代表大会或会议的党的各机关代表按比例代表制构成，并遵守本章程第1.3.1条和第1.4.1条规定的原则。

第四章　对等、轮换、多元化和不兼任原则

第1.4.1条　男女对等

党的全国和联合会各级领导和监督机构严格遵守男女对等原则。

全国和地方选举中的党的候选人应遵守男女对等原则，包括单记名投票的选举。党采取一切必要措施确保该原则得到遵守。

第1.4.2条　轮换和多元化

每次代表大会的目标确定为所有正式当选者和候补者名单中至少有三分之一的新成员。正式当选者和候补者名单的确定应力求关注法国社会特别是地理和社会学上的多样性。

第1.4.3条　职务和职能的不兼任

党确保所制定的职务和职能不得同时兼任的原则得到遵守。

第二部分　党的组织

第一章　党员和同情者

第一节　党　员

第一小节　入　党

第2.1.1.1.1条　原则

入党是自由的。入党在全国或联合会层面以个人身份进行。任何人不得以个人原因阻止某人的入党申请。最低入党年龄为15岁。

第2.1.1.1.2条 入党申请

入党申请以个人身份提出。申请须采用书面形式（信件或电子邮件），注明日期并寄出，可以寄给支部书记、联合会或全国机构。任何人不能拥有一张以上的党证。入党地点可以自由选择。第2.1.1.1.4条及其之后条款规定的程序完成后，才能最终确定入党申请的结果。

第2.1.1.1.3条 出席支部会议

党员身份从出席支部会议起有效。所有入党申请者都被邀请亲自到支部参加自支部书记接到其入党申请后的下一次会议。入党日期自申请入党者列入全国名册算起。党费从入党生效之日起计算。

第2.1.1.1.4条 拒绝入党申请

如果支部的一名党员对入党申请提出反对意见，只有在听取当事人的意见并经秘密投票表决，有出席人员中四分之三多数有效票加以反对时，才可拒绝接受入党申请。同样的办法也适用于从一个支部到另一个支部的变动。

第2.1.1.1.5条 涉及入党问题的争议

联合会党员接纳办公室是负责审查入党问题争议的第一审机构。根据第4.2.1条，对其作出的决定可以向全国党员接纳办公室提起诉讼。

第2.1.1.1.6条 居住地以外的入党申请

申请加入居住地以外的支部，由支部书记立即通知联合会第一书记。这应该作为例外处理。联合会马上通知居住地的支部书记。

第2.1.1.1.7条 社会主义青年运动成员的入党申请

当年的证件已集中到社会主义青年运动全国执行局的社会主义青年运动的成员提出入党申请，并符合第2.1.1.1.3条及以下条款，都可以成为社会党党员，且第一年不需额外缴纳党费。

决定党员投票权的条件同样适用于来自社会主义青年运动的同志。

第2.1.1.1.8条 其他左翼党成员的入党申请

当来自和左翼政党有直接或间接关系的政党或政治团体的同志申请加

入社会党时,各支部和联合会可根据党的一般规定自由选择接受或拒绝他们个人的登记注册。

第二小节 义 务

第 2.1.1.2.1 条 党费

第一次申请时第一年的党费是对所有新党员都均等的少量费用。党员资格更新时的党费根据党员的支付能力按累进的基础予以确定。

全国理事会每年确定党费的费率以及转给全国司库的费用。

联合会理事会每年确定党员党费转给联合会司库的费用。

全国理事会确定的费率通知给全体党员。

第 2.1.1.2.2 条 政治义务

如涉及一个地方、省或大区范围的示威活动,在事先没有得到地方支部、省联合会和大区联盟的同意的情况下,或如涉及一个全国性的示威活动,在事先没有得到全国理事会的同意的情况下,党员不能对第 1.2.2 条涉及的团体所组织的政治示威活动给以支持。

第 2.1.1.2.3 条 工会和社团活动

鼓励党员参加属于其本行业的工会组织,或至少加入社会团体,尤其是关于人权保护、团结互助、消费者、大众教育、学生家长或活跃地方生活的社会团体。

第三小节 党员权利

第 2.1.1.3.1 条 培训权

所有社会党党员都有权接受一次关于党的行动的常规培训。

所有入党申请者都会尽快收到党的全国和联合会出版物。党的所有省联合会及地方支部都应订阅一份党的全国新闻机构刊物。

第 2.1.1.3.2 条 培训和接待权

所有社会党党员都有权接受一次关于党的历史和方向的常规培训。党员在申请时收到一份新党员手册、一份党章和必要情况下一份党的全国内部条例和联合会内部条例。应该为所有新党员组织一次支部的接待和介绍会。

第四小节 注销、辞退、开除

第2.1.1.4.1条 丧失党员身份

党员身份可以因注销、辞职或开除而丧失。可以允许一定时期内的暂时离党。

第2.1.1.4.2条 注销

注销仅涉及长期拖欠党费的党员，拖欠时间至少为一年。如果该党员在得到通知后六个月的期限内缴纳其拖欠的全部党费，注销可以终止。超过这个期限，注销就变为辞退。

第2.1.1.4.3条 请辞

请辞者若想重新成为党员，必须根据第2.1.1.1.3条规定提出入党申请。支部书记，或者如果没有支部书记，联合会党员接纳办公室把所有党员在两年时间内未缴纳党费的情况视为主动请辞。

第2.1.1.4.4条 开除

开除只能按本章程第4.4.2.3条、第4.4.3.1条、第4.4.4.1条或第4.6.2条来作出决定。开除只有在通知开除的决定已被收到并成为最终决定时才生效。

第二节 同情者

第2.1.2.1条 同情者参与党的生活

载入支部同情者名册的同情者，当他们受邀参加党内讨论时，除全国代表大会关于方向问题的投票、关于确定领导机关的投票及对各种不同选举候选人正式提名的投票之外（总统候选人指派除外），有权表达自己的意见并有投票权。

第2.1.2.2条　全国会议中的同情者代表

全国会议的增补代表数可由全国执行局根据各省同情者的人数予以决定。

第二章　支　部

第一节　支部的构成、作用和代表

第2.2.1.1条　支部的构成与作用

党的基层组织是支部。支部须在有关联合会的同意下至少由五名党员组成，支部或设在一定的行政区域或地理区域内，或设在企业或大学里，也可围绕职业领域而设立。支部是进行讨论和集合所有党员的地方。这一积极分子生活的基础组织有责任就近创立一种真正的战斗精神。

第2.2.1.2条　设立支部的意见分歧

在设立支部出现意见分歧时，由党的全国理事会或依党章第1.3.2条所定义的条件而指定的一个委员会作出决定。

第2.2.1.3条　支部的划分

一个支部可应自身的要求再分为几个支部。支部必须超过既定门槛限制才能进行划分。参与的方式由内部条例予以规定。

第二节　支部执行委员会和支部书记

第2.2.2.1条　支部执行委员会

支部执行委员会在两次代表大会之间对支部进行领导。执行委员会的编制人数由支部内部条例确定，如果没有，由支部全体大会投票决定。根据第1.3.3条，执行委员会的成员由具有方向性的各全国提案的代表构成。

第2.2.2.2条　支部书记

支部书记由在全国代表大会之后召开的支部全体党员大会以秘密投票

的方式选举产生。第一轮由获得绝对多数有效选票者当选。只有在第一轮得票前两位的候选人才能进入第二轮（组织方式和第一轮相同）。如果第一轮中有多位候选人以同样的票数名列第二位，党龄更长者进入第二轮。

第二轮如果两名候选人所得票数相等，则党龄更长者当选。当支部书记职位空缺时，新的支部党员全体大会按同样的条件填补其空缺，但职位空缺发生在大会召开之后的情况除外。在这种情况下，支部的运转由支部执行委员会或支部执行委员会指定的一名同志负责。

支部书记主持支部执行委员会。

第2.2.2.3条　司库和支部办公室的选定

支部执行委员会根据当选后的支部书记的建议任命司库和最终组成支部办公室的成员。

第三章　城市或城郊委员会

第2.3.1条　城市或城郊委员会的构成

在存在几个支部的市镇或市镇团组中，可以组成城市委员会或城郊委员会。该委员会负责保证党的行动和宣传的统一。委员会对与本市镇或市镇团组相关的问题进行商讨。委员会至少每年召集相关支部党员召开一次全体会议讨论本地区的问题。

第2.3.2条　支部在城市或城郊委员会的代表

联合会的章程和内部条例决定支部参与当地党的各个不同城市或城郊委员会工作时的代表方式。

第四章　联合会

第一节　一般规定

第2.4.1.1条　联合会的构成

每个省内的支部组成一个唯一的联合会，联合会有自己的管理部门。

仅联合会拥有法人资格，其身份就是党的身份。

国外法国人联合会把居住在国外的社会党人联合起来。在每个定居国家的许可下可组成一个支部。这些支部联合组成一个联合会，该联合会的运作和全国内部条例所规定的各省联合会的规则相似。作为例外，单独的党员组成一个共同的支部，由全国党员接纳办公室进行管理。

第2.4.1.2条 联合会的作用

联合会组织省内积极分子的工作。联合会应遵守并确保遵守党的原则、党的全国机构及全国代表大会和会议的决定。

第2.4.1.3条 联合会的章程和内部条例

联合会有自身的章程和内部条例。联合会的章程和内部条例须完全遵守党的全国章程和内部条例。联合会的章程和内部条例应在每次联合会代表大会后进行更新。

联合会须把联合会的章程和内部条例及它们可能对其进行的修改提交给党的全国机构。全国理事会在征询全国仲裁委员会的意见后宣布决定，决定宣布后修改生效。

第2.4.1.4条 制定联合会党员名录

联合会党员接纳办公室在每个季度末制定联合会内每个支部的党员名录。它按同样的周期将支部党员名录传送给每个支部书记。联合会党员接纳办公室和联合会财务监督委员会共同确定有权参与投票的党员名单。

第二节 联合会的机构

第2.4.2.1条 联合会理事会

联合会理事会在两次联合会代表大会之间对联合会进行领导。联合会理事会的编制人数由联合会章程或联合会内部条例确定，如果没有由联合会代表大会确定。联合会理事会由两部分组成：三分之二的成员代表各个具有方向性的全国提案，他们由联合会代表大会代表根据第1.3.3条到第1.4.1条选举产生；三分之一的成员由支部书记组成，他们由支部书记团体在充分尊重各支部在省内的地区代表性的情况下选举产生。

第2.4.2.2条 联合会执行局

联合会理事会按照方向性提案的比例在其内部选举产生联合会执行局，其编制人数由联合会章程或联合会内部条例予以确定，如果没有由联合会代表大会确定。

第2.4.2.3条 联合会书记处

联合会理事会根据联合会第一书记的建议，在其内部选举产生联合会书记处成员。

第2.4.2.4条 联合会第一书记

全国代表大会结束后，联合会第一书记由联合会全体党员在各支部全体会议上以秘密投票的方式选举产生。只有在第一轮中得票前两位的候选人才能进入第二轮。如果第一轮中有多位候选人以同样的票数名列第二位，党龄更长者进入第二轮。

第二轮如果两名候选人得票数相等，则党龄更长者当选。联合会第一书记职位空缺后三个月之内，党员在同等条件下进行选举，除非该职位空缺发生在代表大会程序开始之后。在这种情况下，联合会第一书记的职务由联合会理事会集体负责，或由联合会理事会指定的一名同志负责。

联合会第一书记须确保联合会政治和行政机构的常规运转，以及代表大会上制定的政治路线得到贯彻。联合会第一书记负责确保社会党的原则声明和章程得到遵守。

联合会第一书记是在联合会理事会前由党签订的政治协约的保证人。

联合会第一书记负责确保在机构设立和选举名单制定过程中男女对等原则得到遵守和执行。

联合会第一书记应向联合会理事会提名一名负责协调工作的联合会书记，该人选的产生是根据在其职位空缺时提出补位并获多数支持的提案。

联合会第一书记向联合会理事会提名联合会秘书人选，并明确秘书的权限。

联合会第一书记主持联合会秘书处和联合会执行局的工作。

第2.4.2.5条 联合会工作委员会

联合会可以成立常设性委员会,这是全国委员会在省内的延伸。委员会可以采取一切措施使每位党员报名参加。联合会理事会每年可以组织省的委员会会议,会议地点和讨论都对外开放。

第三节 联合会代表大会和联合会在全国会议或全国代表大会上的代表

第2.4.3.1条 联合会代表大会

每个联合会在党的全国代表大会召开之前举行联合会的代表大会。联合会代表大会有义务核对各方向性的全国提案在联合会所属支部中的有效投票数目,有义务选举代表各方向性的全国提案的联合会理事会成员,有义务根据章程第1.3.4和1.3.5条所界定的原则选举出席大区委员会和全国代表大会的联合会代表。男女对等原则适用于所有这些选举。

第2.4.3.2条 联合会在全国会议或全国代表大会上的代表

如果联合会已缴纳党费的人数不到50人并拥有不到五个支部,则该联合会不能派代表参加全国会议或全国代表大会。

第五章 大区联盟

第2.5.1条 大区联盟的职责

同一大区的各联合会组成大区联盟。大区联盟的职责是:

(一)每次大区选举前与指定的社会党领导人保持联系并就党的大区纲领进行协商。

(二)对党的大区政策日常事务作出决定并对大区议会中的社会党议员团加以监督。

(三)确定党对不同大区规划方案以及大区环境保护纲领的态度和建议。大区联盟可以就大区的政策问题组织对党外开放的主题会议。

（四）组织大区选举的准备工作，如有必要，在大区一级与党的不同伙伴进行必要的讨论。

（五）各联合会仅以辅助者身份参加属于大区联盟职权范围的活动。此外，联合会内部发生争执时，在可能向全国理事会请示之前，可以由大区联盟进行裁决。在只有一个省的大区内不设大区联盟。

第 2.5.2 条　大区委员会

大区联盟由党的大区委员会领导，大区委员会在全国代表大会闭幕两个月后开始工作。每个大区委员会的编制人数由党的内部条例予以确定。在遵守男女对等原则下，每个联合会在大区委员会中都有一名代表。

第 2.5.3 条　大区执行局和大区书记

在第一次大区委员会会议召开时，大区委员会根据男女对等原则并依据党的内部条例所规定的方式成立一个执行局。大区委员会同样在其内部以两轮多数秘密投票的方式选举大区书记。在第二轮投票中，只有在第一轮得票前两名的候选人才能参加竞选。大区书记不能同时担任大区内联合会第一书记、大区理事会中的团体的主席和大区理事会主席。

第 2.5.4 条　大区企业委员会、大区企业会议

围绕每个大区委员会，成立由公共或私营行业部门组成的大区企业委员会。每个委员会联合全体党员和党的同情者，包括在有关部门工作或曾工作过的在职者或退休者。大区企业会议把各个不同的大区企业委员会联合起来。大区企业会议设立常设办公室，其书记应是党员，以咨询的名义参加大区委员会的工作。

第六章　全国机构

第一节　全国理事会

第 2.6.1.1 条　全国理事会的职能

党的全国理事会负责在两次全国代表大会之间对党的领导。

第2.6.1.2条 全国理事会的任期

由代表大会选出的全国理事会的任期在新的理事会召开第一次会议时终止，新的理事会在联合会第一书记选举后10天内组成。在新的理事会第一次会议上，新的理事会着手选举其主席，主席是全国理事会的法定成员。

第2.6.1.3条 全国理事会的构成

全国理事会的构成为：

——党的第一书记；

——由全国代表大会选举产生的204名成员，须遵守第1.3.2条、第1.4.1条和第1.4.2条的规定；

——各联合会第一书记。

属于议员和政府成员的社会党党员是全国理事会的法定成员。

第2.6.1.4条 全国理事会成员的选派

全国代表大会的代表按他们所签名的提案分组，分别确定他们进入理事会的候选人名单，其数量至少等同于该提案应得的席位数再加上三分之二，以便候补以该提案的名义当选并最终空缺的全国理事会成员的席位。候选人名单的男女人数应该相同，并确保进行更新。

第2.6.1.5条 大区书记参与全国理事会

如大区书记不是根据第2.6.1.3条的规定成为理事会成员，则他们以咨询名义参加全国理事会工作。

第2.6.1.6条 欧洲社会党在全国理事会的代表

欧洲社会党的每个成员党可以任命一名代表，以咨询的名义参加全国理事会的工作。

第2.6.1.7条 全国理事会的召集和议程

全国理事会会议由党的全国执行局召集，或由党的全国执行局根据需要请求第一书记和全国理事会主席共同召集。全国理事会每年至少举行4

次会议。其议程至少在会议召开前2周由全国执行局确定并立即通知各联合会。

第2.6.1.8条 全国工作委员会

全国理事会分成若干常设委员会，其数额、名称和权限都由该组织在全国代表大会之后召开的第一次会议来决定。

第二节 全国执行局

第2.6.2.1条 全国执行局的职责

全国执行局在两次全国理事会会议期间确保对党的领导。

第2.6.2.2条 全国执行局的组成

在全国代表大会后第一次全国理事会会议上，全国理事会在其内部选举全国执行局。党的全国执行局包括党的第一书记，依第1.3.2条、第1.4.1条和第1.4.2条规定的比例选举产生的54名成员，以及在考虑联合会的地理和人数多样化的条件下，由联合会第一书记指定的18名成员。

全国理事会主席和社会主义与共和主义民选代表全国联盟（FNESR）的主席如果是社会党党员，他们也是全国执行局的法定成员。全国仲裁委员会主席可以根据全国执行局的需要出席会议。

第2.6.2.3条 全国执行局的职权范围

全国理事会可以授权全国执行局处理那些在全体会议上无法处理的文件。全国执行局负责处理所有的紧急问题。

不过，下列问题不属于全国执行局的职权范围：

——选举全国书记。

——通过总的方向性文件及党的选举纲领。

——最终决定议会党团或党对涉及执行宪法第11条、第35条和第89条而带来的问题上的态度。

——与其他组织达成重大政治协议的决定。

——在实施总的批准程序时，最终批准参加公共选举的候选人。

——与全国代表大会筹备有关的决定。

——批准联合会的章程和内部条例。

——解散一个联合会或一个大区联盟的决定。

——对在公共会议上的投票中破坏党团纪律的议员的态度进行监督。

第三节 全国书记处

第 2.6.3.1 条 全国书记处的职责

全国书记处负责实施党的全国机构所制定的方针。

第 2.6.3.2 条 全国书记处的选派

全国书记处依党的第一书记提名由全国理事会选举产生。由全国书记和其副手组成。

第四节 党的第一书记

第 2.6.4 条 党的第一书记的职责

党的第一书记应负责党的政治与行政机构的常规运行，以及代表大会制定的政治路线得到实施和执行。他负责确保党的原则宣言和章程得到遵守。

党的第一书记是在全国理事会前由党签订的政治协议的保证人。

党的第一书记负责监督组织机构设立和选举名单制定过程中男女对等原则得到遵守。

党的第一书记应向全国理事会提名一名负责协调工作的全国秘书，该人选的产生是根据在其职位空缺时提出补位并获多数支持的提案。

党的第一书记应向全国理事会建议全国秘书的名单和辅助代表的名单，并明确其权限。

党的第一书记负责主持全国秘书处和全国执行局的工作，负责确定其议事日程。

第五节　成为全国机构成员的资历条件

第 2.6.5 条　进入全国机构的资历条件

只有至少连续入党三年的党员才能成为全国理事会、全国执行局、全国仲裁委员会、全国资金监管委员会或全国党员接纳办公室的成员，党的代表大会决定明确指出的例外情况除外。

第七章　经济、社会和文化委员会

第 2.7.1 条　经济、社会和文化委员会的职责

经济和社会委员会在全国范围内汇集工会团体和协会组织代表的能力和经验。它起到协助全国理事会研究、鉴定和跟踪经济和社会问题的作用。其工作人员以咨询身份参加全国理事会会议。

第 2.7.2 条　经济、社会和文化委员会的职责的组成

每次例行代表大会召开之后，全国理事会根据党的第一书记的提名并遵守第 1.4.1 条的规定确定其工作成员。

第八章　企业支部

第 2.8.1 条　社会党人企业团体

全国社会党人企业团体在联合会按全国的计划建立。

全国社会党人企业团体按行业组成的支部在全国例行代表大会期间召开大会，确定它们的机构：执行局和书记。

第 2.8.2 条　负责企业问题的联合会书记

每个联合会在联合会书记处内指定一人负责企业问题。

第 2.8.3 条　全国企业委员会

全国企业委员会集合各大区负责企业问题的书记和全国社会党人企业团体书记。全国内部条例确定使上述条款与第 1.3.1 条及以下条款中的原则兼容的条件。

第九章　全国常设委员会

社会党在需要时设立全国常设委员会。

第十章　协作组织

第一节　原　则

第 2.10.1.1 条　协作组织

为了在社会的不同领域贯彻党的政治计划，党支持并承认协作组织。这些组织对非党员开放。它们在其活动领域内拥有政治表达的权利。其内部条例和领导人员的确定要与党的负责机构进行协调。

第二节　社会主义青年运动

第 2.10.2.1 条　社会主义青年运动的目标

社会主义青年运动是那些希望与社会党人一起在青年领域开展工作的党内外青年人进行思考和行动的组织。

第 2.10.2.2 条　参加社会主义青年运动的年龄

参加社会主义青年运动的年龄范围在 15 至 29 岁。

第 2.10.2.3 条　社会主义青年的章程和内部条例

社会主义青年的章程和内部条例须经党的全国理事会批准。

第 2.10.2.4 条　社会主义青年运动的章程和内部条例

为了协调党和社会主义青年运动在青年中的行动，当选的社会主义青年运动负责人享有充分的权利在其负责的领域内协助与其同级的党的机构的工作。社会主义青年运动的主席协助党的全国执行局和全国理事会的工作，大区代表协助党的大区委员会的工作，联合会的领导人协助党的联合会理事会的工作，小组负责人协助小组所在地区的党的支部执行委员会的工作。

第三节　社会主义与共和主义民选代表全国联盟

第 2.10.3.1 条　社会主义与共和主义民选代表全国联盟的职责

社会主义与共和主义民选代表全国联盟聚集了社会党的拥有选举职务的党员，以及那些尽管不是社会党党员，但分享社会党价值观的当选者。

第 2.10.3.2 条　社会主义与共和主义民选代表全国联盟的运转

社会主义与共和主义民选代表全国联盟设立一名主席、一个全国理事会和一个全国执行局。社会主义与共和主义民选代表全国联盟在内部组织一个地区论坛，向当选者和积极分子开放，以讨论和地区改革相关的问题。

第一书记向全国执行局提名担任该联盟主席的社会党候选人。社会主义与共和主义民选代表省联盟主席（社会党党员）是联合会理事会和联合会执行局的法定成员。

第四节　其他组织

第 2.10.4.1 条　其他协作组织

专门从事思考、学习和研究的组织可参与党的生活，它们没有政治决定权，在可能的情况下可吸收同情者参与工作。委托给这些组织的活动领域由代表大会或全国理事会予以确定，并可由其作出更改。在党的生活的各个级别，这些组织的成员选举他们的负责人。这些负责人在党的各级相应组织中以咨询身份出席。这些负责人应在这些组织的党员中选出。

第三部分　党的运转

第一章　组织讨论和投票：一般规定

第 3.1.1 条　投票的条件

凡涉及选择党的政治方向（代表大会、会议、积极分子会议、对党员的直接咨询)、选择领导机构或指定候选人的投票,都必须在选举办公室的组织下进行,日期有别于支部会议的日期。

只有按缴纳党费日期计算拥有六个月以上党龄的党员才有投票权。此外,民选代表应已缴纳其民选代表党费。可以在选举日投票前交齐党费。

投票采取秘密的方式。任何委托投票都是不允许的。投票前,每名党员应证明其身份。

第 3.1.2 条 组织投票前的讨论

每次投票前应该组织讨论,并确保参与各方的平等。

第二章 全国代表大会

第 3.2.1 条 全国代表大会的周期

全国代表大会在总统选举和议会选举后六个月内召开,也在总统和议员任期过半时召开。

第 3.2.2 条 全国代表大会的召集

全国代表大会由全国理事会提前三个月召集。全国理事会确定召开地点、日期和日程,并在各联合会的协助下进行组织准备工作。如有必要并在无法拖延的条件下,全国理事会可以召开特别全国代表大会。

第 3.2.3 条 全国代表大会筹备委员会

全国理事会组建一个全国代表大会筹备委员会。

每个联合会组建一个联合会代表大会筹备委员会。

代表大会筹备委员会的构成由内部条例予以确定。代表大会筹备委员会的目标是在全国执行局的监督下,确保使会议有效运转所需的物质条件,并确保所有参与者有同等的获得行政设施的机会。

第 3.2.4 条 文件讨论

代表大会召集筹备大会至少一个月后召开全国理事会会议,会上对将在代表大会中讨论的文件进行登记。将征集到的所有讨论文件和议题发送给每位党员,各级党组织机构就所有文件组织讨论。

全国理事会可以在获得三分之二多数票的情况下决定取消文件讨论程序。

第3.2.5条　全国方向性提案的综合和寄送全国理事会

最晚在代表大会召开前第七个星期六，需召开全国理事会会议以确定综合的建议文本。在会上登记将呈送给党员根据第3.2.7条规定的方式进行投票的全国方向性提案。

第3.2.6条　关于全国方向性提案的党内辩论的组织

全国方向性提案最迟于全国代表大会会议召开日期前一个月提交给党员。接到提案后，根据联合会理事会决定的方式，每个联合会组织一天的省辩论日。

第3.2.7条　对全国方向性提案的投票和党的第一书记的选举

全国代表大会前的第三个星期四，党员对提交投票的提案进行投票，选出一个提案。根据第1.3.1条及以下条款，各机构中的代表根据这次投票的结果按照比例制的方式予以确定。

全国代表大会前的第二个星期四，全体党员以秘密投票的方式选举产生党的第一书记。得票最高的两个提案中的第一签名人成为候选人。在对所有提案进行投票产生得票最高的两个提案之后召开决议委员会，候选人在会上进行诚信宣誓并付诸投票。

如果第一书记的职位长期空缺，则由全国理事会选举产生一名新的第一书记，他在这一职位上的任职可以一直持续到下一届代表大会。

第3.2.8条　中央机关的活动报告

中央机关筹备其活动报告并向全国代表大会提交。该报告至少在全国代表大会召开前六个星期公布并寄给各支部和联合会。

第3.2.9条　联合会代表大会

联合会代表大会按照全国理事会确定的日程，最迟于全国代表大会召开前一个周日举行。

第 3.2.10 条 全国代表大会的代表

全国代表大会的代表由各联合会代表大会根据本章程第 1.3.2 条选举产生。为了参加代表大会的工作，代表们定期由联合会选举产生，代表的姓名由各联合会第一书记通知党的全国执行局、全国理事会成员、议会党团成员及依全国章程第 2.9.1 条、第 2.9.2 条、第 2.9.3 条、第 2.10.1.1 条、第 2.10.2.4 条的规定而产生的机构的全国性代表。

第 3.2.11 条 联合会在全国代表大会中的代表团

各联合会的代表名额的计算是根据参加全国方向性提案投票的党员人数按比例予以确定的。

代表名额按以下方式确定：

——50 至 100 名缴纳党费的党员产生一名代表。

——100 至 250 名缴纳党费的党员产生两名代表。

——每追加 250 名党员产生一名代表，对于少于 250 人的最后一部分，可以产生一名代表，但要达到或多于 125 人。

代表的组成应该遵守男女对等的原则。

第 3.2.12 联合会第一书记和支部书记的选举

联合会第一书记和支部书记都在全国代表大会之后由全体党员以秘密投票的方式选举产生。第一轮由获得绝对多数有效选票者当选。只有在第一轮中得票前两位的候选人才能进入第二轮（组织方式和第一轮相同）。当书记职位空缺时，按同样的条件填补其空缺，但职位空缺发生在大会召开之后的情况除外。在这种情况下，党支部的运转由支部执行委员会或支部执行委员会指定的一名同志负责；联合会的运转由联合会理事会集体负责，或由联合会理事会指定的一名同志负责。

第三章 全国会议

第 3.3.1 条 全国会议的组织

在不妨碍第 3.3.2 条的规定的执行的条件下，全国会议每年就全国理事会确定的讨论议题召开两次会议。召集通知的决定要明确代表人数和集体讨论方式。所有全国会议之前先召开联合会会议，如果议题需要，也可以先召开大区会议。

第3.3.2条 全国会议的议事日程

应来自20个联合会的5000党员要求，并且获得每个联合会最多500个最少25个签名，一个问题可以列入大会的议事日程。

第四章 积极分子会议

第3.4.1条 积极分子会议的目标

全国理事会每年至少召开一次积极分子会议，议事日程由全国理事会予以确定。会议的目的是让党员就国内和国际政治现实问题发表看法。

第3.4.2条 积极分子会议的召开与议事日程

应全国理事会建议，或应来自20个联合会的5000党员要求，并且获得每个联合会最多500个最少25个签名，一个问题可以列入积极分子会议的议事日程。积极分子会议的召集属于全国理事会的管辖范围，全国理事会确定积极分子代表的人数和指定方式，以及集体讨论的方式。选举纲领属于代表大会或全国会议的管辖范围。

政治协议由全国理事会决定。

第五章 全国支部书记集会

第3.5.1条 全国支部书记集会

全国执行局每年召开一次全国支部书记集会，由全国执行局确定议程。会议召开时，全国书记处提交一份行动报告和一份积极分子行动纲领。

第六章　对党员的直接咨询

第 3.6.1 条　对党员的直接咨询

在党的第一书记、全国执行局和 35 个联合会的提议下，或至少应百分之十五的党员（按上年 12 月 31 日的党员人数计算）的要求，全国理事会在经过深入讨论并得到三分之二多数同意的情况下，可以决定组织一次对党员的直接咨询，向他们提出一个简要编写的问题。全国理事会确定集体讨论的方式，并负责组织由此产生的投票。

第四部分　仲裁和分歧管理机构

第一章　财务监督委员会

第 4.1.1 条　全国财务监督委员会

每届例行的全国代表大会任命全国财务监督委员会，该委员会按男女对等的方式组成。该委员会由 33 人组成，他们根据第一部分第三章和第四章的条款选举产生。全国财务监督委员会的成员不能是任何其他全国机构的成员。

全国财务监督委员会每年至少召开两次会议，每年对党的预算计划及其完成后的账目资产负债表发表意见。全国财务监督委员会可以根据联合会财务监督委员会的请求，根据需要对联合会进行现场单据审查。全国财务监督委员可以主动提出或者应全国理事会要求，向全国理事会汇报情况。

全国财务监督委员会主席或主席的代表参加全国代表大会并拥有咨询权。

第 4.1.2 条　联合会财务监督委员会

在每个联合会里，联合会例行代表大会根据第一部分第三章和第四章的条款并遵守男女对等原则选举联合会的财务监督委员会。该委员会的成员人数由联合会章程或内部条例予以确定，或者在没有的情况下由联合会代表大会确定。联合会财务监督委员会的成员不能是任何其他联合会机构的成员。

联合会财务监督委员会每年对联合会的预算计划及其完成后的账目资产负债表发表意见。联合会财务监督委员会每年至少召开两次会议。当对联合会的预算或账目的真实性和透明性存在疑问时，该委员三分之一的成员可以决定是否向全国财务监督委员会提交。

联合会财务监督委员会主席或主席的代表参加联合会代表大会并拥有咨询权。

第二章 党员接纳办公室

第4.2.1条 全国党员接纳办公室

全国党员接纳办公室制定参加不同的内部投票的党员名单。它可以应联合会党员接纳办公室的请求来裁决支部设立或撤销的合法性。它确认重新接纳被开除党籍的成员的方式。

全国党员接纳办公室由33名成员和10名候补成员组成，他们根据第1.3.2条和1.3.4条的规定按提案的比例选定，并遵守男女对等原则。全国党员接纳办公室在其第一次会议上选出其主席。

全国党员接纳办公室的成员不能是任何其他全国机构的成员。

第4.2.2条 联合会党员接纳办公室

在每个联合会内，联合会代表大会根据章程第1.4.2条的规定推选出联合会党员接纳办公室，该机构独立于联合会其他机构，男女成员人数相等。联合会党员接纳办公室的成员人数由联合会章程或内部条例予以确定，或者在没有的情况下由联合会代表大会确定。联合会党员接纳办公室的成员不能是任何其他联合会机构的成员。

联合会党员接纳办公室确保与接纳党员有关的全部规定得到遵守。联合会党员接纳办公室发放党证，与联合会财务监督委员会和各支部一起制作每个支部的党员名单。联合会党员接纳办公室检查各支部党员人数的变化,并可向各支部询问党员人数变动情况。联合会第一书记、支部书记、党员或入党申请者可以将任何与入党相关的困难提请联合会党员接纳办公室裁决。

第三章 关于分歧管理的一般规定

第4.3.1条 根据争执的性质确定各职能机构

有关党的地方组织的组成、职能和决定方面的争执,其第一审理权属于联合会理事会的管辖范围,并向全国理事会或由全国理事会依党章第一部分第三章和第四章的规定指定的委员会进行上诉。

有关入党方面的争执,其第一审理权属于联合会党员接纳办公室,并向全国党员接纳办公室上诉。

有关大区和省组织的争执,其审理直接属于全国理事会或由全国理事会依党党章第一部分第三章和第四章的规定指定的委员会的管辖范围。

对党员个人行为,甚至对党员集体行为的监管都属于各联合会仲裁委员会的管辖范围。如他们属于不同的联合会,只有全国仲裁委员会有权对其进行监管。

当议会议员、全国委员会委员或其他全国机构的成员涉及对其行为进行纪律审查时,全国执行局可以直接提交全国仲裁委员会。

第4.3.2条 对议会议员行为的监督

每一位议会议员当选后以及整个党团组成后都要接受全国理事会的监督。违反纪律的议员由全国理事会提醒其注意遵守党的决定。在必要时,全国理事会可宣布给予第4.4.2.3条的规定中的一项处分。在这种情况下,全国理事会只能在1次会议的程序期限内作出这一处分决定。全国理事会在作出决定前听取一个或几个相关人员、其联合会和议会党团主席的意见。但是,可以向全国代表大会提出上诉,这一上诉并不导致判决的暂停执行。

第4.3.3条　被全国理事会开除的特殊情况

全国理事会视那些在没有辞去其以党的名义担任的选举职务的情况下放弃党员身份的当选者为被开除者。当某党员是选举职位的候选人，而党的合法领导机关已把该选举职位授予另一位候选人时，经当事人一方提出诉讼，全国理事会确认违反纪律者本人已把自己排除在党外，视其为被开除者。

在例外情况下，当党的主管机构已正式提名候选人后，被提名者突然出现明显违反纪律的行为时，在全国仲裁委员会主席同意下，全国理事会或在全国理事会两次会议之间时全国执行局可以在听取全国仲裁委员会主席的意见后，宣布第4.4.2.3条规定中的一项处分。全国理事会的决定应立即执行。该决定的传达只能在第4.4.4.1条规定的条件下进行。

第四章　仲裁委员会

第一节　仲裁委员会的组成

第4.4.1.1条　联合会仲裁委员会的组成

每个联合会在其例行代表大会上根据第一部分第三章和第四章的规定选举一个联合会仲裁委员会，其编制人数由联合会章程或内部条例予以确定，或者在没有的情况下由联合会代表大会确定。该委员会应由有三年以上连续党龄且不属于本联合会及大区任何其他机构的党员担任，并遵守男女对等的原则。该委员会在其内部选定其主席和书记。

第4.4.1.2条　全国仲裁委员会的组成

全国例行代表大会每三年根据现行章程第一部分第三章和第四章的规定，选举一个由33名成员组成的全国仲裁委员会。该委员会的成员应不属于任何中央机构。该委员会在其内部选定其主席和书记。该委员会向全国代表大会提交一份报告。

第二节 请求仲裁委员会审理的方式及仲裁委员会的权力

第4.4.2.1条 请求仲裁委员会审理的方式

在提出监督请求时,如果当事人(党员或集体)属于同一个联合会,那么所有监督请求都提交给联合会理事会。联合会理事会自动立即把这一请求转达给联合会仲裁委员会,不对应作出的决定发表意见,但在审理此事时,联合会理事会可以要求联合会仲裁委员会通报情况。

所有涉及不同大区的两个或几个联合会的监督请求提交给党的全国执行局,由它立即把这一要求转达给全国仲裁委员会。任何监督的要求不能在既成事实超过一年之后才提出。

在原告被辞退、注销或开除,他所提出的监督要求已经记录在案,但还未被(全国或联合会的)仲裁委员会审查的情况下,这一要求被视为无效,不再审理。

在被告于同样的时间段内被辞退或注销的情况下,鉴于被告已经被辞退或注销的事实,(全国或联合会的)仲裁委员会可以对上述被告不予考虑。

第4.4.2.2条 仲裁委员会内部讨论的辩驳性

在没有召集当事人听取双方辩论时,不能作出任何处分措施。在每次会议的至少两周之前,应将标明有要处理的案卷的一览表和性质的议事日程寄给(全国或联合会的)仲裁委员会的所有成员。

第4.4.2.3条 仲裁委员会的权力

(全国或联合会的)仲裁委员会可以拒绝监督的请求或给予以下所规定的处分。仲裁委员会还可以应当事人的请求作出仲裁,为此,仲裁委员会指定一名第三者仲裁人,他应该在三个月的期限内作出裁决。对违背党的原则和规则、违反自己承担的某些诺言以及行为和品性对党造成严重损害的情况,可以宣布以下处分:

——警告;

——惩戒；

——暂时停职；

——暂时开除或最终开除。

这些处分可以部分或全部缓期执行。根据第 4.4.2.4 的规定同样可以宣布授权的暂时停职的附加处罚。

第 4.4.2.4 条　授权的暂时停职

凡是受到授权的暂时停职这一处分的党员，禁止成为党的候选人、作为党的代表、以党的名义发表讲话或文章及担任党的某一级组织的职务（行政职务或委托职务）。不过，当这涉及担任选举职务的党员时，如果（全国或联合会）仲裁委员会认为保留其职务对党有利，仲裁委员会有权允许其继续履行其职务。

第 4.4.2.5 条　滥用程序的处分

如监督要求被查明缺乏确凿根据，仲裁委员会可对提出监督要求的一方给予同样的处分。

第三节　上诉的方式

第 4.4.3.1 条　对联合会仲裁委员会的决定提出上诉

联合会仲裁委员会的决定仅在作出决定的通知发出 30 日之后才能成为决定性的。在此期间，当事人双方都可以向全国仲裁委员会提出上诉。联合会仲裁委员会的决定应通知当事人及其所在支部，应该提到，如有上诉时决定暂缓生效，直到全国仲裁委员会作出决定为止。

第 4.4.3.2 条　判决暂停执行

在任何情况下，上诉都可以使判决暂停执行。不过，由联合会仲裁委员会作出的开除处分将导致以党的名义委派的所有职务中止。

第四节　重新入党和最终开除出党

第4.4.4.1条　重新入党

所有被开除出党的公民或知名人士在两年后方可重新入党。重新入党的决定由全国理事会或全国党员接纳办公室在听取当事人被开除之前所属的联合会和支部意见后作出。如果是再次开除，这将是最终的决定，没有重新入党的可能。

第4.4.4.2条　开除出党的最终决定的通知

所有开除出党的最终决定都要由党的全国执行局通知所有联合会。

第五章　支部、联合会、大区联盟的托管与解散

第一节　支部的托管与解散

第4.5.1.1条　支部托管或解散的理由

联合会理事会鉴于调查委员会通过听取各方面的意见并进行必要的调查而得出的结论，可以因严重的违反纪律行为、对党造成严重损害的行为或渎职行为而宣布托管一个支部或解散一个支部的管理机构。该调查委员会由联合会理事会决定成立，并按照在联合会理事会中的全国方向性提案的代表的比例指派人员。解散只有在集体违反纪律的情况下才实施，个人的行为属于（联合会和全国）仲裁委员会的管辖范围。

第4.5.1.2条　支部托管和解散的方式

在托管和解散支部时，应由联合会理事会宣布，需要为此事召开联合会理事会会议并有理事会多数成员出席。如果没有达到法定人数，联合会理事会在1个月内举行第二次会议时作出决定，不论出席的人数多少。

第4.5.1.3条　解散决定的通知

所有解散支部的判决连同诉讼案卷都应该在八天内报给全国理事会。解散支部的判决只有经全国理事会审查并批准后才是决定性的。在审查所

必需的时间内，遭到解散处分的支部无权进行公开的活动。

第4.5.1.4条 解散支部的重建

所有解散支部的联合会都有责任着手进行支部重建的工作。为此，联合会要确定指导这一重建工作的准则。所有解散支部的联合会都应在一年内着手进行这一支部的重建工作，在超过一年之后，已解散支部至少五名党员组成的小组可以向全国理事会提出进行重建的要求。

第二节 联合会与大区联盟的托管与解散

第4.5.2.1条 联合会与大区联盟的托管与解散

全国理事会（或在全国理事会两次会议之间时全国执行局）鉴于调查委员会通过听取各方面的意见并进行必要的调查而得出的结论，可以因严重的违反纪律行为或对党造成严重损害的行为而宣布解散一个联合会或一个大区联盟。该调查委员会由全国理事会决定成立，并按照在全国理事会中的全国方向性提案的代表的比例指派人员。当联合会或大区联盟出现渎职情况时，全国理事会也可以宣布解散该联合会或大区联盟。当联合会的联合会理事会、联合会执行局或联合会秘书处的行为犯有过错时，全国理事会也可以宣布解散这些机构。

第4.5.2.2条 联合会与大区联盟的重建

全国理事会以最快的速度着手被解散的联合会或大区联盟的重建。它制定重建过程中应该遵守的规则。

第六章 社会党最高管理局

第4.6.1条 最高管理局的构成

社会党最高管理局负责确保为社会党和党员所制定的伦理和权利原则得到遵守。最高管理局由九名成员构成，其中五名是社会党人，他们由全国理事会以有效多数（三分之二）选票选举产生。最高管理局在这九名成员中选举其主席。该机构中不属于社会党党员的成员是基于他们的法律才能或所体现的左翼的道德威信而被任命的。

第4.6.2条 提请最高管理局裁决

最高管理局有权对本章程第4.3.1条中提到的全部争议作出裁决。

在不同的情况下，只有当决定变成党的主管机构的最终决定后才能提请最高管理局裁决。在第4.3.1条第1款规定的情况下，由第一书记或地方、省或大区的一个组织提请裁决；在第4.3.1条第2款规定的情况下，由全国党员接纳办公室主席或入党介绍人提请裁决；在第4.3.1条第3款规定的情况下，由冲突的当事方一方提请裁决。在最后一种情况下，第4.4.3.2条关于上诉导致判决暂停的规定适用于全国仲裁委员会的决定。

最高管理局同时有权受理为实施第4.3.3条的规定而作出的决定。在这种情况下，由当事人一方提请裁决。

第一书记或全国执行局可以就对党的生活产生重大影响的情况咨询最高管理局的意见。在特殊情况下，当事态非常严重并考虑到其对党的生活所产生的影响时，第一书记可以在初审和终审时向最高管理局提出进行个体监管的要求。此时，本章程第4.4.2.2条到4.4.2.5条规定的条款适用。

第4.6.3条 最高管理局的决定

当最高管理局接到请求后，在内部指定一位报告人，由其通过举行他认为有用的听证会和听取当事人的意见等方式对诉讼案件进行预审。

投票以秘密的方式进行，报告人不参与投票。当投票受到阻碍或票数相同时，主席拥有裁决权。对最高管理局的决定不得进行上诉。

第五部分　政治选举、候选人选派和议会中的社会党党团

第一章　一般规定

第5.1.1条　全国性协定和全国性决议

经书面咨询各联合会、在全国会议上批准并由党的全国领导签署的全国性协定，党的各级候选人指派必须予以遵守，不论是何种类型的选举。

在单记名投票的情况下，党的各级候选人指派必须遵守关于男女候选人对等的全国性决定。

第5.1.2条 选派候选人的日程

全国执行局制定的关于组织候选人选派的运行的决定中包括了一个日程表，党的全体组织都须予以遵守。该决定以带编号的全国通报的形式传达给联合会第一书记、全国理事会成员、议会议员和全国仲裁委员会成员。

第5.1.3条 确定候选人的选举团

政治选举的候选人由按照党章第3.1.1条的规定具有投票权并列入有关选区选民册的全体党员来确定。在投票前，将要求出示选民证，在没有选民证的情况下，出示按在所要求的日期之前曾在选民册上登记的证明。未成年人和外国人在其居住地所在的支部进行投票。在投票之前，将要求出示居住证明。

第5.1.4条 候选人选派所需的法定人数

如在有关支部登记的党员人数没有达到市镇（对于超过3500名居民的城市而言）、区和相关选区登记选民人数的五百分之一这一选择一名候选人所需的数量，支部可确定一份候选人优先选择的次序表。对于市镇和省议会的选举，由联合会理事会作出决定；对于国民议会、欧洲议会、大区和超过两万居民的大城市的选举，在经过有关支部的新一轮协商之后，由全国理事会作出决定。

第5.1.5条 候选人资格备案的条件

要成为选举职务的候选人，应该在候选人备案期时交清全部党费和民选代表应交的费用。他还应当符合选举法规定的资格条件，并完成章程第2.6.5条对全国性选举所规定的条件。议会选举的候选人还应当书面承诺保证遵守内部条例第1.4.3条确定的规则。

所有地方或全国选举中的候选人，在其宣布参加竞选的同时，都应向其联合会或全国领导机关提交一份自动预先扣除费用的通知。

除全国理事会明文作出决定以外，只有至少连续入党三年的人才可以成为国民议会、参议院和欧洲议会选举的候选人。

第 5.1.6 条　投票的开展

内部条例规定内部竞选和投票的方式。

第 5.1.7 条　候选人的保证承诺

所有党的候选人在其候选人资格得到批准之前，都要书面保证，假如其在当选后以任何理由脱党，必须辞去所担任的职务。

第 5.1.8 条　联合会在候选人选派过程中的职责

联合会有职责确保党所制定的规则和原则得到贯彻，特别是男女对等原则和与其他政党签订的选举协定。

第 5.1.9 条　候选人资格的批准

所有地方候选人资格只有经联合会理事会批准后才最终确定，2万居民以上城市和省会中党的第一书记候选人的选派除外。对全国、大区和欧洲选举的候选人以及2万居民以上城市和省会中党的第一书记候选人的选派而言，候选人资格只有经全国理事会批准后才最终确定。

第 5.1.10 条　民选代表参加社会主义与共和主义民选代表全国联盟

所有社会党的民选代表应参加社会主义与共和主义民选代表全国联盟。

第 5.1.11 条　选举职务与党的职务的不兼任

超过3500居民的城市的市长职务与该城市支部书记的职务不能兼任。

省议会议长的职务与省联合会第一书记的职务不能兼任。

大区议会议长的职务不能与联合会第一书记和大区书记的职务兼任。

第二章　部分选举职务候选人的选派

第 5.2.1 条　参议院议长、国民议会议长和巴黎市长候选人的选派

参议院议长、国民议会议长和巴黎市长候选人的选派须与全国执行局

取得一致的意见。

第 5.2.2 条　国民议会选举候选人的选派

国民议会选举候选人的选派由全国会议予以通过，或由全国执行局授权。

第 5.2.3 条　参议院选举候选人的选派

参议院选举候选人的选派由全国会议予以通过，或由全国执行局授权。

第 5.2.4 条　欧洲选举候选人的选派

欧洲选举候选人需根据章程第 5.1.2 条规定的通报中确立的日程，通过向党的第一书记提交书面材料进行候选人资格备案。将候选人向相关联合会第一书记进行介绍。

第 5.2.5 条　省议会议长候选人的选派

省议会议长的候选人由联合会成员按照选派联合会第一书记的规则以直接投票的方式确定。

第 5.2.6 条　大区议会议长候选人的选派

大区议会议长候选人由大区全体党员以直接投票的方式确定。涉及大区议会议长的政治协定属于全国执行局的职权范围。

第 5.2.7 条　市镇选举第一候选人和市镇联盟议会议长候选人的选派

市镇选举第一候选人由市镇辖区全体党员以直接投票的方式确定。市镇联盟议会议长候选人由有关市镇联盟的全体党员以直接投票的方式产生。在遵守全国协定的前提下，涉及市镇联盟议会议长的政治协定属于联合会的职权范围。

第三章　共和国总统候选人的选派

第 5.3.1 条　初选的原则

共和国总统候选人通过向所有拥护共和价值观和左翼价值观的公民开

放的初选的形式予以确定,由愿意参与的左翼政治组织共同组织。

参与初选的候选人应保证公开支持选定的候选人并投身于竞选中。全国理事会在总统选举前至少一年确定初选的日程和组织方式。

第5.3.2条　参与投票的条件

参与投票需符合以下三个条件:

——出现在总统选举前一年的共和国选民名册上,或在投票日能证明其在选民册上登记过(在投票办公室开放的区域出示登记证明),或在初选日到总统选举日之间满18岁,或是参与初选的政党的党员,或是这些政党的青年政治组织的成员且无法在选民册上登记(外国人和/或未成年人)。

——拥护承诺支持左翼价值观的原则宣言(以在上面签名的方式)。

——缴纳最低一欧元的费用。

第5.3.3条　初选的组织

委托一个全国委员会来组织初选,该委员会由协同组织初选的政党代表和候选人代表组成。在所有省按相同的方式组建一个委员会。

投票办公室和票数统计的管理与共和国投票所实行的规则一致。

由一个特别为此而组成的最高管理局宣布最终的全国性的结果,该最高管理局包括协同组织各方的成员。

第四章　议会党团

第5.4.1条　原则

议会中的社会党党团由国民议会议员和参议员组成。社会党议会党团区别于所有其他政治组织,并且完全由党员组成。即使在特殊情况下,未经党的同意,议会党团也不能约束党。

每位议员在其支部和联合会中都要履行党员的全部义务,如果发生争执,直接由全国仲裁委员会作出裁决;但是,议员的议会活动和在议会中的投票仅仅属于议会党团和全国理事会的职权范围。本条款适用于欧洲议会中的法国社会党代表团。

第5.4.2条 议会党团的职能

在每一届议会中，除了涉及人员选派和每个党团内部管理的投票之外，所有属于议会党团的议员，无论是在国民议会还是在参议院召开的所有会议上，都有平等的讨论权和投票权。

国民议会议员和参议员有义务参加与其所属的议会委员会相应的党的委员会和研究小组。同样的义务适用于欧洲议会中的法国社会党代表团成员。

第5.4.3条 议会党团成员的职责

社会党议会党团成员应该接受党的内部条例并遵守党的策略。在任何情况下，社会党党团成员都应遵守其党团投票统一的规定。如违反本规定，全国理事会可根据第4.3.2条进行处置。欧洲议会中的法国社会党代表团成员服从同样的条款。为了在每一届议会内部对其进行组织，国民议会议员和参议员组成不同的行政小组。

第5.4.4条 议员的党费

全国代表大会确定法国议会和欧洲议会中的社会党党员缴纳的全国党费的数额及其分配。议员直接向全国司库缴纳他们党费中的全国党费部分。

第5.4.5条 议员的活动报告

活动总报告每三年必须设立一个专门的章节报告议会中的社会党党团和欧洲议会中的法国社会党代表团的活动情况。

第5.4.6条 全国理事会和议会党团的共同协商

每次在全国理事会或议会党团的请求下，全国理事会和议会党团将共同协商和投票。如果决定在两个团体都以简单多数通过，该决定将立即生效。如果不满足这一条件，全国理事会就这个问题以其成员的绝对多数通过作出决定。

第五章　地方公共团体中的议员团

第 5.5.1 条　地方公共团体中的议员团的职能

在大区、省、市镇及公共跨市镇合作机构中，社会党议员应在其所属的议会内形成一个不同于所有其他政治派别的党团，并且在任何情况下都应遵守其党团投票统一的原则。如出现违反这一原则的情况，它们可以向联合会所属的联合会仲裁委员会提出申诉。

相应级别的党的第一书记有权参加社会党党团会议。联合会第一书记或其代表，以及大区书记，有权参加大区议会的社会党党团会议。

第 5.5.2 条　民选代表的党费

除第 5.4.4 条涉及的议会议员的情况以外，所有以行使委托权责的名义收取津贴的民选代表应向所属联合会的省级资金协会缴纳党费。其费率将根据他们得到的净津贴总额（扣除社保分摊金和捐税）由联合会磋商确定。每个支部可在联合会党费的基础上增加一部分，这一部分将返还给支部。其费率由支部执行委员会磋商确定，提交给联合会财务监督委员会征得其同意。

作为社会主义与共和主义民选代表全国联盟的成员，每位社会党民选代表需要缴纳会费，该会费由省联盟会费和全国联盟会费两部分组成。在省一级由联盟相关机构征收。其数额和分配每年由全国联盟的全国执行局和党的全国执行局联合确定。

第六章　章程和原则声明的修改

第 6.1 条　章程和原则声明的修改

章程和原则声明的修改权限只属于全国例行代表大会。修改建议应在全国例行代表大会召开前至少三个月寄给各支部和联合会，否则任何修改建议都不能提交代表大会审议。

第6.2条 内部条例和伦理宪章的修改

内部条例和伦理宪章的修改权限只属于全国理事会。修改建议应在全国理事会会议召开前两个星期寄给党员，否则任何修改建议都不能提交全国理事会审议。

第6.3条 试验

全国理事会可在全国执行局或第一书记的建议下，以四分之三绝对多数赞成票批准在一个或多个联合会试验新的组织和运转模式，以选派党的候选人参与选举。

最迟在该试验实施一年后，应向全国理事会提交一份对其进行的评估报告。

（文本来源于法国社会党官方网站该章程的法文版）

（陈露 译）

社会党章程

(自 2005 年 11 月 18—20 日勒芒代表大会之后生效)

第一章 总 论

第 1.1 条 党的名称

党的名称为：社会党。

第 1.2 条 社会党国际和欧洲社会党

社会党属于欧洲社会党，并加入社会党国际。在保持互惠的情况下，所有社会党党员都可以同时加入属于欧洲社会党或社会党国际的其他政党。

第 1.3 条 总体原则

党员应接受党的"原则声明"、章程和决定。除了在保持互惠的情况下可以成为欧洲社会党或社会党国际其他成员党的党员之外，党员不得加入其他政党或者与其他政党直接或间接相关的政治团体。在履行选举职能时，党员只能支持社会党授权或支持的候选人，不得支持其他候选人。

第 1.4 条 党内的讨论方式

党内完全有讨论自由，但任何有组织的派别都是不容许的。

第 1.5 条

1.5.1 比例代表制

在各级党组织的选举中，都实行最高平均数法比例代表制。只有向党以及向全国提出的总政治提案、总政治计划才拥有代表权。对修正案、建议案和其他个人文件不适用于采取比例代表制。

1.5.2　全国一级的比例代表制

在全国一级（全国理事会、全国仲裁委员会、全国财务监督委员会），要根据决议案委员会提交的提案表决结果实行比例代表制。候选人名单附在每一份提交表决的提案后面。附在综合提案后面的名单构成根据表决结果按比例加以确定。每一种倾向都选定自己的代表。

1.5.3　联合会和地方一级的比例代表制

在地方和联合会一级，根据向党的全国例行代表大会提交的政治提案的表决结果实行比例代表制。候选人名单在表决前附在政治提案后面。

1.5.4　在各级机构中拥有代表的门槛

只有在全国得到百分之五以上党员支持的提案，才可以在党的全国、大区、省和地方机构中拥有代表权。不过，在支部、联合会和大区联盟的领导机构中，只有在所涉及的机构内获得百分之十以上支持票的提案才能拥有代表。

第1.6条　领导机构的构成

每次代表大会的目标是所有正式当选者和候补者名单中至少有三分之一的新成员。

在党的全国、大区、联合会和支部各级组织中，正式当选者和候补者名单的确定应尊重男女对等的原则。名单中至少有百分之四十的女性。如果这一条件不能满足，其席位宣布空缺，在尊重这一比例的条件下允许竞争这些席位。

在充满必要竞争的社会里以及社会党内，党的各级领导和执行机构，从全国书记处到支部，都要有一名书记（男性或女性）负责妇女的权利和代表问题。

正式当选者和候补者名单的确定应力求关注法国社会不同地区和不同社会阶层的代表性。

第1.7条　参加代表大会或会议的代表的构成

参加代表大会或会议的党的各机关代表按比例代表制构成，并执行第一章第6条规定的条件。

第1.8条　担任全国职务的资历条件

除党的全国代表大会明文作出决定以外，只有至少连续入党三年的人才可以成为全国理事会、全国仲裁委员会和全国财务监督委员会委员。同一条文适用全国性的职务或会议的选举。

第1.9条　党员招募

社会党及其全体机构每年组织一次党员招募活动。

第二章　基层党员

第2.1条　入党与退党

2.1.1　入党条件

入党是自由的。入党以个人身份进行。最低入党年龄为15岁。

2.1.2　联合会党员接纳办公室

在每个联合会内，联合会代表大会根据章程第1.5.3和第1.6条所规定的条件推选出一个联合会党员接纳办公室，与联合会的其他机构分开。联合会党员接纳办公室成员的人数由联合会章程予以确定，如果没有章程，则由联合会代表大会确定。联合会党员接纳办公室成员不能是联合会财务监督委员会成员。

联合会党员接纳办公室登记联合会接到的入党申请并在注明接到申请日期的情况下立即转交支部书记，委托支部书记一个明确的任务，立即与申请入党者进行接触。各支部至少每个季度末向联合会党员接纳办公室转报新的入党者和注销者以及注销的原因。

联合会党员接纳办公室保证尊重与接纳党员有关的全部规定。由此，联合会党员接纳办公室被授权根据2.1.5条所规定的情况发放党证。联合会党员接纳办公室与联合会财务监督委员会和各支部一起，在每个季度末制作每个支部的党员名单，包括所登记的入党日期和党费缴纳情况。联合会党员接纳办公室检查各支部党员人数的变化，并可向各支部询问党员人数变动情况。联合会党员接纳办公室可以通过联合会第一书记、支部书记、党员或申请入党者了解在入党问题上所遇到的困难。联合会党员接纳办公室每两年向联合会理事会提交一份关于其活动情况的报告，其中须包括统计资料和联合会内党员发展状况的材料。

2.1.3 入党方式

入党申请书以个人身份提出。申请书须采用书面形式（信件或电子邮件）并注明日期。申请书可以提交给附近的支部书记，也可以提交给附近的联合会或全国机构。

在尊重 2.1.7 条的情况下，入党的地点可自由选择。

党的全国总部收到的入党申请书立即由全国党员接纳办公室转交给相关的各联合会党员接纳办公室。联合会总部收到的入党申请书立即由联合会党员接纳办公室转交给相关支部书记和全国党员接纳办公室。所有直接收到入党申请书的支部书记立即将复印件转交给联合会党员接纳办公室，联合会党员接纳办公室通知全国党员接纳办公室。

党的全国和联合会公布之后立即寄给入党申请人，在 2.1.4 条及以下条款的规定实施后，入党申请即确定下来。

2.1.4 出席支部会议

所有入党申请者都被邀请亲自到支部参加自支部书记接到其入党申请后的下一次会议。如果他不能亲自出席接到其入党申请后的第一次会议，他会再一次受邀出席随后的会议。如果入党申请人在定期得到通知的情况下，在六个月内不参加他应该参加的第一次会议，该申请将被看作无效。

如果支部的一名党员对入党申请提出反对意见，只有在听取当事人的意见并经秘密投票表决，有出席人员中四分之三多数有效票加以反对时，才可拒绝接受入党申请。同样的办法也适用于从一个支部到另一个支部的变动。

入党日期自申请人出席支部会议之日算起。出席会议的日期记载在支部文件中。党费按照入党之日起计算。

2.1.5 出席支部会议的期限

从入党申请书提交或转交给附近的支部书记之日算起,除七月和八月外,支部应在一个半月的限期内邀请入党申请者参加支部的下一次会议,使其能够依照第 2.1.4 条出席支部会议。

2.1.6 涉及入党问题的诉讼

如果支部没有按照 2.1.5 条所规定的那样召开支部会议,在向当事人或党的任何其他党员进行了解之后,联合会党员接纳办公室有权在两个月之内通知申请者,必要的情况下,由党员接纳办公室按缴纳党费之日起登记入党。联合会党员接纳办公室的决定自通知支部书记和联合会书记之日起执行。对此决定不服可以向全国党员接纳办公室上诉。

2.1.7 在居住地以外入党

在居住地以外的地点加入一个支部要由支部书记立即通知联合会第一书记。联合会立即通知其居住地的支部书记。

2.1.8 注销、辞退、开除

党员身份可以因注销、辞职或开除而丧失。注销仅涉及长期拖欠党费的党员,拖欠时间至少为一年。如果该党员在得到通知后六个月的期限内缴纳其拖欠的全部党费,注销可以终止。超过这个期限,注销就变为辞退。支部书记,或者如果没有支部书记,联合会党员接纳办公室,把所有党员在两年时间内未缴纳党费的情况视为辞退。

如果被辞退者想重新成为党员,必须根据 2.1.3 条和 2.1.6 条规定的条件提出入党的申请。辞退的方式由党的全国内部条例来确定。开除只能按照现行章程中第十一章第 5 条、第 8 条、第 12 条或第 20 条来作出决定。开除只有在通知开除的决定已被收到并成为最终决定时才生效。

2.1.9 社会主义青年运动成员加入党组织

凡当年的证件已集中到社会主义青年运动全国执行局、并根据 2.1.3 条及以下条款提出入党申请的社会主义青年运动的每个成员,都可以成为社会党党员,且第一年不需额外缴纳党费。社会党和社会主义青年运动的全国财务机构实行合作,应各联合会的要求事先印制党证。决定党员投票权的条件同样适用于来自社会主义青年运动的同志。

第 2.2 条

2.2.1 其他左翼政党党员加入党组织

当来自和左翼政党有直接或间接关系的政党或政治团体的同志申请加入社会党时,各支部和联合会可根据党的一般规定自由选择接受或拒绝他们个人的登记注册。

2.2.2 其他左翼政党党员的党龄

如果接受其入党,过去参加这些组织的党龄将全部计算在内。这些新党员应向接受其申请的社会党联合会证实他过去加入组织的时间,该联合会有义务通过它能够掌握的所有监督手段来核实这些证明材料。

2.2.3 对某些入党问题判断上的困难

遇到判断困难时,为解决来自其他左翼组织成员的入党问题,支部或联合会可将此事提交给全国理事会。

第 2.3 条 党员的政治义务

如涉及一个地方、省或大区范围的示威活动,在事先没有得到地方支部、省联合会和大区联盟的同意的情况下,或如涉及一个全国性的示威活动,在事先没有得到全国理事会的同意的情况下,党员不能对第一章第 3 条涉及的团体所组织的政治示威活动给以支持。

第 2.4 条 党员加入工会和协会的义务

党员应参加其本职业的一个工会组织,至少应加入一个协会,尤其是人权保护、团结互助、消费者、大众教育、学生家长或活跃地方生活的协会。

第 2.5 条 党费

全国理事会每年根据生活费用和党的需要,根据公共捐赠和民选代表的党费的数额,确定全国年度党费个人的分摊额。

联合会理事会每年以同样的条件确定联合会年度党费个人的分摊额。支部所收党费数额每年年初由支部执行委员会以一种指定表格,根据党员的收入和家庭负担来确定。这份表格上报给联合会财务监督委员会,征求其同意。尽管每个支部实施调整措施以便根据每个党员的收入使党费具有累进性，但任何个人的党费不能低于全国年度党费个人的分摊额。所有党员为了中央组织和联合会而缴纳的党费由党员所属的支部收取，存入法律所规定的省协会资金账户。任何人不得持有一个以上的党证。全国理事会每年确定政党公共资金提供的资助在各级组织中的分配规则。

第 2.6 条　培训权

所有社会党党员都有权接受一次培训。

第三章　支　部

第 3.1 条　支部的构成、作用和代表性

党的基层组织是支部。在有关联合会的同意下，支部至少由五名党员组成，支部或设在一定的行政区域或地理区域内，或设在企业或大学里，也可围绕职业领域而设立。支部是进行讨论和集合所有党员的地方。这一积极分子生活的基础组织有责任就近创立一种真正的战斗精神。

在设立支部出现意见分歧时，由依党的全国理事会或党第 1.5.5 条和第 1.6 条所定义的条件而指定的一个委员会作出决定。

如在投票表决前一年的 12 月 31 日，一个支部的党员不到五人，该支部根据联合会理事会的决定自动在行政上归属于另一个支部。这一支部无权在联合会会议和联合会代表大会上派出代表，不能以由支部书记组成团体的名义在联合会理事会享有代表。其党员由联合会负责并入所附属的支部的选举名单中。

所有在投票表决前一年的 12 月 31 日之后成立的支部，根据联合会理事会的决定自动归属于另一个支部，以便组织投票表决。其拥有必需的党龄而具有投票权的党员由联合会负责并入所附属的支部的选举名单中。

第 3.2 条　支部分拆

3.2.1　在支部倡议下的支部拆分

在经有关支部多数人同意和联合会理事会赞成的情况下，根据第 3.1

条所确定的规则，一个支部可以再分为几个支部。

3.2.2 超过250名以上党员的支部的拆分

当一个支部有250名以上党员时，只要有四分之一党员提出要求，并经有关支部全体大会多数投票通过，根据第3.1条确定的规则，一个支部可分为几个支部。

3.2.3 1000名以上党员的支部必须拆分

当一个支部有1000名以上党员时，必须划为几个支部。由联合会理事会来进行拆分，如果没有联合会理事会，可以由全国理事会或依党章第1.5.3和第1.6条定义的条件所指定的委员会来进行拆分。

第3.3条 城郊组织

3.3.1 城市或城郊委员会

在区域内的一个市镇或若干市镇存在几个支部的情况下，可以组成一个城市委员会或城郊委员会。该委员会负责保证党的行动和宣传的统一。委员会对与本市镇或若干市镇相关的问题进行商讨。委员会至少每年召集相关支部党员召开一次全体会议讨论本地区问题。

3.3.2 支部在城市或城郊委员会的代表

联合会的章程和内部条例决定支部参与当地党的各个不同城市或城郊委员会工作时的代表方式。

第3.4条 支部投票表决的条件

凡涉及选择党的政治方向（代表大会、会议、积极分子会议、对党员的直接咨询）、选择领导机构或指定候选人时，都必须在选举办公室的组织下进行，日期有别于支部会议的日期。只有按缴纳党费日期计算拥有六个月以上党龄的党员才有投票权。此外，民选代表应已缴纳其民选代表党费。可以在选举日投票前交齐党费。投票采取秘密的方式。任何代替投票的行为都是不允许的。投票前，每名党员应证明其身份。

支部具有投票权的最多人数等于现有已缴纳党费的党员总人数。这个数目限于上年12月31日支部党员的人数。如投票时人数超过上年12月31

日支部党员的人数，也即联合会党员接纳办公室和联合会财务监督委员会确定的人数，则将以最高平均数法的计算方式，将有效投票还原到上年12月31日正式生效的党员人数。

第3.5条 支部执行委员会

支部执行委员会在两次代表大会之间对支部进行领导。执行委员会的编制人数由支部内部条例确定，如果没有，由支部全体大会投票决定。根据第1.5.1条及以下条款，执行委员会的成员由具有方向性的各全国提案的代表构成。

第3.6条 支部书记的选举

支部书记由全国代表大会之后召开的支部全体党员大会以秘密投票的方式选举产生。只有在第一轮中得票前两位的候选人才能进入第二轮。第二轮如果两名候选人得票数相等，则党龄更长者当选。当支部书记职位空缺时，新的支部党员全体大会按同样的条件填补其空缺。

第3.7条 司库和支部办公室的选定

支部执行委员会根据当选后的支部书记的建议，任命司库和最终组成支部办公室的成员。

第四章 联合会

第4.1条 各支部在联合会会议和联合会代表大会上的代表

各支部参加联合会会议和代表大会的代表名额根据上年12月31日前的党员数目按一定比例确定。该名额由联合会党员接纳办公室和联合会财务监督委员会，以依党章第四章第8条所规定的条件而确定的上年12月31日前的名单和缴纳到联合会的有效个人党费的人数为依据，在年初作出决定。

第4.2条 联合会的组成

每个省组成一个联合会，联合会有自己的管理部门。国外法国人联合会把居住在国外的社会党人联合起来。每个定居的国家可组成一个支部。这些支部联合组成一个联合会，该联合会根据与各省联合会相似的规则进行运作，但明确须在全国内部条例之内。作为例外，单独的党员组成一个共同的支部，由全国党员接纳办公室进行管理。

第4.3条 参加全国会议或全国代表大会的联合会代表

如果联合会已缴纳党费的人数不到50人并拥有不到五个支部，则该联合会不能派代表参加全国会议或全国代表大会。

第4.4条 联合会的章程和内部条例

联合会的章程和内部条例中不能有与党的全国章程相违背的规定。联合会必须把联合会的章程和内部条例及它们可能对其进行的修改提交给全国理事会；全国理事会注意使联合会的章程和内部条例与全国的章程和内部条例保持一致。每次代表大会之后，联合会的章程和内部条例应进行更新，并提交全国理事会核实且使之生效。联合会应该遵守并促使党员遵守党的原则以及全国代表大会、全国会议和全国理事会的决定。

第4.5条 联合会代表大会和联合会第一书记的选举

每个联合会在党的全国代表大会召开之前举行联合会的代表大会。联合会代表大会有义务核对各方向性的全国提案在联合会所属支部中的有效投票数目，有义务选举代表各方向性的全国提案的联合会理事会成员，有义务选举出席大区委员会和全国代表大会的联合会代表。

全国代表大会结束后，联合会第一书记由联合会全体党员在各支部全体会议上秘密投票选举产生。在第二轮投票中，只有得票最多的两名候选人才能参选。当联合会第一书记职位空缺时，应由党员在同等条件下进行选举，除非该职位空缺发生在代表大会程序开始之后。在这种情况下，联合会第一书记的职责由联合会理事会集体负责，或由联合会理事会指定的一名同志负责。

第4.6条 联合会理事会、联合会执行局、联合会书记处

联合会理事会在两次代表大会之间对联合会进行领导。联合会理事会

的编制人数由联合会章程或联合会内部条例确定。联合会理事会由两部分组成：三分之二的成员代表各个具有方向性的全国提案，他们由联合会代表大会代表根据第1.5.1条和以下条款选举产生；三分之一的成员由支部书记组成，他们由支部书记团体在充分尊重各支部在省内的地区代表性的情况下选举产生。

联合会理事会按照方向性提案的比例代表制在其内部选举产生联合会执行局，其编制人数由联合会章程或联合会内部条例予以确定。

联合会理事会根据联合会第一书记的建议，在其内部选举产生联合会书记处成员。

第4.7条　联合会工作委员会

联合会可以成立常设性委员会，这是根据第7.3条所建立的全国委员会在省内的延伸。委员会可以采取一切措施使每位党员报名参加。联合会理事会每年可以组织省的委员会会议，会议地点和讨论都对外开放。

第4.8条　联合会党员名单的建立

联合会党员接纳办公室每个季度末制定一份联合会每个支部拥有参加内部投票和选派候选人权利的党员名单，最迟在选举日投票前对缴纳党费的情况予以更新。联合会党员接纳办公室向全国党员接纳办公室提交一份复印件。

第五章　大区联盟

第5.1条　大区联盟的职责

同一大区的各联合会组成大区联盟。大区联盟的职责是：

——每次大区选举前与指定的社会党领导人保持联系并就党的大区纲领进行协商。

——对党的大区政策日常事务作出决定并对大区议会中的社会党议员团加以监督。

——确定党对大区不同的规划方案以及大区环境保护纲领的态度和

建议。

——组织大区选举的准备工作，如有必要，在大区一级与党的不同伙伴进行必要的讨论。

各联合会仅以辅助者身份参加大区联盟职权范围的活动。此外，联合会内部发生争执时，在可能向全国理事会请示之前，可以由大区联盟进行裁决。

大区联盟可以就大区的政策问题组织对党外开放的专题会议。

在只有一个省的大区内，不设大区联盟。

第5.2条 大区委员会

大区联盟由党的大区委员会来领导，大区委员会在全国代表大会闭幕两个月后开始工作。

第5.3条 大区委员会的编制、执行局、大区书记

每个大区委员会的编制人数由党的内部条例予以确定。每个联合会在大区委员会中都有一名代表。在第一次大区委员会召开时，大区委员会要根据党的内部条例所确定的方式成立一个执行局。大区委员会同样在其内部以两轮多数秘密投票的方式选举大区书记。在第二轮投票中，只有在第一轮得票前两名的候选人才能参加竞选。大区书记不能同时担任大区内联合会的第一书记。

第5.4条 大区企业委员会、大区企业会议

围绕每个大区委员会，成立由公共或私营行业部门组成的大区企业委员会。每个委员会联合全体党员和党的同情者，包括在有关部门工作或曾工作过的在职者或退休者。大区企业会议把各个不同的大区企业委员会联合起来。大区企业会议设立常设办公室，其书记应是党员，以咨询的名义参加大区委员会的工作。

第六章　全国代表大会和全国会议

第 6.1 条　全国代表大会的周期

全国代表大会每三年召开一次。

第 6.2 条　全国代表大会的召集

全国代表大会由全国理事会召集。全国理事会确定召开日期,并在各联合会的协助下进行组织准备工作。

如有必要并在无法拖延的条件下,全国理事会可以召开特别全国代表大会。

第 6.3 条　全国代表大会的代表

全国代表大会的代表由各联合会代表大会根据第 1.5.1 条及以下条款由选举产生。为了参加代表大会的工作,代表们定期由联合会选举产生,代表的姓名由各联合会第一书记通知党的全国执行局、全国理事会成员、议会党团成员及依全国章程第 8.2、8.3、8.4、8.5 和 8.6 条的规定而产生的机构的全国性代表。

第 6.4 条　联合会在全国代表大会中的代表团

为计算各联合会拥有的代表人数,每个联合会有权最多享有与其上年 12 月 31 日的党员人数相等的代表团。党对各联合会投票总人数的统计要符合第 3.4 条第二段的规定。

第 6.5 条　代表名额的确定

代表名额按以下方式确定:

——50 至 100 名缴纳党费的党员产生一名代表。

——100 至 250 名缴纳党费的党员产生两名代表。

——每追加 250 名党员产生一名代表,对于少于 250 人的最后一部分,可以产生一名代表,但要达到或多于 125 人。

第 6.6 条　全国代表大会的组织

全国理事会至少应在全国代表大会召开前三个月确定地点、日期和日程。在紧急情况下，这一期限可以缩短。应该立即通知党的所有组织机构。自此可以提交供讨论的问题，一直到全国理事会确定的日期截止，该日期距全国理事会召集代表大会的日期不得低于八天。

需要提交党员投票的具有方向性的全国提案至少在全国代表大会召开前一个月提交给全国理事会。

接到提案后，每个联合会需根据联合会理事会确定的方式，组织一次省内的讨论日。

联合会代表大会按照全国理事会确定的日程举行，最迟于全国代表大会召开前的一个周日。

第6.7条 全国会议

在不妨碍第6.8条的适用的情况下，每年召开两次党的全国会议，就全国理事会确定的议题进行讨论。召集通知的决定要确定代表人数和集体讨论的方式。所有全国会议前先召开联合会会议，如果议题是紧迫的，也先召开大区会议。

第6.8条 全国会议的议程

如果有分布在至少20个联合会的5000名党员提出要求，并且每个联合会有最多500名至少25名党员的签名，一个问题就可列入全国会议的议程。

第6.9条 积极分子会议

全国理事会每年至少召开一次积极分子会议，由全国理事会确定议程。其目的是让党员就国内和国际政治现实问题表示看法。

列入积极分子会议议程的问题可以由全国理事会提出建议，也可以由分布在至少20个联合会的5000名党员提出要求，并且每个联合会有最多500名至少25名党员的签名。

积极分子会议的召集属于全国理事会的管辖范围，全国理事会确定积极分子代表人数和指定方式，以及集体讨论的方式。

选举纲领属于全国代表大会和全国会议的管辖范围。政治协议则由全国理事会决定。

第6.10条 全国支部书记集会

全国执行局每年召开一次全国支部书记集会，由全国执行局确定议程。会议召开时，全国书记处提交一份行动报告和一份积极分子行动纲领。

第6.11条 对党员的直接咨询

在党的第一书记、全国执行局和35个联合会的建议下，或至少应百分之十五的党员（按上年12月31日的党员人数计算）的要求，全国理事会在经过深入讨论并得到三分之二多数同意的情况下，可以决定组织一次对党员的直接咨询，向他们提出一个编写简单的问题。全国理事会确定集体讨论的方式，并由此负责组织投票。

第七章 全国理事会和全国执行局

第7.1条 全国理事会和全国执行局的职能

在两次代表大会之间，党的领导由党的全国理事会负责。在全国理事会的两次会议之间，党的领导由党的全国执行局负责。

第7.2条 全国理事会权责的期限

由代表大会选出的全国理事会的职权在新的理事会召开第一次会议时终止，新的理事会在下一届代表大会闭幕后10天内组成。

第7.3条 全国工作委员会

全国理事会分成若干常设委员会，其数额、名称和职权都由该组织在全国代表大会之后召开的第一次会议来决定。每个委员会在其第一次会议上选举其主席、书记和总发言人。会议由委员会主席发起召开。全国理事会每年组织这些委员会的全国会议，集会和讨论地点都对外开放。

第7.4条 全国理事会的构成

全国理事会的构成为：

——党的第一书记；

——由全国代表大会选举产生的204名成员；

——各联合会第一书记为全国理事会的正式成员。

第7.5条 全国理事会成员的任命

全国代表大会的代表按照他们所签名的提案分组，分别确定他们进入理事会的候选人名单，其数量至少等同于该提案应得的席位数，再加上百分之五十，以便候补以该提案的名义当选并最终空缺的全国理事会成员的席位。候选人名单应该与第1.6条一致。为了遵守这一条款，如果名单不能满足这一条件，就要退回给该提案。补充名单上的成员协助全国理事会的工作。在会议期间，他们可以候补全国理事会的一位成员，但必须根据该成员的授权。只允许给予一次授权。

由于兼职而无故缺席三次全国理事会会议，将导致从原提案中候补正式任职者。

第7.6条 大区书记参与全国理事会

如大区书记不是根据第7.4条的规定成为理事会成员，则他们以咨询名义参加全国理事会工作。

第7.7条 欧洲社会党在全国理事会的代表

欧洲社会党的每个成员党可以任命一名代表，以咨询的名义参加全国理事会的工作。

第7.8条 全国理事会的召集和议程

党的全国执行局根据需要召开全国理事会会议。全国理事会每年至少举行四次会议。其议程至少在会议召开前两周由全国执行局确定并立即通知各联合会，以便联合会理事会进行讨论。

第7.9条 中央机构工作报告

中央机构准备每三年提交给全国代表大会的报告，这些报告将公开发表，并至少在代表大会召开前的六周提交给各支部和联合会。

第7.10条　全国理事会和议会党团共同商议

只要全国理事会或者议会党团提出要求，全国理事会和议会党团就要进行商议并共同投票。

第7.11条　全国理事会和议会党团共同商议的方式

只要由这两个团体的简单多数投票通过决议，就可立即实施。如果不具备这些条件，则全国理事会负责处理这一问题，只要其成员以绝对多数投票通过，即可作出决定。

第7.12条　全国执行局的组成

全国理事会在其内部选举党的全国执行局。党的全国执行局的组成包括党的第一书记，依第1.5.1、1.5.2和6.1条选举产生的54名成员，以及在考虑联合会的地理和人数多样性的条件下，在全国理事会内部由联合会第一书记指定的18名成员。

第7.13条　全国执行局的职权

全国理事会可以授权全国执行局处理那些在全体会议上无法处理的文件。全国执行局负责处理所有的紧急问题。

不过，下列问题不属于全国执行局的职权范围：

——选举全国书记和任命党的正式刊物的政治领导人；

——通过总的方向性文件及党的选举纲领；

——最终决定议会党团或党对于一些涉及执行宪法第11、35和89条的重大问题的态度；

——有关加入政府、与其他组织达成重大政治协议的决定；

——确定参加欧洲社会党代表大会的党的代表；

——批准与外国政党签订的协议和协定；

——在实施总的批准程序时，最终批准参加公共选举的候选人；

——与全国代表大会筹备有关的决定；

——批准联合会的章程和内部条例；

——解散一个联合会或一个大区联盟的决定；

——对在公共会议上的投票中破坏党团纪律的议员的态度进行监督。

第7.14条　党的第一书记的选举

全国代表大会之后召开各支部全体大会，由全体党员秘密投票选举党的第一书记。在第一轮投票中，获得绝对多数票者才能当选。在与第一轮选举同样的条件下组织第二轮选举，只有在第一轮选举中得票前两位者才可以参加第二轮竞选。当全国第一书记职位空缺时，以同样的条件进行替换选举。

第7.15条　致力于党的发展的全国书记处

致力于党的发展的全国书记处主要确保定期组织招募党员的全国性活动。全国书记处委托全国党员接纳办公室负责招募党员的全国性活动。全国党员接纳办公室的15名成员由全国理事会按照党章第1.5.3和1.6条的规定并在全国财务监督委员会成员之外加以任命。

第7.16条　党的女性代表

全国理事会成员、女性议员和全国妇女权利委员会成员共同组成一个委员会，由党的第一书记任主席，并且由负责妇女权利的全国书记处推动，负责关注妇女在各级组织（全国理事会、全国执行局、大区委员会、联合会、支部）中的代表状况，特别关注第一章第六条的遵守情况。

第7.17条　经济和社会委员会

经济和社会委员会在全国范围内汇集工会团体和协会组织代表的能力和经验。它起到协助全国理事会研究、鉴定和跟踪经济和社会问题的作用。在每次例行代表大会召开之后，在遵守第1.6条的情况下，全国理事会根据党的第一书记提议确定其工作成员。工作人员以咨询身份参加全国理事会会议。

第八章　活动组织和协作组织

第8.1条　定义

为了在社会的不同领域贯彻党的政治计划，党建立各种活动组织，并承认那些协作组织。这两种类型的组织对非党员开放，并在其活动领域内拥有政治表达的权利。其内部条例和领导人员的确定要与党的负责机构进行协调。

第8.2条 社会主义青年运动

社会主义青年运动是那些希望与社会党人一起在青年领域开展工作的党内外青年人进行思考和干预的组织。

第8.3条 参加社会主义青年运动的年龄

参加社会主义青年运动的年龄范围在15至28岁。

第8.4条 社会主义青年运动的章程和内部条例

社会主义青年运动的章程和内部条例须经党的全国理事会批准。

第8.5条 社会主义青年运动负责人参加党的机构

为了协调党和社会主义青年运动在青年中的行动，当选的社会主义青年运动负责人享有充分的权利在其负责的领域内协助与其同级的机构的工作。社会主义青年运动的主席协助全国执行局和全国理事会的工作，大区代表协助大区委员会的工作，联合会的领导人协助联合会理事会工作，小组负责人协助其所属的支部执行委员会的工作。

第8.6条 企业部门

全国社会党人企业团体在每个联合会并按全国计划建立。

每个联合会在联合会书记处内指定一人负责企业问题。

大区企业委员会集合按行业部门组成社会党人企业团体的各省的负责人和联合会负责企业问题的书记。

大区委员会和按行业部门组成的全国社会党人企业团体在全国例行代表大会期间召开大会，确定它们的机构：执行局和书记。

全国企业委员会集合各大区企业书记和全国社会党人企业团体书记。

全国内部条例确定使上述条款与第1.5.1条及以下条款中的原则相兼容的条件。

第 8.7 条　其他组织

专门从事思考、学习和研究的组织可参与党的生活,它们没有政治决定权并在可能的情况下可吸收同情者参与工作。委托给这些组织的活动领域由代表大会或全国理事会予以确定和作出更改。在党的生活的各个级别上,这些组织的成员选举他们的负责人。这些负责人在党的各级相应组织中以咨询身份列席。这些负责人应在这些组织的党员中选出。

第 8.8 条　同情者

由支部发起并受其监督,经联合会同意,无政治权力的接待机构可与地方生活条件相适应,把同情者们聚集起来。

第 8.9 条　协作合同

在省联合会的同意下,党的一个地方组织可与党外的思考、学习或研究组织签订协作合同。在全国范围内,可以与专门组织签订同样类型的协作合同。

第 8.10 条　社会主义妇女委员会

社会主义妇女委员会是通过思考和行动专门在社会党女性党员和女性同情者中开展工作的组织。此组织介入我们社会中一切有关女性权利和代表的问题。

第九章　政治选举、候选人确定和议会中的社会党党团

第 9.1 条　确定候选人的因素

9.1.1　全国性协定和全国性决议

经书面咨询各联合会、在全国会议上批准并由党的全国领导签署的全国性协定,党的各级候选人指派必须予以遵守,不论是何种类型的选举。在单记名投票的情况下,党的各级候选人指派必须遵守关于男女候选人对等的全国性决定。

9.1.2　确定候选人的选举团

按照党章第3.4条的规定,政治选举的候选人由具有投票权并列入有关选区选民册的全体党员来确定。在投票前,将要求出示选民证,在没有选民证的情况下,出示按在所要求的日期之前曾在选民册上登记的证明。未成年人和外国人在其居住地所在的支部进行投票。在投票之前,需要出示居住证明。

9.1.3 联合会在候选人选派过程中的职责

各联合会有职责关注党所制定的规则和原则的贯彻。除两万居民以上城市和省会中党的第一书记候选人的选派以外,地方候选人资格的最终确定要经联合会理事会批准。对全国和欧洲选举以及两万居民以上城市和省会中党的第一书记候选人的选派,候选人资格的最终确定要经全国理事会批准。

9.1.4 候选人名单的对等性

在投票名单上的选举候选人名单应包含同等数量的男女候选人,在整体名单上也同样要男女同等数量。

9.1.5 共和国总统候选人的确定

共和国总统候选人由各支部大会的全体党员秘密投票确定。第一轮投票获绝对多数有效票者当选。第二轮投票的条件与第一轮投票相同,只有第一轮得票最多的两位候选人才能参加第二轮投票。可能的候选人由全国理事会登记。

9.1.6 参议院议长、国民议会议长和巴黎市长职位候选人的确定

参议院议长、国民议会议长和巴黎市长职位候选人的确定必须与党的全国执行局取得一致意见。

9.1.7 省议会议长候选人的确定

省议会议长的党的候选人的确定由联合会成员按照适用于确定联合会第一书记的规则直接投票产生。

9.1.8 大区议会议长候选人的确定

大区议会议长候选人的确定由大区社会党全体党员直接投票确定。有关大区议会议长的政治协定属于全国执行局的职权范围。

9.1.9　市镇联盟议会议长候选人的确定

市镇联盟议会议长候选人的确定由有关市镇联盟的全体党员直接选举产生。在遵守全国协定的条件下，有关市镇联盟议会议长的政治协定属于联合会的职权范围。

9.1.10　要成为候选人的条件

要成为所有选举职务的候选人，应该最迟在候选人备案期限所确定的截止日期内交清全部党费，民选代表要交清党费和民选代表应交的费用。

所有地方或全国选举中的候选人，在其宣布参加竞选的同时，都应向其联合会或全国领导机关提交一份自动预先扣除费用的通知。

第9.2条　候选人确定所需的法定人数

如在有关支部登记的党员人数没有达到市镇（对于超过3500名居民的城市而言）、区和相关选区登记选民人数的五百分之一这一选择一名候选人所需的数量，支部可确定一份候选人优先选择的次序表。对于市镇和省议会的选举，由联合会理事会作出决定；对于国民议会、欧洲议会、大区和超过两万居民的大城市的选举，在经过有关支部的新一轮协商之后，由全国理事会作出决定。

第9.3条　候选人以名誉作保证的承诺

所有党的候选人在其候选人资格得到批准之前，都要书面以名誉作保证，假如其在当选后以任何理由脱党，必须向所属的议会议长递交辞呈。

第9.4条　议会党团

议会中的社会党党团由国民议会议员和参议员组成。社会党议会党团区别于所有其他政治组织，并且完全由党员组成。即使在特殊情况下，议会党团如不经党的同意也不能使党受到约束。

每位议员在其支部和联合会中都要履行党员的全部义务，如果发生争执，直接由全国仲裁委员会作出裁决；但是，议员的议会活动和在议会中的投票仅仅属于议会党团和全国理事会的职权范围。本条款适用于欧洲议会中的法国社会党代表团。

第9.5条 议会党团的职能

在每一届议会中,除了涉及人员选派和每个党团内部管理的投票之外,所有属于议会党团的议员,无论是在国民议会还是在参议院召开的所有会议上,都有平等的讨论和投票权。

国民议会议员和参议员有义务参加与其所属的议会委员会相应的党的委员会和研究小组。同样的义务适用于欧洲议会中的法国社会党代表团成员。

第9.6条 议会党团成员的职责

社会党议会党团成员应该接受党的内部条例并遵循党的策略。任何情况下,社会党党团成员都应遵守其党团投票统一的规定。如违反本规定,全国理事会可根据第11.12条进行处置。欧洲议会中的法国社会党代表团成员服从同样的条款。

在每届议会的内部组织中,国民议会议员和参议员组成行政上的不同小组。

第9.7条 议员的党费

全国代表大会确定法国议会和欧洲议会中的社会党党员所缴纳的全国党费的总额和分配额。全国代表大会授权全国司库,允许司库在议会出纳处征收党费。

第9.8条 议员的活动报告

每三年的活动总报告中必须有专门的一章报告议会中的社会党党团和欧洲议会中的法国社会党代表团的活动情况。

第9.9条 地方行政区域中议员团的职能

在大区、省、市镇及公共跨市镇合作机构中,社会党议员应在其所属的议会内形成一个不同于所有其他政治派别的党团,并且在任何情况下都应遵守其党团投票统一的原则。如出现违反这一原则的情况,他们可以在支部或有关联合会的关注下,向其所属联合会的联合会仲裁委员会提出申诉。

相应级别的党的第一书记有权参加社会党党团会议。

各联合会第一书记或其代表，以及大区书记，有权参加大区议会的社会党党团会议。

另一方面，民选代表应参加社会党议员和拥护共和政体议员全国联合会。

第9.10条 民选代表的党费

按照第9.7条的规定，议会议员的党费直接交给全国司库。其他以行使权责的名义得到津贴的民选代表向联合会的省级资金协会缴纳党费。其费率将根据他们得到的净津贴总额（扣除社保分摊金和捐税）由联合会磋商确定。每个支部可在联合会党费的基础上增加一部分，这一部分将返还给支部。其费率由支部执行委员会磋商确定，提交给联合会财务监督委员会征得其同意。

第十章 财务监督委员会

第10.1条 财务监督委员会的组成

由每届例行的全国代表大会任命全国财务监督委员会。该委员会由33人组成，他们根据第1.5.1条及以下条款选举产生。该委员会有权在代表大会期间选派一个由两人组成的代表团出席全国大会并拥有咨询权。当全国理事会或监督委员会提出要求时，财务监督委员会就要向全国理事会作出汇报。

在每个联合会里，由联合会例行代表大会根据同样的规则选举联合会的财务监督委员会。

第十一章 仲裁委员会

第11.1条 根据争执的性质确定各机构的职权

关于党的地方组织的组成、职能和决定方面的争执，其第一审理属于联合会理事会的管辖范围，并向全国理事会或由全国理事会依党章第

1.5.3 和 1.6 条确定的条件所指定的委员会进行上诉。有关入党方面的争执，其第一审理属于联合会党员接纳办公室，并向全国党员接纳办公室上诉。有关大区和省组织的争执，其审理直接属于全国理事会或由全国理事会依党章第 1.5.3 和 1.6 条确定的条件所指定的委员会的管辖范围。

对党员个人行为，甚至对党员集体行为的监督都属于联合会仲裁委员会的管辖范围。如他们属于不同的联合会，只有全国仲裁委员会才有权对其进行监督。

第 11.2 条　联合会仲裁委员会的组成

每个联合会在其例行代表大会上根据第 1.5.1 条和以下条款规定的条件选举一个联合会仲裁委员会，其编制人数由联合会章程或内部条例来确定。该委员会应由有三年以上连续党龄且不属于本联合会及大区任何其他领导机构或财务监督机构的党员担任。该委员会在其内部选定其主席和书记。

第 11.3 条　全国仲裁委员会的组成

全国例行代表大会每三年根据现行章程第 1.5.1 条所确定的条件，选举一个由 33 名成员组成的全国仲裁委员会。该委员会的成员应有三年以上的连续党龄且不属于任何中央机构。该委员会向全国代表大会提交一份报告，并在代表大会期间派遣由一个两人组成的代表团出席大会并享有咨询权。

第 11.4 条　请求仲裁委员会审理的方式

在提出监督要求时，如果当事人（党员或集体）属于同一个联合会，则所有监督要求都提交给联合会理事会。联合会理事会立即并自动把这一要求转达给联合会仲裁委员会，不对应作出的决定发表意见，但在审理此事时，联合会理事会可以要求联合会仲裁委员会通报情况。

所有涉及不同大区的两个或几个联合会的监督要求提交给党的全国执行局，由它立即把这一要求转达给全国仲裁委员会。任何监督的要求不能在既成事实超过一年之后才提出。

在原告被辞退、注销或开除，他所提出的监督要求已经记录在案，但还未被（全国或联合会的）仲裁委员会审查的情况下，这一要求被视为无效，不再审理。

在被告于同样的时间段内被辞退或被注销的情况下，鉴于被告已经被辞退或被注销的事实，（全国或联合会的）仲裁委员会可以把上述被告排除出去。

第11.5条 仲裁委员会的权力

（全国或联合会的）仲裁委员会可以拒绝监督的要求或给予以下规定的处分。仲裁委员会还可以应当事人的请求作出仲裁，为此，仲裁委员会指定一名第三者仲裁人，他应该在三个月的期限内作出裁决。

对违背党的原则和规则、违反自己承担的某些诺言以及行为和品性对党造成严重损害的情况，可以宣布以下处分：

——警告；

——惩戒；

——暂时停职；

——暂时开除或最终开除。

这些处分可以部分或全部缓期执行。

第11.6条 授权的暂时停职

凡是受到暂时停职这一处分的党员，禁止成为党的候选人、代表党、以党的名义发表讲话或文章及担任党的某一级组织的职位（职务或代表）。

不过，当这涉及担任选举职务的党员时，如果（全国或联合会）仲裁委员会认为保留其职务对党有利，仲裁委员会有权允许其继续履行其职责。

第11.7条 滥用程序的处分

如监督要求被查明缺乏确凿根据，仲裁委员会可对提出监督要求的一方给予同样的处分。

第11.8条　对联合会仲裁委员会的决定提出上诉

联合会仲裁委员会的决定仅在作出决定的通知发出30日之后才能成为决定性的。在此期间，当事人双方都可以向全国仲裁委员会提出上诉。联合会仲裁委员会的决定应通知当事人及其所在支部，应该提到，当有上诉的情况时，决定暂缓生效，直到全国仲裁委员会作出决定为止。

第11.9条　仲裁委员会内部讨论的辩驳性

在没有召集当事人听取双方辩论时，不能作出任何处分措施。在每次会议的至少两周之前，应将标明有要处理的案卷的一览表和性质的议事日程寄给（全国或联合会的）仲裁委员会的所有成员。

全国仲裁委员会的决定是最终的决定。

第11.10条　上诉使判决暂停执行

上诉在所有的情况下都使判决暂停执行。不过，由联合会仲裁委员会作出的开除处分将导致停止以党的名义委派的所有职务。

第11.11条　对议员行为的监督

每一位议会议员和组成议员团的整个党团都要接受全国理事会的监督。违反纪律的民选代表由全国理事会提醒其注意遵守党的决定。在必要时，全国理事会可宣布依第11.5和11.6条的规定给予其中一项处分。在这种情况下，全国理事会只能在连续两次会议的程序期限内作出这一处分决定。在第一次会议期间，理事会听取一个或几个相关人员、其联合会和议会党团主席的意见。在下一次会议期间作出决定。在紧急情况下，可加快这一程序。全国理事会应对该程序进行一次事先的专门投票。全国理事会的决定应立即执行。然而，可以向全国代表大会提出上诉。这一上诉并不导致判决的暂停执行。

第11.12条　重新入党

所有被开除出党的公民或知名人士在两年后方可重新入党。重新入党的决定由全国理事会或全国党员接纳办公室在听取当事人被开除之前所属的联合会和支部意见后作出。

第 11.13 条 开除出党决定的通知

所有开除出党的最终决定都要由党的全国执行局通知所有联合会。

第 11.14 条 支部解散的理由

当联合会认为其管辖范围的一个或几个支部犯有第 11.8 条所指出的过错时，联合会可以宣布解散这些支部。当支部在运行中明显地表现出不负责任时，联合会也可以宣布解散该支部。

第 11.15 条 支部解散的方式

在解散支部时，应由联合会理事会宣布解散，只要为此事召开联合会理事会会议并有理事会多数成员出席。如果没有达到法定人数，联合会理事会在举行第二次宣读时作出决定，不管出席的人数多少。解散只有在集体违反纪律的情况下才实施，个人的行为属于联合会仲裁委员会和全国仲裁委员会的管辖范围。

第 11.16 条 解散决定的通知

所有解散支部的判决连同诉讼案卷都应该在八天内报给全国理事会。解散支部的判决只有经全国理事会审查并批准后才是决定性的。在审查所必需的时间内，遭到解散处分的支部无权进行公开的活动。

第 11.17 条 解散支部的重建

所有解散支部的联合会都有责任着手进行重建支部的工作。为此，联合会要确定指导这一重建工作的准则。所有解散支部的联合会都应在一年内着手进行这一支部的重建工作，在超过一年之后，已解散支部至少五名党员组成的小组可以向全国理事会提出进行重建的要求。

第 11.18 条 联合会或大区联盟的解散

全国理事会在阅读了由三名成员组成的调查委员会通过听取各方面的意见并进行必要的调查而得出的结论之后，可以因严重的违反纪律行为或对党造成严重损害的行为而宣布解散一个联合会或一个大区联盟。当联合会或大区联盟在运作中明显地表现出不负责任时，全国理事会也可以宣布解散该联合会或大区联盟。

第 11.19 条　特殊的开除情况

全国理事会视那些在没有辞去其以党的名义担任的选举职务的情况下放弃党员身份的当选者为被开除者。

当某党员是选举职位的候选人，而党的合法领导机关已把该选举职位授予另一位候选人时，经当事人一方提出诉讼，全国理事会确认违反纪律者本人已把自己排除在党外，视其为被开除者。

在例外情况下，当党的有资格的机关已正式提名候选人后，被提名者突然出现明显违反纪律的行为时，在全国仲裁委员会主席同意下，全国理事会或在全国理事会两次会议之间时全国执行局可以宣布第 11.5 和 11.6 条中规定的一项处分。

全国理事会的决定应立即执行。该决定的传达应按照第 11.3 条所确定的条件进行。

第 11.20 条　解散的联合会和大区联盟的重建

全国理事会要以最快的速度着手重建所有被解散的联合会和大区联盟。全国理事会应确定指导这一重建工作的准则。

第 11.21 条　直接提交全国仲裁委员会审理

在议会议员及全国理事会或其他中央机构成员和联合会之间发生冲突时，全国执行局可以直接诉诸全国仲裁委员会。

第十二章　同情者

第 12.1 条　同情者参与党的生活

载入支部同情者名册的同情者，当他们受邀参加党内讨论时，除全国代表大会关于方向问题的投票、关于确定领导机关的投票及对各种不同选举候选人正式提名的投票之外，有权表达自己的意见并有投票权。

第 12.2 条　全国会议中的同情者代表

全国会议的增补代表数可由全国执行局根据各省同情者的人数予以决定。

第十三章　出版物

第13.1条　党员在出版物上发表意见

一切理论问题都可以在书面或有声出版物上进行充分自由的讨论。不过，当党的全国机关（全国代表大会、全国会议、全国理事会）在其职权范围内已对某一政治问题作出结论后，所有党员必须同党通过的决议保持一致。

第13.2条　对党员在出版物上发表意见的监督

如有党员坚持在书面或有声出版物上发表与党的决议相反的意见或与另一位党员进行论战，这类行为要受到全国理事会或全国执行局的监督。由全国理事会衡量是否适于向全国仲裁委员会控告有关人员。全国执行局被授权在两次全国理事会会议之间作必要的说明。

第13.3条　党的全国新闻机构

属党所有的新闻机构受到党的政治和行政监督，由全国理事会代表执行。

党的所有省联合会及地方支部都应订阅一份党的全国新闻机构刊物。

第13.4条　党的地方新闻机构

属一个或几个联合会，或联合会内一个或几个支部所有的新闻机构由联合会加以监督，由其领导机构代表执行。

第13.5条　特殊情况

如有必要，可以召集属党所有的出版物、共同拥有的出版物或负责领导和管理出版物的成员，就出版物的行为向全国执行局汇报。全国理事会在听取汇报后作出评估。

第13.6条　党的正式文件的发表

党的报刊发表党的正式文件。

第十四章 章程修改

第 14.1 条 总体规定

章程修改的权限只属于全国例行代表大会。修改建议应在全国例行代表大会会议召开前三个月向各支部和联合会提出，否则任何修改建议都不能提交代表大会审议。

第 14.2 条 章程条款的修改

如修改建议涉及章程条款，则例行代表大会有权作出决定。

第 14.3 条 原则声明的修改

如修改建议涉及原则声明，则本届代表大会仅能公开宣布修改的程序并确定有可能修改的要点，该问题被列入下一届全国例行代表大会的议事日程。同样，已确定的修改建议应在下一届全国代表大会会议召开前至少三个月同时提交各联合会和支部。

第十五章 道德宪章

社会党制定道德宪章，使全体党员和当选者都保证尊重透明和守法的原则。

第十六章 限制兼职的规定

第 16.1 条 在地方一级

超过 3500 居民的城市市长职位与该城市支部书记职位不能兼任。

第 16.2 条 在省一级

省议会议长职位与省联合会第一书记职位不能兼任。

第 16.3 条 在大区一级

大区议会议长和联合会第一书记的职位不能与大区书记的职位兼任。

第16.4条 全国监督机构

全国仲裁委员会和财务监督委员会成员的职位不能与党的任何其他全国行政机构的职位兼任。

第16.5条 联合会监督机构

联合会仲裁委员会和财务监督委员会成员的职位不能与党的任何其他联合会行政机构的职位兼任。

（文本来源于法国社会党官方网站该章程的法文版）

（陈露 译）

社会党内部条例

（2006 年 3 月 11 日全国理事会批准之后生效）

第一章　党的研究委员会和经济社会委员会的功能与构成

第 1.1 条　各类研究委员会的创立

党的研究委员会由全国理事会负责创立，由负责研究的全国书记进行行政监督。

第 1.2 条　各类研究委员会的组织

每个委员会由按照全国理事会的构成比例相应地建立的小组来领导，委员会由一名书记负责召集和主持。

第 1.3 条　研究委员会组织机构的批准

委员会领导小组的名单和书记的名字由全国执行局予以批准。

第 1.4 条　研究委员会工作的公开性

负责研究的全国书记保证研究委员会的工作在党内的公开性，全国执行局作出相反的决定除外。

第 1.5 条　研究委员会的工作章程

本党仅受到获得党的全国执行局批准的文本的约束。

第 1.6 条　法律提案的审查

在法律提案起草的过程中，全国执行局有资格随时提及法律提案的内容，并如有必要，决定法律提案备案的时机。

第1.7条 经济和社会委员会的职责

经济和社会委员会根据全国章程第7.17条的规定组成。它可以依党的第一书记或全国机构的请求，对一些现实问题或具有总体影响的问题进行思考。在其领导机构或一个部门的建议下，并经党的第一书记批准，它可以就一个专门问题进行思考。它应该就全国机构准备发给党员积极分子的所有文件发表意见（提交给代表大会的方向性全国提案除外）。

第二章 出现严重争执时联合会机构重组的条件和方式

第2.1条 联合会

按全国理事会所代表的方向性全国提案的比例组成调查委员会，并在当地着手所有的听证会和必要的调查。全国理事会（或在全国理事会两次会议之间委托全国执行局）在看到调查委员会的结论之后，可以宣布由于犯有严重违反纪律行为或行为的性质对党造成严重损害等过错，或在工作中明显不负责任，对联合会实行监督，或者解散联合会理事会、联合会执行局或联合会书记处。全国理事会或全国执行局的代表团主持联合会特别代表大会，根据上次例行代表大会所确立的比例并遵循所确定的例行代表大会的日程，着手对联合会机构内各方向性全国提案的代表进行重组。

第2.2条 支部

按联合会理事会所代表的方向性全国提案的比例组成调查委员会，并在当地着手所有的听证会和必要的调查。联合会理事会在看到调查委员会的结论之后，可以宣布由于犯有严重违反纪律行为或行为的性质对党造成严重损害等过错，或在工作中明显不负责，对支部实行监督，或解散支部的领导机构。联合会理事会立即将此事通知党的全国领导。联合会理事会的代表团在全国领导委员会的协助下，主持支部特别会议，根据上次例行代表大会所确立的比例并根据所确定的例行代表大会的日程，着手对支部机构内各方向性全国提案的代表进行重组。

第三章 入党、辞退、注销

第3.1条 党员的党费

每年初应由支部司库根据支部的决定通知党员缴纳年度党费的数额。自新党员入党生效之日起,所需缴纳的年度党费数额要通知到每一位新党员。

在支部书记和司库的建议下,支部执行委员会成员每个季度末确定注明入党日期和已更新党员和民选代表党费的支部党员名单并转交给联合会党员接纳办公室,以便能够履行章程第四章第八条所规定的职责。

第3.2条 辞退

辞退的方式是由辞退者将一份辞退信递交给支部书记并由其转交给联合会第一书记,或直接递交给联合会第一书记。联合会第一书记应通知对方来函收到并通知相关支部。

当党员仅以口头但是公开的方式确认他(她)是辞退者时,支部书记或联合会第一书记书面通知当事人,接受其辞退的决定,并通知当事人支部。

在任何情况下,自收到采取辞退行为的信件后,辞退者有两周时间收回辞退。收回辞退应通过挂号信递交给联合会第一书记。

第3.3条 因未缴纳党费而注销

支部书记通过挂号信通知根据章程第2.1.8条的规定已成为注销对象的党员,其复印件交给联合会党员接纳办公室。信件应清楚注明自通知寄出后,被注销者有六个月的时间更新党费。该程序结束后,就以最快的时间通知全国党员接纳办公室对此党员的注销。

第四章 全国和联合会仲裁委员会的职责

第4.1条 向仲裁委员会提出审理

向(全国或联合会)仲裁委员会提出的审理应通过带回执的挂号信邮

寄给联合会第一书记，或根据案情（全国章程第11.4条）邮寄给党的第一书记，由他们根据案情再转交给联合会执行局或全国执行局。根据案情，审理转交给联合会仲裁委员会或全国仲裁委员会的时间最长不得超过15天。

第4.2条 预审的方式和诉讼双方召集的方式

审理委员会在其内部指定一名报告人，由报告人通过对双方的听证进行预审。召集参加委员会会议要使用挂号信邮寄给诉讼双方，诉讼双方需至少在委员会会议15天前通知审理方来函收到。

第4.3条 委员会成员的召集

召集通知在同样的条件下用普通邮件寄给委员会成员。复印件寄给联合会第一书记或党的第一书记，并寄给属于这些支部的联合会书记或属于这些联合会的全国书记。召集通知应注明议事日程并简明地概述每一个案件。

第4.4条 辩论的对抗性

应听取对立双方的意见，否则程序无效。双方可以传讯党员证人。报告人、联合会第一书记或党的第一书记都享有同样的权利。

当案例发生在国外法国人联合会时，根据全国仲裁委员会的决定，这一程序将适当调整。

第4.5条 裁决通报需要尊重的程式

委员会的裁决要说明理由。裁决应提及全国章程第11.9条的规定，并明确在什么样的条件下可以进行上诉。忽略这些程序是裁决无效的原因之一。

第4.6条 裁决通报的方式

委员会在经过对双方进行听证之后作出裁决。裁决内容立即通知联合会书记处或全国书记处。裁决通知用挂号信在八天之内寄出，诉讼双方需通知审理方来函收到；裁决通知还应通知联合会第一书记和属于这些联合会的全国书记。

第五章　城市或城郊委员会以及大区联盟的组成

第 5.1 条　城市委员会或城郊委员会

依全国章程第 1.5.3 条的规定，组成一个按支部执行委员会的比例构成的当选者代表团，每个支部通过这个代表团在城市委员会或城郊委员会内拥有代表。该代表团的编制人数以代表大会前一个年份的 12 月 31 日支部的交费人数，根据联合会章程或联合会内部条例规定的比例来确定，否则，由联合会理事会规定的比例来确定。

城市委员会或城郊委员会选举一名书记和一个领导机构。

当选者团体的代表和联合会的代表参与该委员会的工作。

第 5.2 条　大区联盟

在每个大区，各联合会组成大区联盟，由大区委员会来保证对大区联盟的领导。大区委员会的组成尊重上次代表大会联合会代表的比例，并结合在大区联盟的全国代表。任何联合会不能在大区委员会内占据多数席位，除非大区联盟由两个联合会构成。大区委员会的人数不能少于 12 人和多于 60 人。

按照所任职务，大区联盟内的联合会第一书记、大区议会党团主席、必要时大区议会议长，均为大区委员会成员。同样，他们还是大区委员会执行局成员。

第六章　内部辩论与投票的组织方式

第 6.1 条　关于提案会议的组织的信息

党在其内部组织思想的交流和交锋。

提案负责人在相应的层级（地方、联合会、全国）通知党的负责人要组织提案会议。

这些信息公布在通报或联合会内部简报上。

第6.2条　投票前预备性辩论的组织

在每个联合会内，最迟在章程第3.4条所涉及的各类投票的组织前两个月，必须根据全国通报所确定的方式，把所有提案的代表重新面对面地召集在一起，组成一个联合会特别委员会。该委员会作为首要的决策机构，就所涉及的组织投票的一切相关问题负责并作出决定。其决议应留下会议记录并由各提案代表签署，分发给各提案的每一位成员。

根据全国理事会确定的方式，把所有提案的代表重新面对面地聚集在一起，组成一个全国特别委员会，负责保证联合会委员会的有效运转，并负责审理涉及对联合会决定的争议的上诉。当联合会委员会不作为或不遵守所确立的规则时，该委员会还可以替代联合会委员会。

第6.3条　准备的方式

内部竞选的持续时间由全国理事会确定。在竞选的全过程中，竞选各方应拥有平等的接触出版物和联合会网站的机会。各方尤其应该能够在出版物和网站上散发有关在内部竞选范围内组织的各种全国、省和地方会议的信息。联合会竞选材料的出版发行方式由联合会第一书记负责，他应向联合会委员会建议，无论在联合会定期刊物，还是在一期特刊或一份材料中，都要平等地对待信息。

自联合会委员会第一次会议起，有关联合会内各支部书记联络地址的文件就要提交给联合会委员会的所有成员。

在支部投票之前，联合会委员会应至少在省内组织一次晚场对抗性辩论会。联合会应至少在两周之前通知党员，并转告属于此联合会的全国书记，以便允许各方准备派一名代表参加。在辩论期间，应尊重严格的平等原则。在内部竞选的全过程中，只要涉及社会党党员，应尊重各方指定的口头发言人在每个联合会和支部可以自由交流的规则。

联合会所在地提供给各方作为信息发布或交流会的接待场所。

联合会委员会成员或受其委托的人员可以自由获得和咨询联合会文件以及每个支部的选举名单，但只能在联合会本部进行。

除了在严格尊重平等的条件下由联合会委员会决定寄发,仔细操作并由联合会支付费用之外,各方还可以要求得到地址清单(以不干胶标签的形式)。

当在联合会本部以其自己的方式完成装入信封并贴上邮票的所有工序之后,并承担费用,尤其是邮寄所需的邮费,就可以寄出。

第七章 党的候选人的选派方式

一、一般规定

第7.1条 全国章程参照条款

参与公共政治选举的党的候选人,以章程第9.1.1至9.3条规定的条件和本章确定的方式加以选派。

第7.2条 选派日程表的确定

全国执行局作出的关于组织候选人选派工作的决议包括了一份适用于全党各组织的日程表。这一决议以编号的全国通报的形式通知联合会第一书记、全国理事会成员、议会议员和全国仲裁委员会成员。

第7.3条 具有被选举资格的条件

在社会党党内,属于公共选举职务的候选人在进行候选人备案时,应已更新党员和民选代表的党费,应符合选举法确定的被选举资格的条件,并在全国性选举中满足章程第1.8条阐述的条件。

第7.4条 候选人备案的方式

要获得具有法律效力的候选人资格,需向选举发生地的联合会第一书记递交书面报告。对于共和国总统和欧洲议会的选举,需向党的第一书记递交报告。

自负责建立选举名单的机构登记之日起,备案的候选人资格就被列入选举名单中。

在大区选举中,候选人资格同时送交联合会第一书记和大区书记。

全国内部条例第7.2条所涉及的全国通报要指明候选人备案时限的最迟日期。

第7.5条 每次投票签名名单的确立

只有登记为选民，按时缴纳党费和民选代表的党费，并在按全国章程第4.8条所确定的选举名单上登记的党员，才能在确定的选区内参加党的候选人的选派。

未成年人和外国人凭出示居住证明可在其住所所在的支部选举名单上登记。

要求在选举名单上登记的社会主义青年运动党员，当其第一次要求加入社会党时，凭所持有的有效社会主义青年运动党证，就可以成为拥有充分权利的社会党党员，不需要额外缴纳党费。如果他们在社会主义青年运动内享有投票权（最低三个月的期限），他们将能够在党的上述规则范围内，按全国章程第3.4条的规定参加党的内部选举。

联合会至少在每次经证实要进行选举的六周前，将那些尽管是所辖区内的选民或（属于未成年人和外国人）居住在支部所辖区内，但归于另一个支部的党员名单，通知每位支部书记。

根据这些因素以及全国章程第4.8条所涉及的最终有效名单，并考虑到第3.4条的规定，支部书记和司库至少在一个月之前联合确立签名名单，使之便于投票日使用。这份文件经支部执行委员会批准后，至少在投票日15天前递交给本条例第6.2条所涉及的联合会委员会。

第7.6条 内部竞选的方式

具备候选人资格的候选人有权向其参选选区的所有党员提供信息。根据本条例第6.3条的规定，支部，如果支部不能的话联合会掌握这些信息发送方式的支配权。此外，候选人有权去支持其自身的候选人资格，或委托自己选择的一位同志到相关选区周围的每个支部去。

第7.7条 投票的日期和地点

投票地点由支部决定，并取得联合会同意。

在同一个支部只能设一个投票地点。如果必要的话,可以按字母顺序设多个投票办公室,但必须在同一地点,每个投票办公室拥有一份特别签名的名单,区别于其他投票办公室的名单。由每个支部确定的投票地点应至少提前一个月告知本条例第 6.2 条所涉及的联合会委员会。

投票办公室在 17 点至 22 点开门,除企业支部外,任何支部不得违反;企业支部根据支部书记的建议并在本条例第 6.2 条所涉及的联合会委员会批准后,可以调整投票的时间表。

包含第一轮和可能的第二轮投票的日期和地点的召集通知,须至少在 15 天前寄给列入本条例第 7.5 条所涉及的签名名单上的党员,并通知联合会。

全国理事会为全党确定一个统一的投票日期。

第 7.8 条　投票办公室的组织

投票是私密的。任何委托投票都不允许。在本条例第 7.5 条所涉及的签名名单上登记的党员,在出示身份证、当年党证,如果没有当年党证,出示一份其支部司库证明在选举日内他已更新党费的证明后,则允许投票。

参与选派候选人到选举职位时,持选民证(如果是法国人和成年人)和居住证明的选民应先经过隔离间,再把装入信封内的选票投进投票箱。

选民本人在签名名单上自己名字的后面签字。如果他不能签名,则在签名名单上注明。

投票办公室由支部书记、司库或其代表以及陪审员组成。由候选人或候选人名单指定他们的陪审员和候补者。联合会的委托人、联合会理事会成员或其代表可以协助工作以便证明其合法性。

选举程序结束时,就地统计票数。实行口头唱票,各提案方和支部、联合会各得到一份样本。每份样本由投票办公室全体成员签字,然后由支部书记当众宣布投票结果。向联合会提交一份签名的党员名单的复印件,如果发生争议,也一并向联合会提交。

除了传统的送交联合会以便最后核实上述所提到的样本之外,支部书记应在选举结果宣布之后，通过所能使用的所有直接的传送方式（电话、传真、电子邮件等），立即向联合会所在地报告选举结果。

以同样的方式，联合会要在最短的时间内，把在联合会委员会监督之下得到的省的选举结果汇总，告知负责联合会的全国书记，等待按本条例第7.9条所规定的方式进行的正式结果的批准。如果涉及的是全国选举，在向外界通知之前，选举结果汇总由全国委员会负责监督实行。

不同时尊重章程和本条例关于内部竞选和投票过程的组织的规定，将导致相关支部和相关联合会的选举结果不予计算。

最终的选举结果由代表大会、代表会议或全国理事会批准。

第7.9条　正式提名

对全国、大区、超过两万居民的城市和省会选举的候选人的选派，正式提名由全国会议授予。其他选举中候选人的选派由联合会会议授予。

二、共和国总统的选举

第7.10条　共和国总统候选人的选派

在根据全国章程第9.1.5条的规定咨询全党之后，全国特别代表大会选派党的一员参加总统选举。

全国执行局把登记的具有候选人资格的名单向公众公布。按全国内部条例第7.2条规定的通报所指定的日期，党员在具有候选人资格的名单中进行表决。由联合会理事会着手对投票进行汇总，然后由全国特别代表大会进行汇总。代表大会批准获得绝对多数有效票的候选人的选派。

三、国民议会的选举

第7.11条　每个选区内正式候选人和候补候选人的选派

在所管辖的每个选区内，联合会组织一次推荐候选人的全体会议。在得到支部同意后，联合会还决定选区选举点的数目和地点。

（根据全国内部条例第7.5条）在选举名单登记的党员，在全国内部条例第七7.2条涉及的通报所指定的日期内,在支部全体会议或在选区全体会议上,从具有候选人资格的人当中同时对正式候选人和候补者进行表决。

对支部或选区全体会议上所得选票的汇总要在统一的办公室下进行,对所有党员开放。

如果任何候选人都未得到绝对多数票,则着手进行第二轮选举,第一轮得票最多的前两名参加第二轮选举。

联合会会议确定建议作为党的正式提名的候选人的名单。

四、参议院的选举

第7.12条 候选人的选派

7.12.1 按比例制选举的省的候选人的选派

在按比例制选举的省份内,根据名单的两轮多数选举制所适用的程序,联合会理事会提出一份由它提交的完全的和按顺序排列的名单,供党员选举。在联合会名单被采纳的48小时内,所有联合会理事会成员都有权提交一份替代名单,该名单可以在已备案并登记的具有候选人资格的人中考虑,所选择的候选人无论是否在联合会所选派的名单中出现都可以。

只有当名单符合全国章程第9.1.4条的规定才可以送交党员投票。

联合会名单最迟在由全国内部条例第7.2条所涉及的通报所确定的支部投票日10日前告之党员。联合会理事会上推荐的替代名单,如果推荐者坚持,将以同样的条件告知党员。

各支部以一轮名单投票方式就选举名单进行表决。选票的汇总由联合会理事会进行。获得多数有效选票的名单由联合会建议作为全国正式提名。如没有名单满足这一条件,如必要,联合会理事会组织第二轮选举并把结果送交全国会议。所有涂改所画的杠子和混合圈选都视为废票。

7.12.2 实行多数选举制的省份的候选人的选派

在实行多数选举制的省份内,可采取用于国民议会选派的程序,选区就是省。

五、欧洲议会的选举

第7.13条 候选人备案与名单

7.13.1 候选人备案的方式

欧盟选举候选人资格的备案需根据全国内部条例第7.2条所涉及的通报所确立的日程,向党的第一书记提出书面报告。候选人资格需告知相关联合会第一书记。

7.13.2 跨大区选区名单的确定方式

全国执行局按提案的比例选派一个选举委员会,由党的第一书记或其本人选择的代表主持。选举委员会按跨大区的选区数目组成工作组。相关的联合会第一书记和大区书记是这些工作组的法定成员。根据工作组的报告,在尊重全国章程第9.1.4条所规定的标准的情况下,选举委员会对每一个相关跨大区的选区,确定一份按顺序排列的社会党候选人名单的提案。

7.13.3 跨大区选区名单采纳的方式

全国理事会就选举委员会的名单提案进行表决。如果这些提案得到绝对多数有效票支持时,此提案就成为全国理事会的提案。当投票没有得到支持时,选举委员会负责确定一份新的提案。在全国执行局确定的同一日期,党员召开支部全体大会,通过投票从全国理事会所建议的涉及他们的跨大区选区的名单进行表决。所有涂改所画的杠子和混合圈选都视为废票。全国会议登记投票结果并授予正式提名。

六、大区议会的选举

第7.14条 候选人选派与名单

7.14.1 大区名单中社会党第一候选人的选派

要获得大区名单中社会党第一候选人资格需在大区书记处登记,由大区书记根据全国内部条例第7.2条所涉及的通报确定的日程,通知相关联合会。

大区所有党员在同一日期召开支部全体会议，以秘密投票方式推举社会党第一候选人。由联合会对结果进行登记，并告知大区委员会，大区委员会开会批准这一结果。

结果以最快的方式通知相关联合会。如有必要，在第一轮得票最多的两人中间组织第二轮投票。

根据全国内部条例第7.9条宣布的条件授予正式提名。

7.14.2 每个省支部名单确定的方式

每个联合会理事会按提案的比例选派一个选举委员会，由联合会第一书记或其本人选择的代表主持。全国会议授予正式提名的第一候选人或其本人选择的代表参加选举委员会的工作。在尊重全国章程第9.1.4条，并尊重地理和政治均衡分布的情况下，选举委员会联合第一候选人，确定一份按顺序排列的社会党候选人名单的提案。

7.14.3 每个省支部名单采纳的方式

联合会理事会就选举委员会的名单提案以秘密投票的方式予以表决。该名单被联合会理事会接受之后，将交由联合会党员进行投票。所有联合会理事会成员都有权在联合会理事会投票之后马上提交一份替代名单，可以在已备案并登记的具有候选人资格的人中考虑，他所选择的候选人无论是否在联合会所选派的名单中出现都可以。党员在全国执行局指定的同一日期召开支部全体大会，就一个或多个名单进行投票。所有涂改所画的杠子和混合圈选都视为废票。

联合会理事会把党员投票结果告知大区委员会。大区委员会在每个联合会党员投票的结果的基础上确定每个省支部的大区名单，需要时提出意见，送交全国会议。

七、省议会的选举

第7.15条 候选人选派

7.15.1 每个区候选人选派的方式

根据国民议会候选人选派规定的程序来选派省议会候选人。

7.15.2 正式提名的方式

结果递交联合会理事会等待批准。除非出现与投票过程有关的争执与诉讼,联合会理事会将在尊重全国章程第9.2条的情况下批准党员的投票。

八、市镇议会的选举

第7.16条 候选人选派

7.16.1 市镇名单中社会党第一候选人的选派

一个市镇全体符合全国内部条例第7.5条含义的党员,在全体会议上按单记名两轮多数制的规则以秘密投票方式着手对社会党第一候选人的选派。

7.16.2 每个市镇名单确定的方式

按上文规定的条件所选派的第一候选人和处于市镇辖区范围内的地方支部执行委员会的代表共同组成候选人资格委员会负责拟定该名单,并且要遵守全国章程第1.5.3条和第9.1.4条的规定。联合会理事会的一名代表协助工作。

候选人资格委员会确定一份完全的并且是按顺序排列的名单。名单提交给一个市镇全体符合全国内部条例第7.5条含义的党员参与的党员大会。大会通过秘密投票,以同意或不同意的方式,对名单提案进行表决。如名单未被采纳,候选人资格委员会重新开会,以考虑全体大会上所形成的意见。第二次全体大会就候选人资格委员会建议的新名单进行表决。最终的正式提名由联合会会议授予。

第八章 代表大会的组织方式

第8.1条 代表大会召开的方式

全国理事会关于召开代表大会的决议包含了全国章程第6.2、6.6条和全国内部条例中本章所规定的活动日程。

第8.2条 全国代表大会筹备委员会

全国代表大会筹备委员会包括党的第一书记、各相关的全国书记、由全国执行局指定的人选以及两名提交总体方向性提案的代表。在全国执行局的监督下，全国代表大会筹备委员会的目标是确保活动期间设备良好运作，以及所有提案都获得公平的待遇和均等的接触行政管理机构的机会。

全国理事会召开一次会议登记这些提案文本并为代表大会做准备。

第8.3条 联合会代表大会筹备委员会

在每个联合会内组成一个联合会代表大会筹备委员会。该筹备委员会参照全国内部条例第8.2条为全国委员会而确定的条件组成。

第8.4条 拟定综合提案的全国理事会

用于拟定综合建议文本的全国理事会会议最迟在代表大会召开前第七个星期六召开。

第8.5条 拟定综合提案的全国理事会后全国和联合会代表大会筹备委员会的调整

在全国理事会拟定综合提案的会议之后，全国和联合会代表大会筹备委员会内的总体提案代表将由每个提案替换三名代表。全国和联合会代表大会筹备委员会确保活动期间设备良好运作，以及遵守本条例第6.3条所规定的方式，所有提案都获得公平的待遇和均等的接触行政管理机构的机会。

第8.6条 代表大会签名名单的确定

在全国章程第4.8条所涉及的最后有效名单的基础上，再考虑到全国章程第3.4条的规定，支部书记和司库至少提前一个月共同确定用于投票日所使用的签名名单。支部执行委员会批准这份文件之后，至少在投票日15天之前将其送交联合会代表大会筹备委员会和联合会党员接纳办公室。

第8.7条 党的中央机构候选人资格

根据全国理事会所确定的日程，要获得党的中央领导和仲裁机构的候选人资格需书面向党的第一书记递交报告。党的第一书记告知每个提案的第一签名人他所收到的在其提案名义下的具有候选人资格的名单。名单公布在全国方向性提案的附录上。

第8.8条 联合会机构的候选人资格

根据联合会理事会所确定的日程，要获得党的联合会领导和仲裁机构的候选人资格需书面向联合会第一书记报告，联合会第一书记告知相关提案的负责人。联合会至少在联合会代表大会 15 日之前通知党员候选人的名字。

第8.9条 支部执行委员会候选人资格

要获得支部执行委员会候选人资格需书面向支部书记报告。为提案投票而召开的支部全体大会要附上候选人名单。

第8.10条 支部执行委员会和联合会代表大会支部代表的选派

选举结束后，全国内部条例第 8.10 条所涉及的支部执行委员会名单着手进行内部排序并选派其在联合会代表大会的代表。

第8.11条 联合会代表大会的组织

根据全国章程第 6.6 条的规定，联合会代表大会最迟在全国代表大会召开前的 10 天举行。代表大会着手汇总支部参与的投票，并着手选举全国代表大会的代表。

在汇总之后，按提案集中的支部代表着手对其联合会机构的候选人进行排序，并选派其全国代表大会的代表。

实行口头唱票。包括每个支部结果的具体情况及其总和。伴随口头唱票过程的还有受到申诉的支部投票中有争议的签名名单和选举工具。联合会必须备有代表大会委员会要求的文件，以便保证投票核准委员会正常开展工作。

第8.12条 可接受的党的领导和仲裁机构候选人名单的条件

党的不同领导和仲裁机构按顺序排列的候选人名单应多于职位数的百分之五十，以便于构成递补名单。只有当名单的构成尊重男女对等的目标，并根据全国章程第 1.6 条的规定要包含至少百分之四十的同一性别的当选者时，这份名单才是可接受的。职位按推荐的顺序提供。当一份名单有权得到更多职位，但名单没有推荐候选人时，该职位被宣布空缺。

第 8.13 条　关于联合会和支部内部对提案推荐的名单的候选人排序的争执

当联合会和支部内的一份提案未能推荐出一份排列好顺序的名单时，这份名单由该提案的全国第一签名人或其本人为此选择的正式委托人予以确定。

第 8.14 条　党的中央机构候选人的排序

党的中央领导和仲裁机构候选人的排序由按提案召集起来开会的全国代表大会代表来完成。

（文本来源于法国社会党官方网站该章程的法文版）

（陈露　译）

社会党2012年总统选举竞选纲领（摘要）[①]

1. 为振兴生产、就业和增长，成立一家投资银行为中小企业发展服务。把大区作为经济发展的枢纽。鼓励大区主导并参与战略企业的发展以提高地方及整个法国的竞争力。投资应向有利于社会团结的经济倾斜。

2. 中小企业优先原则。动员储蓄，建立产业储蓄账户（利率较高），专门为中小企业和创业企业融资建立的账户的上限可达6000到12000欧元。研发贷款免税，中小企业和创新企业以及手工业者、商人只须和地区一级交涉，就可领取返还款。公共指导服务公开、独立、透明。

3. 通过投资导向、国家支持和减轻企业税负，促进生产和就业。鼓励企业在法国本土投资、从事生产活动和出口。为此，将根据投资情况来调整地方税收。与此同时，在大企业中开展企业回迁运动。同时和它们签订特殊的合同，向它们返还一部分国家贷款，作为补偿。对企业实行差别税率，大企业百分之三十五，中小企业百分之三十，微小企业百分之十五，对利润再投资和股东分红也区别对待。

4. 发展新经济和数字经济，使其成为经济增长的新支点。发挥地方积极性，在10年内建设全国高通量的信息网络。

5. 保留大部分国有企业（煤气电力公司、铁路运输公司、邮电局等）的国有性质，保证公共服务和公共品的提供，保障公共品的公民性，提振消费者对法国经济的信心。

[①] 本书收录了法国社会党候选人弗朗索瓦·奥朗德参加2012年总统竞选时的竞选纲领，以帮助读者了解社会党的基本主张。

6. 支持欧盟保护农业特别是畜牧业多样性的财政政策，倡导生物农业的发展模式，增加农村公共品的投入。保护和发展海洋经济，发展海洋再生能源。

7. 银行为经济服务，支持投资和就业，打击金融投机活动和避税天堂，杜绝有毒金融资产。除新生企业外，取消期权制，规范分红制。增加对银行课税（百分之十五），对金融交易和欧洲信用评级机构征税。

8. 保证群众储蓄存折 A 能够得到高于通货膨胀率和经济增长率的投资回报，降低银行管理费用，为银行服务成本设上限。为防止过度负债，消费贷款将受到限制。

9. 公共财政健康化。目标是 2013 年财政赤字降到国内生产总值的百分之三。在任期结束时消灭赤字。将对富有家庭和大企业增税。这一公正的改革将使政府增加 290 亿欧元税收。

10. 停止执行自 2012 年起裁减公务员岗位（公务员退休三人，只保留两个工作岗位）的决定。同公共部门工会组织谈判，寻求新的解决方案。

11. 重新定位欧洲建构。同欧洲伙伴国签订责任、治理和经济增长条约，以便走出危机-紧缩-危机怪圈。重新谈判 2011 年 12 月 9 日欧元区财政契约。重新定位欧洲中央银行的作用。爱丽舍条约签订已经 50 年，法德之间也应重新签约。

12. 制定 2014—2020 年欧洲未来重大项目预算，为绿色技术和物流业融资而创造新的金融工具。制定新的欧洲能源计划。

13. 制定新的贸易政策，反对一切形式的不道德竞争，制定严格的环境规则，在欧洲范围内，征收气候能源税和生态税。在 20 国集团范围内，确立欧元、美元和人民币之间均衡的平价购买力，以便建立新的国际货币秩序。

14. 社会公正。实行税制改革，使税收公平合理，所得税和社会普摊税合并计算，一部分税收将分配给社会保障机构，征收资本税。

15. 征收巨富税。收入超过 15 万欧元的部分加收百分之四十五的所得税。享受减税的职业和投资以 1 万欧元为上限。

16. 从明年起，开学补助金将提高百分之二十五，降低富裕家庭补助金的上限，但这一措施只涉及百分之五的家庭。

17. 恢复 2011 年被右翼降低的遗产税税率。每个子女的免税额不得超过 10 万欧元。

18. 改革退休制度。凡已缴足 41 年工龄保险金者仍可在 60 岁退休，领取足额退休金。2012 年夏，将重开在财政持续平衡条件下的合法退休年龄以及退休金额的谈判。

19. 实施医疗体系改革，扶持公立医院。公立医院与私立医院价格体系应该分开。公立医院不是企业，它提供公共服务，医院布局应该合理，要建立更多的医疗中心，最多不能超过半小时，就可达到这些医疗中心，以便得到紧急治疗。要提高全科医生的待遇。

20. 实施医疗改革，降低药品价格，限制诊费，使全体法国人都能享受国家医疗救助机构的服务。

21. 所有患不治之症，经受难于忍受的、无法解脱的身心痛苦患者都可以在一定条件下申请医疗协助，以便有尊严地结束自己的生命。

22. 兴建住房。通过法律限制租金。对青年人租房提供补贴。在未来五年内兴建 250 万套中转房、社会或大学生用房。

23. 把国家土地免费划拨给地方，以便在今后五年内兴建 250 万套住房。

24. 劳动公正。保证青年、妇女和非熟练工人工作的稳定性，增加企业的失业分摊金，反对滥用临时就业。

25. 实行男女同工同酬，严惩违规企业，取消对它们免除的企业分摊金。妇女权益部将负责监督落实情况。

26. 企业高管与工人工资差别不得超过 20 倍。

27. 维护本土和海外省、城市和农村的公正。实现公共服务普遍化和均等化。

28. 发展交通运输，特别是边远地区的交通运输。

29. 建立海外领地发展的新模式。完善投资规划，重点放在增加就业和青年培训上。成立海外部，直接归总理领导，在巴黎大区建立一个海外城。

30. 反对在招工、住房方面的种族歧视，毫不松懈地反对反犹主义。

31. 开放同性恋，允许同性恋夫妇收养儿童。

32. 法国企业有百分之六的残障员工，必须保障他们的权利，每部法律都要有与残障人相关的内容，要保证他们得到公共和地方集体的服务。

33. 给年轻人以希望。企业招工不得歧视青年人，允许签订不定期合同，提倡"以老带新"以保证知识和技艺的传承。

34. 为未来创造 15 万个就业机会，指导青年人特别是平民区的青年人就业。加时工资免交或少缴社会分摊金。

35. 增加职业培训投资，重点培训薄弱的公共部门的员工、失业者和非熟练工。减少因股市波动造成的失业，提高企业集体解雇的成本，为受害解雇职工提供法律援助。

36. 重视教育。五年内在教育部门增加六万个工作岗位。对要招收的教师进行学业结束前的考察。

37. 加强学前教育。从三岁开始就对儿童进行基础知识和认知能力的教育。改革教学方法。对困难儿童要进行个性化教育，建立职业和技术教育体系，为 16—18 岁的青年人提供就业培训平台。

38. 加强幼儿和小学师资的培养。

39. 改革高等院校的基础教育，防止大学生过早专业化，增强他们的适应性，扩大高等教育机构的自主性，从资金、管理等方面保证这种自主性。加强法国大学与外国大学的交流。

40. 重视体育。保证所有青年人都能有机会加入运动俱乐部和联合会。支持在法国举行国际体育比赛。

41. 建设环保法国。实行能源多样化，以保障法国的能源独立。到 2025 年，核电的比重将从百分之七十五降到百分之二十五。加强核电的安全性和技术性。发展可再生性能源。法国将遵守温室气体减排的国际承诺。

42. 实行水、电和天然气的累进计价制度，保证全体法国人都能享受这些基本资源并做到合理和负责任的消费。

43. 兴建100万套具有优质隔热层的住宅，该项计划将创造数千就业机会，由此而节约的建筑能源又增加了家庭的购买力。

44. 制定全国艺术教育规划；鼓励普及文化创新；国家和地方集体共同打造协调有效的文化平台；建立全国音乐中心，使其成为服务于文化多样性的工具；书籍和文化场所的入场券的增值税不得超过百分之五点五，支持保留独立书商。

45. 通过一项新的法律，既有利于保护知识产权，又便于安全地利用互联网获取文化产品。既要尊重著作权，又要发展在线供给。利用数字产品的经济体应按照使用次数向作者支付报酬。

46. 建议将1905年世俗法的基本原则写入宪法，在宪法中增加以下内容：共和国遵守政教分离的原则。

47. 建议将总统和部长的薪酬减少百分之三十，卸任总统将不在宪法委员会保留职位。

48. 加强国会的建议权和监督权，特别是国家重要岗位官员的任命权。

49. 凡犯有腐败罪的官员将被剥夺10年被选举权。

50. 凡在法国合法居住五年以上的外国人，均可获得地方选举权。坚决反对非法移民和非法用工。保护合法移民。

51. 由独立的权威机构，而不是国家和政府领导人来任命公共电视台和广播电台的负责人。维护法新社的独立地位，加强保护信息来源的法律规定。

52. 加强城区和农村的治安。将重要设施集中的地区设为安全区，采取优先的保护措施。未来5年内使未成年罪犯教育中心达到80个。司法人员、警察和武警将增加1000名。

53. 推进民主的发展。使全体法国人能够便捷地得到日常生活基本的法律服务，保证任何判决都能够得到有效的执行。监狱要符合有尊严的原则。

54. 继续推进分权化改革。国家和地方集体应签订信任和团结条约，保持国家转移支付目前的水平。地方财政，从大区、省，直到市镇的财政，都要有更多的独立性。财权和事权要保持一致，要实现真正的平衡。

55. 任何有关社会合作伙伴的法律条文，都要事先与当事人协调。修改宪法以承认和保障这项民主权利。2012年夏召开会议，讨论五年计划需要优先解决的问题，邀请在大企业董事会和报酬委员会中的工人代表参加。

56. 要求批准欧盟关于地区和少数民族语言的章程。

57. 让全世界都听到法国的声音，都了解法国的价值观。在20国集团、区域组织和联合国呼吁保护环境。加强同中国、印度、巴西等新兴国家的联系，援助发展中国家，实行多边主义。支持联合国改革，特别是扩大安理会成员国的改革。

58. 在制定共同的经济、民主和文化规划的基础上，加强法国同地中海南岸国家的关系。振兴法语国家地区。

59. 立即从阿富汗撤军，至迟到2012年底撤退完毕。推动以色列与巴勒斯坦关于和平与安全的谈判。支持国际社会承认巴勒斯坦国。

60. 加强国防，警惕和反对恐怖主义，保持核威慑力量，制定有利于国防的工业政策，支持北约回归维护集体安全的最初使命。

（根据法国社会党官方网站2012年总统选举竞选纲领法文版摘译）

（李其庆 摘译）

共和党章程[①]

(2015年5月)

第一章 总原则

第1条 设立

拥护本章程的自然人创立命名为"共和党"的政党,以下简称"联盟"。联盟的存在期限为无限期。

联盟的总部位于巴黎。

第2条 目标

联盟的目标为在尊重共和国自由、平等与博爱的价值观,尊重宪法规定的基本原则,尊重共和国统一和民族独立的基础上,促进普选表达。

联盟将所有拥有共同价值观的人团结起来,共同为公民服务。

第3条 价值观

联盟庄严宣誓忠于作为本章程序言的宪章所阐明的价值观。联盟在为法国和法国人服务的过程中,在以依法治国、国家权威以及地方团体自由管理为基础的框架内,致力于促进人类的尊严和意识的自由,政教分离,基本的权利、义务和团结,个人和财产的安全,个体的责任,机会的平等,家庭的充分发展,文化教育的传播,自由企业的发展,社会的公正,社会的对话,自然环境的保护。

[①] 法国共和党于2015年5月由原来的"人民运动联盟"更名而来,更名后该党制定了新的章程和内部条例,本书收录的共和党章程即为该党章的最新版本。为了更好地理解该政党的历史,我们将该党作为"人民运动联盟"时期的价值观、章程和内部条例列出,供读者参考。

联盟致力于提高法国在世界的影响力,促使法兰西的民族、认同感和文化永久延续,还致力于推动法语国家共同体的发展,自由民主的欧洲的建设,以及民主在全世界的进步。

第4条 民主原则

联盟的组织和运作以民主原则为基础。

联盟保证其内部政见的自由表达,促进在政党生活和进入选举职务中的男女对等。

民主通过党员投票的方式表达出来。投票是个人行为。国家级投票过程中不能采用委托投票。民主原则适用于选派联盟的领导机构和推举参加选举的联盟候选人。

联盟组织其党员就关系到联盟组织的任何主题或者根据内部条例的规定关系到国家利益的问题进行常规性的征求意见。

第5条 党员

5.1 赞同联盟的目标和价值观、完成个人入党手续并缴纳年度党费的任何自然人都可以成为联盟的党员。

对党员的分类、入党申请的审查以及党费金额的确定标准参见内部条例。

5.2 拥有一个或多个选举职务的党员有权获取津贴,根据本章程确定的条款和内部条例规定的细则,担任政府职务的党员须缴纳额外的职务党费。

5.3 党员参加由联盟组织的讨论和数字化征求意见,参加选派联盟的领导机构,对联盟任命和授权或者支持候选人代表联盟参加选举发表意见,这些均须根据本章程确定的条款和内部条例规定的细则进行实践。

5.4 来自党的至少五分之一个联合会的五分之一的党员可以在征得政治局意见之后,向全国委员会提出关于某一牵涉国家利益问题的动议,希望联盟对此问题表明立场。

内部条例对提交动议的条款进行了详细规定。

5.5 联盟的党员须遵守本章程及内部条例。

5.6 连续两年未缴纳党费的任何个人丧失党员资格。

退党或除名也会丧失党员资格，具体规定参见内部条例。

5.7 未按时缴纳党费的党员不能获得联盟的选举授权，不能承担地方级或国家级职务，也不能参加联盟在地方或国家的决策机构。

第6条 结盟法人

根据1901年法律，如果有政党性质或非政党性质的联合组织经常要求联盟加入，这一要求由政治局提出并得到联盟全国委员会的批准，则该联合组织即被视为结盟法人。

结盟法人须赞同联盟的价值观。

根据政治局的规定，结盟法人在联盟的全国委员会和各省级机构中都有代表。

政治局可以建议联盟的全国委员会终止结盟。

第7条 章程与内部条例

本章程对联盟的组织与运作作出规定。内部条例对具体实施规定进行细化。

第二章 联盟的组织

第8条 联盟的组织原则

联盟的组织构成主要包括党支部和党的联合会，联盟支持地方分权管理。

第9条 党支部

9.1 党支部是联盟的基层组织，按照地域划分。

9.2 立法区党支部是联盟法定的选区党支部。

除立法区之外，党支部可以在其他区或行政区的基础上建立党支部，党支部隶属于省级委员会，因此党支部的设立需要征得省级委员会的同意。内部条例对如何组建这样的党支部进行了详细规定。

9.3 联盟的每个党支部都是由一个党支部委员会和一名党支部代表发挥代表作用。内部条例对关系到党支部委员会组建以及党支部代表任命的相关规定进行了细化。

9.4 联盟主席可以在征求政治局意见后,作出解散某一党支部的决定。

第 10 条 党的联合会

10.1 党的联合会对若干党支部进行组织性和协调性的整合,分为省级联合会和国家级联合会。

10.2 在省一级,党的联合会集中了省内所有党支部。

根据本章程确定的条款和内部条例规定的细则,每个省级联合会都由一个省级委员会发挥代表作用。

10.3 在国家一级,根据政治局的决议或者应百分之一按时缴纳党费的党员(来自至少 20 个党的联合会和 3 个不同的大区)的要求,可以基于专业化、社会职业、大学生、大学教师、学校、同辈人或者互联网的条件划分,建立一个党的联合会。

每个专业化的党的联合会可以根据本章程确定的条款和内部条例规定的细则自行组织起来。

第一节 地方组织

第 11 条 区党支部

联盟的基层区划单位是立法区,以区党支部的形式组织起来。

第 12 条 区委员会

12.1 区委员会是联盟在立法区内的协商机构,每年至少召开两次会议。

12.2 区委员会由法定成员和当选成员组成。

12.3 区委员会的法定成员是指本区域内的政府成员,国民议会议员,大区议员,省议员,市际合作公共机构主席,市长,巴黎、里昂和马赛的区长，巴黎区议员、省会城市和居民超过 3 万人的城市的副市长。

获得或丧失法定成员资格的规定参见内部条例。

12.4　区委员会的当选成员数量须与本区域内的党员数量对应成正比，任期为两年半。

当选成员的选举规定参见内部条例。

12.5　区委员会成员不能少于 20 人。

12.6　区委员会选举产生新党员代表的条款参见内部条例。

第 13 条　区代表

13.1　本区域内党员按照两轮多数制选举产生区代表。区代表任期为两年半。

13.2　区代表保障本立法区域内党员在联盟机构中的代表性。区代表是党的联合会省级委员会的法定成员，该区属于党的联合会的管辖范围。区代表也是全国委员会的法定成员。

区代表保证联盟在本区域内的团结以及每位党员的自由表达权。

13.3　区代表组织召开区委员会，与省秘书共同决定会议日程并主持会议，安排区委员会的内部生活及指令的落实。

13.4　区代表组织召开全体党员大会，每年一次。

第 14 条　省级联合会

每个省或海外领地须组建一个联盟的省级联合会。

第 15 条　省级委员会

15.1　省级委员会是党的联合会的协商机构，每年至少召开两次会议。省级委员会召开会议的相关条款参见内部条例。

15.2　省级委员会由区委员会成员组成，按照两名当选成员对应一名法定成员的比例组建。当选成员的席位数的分配由省一级决定，随后根据省内各区的党员人数按比例将席位再分配到省内各区。

15.3　省级委员会在征求相关党员意见后，有权在居民不足 3 万人的市镇内分配联盟对市级选举和省级选举的授权，省会城市除外。

15.4 根据本章程第 24 条第 6 款和第 47 条第 4、6、7 款及内部条例相关条款的规定，省级委员会对本省的党员行使合乎规定的惩罚权。

15.5 在通知联盟秘书长之后，省级委员会有权根据委员会主席和省秘书的建议，在省内创建以选区、立法区或行政区为基础的地方党支部。省级委员会保证联盟在本省内的组织统一。

第 16 条　党的联合会主席

16.1 党的联合会主席由联合会党员按照两轮多数制的方式选举产生，任期为两年半。

16.2 党的联合会主席保障本省党员在联盟机构中的代表性。党的联合会主席是全国委员会的法定成员。

16.3 党的联合会主席组织召开省级委员会，与省秘书共同决定会议日程并主持会议，安排省级委员会的内部生活及指令的落实。

16.4 党的联合会主席保证联盟在本省内的团结以及每位党员的自由表达权。

第 17 条　省级委员会办公室

17.1 省级委员会办公室包括以下成员：

——委员会主席；

——省秘书和省副秘书；

——省财务主管；

——部长、国民议会议员、省议会议长和定居本省的大区议会议长；

——本省青年事务负责人；

——本省区代表。

省级委员会可以提名其他成员加入办公室。

17.2 省级委员会办公室由党的联合会主席主持工作。

第 18 条　省秘书

18.1 每个省级联合会拥有一名省秘书。

18.2 政治局根据党主席的提名任命省秘书。

18.3　省秘书负责党的国家级机构的决策在本省内的落实。省秘书在省内组织联盟的投票。

18.4　省秘书每年向省级委员会做一次工作报告，具体条款参照内部条例。

18.5　省秘书是省级委员会的法定成员。

第 19 条　大区委员会

19.1　大区委员会由本大区内各个省级委员会办公室组成。

19.2　大区委员会协调联盟在本大区内的行动。

第 20 条　法国之外地区法国人联合会

20.1　居住在法国以外地区的党员组成法国之外地区法国人联合会。该联合会保障联盟的价值观和规划在法国以外的地区传播。

20.2　法国之外地区法国人联合会由一名专职全国秘书负责管理。专职全国秘书由政治局根据党主席的提名并在征求法国之外地区法国人联合会的议员代表意见之后，最终任命人选。专职全国秘书保证政治局发布的指令的落实情况。

20.3　政治局根据联盟党员的数量和党主席的建议，在征求联合会的议员代表意见之后，对法国之外地区法国人联合会划分党支部。

20.4　每个支部由一名代表负责管理，该代表在支部全体党员大会期间由全体党员根据一轮多数制投票选举产生，任期为两年半。

20.5　法国之外地区法国人联合会的筹资规定参见内部条例。

20.6　法国之外地区法国人联合会须遵守内部条例的规定，内部条例由政治局批准通过。

第 21 条　欧盟公民联合会

21.1　拥有欧盟成员国国籍的党员组成欧盟公民联合会。欧盟公民联合会成员资格可以作为省级联合会、法国之外地区法国人联合会或者某一专门联合会成员资格的补充。

21.2　欧盟公民联合会委员会由联合会成员选举产生，委员会委员的数量应是联合会成员数量的五分之一。

委员会委员的任期为两年半。

21.3 欧盟公民联合会由一名秘书负责领导,秘书人选由政治局根据党主席的提名任命产生。秘书确保落实政治局发布的指令。

21.4 欧盟公民联合会须遵守内部条例的规定,内部条例由政治局批准通过。

第二节 全国组织

第 22 条 党员大会

22.1 党员大会即全体党员大会,由所有按时缴纳党费的党员组成。

22.2 党员大会对联盟的整体行动和大政方针进行商议。

22.3 党员大会选举产生党主席,共和国总统从联盟产生的情况除外。

22.4 根据政治局的决议,党员大会在举行全会时进行投票,投票办公室由省级政党联盟组织或者通过网络进行电子投票。组织投票的详细规定参见内部条例。

22.5 在共和国总统上台之初和任职中期的四个月内召开党员大会。

根据政治局的决议,党员大会可以召开特别会议。政治局决定组织党员大会特别会议的方式和期限。

第 23 条 全国委员会

23.1 全国委员会包括以下成员:

——代表联盟的党主席和副主席;

——秘书长;

——全国财务主管;

——国民议会议员、参议院和欧洲议会议员;

——现任政府成员;

——前任共和国总统和总理;

——前任党主席;

——省议会议长、大区议会议长以及居民超过 10 万人的城市的市长；

——省级委员会的主席和秘书以及省财务主管；

——区代表；

——各省青年事务负责人；

——法国之外地区法国人联合会代表，代表条件由政治局确定；

——欧盟公民联合会代表，代表条件由政治局确定；

——"结盟法人"的代表以及一些专门联合会的代表，根据党员人数任命任期为两年半的代表，代表条件由政治局确定，除非这些代表以个人名义加入联盟；

——由各省党员选举产生的省级联合会代表，任期为两年半，代表条件由政治局确定，代表人数至少应相当于全国委员会委员人数的四分之一。

23.2 党员大会闭会期间，由全国委员会决定联盟的大政方针。

全国委员会保证联盟的良好运转。

23.3 全国委员会每年至少召开两次会议，对政治局确定的日程安排进行商议。

23.4 全国委员会可以根据政治局或者至少四分之一全国委员会委员的建议，在征求章程咨询常务委员会的意见之后，对内部条例进行商议。内部条例的修改须获得绝对多数的投票通过。全国委员会致力于采取各种有效措施推进本章程的落实。

23.5 根据本章程第三章规定的条款，全国委员会确定以联盟的名义对参加选举候选人的授权和支持。

23.6 全国委员会的每位委员都隶属于由一名全国秘书主管的专题工作组。

23.7 全国委员会可以根据政治局的建议创建一个联盟政治研究中心，必要时可以在法律上与联盟区分开来，以便推进对实现联盟目标而言十分必要的研究、思考、研讨会、培训、出版，或者统而言之，通过研究中心的工作启迪联盟民选代表的能动性。

23.8 全国委员会的决议必须获得多数投票的通过，除非特意提出相反的情况。

只有当全国委员会的大多数在任委员出席会议时才能进行有效商议。如果不足法定人数，则必须在至少八天之后确定召开另一次全国委员会会议，会议期间不受法定人数条件的限制进行商议。

23.9 本条款的实施细则详见内部条例。

第 24 条 政治局

24.1 政治局包括以下成员：

——代表联盟的党主席和副主席；

——秘书长；

——全国财务主管；

——根据内部条例和政治局确定的相关条件和规定，由全国委员会选举产生的 80 名成员，任期为两年半；

——根据"共和青年"内部条例的规定和政治局确定的条件选举产生的三名"共和青年"代表，任期为两年半；

——前任共和国总统，现任和前任总理；

——国民议会议长，国民议会、参议院和欧洲议会的议会党团主席，必要时还包括这些议会党团副主席，以及欧洲议会中欧洲人民党法国代表团主席。

——欧洲人民党主席和欧洲人民党法国副主席；

——前任党主席。

不隶属于政治局的政府成员以及参加联盟的欧盟委员会委员可以参加政治局会议，但是不具有投票权。

24.2 政治局确保联盟在全国委员会闭会期间的领导权。政治局由党主席主持工作，政治局秘书处由党秘书长主持工作。

24.3 政治局在党主席的召集下举行会议，党主席确定会议日程，或者应全国委员会四分之一党员的提议根据既定日程召开会议，具体规定参见内部条例。

24.4 政治局通过多数制投票进行商议。只有当政治局的大多数在任委员出席会议时才能进行有效商议。如果不足法定人数，则必须在至少3天之后确定召开另一次政治局会议，会议期间不受法定人数条件的限制进行商议。

24.5 每次全国投票前，政治局向全国委员会提出任命全国授权委员会的提名。全国授权委员会有权根据本章程的规定和内部条例的细则筹备授权。全国授权委员会对政治局负责。

24.6 根据本章程第47条第4、6、7款及内部条例相关条款的规定，政治局对具有选举任期的正式党员和拥有政府职务的党员行使合乎规定的惩罚权。

第25条 党主席

25.1 党主席由全体党员在党员大会上通过直接普选的方式产生，任期五年，共和国总统从联盟产生的情况除外。

联盟最高管理局组织党主席的选举，保证选举规则的落实，对投诉意见进行研究，宣布投票结果。

当共和国总统从联盟产生时，本章程第26条第4款的规定保障其五年任期内联盟的领导。

25.2 党主席主管党的全国决策机构，并保证其决策的实施。

党主席在公民生活的各项行动中代表联盟，可以根据内部条例的规定委托他人代表，在司法代表的情况下拥有进行诉讼的权利，但只能由承担某一特别委任的受托人代替。

25.3 党主席可以根据内部条例的规定，对党员行使合乎规定的惩罚权。

25.4 党主席可以根据内部条例的规定，解决某一党支部或党的联合会的领导机构之间的冲突。

25.5 由党主席任命的一名指定副主席和一名秘书长辅助党主席的工作，两者的任命须交由全国委员会批准。

如果党主席有事，则由指定副主席代理；党主席缺位和选举新任党主席期间采取相同的代理方式。

第 26 条 秘书长

26.1 秘书长由党主席任命，须交由全国委员会批准。

26.2 秘书长负责主持党的日常生活，保证党的组织及运转。

秘书长每年向全国委员会做政治局工作报告。

26.3 副秘书长辅助秘书长的工作，副秘书长由党主席任命，副秘书长的人数由政治局确定。

26.4 当共和国总统从联盟产生时，党的领导需要得到以下保障：

——总秘书处，由一名秘书长和两名副秘书长组成，三人由全国委员会通过一张选票选举产生，全国委员会亦可撤销三人的职务。

——全国委员会办公室，由第一顺位党副主席和两名党副主席组成，三人由全国委员会通过一张选票选举产生，全国委员会亦可撤销三人的职务，第一顺位党副主席主管全国委员会。

以上两个机构组成党的领导部门。

秘书长主管政治局，保证政治局决策的落实。秘书长在公民生活的各项行动中代表联盟，可以根据内部条例的规定委托他人代表，在司法代表的情况下拥有进行诉讼的权利，但只能由承担某一特别委任的受托人代替。

第 27 条 全国秘书

27.1 全国秘书由政治局根据党主席的提名任命。

27.2 全国秘书负责联盟在涉及公共行动以及国家、欧洲和世界生活的重要领域内的行动和思考。全国秘书的人数和职权由政治局根据党主席的建议确定。

27.3 每名全国秘书根据其分管的领域领导一个专题工作组，工作组由全国委员会委员组成。

27.4 全国秘书向执行委员会、政治局和全国委员会汇报行动，每年至少一次。

第28条 执行委员会

28.1 执行委员会由全国秘书组成,由党主席主持工作。

28.2 执行委员会负责追踪党的政治计划的制订和实施情况,确保联盟与议会之间的协调工作。

第三节 专门联合会

第29条 构成

29.1 在国家一级,根据政治局的决议或者应百分之一按时缴纳党费的党员(来自至少20个党的联合会和三个不同的大区)的要求,可以基于专业化、社会职业、大学生、大学教师、学校、同辈人或者互联网的条件划分,建立一个联合会。

每个专业化的联合会可以在当地以党支部为单位自行组织起来。

29.2 参加专门联合会与参加省级党的联合会两者并不冲突。

29.3 职业联合会令党员自行组合并根据他们的工作领域发挥作用。

29.4 "在职青年"联合会旨在促进30—40岁年龄段的青年参与公共讨论并表达他们的诉求。

第30条 组织

30.1 每个专门联合会在遵守本联盟章程和内部条例的基础上制定各自联合会的内部条例。

专门联合会的内部条例只有在得到政治局的批准之后才能生效。

30.2 党主席在征求政治局的意见之后可以决定解散某一专门联合会。

第31条 参加联盟决策机构

专门联合会在全国委员会和政治局中设有代表。

第四节 联盟青年

第32条 "共和青年"联合会

"共和青年"联合会保障联盟的原则和价值观的传播。

"共和青年"联合会旨在促进16—30岁年龄段的青年参与公共讨论，将他们的诉求融入联盟的规划当中，并且鼓励他们参加法国的政治生活。

第33条　代表

"共和青年"联合会选举产生驻全国委员会和政治局的代表。

第34条　组织

"共和青年"联合会根据其指定的内部条例进行组织，并须提交政治局批准。

第五节　委员会

第35条　市长委员会

市长委员会聚集了所有身为共和党党员的市长或者认可联盟价值观的市长。市长委员会旨在促进这些市长参与公共讨论，将他们的诉求融入联盟的规划当中，并且支持他们参加全国政治生活。

第36条　海外委员会

海外委员会聚集了所有海外省以及法国本土以外地区的共和党党员的民选代表或者认可联盟价值观的民选代表。海外委员会旨在保障这些民选代表参与公共讨论，并将他们的诉求融入联盟的规划当中。

第37条　企业家委员会

企业家委员会旨在促进作为党员的企业家或者认可联盟价值观的企业家参与公共讨论，将他们的诉求融入联盟的规划当中，并且鼓励他们参加法国的政治生活。

第三章　选定选举候选人

第一节　选定共和国总统候选人

第38条　组织选定共和国总统候选人的初选

38.1　初选向所有拥护共和国价值观和认可联盟价值观的公民开放，

经过初选选定受联盟支持的共和国总统候选人。

当共和国总统从联盟产生并且成为第二次任期的候选人时，不必组织初选。

38.2 如果联盟之外的其他政党提出要求，可以在征得政治局同意之后参加共和党总统候选人的初选。

38.3 共和国总统职位空缺时，由全国委员会根据政治局的建议决定是否组织总统候选人初选。

第39条 初选的组织规定

39.1 选定总统候选人的初选须根据本章程附录中《初选宪章》的相关规定组织进行。《初选宪章》于2015年4月7日由政治局通过。

39.2 联盟领导部门的任何成员如果想要成为总统候选人初选的候选人，则必须根据《初选宪章》的规定，自宣布候选人身份的申请被接受之后辞去职务，最迟不能超过提交申请日期后的15天。

在此情况下，即刻起至初选期间，联盟领导部门由部门其他成员负责。如果领导部门中有三名成员成为总统候选人初选的候选人，则由政治局来决定保障联盟领导部门的条款。

39.3 初选候选人须签署《初选宪章》并遵守该宪章。

初选候选人应公开支持初选最终确定的共和国总统候选人，并加入其竞选阵营。

39.4 当初选决定的共和国总统候选人从联盟产生，则由该候选人向政治局提出保障联盟领导部门的条款建议。

第二节 选定其他选举的联盟候选人

第40条 全国授权委员会

40.1 每次地方或全国投票之前，在尊重平衡原则的基础上，全国委员会根据政治局的建议任命全国授权委员会。

全国授权委员会包括以下法定成员：

——党主席和指定副主席；

——秘书长；

——负责选举的副秘书长，或者在必要时负责选举的全国秘书；

——国民议会议长，国民议会、参议院和欧洲议会的议会党团主席，必要时还包括欧洲议会中欧洲人民党法国代表团主席；

——"共和青年"主席。

40.2　全国授权委员会有权准备联盟对参选候选人的授权或支持。全国授权委员会须向政治局汇报工作。

40.3　全国授权委员会提出提案，提交全国委员会批准。

40.4　只有当出席会议的在任委员超过半数时，全国授权委员会的商议才能生效。如果不足法定人数，则必须在至少三天之后确定召开另一次全国授权委员会会议，会议期间不受法定人数条件的限制进行商议。

40.5　就联盟授权或支持候选人的问题向党员征求意见的规定详见内部条例。

第 41 条　选定市级选举候选人的规定

41.1　省级委员会在征求相关党员意见之后，能够对居民不足三万人的市镇赋予联盟对市镇选举的授权或者支持，省会城市除外。

41.2　全国授权委员会在征求相关党员意见之后，能够对居民在三万人以上的市镇和省会城市赋予联盟对市镇选举的授权或者支持。

全国授权委员会根据省级联合会或者党主席的建议，决定是否组织初选，以选定代表联盟参加市镇选举的候选人。

第 42 条　选定省级选举候选人的规定

省级委员会在征求相关党员意见之后，能够赋予联盟对省级选举的授权或者支持。

第 43 条　选定大区选举候选人的规定

全国授权委员会选举产生大区选举的联盟候选人名单，并将名单提交全国委员会批准。

第 44 条 选定议会选举候选人的规定

全国授权委员会选举产生由联盟授权或支持的参加议会选举的候选人名单，并将名单提交全国委员会批准。

第 45 条 选定参议院选举候选人的规定

全国授权委员会选举产生由联盟授权或支持的参加参议院选举的候选人名单，并将名单提交全国委员会批准。

第 46 条 选定欧洲选举候选人的规定

全国授权委员会选举产生欧洲选举的联盟候选人名单，并将名单提交全国委员会批准。

第四章 监管机构

第 47 条 联盟申诉委员会

47.1 联盟申诉委员会包括九名委员，其中有两名为省级联合会驻全国委员会代表，他们由抽签产生。联盟申诉委员会委员的任期为两年半。

47.2 联盟申诉委员会由党主席提名，全国委员会选举产生。

47.3 联盟申诉委员会在常规党员大会召开之后的第一届全国委员会期间进行换届。

47.4 在当事方发生争议的情况下，联盟申诉委员会就拒绝加入联盟的申请作出裁定。

47.5 在当事方发生争议的情况下，联盟申诉委员会就针对某一党员而作出的任何惩戒决定作出裁定。

47.6 应政治局的要求，联盟申诉委员会就某一党员或委员会违反本章程、内部条例或者联盟决策机构或领导部门的决议的行为作出裁定。联盟申诉委员会须听取当事方的意见。

47.7 联盟申诉委员会重视行使惩罚权过程中的防卫权。

47.8 联盟申诉委员会的决议不受任何向联盟决策机构求助的影响。

本条款的具体实施细则详见内部条例。

第 48 条 联盟顾问委员会

联盟顾问委员会包括前任党主席和秘书长、国民议会和参议院的议会党团主席、从联盟产生的各级议会的议长、副议长和总务主任。

联盟顾问委员会应政治局的要求,须了解某一联盟的民选代表受到质疑的情况,包括其名誉、廉正和任何违背道德的行为。联盟顾问委员会可以听取当事方的意见。

第 49 条 联盟最高管理局

49.1 联盟最高管理局包括九名成员,任期为五年。

其中五名成员从联盟内部产生。

另外四名成员从联盟外部产生,选择标准主要取决于其法律方面的能力,在能够提供完全独立的保障并拥有最高道德的人选中产生。

49.2 最高管理局由党主席提名,政治局选举产生,当选者须获得三分之二的多数票,投票结果提交全国委员会批准。

最高管理局在共和国总统选举结束后的下一年一月进行换届。

最高管理局主席从联盟外部成员中产生,当票数相等时主席的投票具有决定性作用。

49.3 联盟最高管理局独立于联盟领导部门。

49.4 联盟最高管理局组织党主席选举。最高管理局监督选举的合规性,检查投诉并宣布投票结果。

49.5 在出现争议的情况下,联盟最高管理局对在联盟框架内组织的其他选举的合规性进行裁决。为行使这一职能,最高管理局可以设立若干助理以辅助其工作,这些助理须根据最高管理局根据内部条例规定的条款进行任命。

49.6 联盟最高管理局不受任何向联盟决策机构求助的影响。

49.7 本条款的详细规定参见内部条例。

第五章　经费与财务管理

第 50 条　联盟的年度经费

联盟的年度经费包括以下几项：

——党员的党费；

——法律规定的公共援助；

——借贷产品；

——法律允许的所有经费来源。

第 51 条　全国筹资协会

根据法律规定，联盟经费的收集工作应委托给全国筹资协会。

第 52 条　党费

52.1　政治局每年确定党费的金额；

52.2　党费的征收不区分区党支部、省级联合会或全国级别，统一计入全国筹资协会账户。

52.3　关于确定党费金额和征收方式的详细规定参见内部条例。

52.4　未按时缴纳党费的党员不能获得联盟的选举授权，不能承担地方职务，也不能参加联盟的地方或全国决策机构。

第 53 条　具有选举任期或政府职务的党员的党费

53.1　因具有一个或多个选举任期而获得相关法定补贴的党员和承担政府职务的党员须缴纳额外党费，额外党费的金额至少相当于每年累计净补贴的百分之五，该金额每年由政治局确定。

53.2　这部分党费的征收不区分区党支部、省级联合会或全国级别，统一计入全国筹资协会账户。

53.3　内部条例对确定具有选举任期或政府职务的党员的党费金额和征收方式作出详细规定。

53.4　如果因具有一个或多个选举任期而获得相关法定补贴的党员或承担政府职务的党员未能按期缴纳党费，则该党员不能获得联盟的选举授权,不能承担地方职务,也不能参加联盟的地方或全国决策机构。

第 54 条 全国财务主管

54.1 全国财务主管由总统提名,政治局选举产生。

54.2 全国财务主管负责联盟的经费管理,对政治局负责,并且每年向全国委员会汇报工作。

财务主管制定联盟的预算计划,提交给财务委员会和政治局征求意见,随后由全国委员会通过。每个财政年度末,全国财务主管在向全国竞选审计和政治资助委员会交付账目之前,须向政治局介绍联盟账户情况,以及对因具有一个或多个选举任期而获得相关法定补贴的党员和承担政府职务的党员收缴党费的情况。

54.3 全国财务主管须证明,希望得到联盟选举授权的候选人在申请候选人资格之前已按时缴纳全部党费。

54.4 全国财务主管可以受政治局委托,代表党进行有利于联盟或联盟候选人的谈判,特别是牵涉借贷担保或者用于地方或全国选举筹资的信贷安排。

54.5 全国财务主管通过直接通报的途径将其认为必要的消息传递给省级财务主管。

第 55 条 联盟财务委员会

55.1 财务委员会包括 10 名成员,其任期与政治局任期相同。

——由政治局任命的五名议员,其中两名为国民议会议员,两名为参议员,一名为欧洲议员;

——在司法执达员的监督下抽签产生的五名党员。

委员会的构成须得到政治局的批准,政治局亦可任命候补委员。全国财务主管主持财务委员会的工作。

财务委员会的 10 名委员自动成为全国筹资协会管理委员会委员。

55.2 财务委员会协助全国财务主管准备并执行联盟的预算。

为此,财务委员会须在以下情况开会征求意见:

——在向政治局介绍预算情况之前；

——在向全国竞选审计和政治资助委员会交付账目之前。

55.3 财务委员会至少每季度在联盟全国总部召开一次会议。

财务委员会可以应至少七名委员的要求召开会议，以便为联盟财务管理提出建议。这些建议会自动移交给政治局。

55.4 财务委员会通过多数制的公开投票方式征求意见。若最终得票数相等，则全国财务主管的投票具有决定性作用。

第 56 条 联盟的预算

56.1 联盟预算每年须由全国委员会通过。

56.2 联盟的预算计划由全国财务主管制定，先后提交财务委员会和政治局征求意见。

第 57 条 省级联合会的筹资

57.1 省级联合会的筹资途径包括以下方面：

——联合会党员的党费；

——隶属于本党的联合会的领取一份或多份民选代表补贴的民选代表和政府成员的党费；

——隶属于本党的联合会的领取一份或多份民选代表补贴的民选代表和政府成员的额外党费，其缴纳原则和金额由省级委员会确定；

——其他法律允许的经费来源，须符合政治局确立的规定。

57.2 全国财务主管根据省级委员会的提名任命省级财务主管。省级财务主管自动成为省级委员会委员和全国委员会委员。

第 58 条 省级联合会的财务自治

58.1 省级联合会的财务自治的保障来自以下几个方面：党员党费；隶属于本联合会的领取一份或多份民选代表补贴的民选代表的党费和政府成员的党费；地方捐赠。须符合政治局确立的规定。

58.2 省级财务主管对省级委员会和全国财务主管负责，根据内部条例的规定准备和执行党的联合会的预算。

58.3　省级财务主管对省级委员会和全国财务主管负责，收缴隶属于本党的联合会的民选代表和政府成员的党费。省级财务主管须在每个财政年度末向本党的联合会的党员汇报这部分党费的收缴情况。

第 59 条　"共和青年"联合会的筹资

59.1　联盟为"共和青年"联合会提供经费。

59.2　政治局每年根据内部条例的规定，决定拨给"共和青年"联合会的经费。

这部分经费纳入可自由支配经费，经费金额会根据联合会党员数量的变化而上下浮动。

59.3　"共和青年"联合会拥有经费的自由支配权。

59.4　"共和青年"财务主管负责承担"共和青年"联合会的预算管理，对于专项账目须与"共和青年"主席及全国财务主管保持沟通。

第六章　章程和内部条例的修改

第 60 条　章程和价值观宪章的修改

60.1　本章程和作为章程序言的联盟价值观宪章只能根据政治局或者至少四分之一全国委员会委员的提议，在征求章程常委会的意见之后，在党员大会上通过绝对多数制的投票方式进行修改。

60.2　党员可以将对章程的修改建议提交给政治局，由政治局作出审议。

第 61 条　内部条例

61.1　内部条例对章程的执行规定进行细化。党员大会经由绝对多数制的投票方式通过内部条例。

61.2　内部条例只能根据政治局或者至少四分之一全国委员会委员的提议，在征求章程常务委员会的意见之后，在党员大会上通过绝对多数制的投票方式进行修改。

61.3 党员可以将对章程的修改建议提交给政治局,由政治局作出审议。

第 62 条 章程咨询常务委员会

62.1 章程咨询常务委员会由 18 名委员组成,委员根据政治局提名由全国委员会选举产生。

62.2 章程咨询常务委员会对由政治局或全国委员会提交的章程或内部条例的修改建议出具简单意见。

第七章 终极条款

第 63 条 联盟解散

63.1 联盟解散须由全体党员根据政治局的建议,通过绝对多数制的选举方式,在党员大会上共同宣布。

63.2 在发生解散的情况下,联盟的资产须交由其继任政党,除非党员大会此前已对资产的去向作出明确指向。

第八章 过渡条款

第 64 条 联盟地方决策机构选举

64.1 为落实本章程第 12 条第 2 款和第 4 款、第 13 条第 1 款、第 16 条第 1 款、第 23 条第 1 款以及内部条例第 8 条、第 10 条和第 18 条的相关规定,区委员会成员、区代表、党的联合会主席、省级联合会驻全国委员会代表的选举须在 2016 年 1 月 31 日前组织完成。

64.2 联盟内部条例第 3 条第 1 款规定的例外情况,截至参加本条第 1 款所规定的地方决策机构选举前一个月的最后一天按时缴纳党费的党员可以出现在联盟的参选名单上。

第 65 条 政治局成员的选举

作为本章程第 24 条第 1 款以及联盟内部条例第 20 条第 1 款和第 2 款

的例外情况，将唯一的候选人名单提交给党员大会，投票决定第一届政治局成员的人选。

第 66 条　维持联盟其他决策机构的运行

在本章程生效日期 2015 年 5 月 30 日之前选举产生的联盟决策机构将继续正常运行，直至该机构任期结束为止。

（文本来源于法国共和党官方网站该章程的法文版）

（赵超　译）

人民运动联盟的价值观

我们的价值观以倾听至上：

我们的计划以自由、责任、团结、我们的国家和欧洲这些激励并引导我们行动的基本价值观作为基础。我们确认两项原则以便恢复法国人对公共行动的信心：倾听公民的心声，与公民一起并为了公民而采取行动。

自 由

自由是基本的价值观，它允许每个人进行想象、行动、创造和表达。自由在我们社会所有层面表现出来。因此，自由不应忘记对我们每一位公民的尊重。自由促使承担责任并开辟出通往宽容的道路。

责 任

要获得自由就意味着应承担责任。责任就是在涉及国家共同体和未来几代人时，既有权利意识，也有义务意识。

团 结

社会凝聚力建立在团结的基础上。团结使每个人受到保护以应对生活中的不测风云：疾病、残疾、依赖或失业。但团结尊重个体，为此，团结不应变为救济。团结的涵义是给每个人一次新的机会。

我们的国家

共和国奠定了我们共同的身份。共和国拥有我们引以为豪的丰富历史。共和国曾铸造并正在铸造让我们共同生活、构造共同命运的意志。共和国通过一些象征而表现出来。然而，共和国不是一个已铸造完成的概念。

欧 洲

欧洲这一价值观是指建立一个共同的计划，由此拓宽每个成员国的前景。这需要创造一种建构的形式，在这种形式下，每个国家在与其他国家联合时仍保留其身份特征。我们拒绝将欧洲降低为仅仅是经济合作的观点。

（文本来源于原法国人民运动联盟官方网站该价值观的法文版）

（陈露 译）

人民运动联盟新章程

第一章 总 则

第1条 拥护本章程的自然人创立命名为"人民运动联盟"的政党,以下简称"联盟"。它无限期存在。

联盟本部在巴黎。

第2条 联盟的目标是在尊重自由、平等、博爱这一共和国价值观,尊重宪法所认可的基本原则,尊重共和国的团结和国家独立的情况下,协助普选的表达。

联盟在服务于法国和法国人的过程中,竭诚促进意识自由和个人的尊严,文化教育的传播,自由事业的发展,法治国家,社会正义,社会对话,权利、义务和基本的社会团结,机会平等,个人和财产安全,自然环境的保护,个体的责任感,家庭的充分发展,国家的权威,以及地方团体的自由管理。

联盟致力于提高法国在世界的威望,让法兰西民族永久延续下去,保持法国的身份特征和文化,还致力于讲法语国家的发展,自由民主的欧洲的建设,以及全世界民主的进步。

联盟把赞同这些目标的全体法国人团结在一起。联盟保证构成联盟的各种政治倾向的自由表达。联盟确保在党的生活中和承担选举责任时,尊重男女对等的原则。

第3条 属于联盟的党员是已完成个人入党手续并缴纳年度党费的自然人。

除创立者委员会提出反对的意见之外，参加第一次联盟代表大会的政党党员、协会党员或议会党团创立者是荣誉党员，名单由创立者委员会确定。

连续两年未续交党费者将失去党员资格。

辞退和开除同样失去党员资格。

所有联盟党员承诺遵守本章程和联盟的内部条例。

无论是否具备政党资格，只要经常要求参与联盟的活动，并得到联盟委员会批准，这些协会就会被认为是1901年结社契约法中的合作法人。

根据政治局确定的条件，这些合作法人在联盟委员会和联盟省级机构内拥有代表。

第4条 联盟的运作建立在民主的基础上，由党员投票进行表达。用委托书进行投票是仅属于党员的一项权力。

联盟委任期的时限确定为三年。

民主制适用于联盟领导机构的选派。

民主制同样适用于联盟对选举候选人的正式提名。

在内部条例确定的条件下，正式提名的授予要咨询联盟的党员。

第二章 总体组织

第5条 联盟领导机关的机构设置：

——地方委员会；

——代表大会；

——运动；

——全国委员会；

——指导委员会和全国书记；

——政治局；

——秘书长和副秘书长；

——主席和被委任的副主席。

第三章 联盟的地方组织

第 6 条 联盟的基础地方单位是选区。

每个省或海外领地组织一个省联合会或联合会区域组织。

可以同时设置联盟的其他类型的支部：

——经相关省委员会的同意，以选区管辖区域或以领土管辖区域（大区、选区、区、市镇、公共跨市镇合作机构）为基础。省委员会保证省内的联盟省级组织的协调并告知政治局。

——在全国层面，由政治局决定，以社会职业、大学生、大学教员、学校、同辈人作为特别的基础，或以因特网作为特别的基础。

每一个支部由一个联盟委员会来代表。

第 7 条 按照法定成员与当选成员之比为 1∶2 的规则，省委员会由省内选区委员会的加入而构成。

选区委员会由法定成员（政府成员、国民议会议员、大区议会议员、省议会议员、市长和巴黎、里昂、马赛各区区长、巴黎各区议员，以及超过三万居民的城市的副市长）和当选成员构成。每个区推选的成员数额与联合会党员人数成正比。

内部条例明确法定成员资格的获得或失去的条件。

新党员的代表同样根据内部条例确定的方式选举产生。

选区委员会不得少于 20 人。

大区委员会由省委员会全体成员构成。

其他区域的支部委员会和特别支部委员会根据内部条例确定的条件来选派。

第 8 条 省委员会主席由省委员会选举产生

每个其他区域委员会代表由党员按两轮多数制的办法投票选举产生。

省委员会主席或区域委员会代表保证在相关区域内党员的代表性。在与省的书记共同确定议事日程后，由其负责召集委员会会议并主持会议。

由其组织委员会的内部生活并发布指示。由其保证联盟的统一并保证每位党员在委员会内的自由表达。

省和大区委员会主席是全国委员会的法定成员。

第9条 每个省联合会拥有一名省的书记，在事先咨询省内国民议会议员后，由党主席提出建议，政治局予以任命。

这一任命需交由省委员会以简单多数票批准。在意见不一致的情况下，由党主席提出建议，政治局以同样的条件着手另一次选派。

在书记缺席和紧急情况下，党主席任命一名特派员代替书记。

书记负责在省内执行全国机构的决定。他组织联盟的选举。根据内部条例确定的条件，他每年向省委员会提交一份活动报告。

书记是全国委员会法定成员。

根据内部条例确定的条件，每个省联合会推选一个管理局。

第10条 省联合会的资金由以下几方面构成：

——全国年度捐款，由政治局予以决定；

——党员党费，根据政治局确定的条件，在各区域层面进行分配；

——获得民选代表津贴的民选代表所提交的分担金，由省委员会予以确定；

——法律授予政党的其他资金。

经全国财务主管同意，由省委员会选派省的财务主管。省的财务主管对所委托的资金向全国财务主管和省委员会负责。自任命被批准之后，省的财务主管是省委员会的法定成员。

第11条 对三万居民以下市镇的省和市镇选举，省委员会在咨询相关党员之后，有权授予联盟对候选人的正式提名。

在保留第五章规定的条件下，省委员会行使对党员的惩戒权。

对党员可以宣布的处分为：停职和开除。可以就该决定向全国申诉委员会上诉。该决定可以公开。

第12条 定居在法国之外的法国人组成一个联合会，该联合会保证在法国之外对联盟方针和计划的传播。

该联合会把居住在国外的联盟党员聚集在一起。联合会根据由政治局采纳的适合于它的条例，在以下规定保留的情况下进行运作：

联合会分为每个国家或一组国家一个支部，构成选举国外法国人高级委员会的选区。

每个支部由一名代表主持，任期三年。为了可以进行通信投票，由全体党员在支部全体大会上以一轮多数投票制选举产生。

在征求联合会委员会的意见后，由党主席推荐，联合会由一名政治局任命的书记进行管理。书记负责执行政治局决定的指示。

第13条 在法国之外成立的法国人联合会委员会由代表旅居国外法国人的参议员、国外法国人高级委员会成员，以及按50∶1的比例从党员中选举产生的成员构成。

第四章 全国领导机构与机关

一、全体大会

第14条 全体大会构成联盟的全体会议。全体大会由按时缴纳党费的全体党员构成。全体大会就联盟的总体行动和政治方向进行磋商。大会选择联盟支持的候选人参加共和国总统选举；要明确的是，在总统选举中，不存在政党的正式提名。

全体大会的投票可以根据政治局的决定在省联合会组织的投票站采用电子投票或在全体大会上投票。

内部条例确定全体大会上组织辩论的方式，以及投票的方式和委任代表的方式。

全体大会每三年组织一次，也可以组织特别会议。在这种情况下，政治局决定特别代表大会的组织方式和期限。

二、运动派别

第15条 各运动派别表达了政治、历史、哲学、社会倾向的多元性，它们给法国的政治生活赋予活力并构成本联盟。各运动派别有助于丰富民主的和富有智慧的辩论，并让更多的法国人在联盟内拥有代表。各运动派别尊重保障联盟统一的民主程序。

为了获得公认，各运动派别应向全体大会出示一份界定其政治方向的原则声明。在辩论之后，交由全体大会进行投票表决。

第 16 条　只要其原则声明得到至少代表 10 个省联合会的至少 10 名联盟的国民议会议员支持，并在全体大会上至少得到百分之十的选票，就可以成立一个运动派别。一名国民议会议员只能支持一个运动派别。

第 17 条　在尊重联盟章程的情况下，各运动派别自行进行自由管理。它向政治局推荐其候选人。

当每次全国大会或全国委员会召开会议时，一个运动派别就可以提出一份政治提案送交投票表决。只要在政治局对提案进行审查的八天之前提交，这份提案就可作为辩论和投票表决的对象。

第 18 条　各运动派别享有运作的资金。联盟拨给各运动派别的预算不能高于国家拨给联盟的每年公共资助数额的百分之三十。

每个运动派别可以支配以下资金：

——预定的年度捐款，它在财务主管建议下由政治局予以确定；

——与全体大会上的得票数成正比的捐款，它由政治局确定一个三年期的结算单位。

各运动派别自由支配这些捐款。在属于联盟账户下的特别账目上，捐款的管理由联盟的财务主管来保证。各运动派别的预算要把其所支配的所有资金纳入进来。

三、全国委员会

第 19 条　全国委员会的构成：

——主席和联盟委任的副主席；

——秘书长和副秘书长；

——全国财务主管；

——属于联盟的国民议会议员、地方议会议员、参议员、欧洲议会议员；

——现任政府成员；

——前任总统和总理；

——省和大区议会议长，超过10万居民城市的市长；

——省委员会的主席与书记，大区或领地委员会的主席；

——选区的代表；

——省的青年事务负责人；

——国外法国人议会当选成员和国外法国人代表；

——按政治局确定的条件，根据党员数额来指定的一些"联系法人"和一些特殊协会的代表，保留这些代表可以以个人名义加入联盟的权利；

——根据政治局确定的条件，由全体党员选举的省联合会的代表。

省联合会代表的名额至少等于全国委员会构成中前四部分成员的名额。

全国委员会每年至少召开两次会议，就政治局确定的议事日程进行磋商。

全国委员会以有效多数票的方式形成决议。

第20条 闭会

在全体大会闭会期间，由全国委员会确定联盟的政治方向。

全国委员会就内部条例、政治局的建议进行审议，采取一切必要措施以便实施本章程并使联盟运作良好。

在保留第11条和第14条的规定情况下，全国委员会就选举的正式提名作出裁定。

全国委员会宣布纪律惩罚。

四、指导委员会和全国书记

第21条 指导委员会由全国书记构成。它负责监督联盟政治计划的起草与实施，并保证联盟与国民议会的协调。

第 22 条 政治局根据主席的提议指定全国书记。全国书记在涉及公共行动及国家、欧盟或国际政治生活中的主要领域内负责联盟的活动与思考。全国书记们就他们的活动向指导委员会、政治局，并且一年至少向全国委员会汇报一次。根据主席的建议，全国书记的数额和权限由政治局确定。

五、政治局

第 23 条 政治局按以下条件由联盟党员构成：

——党主席和副主席；

——秘书长和副秘书长；

——全国财务主管；

——代表联盟各运动派别的 10 名代表：五名代表根据全体大会的得票比例进行分配；五名代表根据登记过的国民议会议员的比例进行分配；每个运动派别选派其代表；

——根据内部条例确定的条件，由全国委员会选举出 30 名成员；

——共和国前总统、现总理和前总理；

——国民议会议长、国民议会议会党团主席、参议院议长、欧洲议会议长、欧洲议会中欧洲人民党的法国代表团主席；

——前党主席，以及在联盟创立时期构成联盟各政治团队的主席，任期三年。

加入联盟，但不属于政治局的政府和欧盟委员会成员，可以列席政治局，但不具有投票权。

第 24 条 在全国委员会闭会期间，政治局保证联盟的政治方向。政治局在主席的召集下召开会议，由主席确定议事日程，或在全国委员会四分之一党员的倡议下，就已确定的议事日程召开会议。

政治局的审议在至少一半政治局成员参会的条件下按有效多数票来决定。当达不到法定人数时，要确定一次新的政治局会议，在会议期间，到会人员的磋商不受法定人数的限制。

第 25 条 在每次全国选举之前，政治局选派一个全国正式提名委员会。

此委员会有权准备正式提名。此委员会向政治局汇报。

六、主席

第 26 条 党主席由全体党员以两轮多数选举制选举产生；投票方式由内部条例予以确定。

选举活动组织和仲裁委员会负责保证候选人资格的有效性，并关注候选人在宣传活动和投票活动展开过程中的平等。

第 27 条 主席领导全国机构并保证各机构决议的执行。主席在所有公民生活行动中代表联盟。

由一名被委任的副主席和一名秘书长协助主席的工作，他们和主席在同一选票上，以同样的条件当选。当主席不能履行职责时，由被委任的副主席替代。

七、秘书长

第 28 条 秘书长推动联盟的日常生活并负责联盟日常生活的组织。他每年向全国委员会提交政治局活动报告。

秘书长由副秘书长协助工作，副秘书长由主席任命，副秘书长的人数由政治局决定。

第五章 仲裁机构

一、选举活动组织和仲裁委员会

第 29 条 在全体大会之前，全国委员会在其内部推选一个选举活动组织和仲裁委员会，由七名正式成员和两名候补成员组成。

此委员会有权准备和组织全国和地方投票活动，并保证选举的合法性。此委员会向政治局汇报。

二、全国申诉委员会

第30条 由全国委员会推选九名成员组成全国申诉委员会。

第31条 如申请入党的要求被拒绝，当事人可以向全国申诉委员会提出上诉。此委员会的决定不可再行上诉。

第32条 全国申诉委员会有权受理当事人所提出的反对由委员会作出的惩戒性决定的上诉。在惩戒权的实施过程中，此委员会确保辩护权得到保障。

当一个委员会决定对受到选举、行政和议会委任的党员进行处分时，该项决定只有在政治局作出决定之后，才能予以公布。

在所有其他情况下，全国申诉委员会具有最终裁决权。

这一裁决通知不同各方。

第33条 全国申诉委员会在呈请政治局之后，就一名党员或一个委员会所犯的违反章程或全国领导机构和机关的决定的行为作出决定。必要时，听取当事人意见。

第34条 每次选举前三个月和选举后一个月，无论党员的地位如何，如其违反对候选人资格或候选人正式提名所作出的决定，政治局都可以宣布对该名党员实行由章程所规定的处分。

如开除是由地方委员会所宣布，重新入党的请求则由地方委员会审查；其他情况由政治局审查。

在紧急情况下，尤其在选举时期，党主席可行使法定的处分权。在这种情况下，处分在最短的时间内提交给政治局。

三、章程常设委员会与内部条例

第35条 经政治局建议，全国委员会选举出章程常设委员会。此委员会就政治局或全国委员会提交给它的章程和内部条例的修改建议发表意见。

内部条例明确章程实施的条件。内部条例由全体大会通过，并可以由全国委员会进行修改。

来自联盟党员的对章程和内部条例的修改建议提交给政治局进行审查。

四、顾问委员会

第 36 条 联盟顾问委员会包括联盟前主席和前秘书长、联盟内存在的从前政党的主席、由议会党团根据其资历选择的八名国民议会议员。

此委员会审查所有涉及联盟内当选者的荣誉和廉洁情况被提起诉讼的案件。它受理所有涉及违背道义的案件。根据政治局的请求，此委员会召集会议，并可以应政治局或相关当选者的请求，听取当事人的意见。

第六章 资金和资金的管理

第 37 条 联盟的资金由党费、全国融资协会缴纳的资金、法律规定的公共资助、借贷的收益和一切由法律允许的其他资金组成。

第 38 条 政治局每年确定党费的数额。党费交给全国融资协会。

第 39 条 全国财务主管由政治局根据主席的建议推选出来，负责管理联盟的经费。他向全国委员会请求就预算草案作出决定，并就其管理向全国委员会进行汇报。经费管理监督委员会就预算草案及其安排发表意见。

第 40 条 经费管理监督委员会由政治局推选的 10 名成员组成。

当审议中出现双方票数相等时，主席的一票是决定性的。

此委员会成员是全国融资协会管理委员会的法定成员。

第 41 条 经费管理监督委员会监督全国财务主管的管理。

以此名义，经费管理监督委员会在以下场合召开会议发表意见：

——在向全国竞选审计和政治资助委员会提交账目之前；

——在向政治局提交预算之前。

此委员会在其至少七名成员的请求下可以召集会议，以便就联盟的经费管理提出建议。这些建议应当提交给政治局。

第七章　章程的修改

第 42 条　在征求章程常设委员会意见之后，经政治局建议，或经全国委员会至少四分之一成员建议，本章程可以由全体大会在获得绝对多数有效票的情况下进行修改。

第八章　联盟的政治研究中心

第 43 条　创建一个联盟的政治研究中心，该中心在法律上独立于联盟，目的是开展研究、思考、研讨会、培训、出版等促进联盟目标实现所必需的工作，或通过这些工作在更大程度上启发联盟当选者的工作。

第 44 条　中心拥有由专门资金和政治局确定的联盟捐赠所构成的预算，捐赠不得低于公共资助拨给联盟资金的百分之五。

第 45 条　中心由政治局选派的 20 人所组成的管理委员会进行管理。主席、副主席和秘书长为中心的法定成员。

管理委员会选派中心的一名主席、一名财务主管和一名秘书长，由他们保证对中心的管理。

第 46 条　中心的活动由联盟的科学委员会进行跟踪，科学委员会由有资质的人士构成，他们在涉及社会、经济、文化、科学、伦理、环境、国际关系、欧洲和世界的发展问题方面具备公认的能力。在征求政治局和指导委员会的意见之后，由中心主席任命科学委员会成员。

中心保证公民社会委员会的秘书工作和活动的推动，公民社会委员会由政治局选派的代表法国社会各方面的非当选者组成。

第 47 条　在政治局的建议下，以绝对多数有效票通过，代表大会宣布联盟的解散。

第九章　当人民运动党主席成为共和国总统时，章程特许实行的规定

第 48 条　在五年任期内，人民运动联盟由以下机构负责领导：

——一名秘书长和两名副秘书长组成的秘书长处，他们由政治局在同一选票上选举产生，政治局可以撤消他们的职务。秘书长确保政治局工作和政治局决定的实施。他在所有公民生活行动中代表联盟。

——一名第一副主席和两名副主席组成的全国委员会办公厅，他们由全国委员会在同一选票上选举产生，全国委员会可以撤消他们的职务。第一副主席确保全国委员会的工作。

这两个机构合起来构成联盟的领导机构。

第49条　共和国总统作为新的候选人并希望得到人民运动联盟的支持，要服从全体大会的投票表决。

（文本来源于原法国人民运动联盟官方网站该章程的法文版）

（陈露　译）

人民运动联盟内部条例

第一章 党 员

第 1 条 入党

1.1 入党申请交给联合会或直接递交到联盟本部。只有当党员居住在联合会管辖范围内时，该联合会才能接受其提交的入党申请。

1.2 政治局确定每个民用年度的党费数额以及党费在联合会与不同地方层级之间的分配。党费应在要求缴纳的 60 天内一次付清。

政治局可以确定青年联合会成员党费减免的数额。

禁止用现金缴纳党费。

禁止由第三方账户支付党费，除非是"夫妻入党"和以同居者、直系亲属和下一代账户进行支付。

1.3 根据章程第 3 条所规定的条件，党员要出现在选举名单上需在选举前的 12 月 31 日和 6 月 30 日续交党费。

1.4 在得到省管理局的指示后，联合会收到的入党申请送交联盟本部，等待批准。

第 2 条 党员的权利

在联盟章程第 11 和 20 条所规定的条件下，需就正式提名咨询党员的意见。

党员参加联盟的讨论，并可以根据内部条例第三章所规定的条件提议创立一个运动派别。

第3条 针对党员的处分

3.1 实施的处分为停止党员资格和开除。处分当在辩驳性的诉讼程序结束之后宣布,尤其要通知当事人,如果当事人要求,则需进行听证之后再宣布。

用挂号信通知当事人所作出的决定并收取回执。

3.2 惩戒权由省委员会或全国委员会行使。

根据省的书记的报告,在省委员会主席的建议下,省委员会负责通知对其联合会党员进行处分的要求。为此,省委员会可以把下达处分要求的指示授权给一个委员会。在等待决定时,省委员会或授权的委员会可以决定停止当事人的党员资格。

在没有省委员会的决议时,秘书长可以提交给全国委员会审理,以宣布对一名党员的处分。

对持有选举、行政和国民议会委任的党员,惩戒权由全国委员会行使。政治局根据秘书长的报告将党主席明确提出的处分要求进行通知。政治局的建议由党主席提交给全国委员会。

在等待处分决定时,经政治局表态后,党主席可以停止有当选者身份的党员的资格,理由是针对其正在提起一项处分行为的诉讼。

3.3 由省委员会或全国委员会宣布的处分决定可以向全国申诉委员会上诉。上诉请求应在决定通知下达的七天之内,以挂号信寄给全国申诉委员会主席,并收取回执。

全国申诉委员会在接到上诉请求报告的七天之内通知其一名成员。如果当事人希望的话,可以由全国申诉委员会对其进行听证。

全国申诉委员会具有最终裁决权。

第二章 委员会

委员会由法定成员和当选成员组成。

一、委员会的当选成员

第 4 条　委员会当选成员的选举方式

4.1　当选成员的委任期限为三年。委员会的法定成员不得以当选者资格参加选举。

4.2　当选成员由相关的按时缴纳党费的党员按单记名一轮直接选举秘密投票方式选举产生。

4.3　候选人资格备案限定的日期至少要在选举 30 天之前，以便让每位候选人有必要的时间进行竞选。

4.4　地方委员会的选举由省的书记进行组织。

4.5　在选举活动指南所确定的条件下，省委员会主席和省的书记应保证每位候选人有可能使自己为党员所熟悉；选举活动指南由选举活动组织和监督委员会编辑，并由政治局批准。

第 5 条　委员会内新党员代表的选举方式

新党员在委员会内拥有代表。他们的增补席位根据政治局确定的比例和在选举活动指南确定的条件下予以保留。

第 6 条　法定成员的资格

法定成员的资格是在选举或任命时获得的一种荣誉。该资格在地方机构改选前一年的 12 月 31 日后失效。

二、省委员会的职能

选区委员会的职能由联合会内部条例予以决定。

第 7 条　省委员会管理局的构成和职能

省委员会主席由省委员会成员以单记名两轮多数制的方式选举产生。委任的期限为三年。由主席主持管理局。

省委员会管理局至少包括：省委员会主席、省书记、省副书记、财务主管、部长、国民议会议员、省议会议长、位于省内的大区议会议长、省的青年事务负责人和选区的代表。其他成员可以根据省委员会的提议加入管理局。

第 8 条　省委员会会议

8.1　省委员会每六个月至少召开一次会议。

省委员会也可以在其三分之二成员书面向省委员会主席提出请求的情况下召开。请求书上应表明会议的议事日程，省委员会主席和省的书记不能修改这一议事日程。省委员会会议应最迟在离递交给主席的请求书注明的日期不超过一个月的时间内召开，并按请求书指明的议事日程作出决定。

8.2　省的书记任命之后，主席同样应在三个月之内召开省委员会会议，以便批准这一任命。

8.3　每年并且最迟在财政年度结束的三个月内，省的书记向省委员会提交一份活动报告，报告包括以下状况：

——入党情况；

——联合会经费情况；

——联合会积极分子生活情况。

报告提交后进行讨论。在省委员会表示意见后，省的书记把这份报告和省委员会会议上可能产生的意见提交给政治局。

第 9 条　省委员会内的仲裁条例

当省的书记和省委员会主席发生有碍于省机关正常运作的矛盾时，由其中一方提出审理，政治局表态后，党主席负责解决这一冲突，并可能召见省委员会。如有必要，党主席可以免除或停止冲突双方或一方的职务。

三、其他委员会

第 10 条　其他地域支部委员会和特别支部委员会

10.1　地域支部

可以在不同于选区（市区、行政区、市镇、公共跨市镇合作机构……）的地域基础上创立委员会。创立的申请应提交给省委员会，省委员会批准这一申请并筹备选举的方式。

10.2　特别支部

可以按社会职业基础创立委员会。创立的申请应提交给政治局以得到其同意。

政治局批准之后，联盟秘书长组织此支部主席的选举。委任的期限为三年。

创立之后，此支部向政治局提交其内部条例以便得到准许。

以社会职业为基础的支部党员和联合会党员并不相互排斥。

第 11 条　联盟中的青年

"人民青年"联合会保证联盟原则和价值观的传播。此联合会的目标是促进16至30岁的青年参加公共讨论，把他们的考虑纳入联盟的计划，并鼓励他们投入到法国政治生活中。

"人民青年"联合会根据专属于它并经联盟政治局批准的内部条例安排自己的活动。

"人民青年"联合会在其内部选举全国委员会的代表。

第 12 条　在政治局表态之后，党主席可以决定解散一个地域支部或一个特别支部。

第三章　运动派别

第 13 条　一般规定

13.1　一个运动派别要获得公认，最迟在全体大会预定日期的一个月前，应把需要提交给全体大会的原则声明在政治局备案。原则声明将引发一场政治辩论，以推动联盟内部的讨论。

这项声明由代表至少10个联合会的至少10名国民议会议员签名。一个国民议会议员只能支持一个运动派别。原则声明（包括附录）不能超过10页，并应指明运动派别的一个或多个代表的名字。

13.2 在选举活动组织和仲裁委员会的监督之下，各运动派别的候选资格得到批准之后，秘书长保证在全体大会预定日期一个月前将它们的原则声明散发给所有党员。

13.3 在选举活动组织和仲裁委员会的监督之下，政治局按每个候选运动派别平等分配的方式，决定给候选的运动派别的代表配备资金由其支配，以便能够促进他们的政治方向。

第14条 投票

14.1 在全体大会期间，着手对候选运动派别的原则声明进行投票表决。根据第五章规定的条件，邀请党员就其中一个候选运动派别或它们中任何一个候选运动派别进行投票。

14.2 在投票之前，每个运动派别向全体大会出席者推荐其原则声明。政治局以在每个候选运动派别之间平等分配的方式，决定推荐的时间。

14.3 投票结果在同一天予以宣布，得到超过百分之十有效票的一个或多个候选运动派别立即创立并获得公认。

第15条 财产与经费

15.1 各运动派别不拥有法人。它们在联盟内部享有财产，尤其是经费。

每个运动派别由原则声明中所指定的代表进行领导，或在原则声明提到多个代表时，由其指定的委任人来领导。每个运动派别自主进行管理。

15.2 各运动派别拥有由联盟提供并供它们自由支配的各种资产，主要包括：

第二部分　主要政党内部规章制度

——联盟本部的场所和一个秘书处；

——使用联盟本部场所的会议大厅；

——使用联盟的传播与宣传手段向党员或一部分党员进行宣传。

根据联盟财务主管的建议，政治局决定这些资产划拨的方式。

另外，运动派别的代表在每年所拨给其经费的限度内自由支配投入。为此，联盟财务主管每个月末通知运动派别代表本月结束后的支出状况以及拨给他们的捐款的余额。

15.3　每次召开全国委员会时，运动派别拥有提交一份政治提案的可能。提案应至少在全国委员会召开的八天前提交给政治局。政治局保证把提案散发给全国委员会成员。

在运动派别代表提交提案并讨论之后，根据关于全国委员会投票规定的条件，邀请全国委员会成员投票表决。提案以多数有效票表决通过就可以被采纳。

第 16 条　其他

16.1　运动派别依第 13 条所规定的同样程序每三年在全体大会期间更新一次。

16.2　当不存在更新要求或更新要求在全体大会上没有得到所规定的票数，该运动派别立即在全体大会期间解散。拨给因此而被解散的运动派别的捐款的可能结余将失效并转入总预算中。

16.3　当出现严重不履行联盟的原则、章程和本内部条例的情况时，政治局在主席的要求下，可以停止一个运动派别，而不影响可能对相关党员实行的处分。在一次辩驳程序结束之后，尤其是文件要通知到相关运动派别代表并对其进行听证之后，在政治局获得绝对多数票后才能作出停止的决定。

该决定由党主席用挂号信通知运动派别的代表或委任人，并收取回执。

停止的决定可以向全国申诉委员会上诉。在决定通知下达七日之内，上诉请求由运动派别代表用挂号信寄给全国申诉委员会主席，收取回执。

全国申诉委员会在接到上诉请求报告七日之内通知其一名成员。如运动派别的代表或其委任人希望的话，可以由全国申诉委员会对其进行听证。

全国申诉委员会具有最终裁决权。

在停止期间，禁止该运动派别使用所拨给的捐款并且它不能提交政治提案。不过，运动派别可以在以上第1款所涉及的条件下，保留申请更新的可能性。

16.4 当出现特别严重或重复不履行联盟的原则、章程和本内部条例的情况时，政治局在主席的要求下，以其成员绝对多数票通过，可以建议全国委员会宣布解散一个运动派别，而不影响可能对相关党员实行的处分。遵循以上第3款所阐述的方式，政治局的决定可以附加一项停止决定。

在辩驳性诉讼程序结束之后，尤其在把文件通知到运动派别的代表，需要时通知运动派别的委任人，并对其进行听证之后，在全国委员会成员中获得三分之二票数的通过才能作出解散运动的决定，全国委员会具有第一和最终裁决权。

决定由党主席用挂号信通知运动派别的代表，收取回执。此决定要对全体党员公开。

第四章 全体大会

第17条 一般规定

17.1 参加全体大会的党员可以参加投票。不过，每个省都有一个投票站允许那些不能参加全体大会的党员参与投票。

选举活动组织和仲裁委员会决定在何种条件下将组织不能参加全体大会的党员进行投票。

省投票站由省委员会主席的代表、省的书记，必要时外加参加领导班子选举的候选人构成。当就各运动派别进行投票时，候选运动派别的代表同样可以选派一名代表进入投票站。

17.2 全体大会按秘密选票的方式进行投票。

17.3 对于多数的计算，以参加全体大会的有效党员为准，参加的方式可以是视听会议，或通过能够界定身份的远程通讯方式，尤其是电子投票的方式。选举活动组织和仲裁委员会组织这些党员在全体大会上投票。

17.4 投票结束后立即统计票数。选举活动组织和仲裁委员会把从联合会提交的全部结果以及居住在外国的法国人的票集中起来，并宣布结果。

17.5 对于居住在法国以外的法国人联合会的党员来讲，选票最迟要在全国投票之前，根据选举活动组织和仲裁委员会确定的方式寄到全国中心。当有第二轮投票时，该委员会将确定投票的方式。除居住在外国和海外省、海外领地的法国人以外，其他人不允许通过信件投票。在第二轮投票中，可以为海外省和海外领地制定特殊的方式。如果证明有必要的话，由选举活动组织和仲裁委员会负责制定。

第18条 所有党员经正式委托都可以由任何其他党员代表。一名党员最多只能接受另外一名党员的一份委托书。按照选举活动组织和仲裁委员会确定的模式，委托要指明签名者的姓、常用名和住所，并只能提交给一次全体大会。

第五章 全国委员会

第19条 联系法人代表、特别联合会代表和省联合会代表的委任都是三年。

省联合会代表的名额至少等于联盟章程第19条第1款、第2款、第3款、第4款所提及的全国委员会法定成员的数额。省联合会代表的名额按每个联合会党员人数的比例来确定。根据政治局的决定，每个联合会在全国委员会都有最低数额的代表。

政治局每三年确定一次分配给联系法人代表的名额。

第20条 政治局确定全国委员会召开的日期、地点和议事日程。

政治局确定章程第17条提及的政治提案备案的截止日期，并决定全国委员会召开时政治提案讨论的条件。

第 21 条 全国委员会按简单多数作出决定。

然而，涉及惩戒方面，全国委员会要以三分之二多数通过才能作出决定。

会议的召开只有当全国委员会成员有半数出席时才有效。

第六章　政治局

第 22 条　一般规定

政治局成员的委任为三年。

除章程第 23 条提及的法定成员以外，政治局由按以下条件选派的成员构成：

22.1　联盟各运动派别选派的成员：

每个运动派别的代表或委任人选派其代表。

只有支持原则声明，并在全体大会上得到百分之十以上有效票的国民议会议员，才能按章程第 23 条第 4 款所提及的以国民议会议员的名义被选派。

22.2　全国委员会选举的成员：

政治局的当选成员按两轮名单投票制选举产生。备案名单中包括 30 名候选人，名字不能增减，也不能改变出现的顺序。

在第一轮选举中，对获得绝对多数有效票的名单给予 15 个席位。然后，其他席位按最高平均数法比例代表制原则在所有名单中分配。

如果任何名单在第一轮投票中都没有得到绝对多数有效票，就着手进行第二轮投票。对得票最多的名单给予 15 个席位。然后，其他席位按最高平均数法比例代表制原则在所有名单中分配。

没有得到至少百分之十有效选票的名单不允许参与席位的分配。

席位按每个名单上出现的顺序授给候选人。

任何人不得出现在多个名单上。

两性候选人在名单上的人数应该是相等的。

只有在第一轮投票中至少得到百分之十的有效选票的名单才能出现在第二轮选举中。名单可以改动其构成，以便把在第一轮投票中出现在其他名单上的候选人包括进来，条件是这些名单在第二轮投票中不能再出现，并且这些名单在第一轮投票中至少得到百分之十的有效票。当名单的构成改动时，候选人出现的顺序也可以改动。

第 23 条 政治局由党主席主持。联盟秘书长负责书记处的工作。

政治局可以委任全国财务主管，使其以党的名义进行一切资金谈判，尤其在涉及贷款的担保或资助用于地方和全国选举的贷款的限度方面，以便有利于人民运动联盟或其候选人。

第 24 条 政治局可以应全国委员会四分之一成员书面向党主席提出请求而召开会议。请求书应明确会议的日程，党主席对此不得改动。政治局会议最迟在提交给主席的请求书的日期后的一个月内召开，并按请求书指明的日程进行裁决。

第七章 党主席

联盟的领导班子由主席、被委任的副主席和秘书长构成。

第 25 条 选举

25.1 联盟的领导班子每三年选举一次。选举根据章程第 26 条的规定操作。这类选举的组织受选举活动组织和仲裁委员会的监督，由其接受候选人资格认定并予以批准。

25.2 在选举活动组织和仲裁委员会的监督下，政治局保证在全体大会预定的日期一个月以前，将名单和候选人政治主张声明散发给全体党员。

在选举活动组织和仲裁委员会的监督下，政治局可以决定平均分配给每位候选人的由候选人支配的竞选经费。

25.3 主席名单按两轮多数选举制选举，不能混合圈选。要在第一轮当选，名单应得到绝对多数有效票。在第二轮选举时，只有得票最多的两个名单才可以参加竞选。

在每轮选举之前，每位候选人可以表达自己的思想主张。政治局决定平等给予每位候选人的时间。选举活动组织和仲裁委员会确保政治局决定给予的时间得到遵守。

投票结果在全体大会期间宣布。

第 26 条　候选人

26.1　候选人资格应在预定召开全体大会日期的两个月前提交给政治局，并用挂号信寄给选举活动组织和仲裁委员会，收取回执。候选人的资格声明应含有候选人政治主张的声明（不能超过五页）以及被委任的副主席和秘书长的名字。任何人都不能出现在如此构成的一个以上的名单中。

26.2　在候选人资格备案时，候选人应表明，至少有百分之三的在选举活动组织和仲裁委员会确定的日期内按时缴纳党费的党员签名支持其候选人资格，且这些支持者至少分布在 10 个不同的联合会。任何党员都不能为一个以上的候选人签名。

在确定的全体大会日期四个月前，选举活动组织和仲裁委员会应宣布保荐一名候选人资格所需得到的党员签名的最低数额。

26.3　选举活动组织和仲裁委员会对照这些标准来核实候选人资格的有效性，并最迟在预定全体大会日期的 45 天前向政治局提交生效的候选人资格名单。

第 27 条　当党主席空缺时，选举活动组织和仲裁委员会依第 25 条所规定的方式，在六个月期限内组织一次新的领导班子选举。负责的选举活动组织和仲裁委员会由上次选举中所指定的成员构成。然而，当其成员名额低于七人时，政治局应立刻召集一次全国委员会会议，以便选派一个新的选举活动组织和仲裁委员会。

第 28 条　当出现争议时，全国申诉委员会具有最终裁决权。全国申诉委员会听取不同方面及选举活动组织和仲裁委员会代表的意见，选举活动组织和仲裁委员会代表可以前往实地，并就争议的事实上报。

第八章 授予正式提名或支持候选人时咨询党员的方式

第29条 为落实章程第4和25条的规定，并遵守章程第11和14条的保留规定，全国提名委员会就授予正式提名的问题咨询党员。

第30条 全国提名委员会通过考虑举行一名（或必要时多名）候选人资格的选举，系统地采集相关省委员会的信息。

当候选人资格出现多元化情况时，省委员会以简单多数票进行审议。

省委员会可以决定咨询选区全体大会。全国提名委员会也可以直接咨询一个选区或一个市镇的全体大会。

然后，全国提名委员会作出决定并把它提交给全国委员会，由全国委员会对联盟的候选人作出最后裁决。

（文本来源于原法国人民运动联盟官方网站该内部条例的法文版）

（陈露 译）

法国共产党章程

(2012年法国共产党第36届全国代表大会修改通过)

序 言

凡是为了共同组建法国共产党而结成同盟的男性公民和女性公民，都拥有共同的理想，力求通过解放每一个人、做社会的主人、团结一致以及共享知识、权力与财富，应对我们这个时代的各种挑战；反对由于人类的活动而导致极有可能出现掠夺资源、盲目竞争、冲突和战争的世界；反对一个弱肉强食、不公正和不平等的社会。必须与金钱万能的腐朽思想作坚决的斗争，并坚信：资本主义绝不会是人类历史的终结。

党的政治目标，就是为了促进每个人的完全自主和充分发展的实现，从而使那些形形色色的剥削、统治及民族异化的社会行为退出历史舞台。

人类的自由、平等、联合是党的革命理念，也是全体党员为之献身的解放全人类的共产主义宗旨。

共产党人致力于发展人民参与，推动民主的历史进步，这是他们努力奋斗的主要方向。以高效、平等的方式为每个人争取权利和权力的扩大、知识和文化的获取，这被共产党视为根据所有人的利益而有效且谨慎地作出集体选择、使用国家财政和所有资源的决定性条件。共产党愿意为促进公民参与而探索各种参与民主的道路。

为了实现一个更加公正、更加人道的社会和世界而采取的行动，从不会违背共产党所抱有的希望。共产党的解放目标会在日常行动中得到落实，通过各种可能的形式，以我们时代的挑战、自由、平等、博爱、和平及保护生态系统所要求的斗争和集合的速度，保证解放目标的发展进步及其优势地位。党的大门向一切社会运动力量和一切公民积极分子敞开。阶级斗争的挑战在新的社会成员和新的领域中加剧并蔓延。共产党员是所有社会运动和所有解放斗争的参与者。他们在社会、企业和政府机构中发挥作用,以质疑一切金融盈利性霸权、各种各样的压迫以及代表这些压迫的社会、经济和政治强权。共产党致力于为全体人民谋取新的权利和权力。共产党的主要组织目的在于促成所有力求参与政治决策和权利平等的人们联合在一起实现这一愿景。在与每个历史时期相符合的形式中,共产党都致力于团结怀有这一愿景的人们以及所有社会、政治和公民力量,接纳与发展一些全新的政治实践和政党的形式。

在欧洲乃至全世界,斗争具有全新的维度。我们已经改变了世界,一种全新的社会和政治形态正在成型,这是一种全球阶级的对抗,最坏的情况几乎会毁灭希望持有者。如今,法国的日常政治斗争已经融入欧洲和全世界的政治斗争之中。

加入共产党的动机是多种多样的,这些动机根植于革命斗争和国际主义斗争带来的成果以及由此形成的价值观和创造性,同时受到理论思想特别是马克思理论的充实——在所有解放斗争、女权主义斗争、人道主义斗争、反种族主义斗争、生态主义斗争、和平主义斗争、反殖民主义斗争以及反帝国主义斗争的历史中,挣脱资本主义的束缚,超越资本主义,主张政教分离,反对一切种族歧视和排外行为,反对决定年轻人的命运,等等。加入共产党的动机可以表示为一种与为寻求一条有效的、独特的斗争道路而与共产党签订契约的愿望。

入党是一种自由人的契约,一种理解世界、作用于世界、改造世界的愿望。正是出于这样一种目的,共产党员选择将党组织化。这一组织抉择旨在长期实现集体效率。

动机、经验、能力的多样性也是实现效率的保证。在制定方针政策和决策的集体建构过程中注入多样性,可以令共产党在与社会保持一种开放的、富有活力的关系中,长期致力于解放全人类的政治事业。多样性意味着采取一些组织方式和组织实践,承认和尊重关于目标与战略的不同观点，以实现共产党最高权力的主要方面。正是从这种多样性出发，法国共产党在其内部组织讨论，根据大多数成员的意见民主地作出各种选择，制定各种决策，由此形成全体成员的共同福祉，建成统一团结的共产党。

第一章　共产党员的行动纲领

第1条　共产党员与男性公民和女性公民的共同行动

在城市、社区和农村，在公司和一切劳动场所，面对一切涉及社会生活的政治挑战，共产党人都会组织起来与支持他们的男性公民和女性公民共同行动、并肩作战，去改变现状，努力为实现党的目标而奋斗。为此，共产党提出了各种各样有效的提案，创造了各种各样有利于取胜的组织形式，以利于党组织的规划和行动。

1.1　党组织的职责

在国家的领土上，党组织有责任向每一位男性党员和女性党员以及所有愿意同党员共同行动的男性公民和女性公民表明，全身心地投入到自己选择的政治活动中是完全可能的。

1.2　完全的创制能力

每一位男性党员、女性党员或党的支部，每一个党的地方级、省级和国家级行政机构，都能够为实现党的现有目标而提出任何有益的提案。

提出提案的党员或支部必须通知党的相关机构，以便于该提案能够在组织行动中得到充分讨论，由组织给予支持、指导、协调或配合。

1.3　完全的民主

党的任何提案都公开面向所有法国男性公民和女性公民，不管他们是否加入了法国共产党。党的国家级、省级和地方级各项提案都会通知到每位党员，并邀请每位党员积极参与支持提案的活动。党员可以自由地选择参加或不参加活动，以及参加一个地点还是参加多个地点的活动。

1.4　目标与形式多样化中的就近活动原则

若举行涉及各个领域的大型活动，有必要尽可能地靠近生活和工作区域，以便同各社区、村镇、工作单位的党支部团结起来共同斗争，基层党组织应面向社会并积极证明提案的合理性和必要性。这是在全国各地组织共产主义活动的必要条件。

这项就近原则能够令更多的人从共同的利益和目的出发，积极地参与到思考和行动中来，促使法国共产党党员与非党员能够共同分担更多责任。

共产党将工作单位视为实现经济权、社会权和政治权的重要地点，将工作单位作为共产党同劳动者组织开展活动的优先场所。

所有就近活动按照提案者自由决定的形式开展，可以根据活动需要创建党支部、委员会、活动组、工作组、活动网、协调小组等机构，以有助于提案获取成功并保证提案参与者以民主的形式掌控相关活动。除了必要的常规活动形式之外，还可以根据提案的期限开展其他形式的临时活动。

党支部在工作单位开展就近活动，由所属各级党的行政机构负责领导。

党支部、委员会、活动组、工作组、活动网、协调小组等机构在同各级党的行政机构做好协调工作的前提下，自行决定该机构的运行方式、筹资方式以及提案方式，为各级党的行政机构的草拟和创制工作提供给养。

1.5　法国共产党与法国共产主义青年团

年轻人全面地、独立地参与党的转型进程，以及年轻人与法国共产党的接触，这些都是法国共产党发展的基石。因此，法国共产主义青年团是不可替代的中坚力量。

法国共产党及其行政机构，特别是全国委员会和各省级委员会，在尊重法国共产主义青年团的全国性纲领及创制的前提下，为其发展和活动提供帮助。法国共产主义青年团拥有组织独立性，能够作为共产党的合作伙伴全面地参与共产党的各项活动。

这块政治空间是由年轻人自己思考、自己组织、自己建设起来的，为年轻人采取行动改造世界提供有利工具。

协商、倾听、平等的交流、共同的政治建设，这些成为法国共产主义青年团及其分支共产主义大学生联盟同法国共产党之间构建关系的基础。

1.6 合作伙伴

深层的政治代表制危机需要探索新的政治实践，号召公民直接参与到共同规划的合作伙伴关系中来。在这样的愿景中，共产党采取各种恰当的方式，在尊重各方认同感、特殊目标以及独立性的前提下，同所有政治的、工会的、联合会的进步组织以及相关公民直接创建或参与创建合作伙伴关系。

这种参与空间有利于加强社会转型的政治动力。

1.6.1 欧洲及世界层面的团结行动

法国共产党团结世界上一切可以为了打破金融霸权的全球化，为了建立一个公正的、共同发展的、和平的世界而动员起来的力量，致力于在全欧洲和全世界层面上创建团结阵营、活动场所以及全新的政治形式。

1.6.2 欧洲左翼党

欧洲左翼党创建于2004年5月，旨在"……发展一种对资本主义和霸权金融集团的替代方案，因为资本主义和霸权金融集团千方百计地在全球范围内通过所谓的政治精英和经济精英将其新自由主义政策强加于人民群众的日常生活中……"法国共产党于2004年加入欧洲左翼党。正如其党章第一条所指出的，欧洲左翼党是一个由欧洲左翼政党和左翼政治组织构成的灵活且分散的联盟，各政党和政治组织仍保留其独立性与绝对权力，在协商一致的基础上开展工作。

关于全国委员会加入欧洲左翼党的提议，法国共产党党员是通过不记名投票的方式作出是否参加的决定。如遇有特殊情况，可以再通过不记名投票的方式撤销原决定。

全国委员会，特别是在欧洲左翼党全体代表大会召开的时候，在遵守党章的前提下讨论是否应为欧洲左翼党的工作贡献力量，并通过投票的方式委任代表团参加欧洲左翼党全体代表大会。这种方式有助于全体法共党员参与相关讨论。

第 2 条　推动、协调和支持

2.1　党的行政机构的职责

党的各级行政机构有责任提升每位共产党员的政治参与能力，特别是通过信息流通的方式。党的行政机构应当将所有的准备要素传达给党员，让党员能够进行充分的讨论和思考，以便获取党员对一些重要的政治问题的意见。为了达到这一目的，各级党的行政机构在所辖范围内推动、协调和支持党的活动，并致力于发展并加强党的组织。党的行政机构为此提交各种必要的提案，组织会面并构建可能推动各类行动发展的关系，提供大部分经费。

当党员发生变化时，例如新党员加入或党员转换党支部等，每个相关的行政机构必须竭尽所能促进其尽快融入。

党的行政机构特别重视为每位党员提供多样化的培训项目，特别是为新党员，以促使每位党员积极参与和投入各项讨论与活动。

在国家级层面上，各个工作小组在全国委员会的领导下，在各自领域内推动党的活动和参与在全国、欧洲和世界范围内的开展，构建个人和机构网络，简化网络的运转，使这些个人和机构都能加入到共产党的工作中来。

在全国代表大会闭会期间，会召开一次或多次基层党组织负责人的全国会议。这些会议是对我们执行大政方针情况的阶段性总结，对现有经验展开交流，也为下一年度确定有份量的提案。

每年，党的行政机构都会在确定预算的框架内，就不同形式的活动所需投入的实物和经费展开讨论。借此机会，相关活动的各位负责人会被应邀参加讨论并阐释他们的计划和需求。

党的行政机构会定期了解他们开展工作的情况。

2.2　大区级行政机构

党的活动在大区一级的开展逐渐增多。在所有省级委员会的选举结束之后，由大区代表大会选举产生大区委员会。大区代表大会是在根据各个党的联合会的党费比例确定代表性的基础上由省级委员会选举产生的代表组成，他们共同作出决策，同时还有一定比例的代表是根据第四条规定以每个党的联合会成员的身份作为补充。大区委员会内部选举产生理事会书记和执行委员会，他们有责任确保推动和协调党在大区一级的活动的开展。每个大区委员会与区内各省级委员会以及本区的党代表保持联系，确保相关党的联合会之间一切必要的组织协调工作。大区委员会特别要承担共产党回应本区问题、制定本区竞选纲领以及向党的联合会提出牵涉本区的政治提案或者与其他大区的合作建议的责任。大区委员会可以就争论问题向有权能的个人或机构征求意见。

党的联合会决定本区活动的筹资方式。

第二章　党员的权利

第3条　党员

所有表达想要加入法国共产党意愿的个人都可以加入法国共产党。制作写有党员姓名的党员证意味着授予党员资格及本党章所阐述的党员权利，三个月后会将制作好的党员证交到党员手中。每位党员必须缴纳相应的党费，尊重其他党员，遵守党章规定。

党员所具有的权利如下：

——参加所属支部的全体党员大会；

——选择自己所希望加入并参与思考和行动的网络或集体组织；

——在多样性原则之下，参与党就方针政策的讨论。为此，每个党员都应能够获知全体党员大会的召开日期、地点和日程，并能够获取党的行政机构的真实信息，查阅所有可自由使用的文件。每个党员都应能够向党的行政机构表达自己的和集体的分析、观点与建议，并应当获得行政机构后续对其意见的反馈。

——有权获得同自己的期待、需求和/或参加行动的目标相符的培训，特别是对于新党员而言。

党的行政机构必须尽力创造遵循上述权利的条件，以确保权利的实施。

生活在国外的法共党员可以在他们自行选择的支部内或者在全国委员会直接管理的支部内享有最高权力。全国委员会负责构建一个组织他们活动的网络。

第4条 最高权力

最高权力属于所有党员。他们可以在任何共产主义行动中、在他们的党支部抑或党小组中、在他们的居住社区或工作单位中，通过在省级委员会和全国委员会的代表，以各种集体决定的形式，在各种集体决定的地点，亲自或以集体的方式行使并组织最高权力。投票权的行使视党费缴纳情况而定。党费缴纳情况由省融资协会证实。

一切代表名额的计算以党员人数为基础，按照党员缴纳党费的天数计算。

4.1 征求意见与投票

每个党员都会被邀请参加决策前的准备讨论。在此之前，党员会收到每次征求意见的相关信息和书面材料，包括地点、日期、投票时间表以及选票。决定进行此次征求意见工作的行政机构或执行委员会提供资料并证明资料的有效性。如遇到多个问题的情况，则每个问题都应分别进行投票。使用其他选票都被视为无效。投票之日，只有连续三个月以上按时缴纳党费的党员才可以参加投票。相关级别的执行委员会在辖区范围内组建一个专门的选举委员会，负责竭尽全力使更多党员的参与更便利、组织投票办公室、征求意见并保证投票活动平稳推进。该专门机构会在投票开始前根据省融资协会提供的材料制作一个登记名单。相关选民和行政机构（包括党支部执行委员会、省级委员会和/或全国委员会）都可以自由查看这份名单。任何在投票之日按时缴纳党费的党员都可以参加投票，由选举委员会证实该党员被登记在名单上。

投票是个人行为：对于无论具有何种功能或责任的选举而言，投票永远都必须采取无记名形式。只要有一名党员提出要求，那么在相关行政机构内的任何投票都是如此。

在全国意见征求和选定具有选举任期的候选人的框架内，允许邮件投票和代理投票（一名党员一名代理人），须确保匿名。

投票活动结束后，应当进行现场唱票，并制作一份书面记录，选举委员会的所有成员须在记录上签名。投票结果应向现场与会者公布，并立即通知相关地方级、省级或国家级行政机构或委员会，同时还要提交书面记录、登记名单及可能有争议的选票等材料的复印件。最后仍然是由选举委员会宣布投票有效。

4.2 决策

在每个级别的领导机构中，党均采取由大多数成员在法共全国大政方针的框架内作出决策的方式。无论是在公共场合中，在与合作伙伴及其他组织的关系中，还是在党员当中，选举产生的行政机构都必须为践行并遵循这一原则创造条件。

在意见不一致的情况下，任何党员都有保留捍卫并表达个人意见的权利。

第 5 条　地方和省级组织机构

5.1　党支部包括一个或多个市镇、同一活动区、同一企业的党员。在同一地理区域、活动区、企业中，只能有一个党支部，党支部的创建是由相关党员全体决定的。

多个市镇的党员可以组成一个党支部，如果这对于创造丰富的、民主的、有效的政治生活而言十分必要。不过，当所作决策仅涉及单独一个市镇时，则每个市镇的党员可以分开进行协商。

在共产党员人数特别众多或者地理区域面积特别大的支部内，召开支部党员全体会议的难度较大，则党员可以自行决定按照党小组或者某些分散的形式召开分组会议。

当党员数量足以按照就近原则开展相关级别的活动时，同一工作单位或地理区域内的党员可以组成党小组。

当一家大型企业或一个活动区在一个或多个市镇内拥有数量众多的党员时，党员可以组成党小组或党支部。如果企业或活动区的活动横跨多个省，则在共产党员与党的联合会之间达成一致意见后，党员可以创建一个协调组或者一个附属于某一联合会的党支部。

5.2 党的联合会由同一省内的党员共同组成。通过选举省代表大会代表、选举省级委员会代表以及各种由省级委员会决定的形式，党员可以行使最高权力。

第 6 条 老党员联谊会

资历最老的党员象征着党的大部分记忆，这段记忆承载着历史斗争与政治经验的璀璨卓绝的遗产。老党员联谊会将老党员们聚集在一起，使他们的斗争富有生命力。老党员联谊会在党的全国行政机构的领导下，自行制定组织规章和活动准则。

第 7 条 党的行政机构

党的所有行政机构经由选举产生，按男女均等比例构成。行政机构是党和社会多样化原则的体现。机构的效率取决于在方式和政见多样化前提下共事的意愿。任何党的行政机构都应遵循轮换制，限制兼职。总的规定，同一行政职务的任期为九年。

7.1 党的最高权力机构包括：

——党支部的全体党员大会，拥有相应级别的创制权和代表权，由支部全体党员组成，组织并推动支部全体党员行使最高权力。最高权力的行使须与地方党小组或企业党小组紧密协调。共产党员会在相应的恰当地点进行分析、建议、决策和组织活动。支部的全体党员大会选举产生执行委员会及其书记。

——省级委员会，须作出关系全省党员的决策，与所涉支部的全体党员大会关系密切，所有支部的全体党员大会构成省级分支。

——全国委员会，代表所有共产党员，是召开两届全国代表大会之间的党的最高权力机构。

7.2 全国委员会可以召开全国座谈会，与会者包括全国委员会委员，省级委员会选举产生的代表团，由参加国民议会、参议院和欧洲议会的共产党党团选举产生的代表团。

7.3 每个行政机构自行决定本机构的运转方式、日程安排、工作组织以及会议周期（至少两个月召开一次）。

每个行政机构选举产生财务主管。

每个地方级或省级行政机构承担其管理决策的全部责任，无论是财务还是人力资源管理、规章制度的遵守。在任何场合，地方或省级书记代表行政机构。

每个党的行政机构选举产生执行委员会，由行政机构监督执行委员会的活动：党支部全体党员大会监督地方执行委员会，省级委员会监督省执行委员会、全国委员会监督全国执行委员会。

每个行政机构可以在其内部组建一些负责讨论与决策的专门委员会和工作小组。行政机构会委托这些专门委员会和工作小组提出关于一些特殊议题的决策。

每个行政机构均以全国代表大会的决策为基础，特别是经过讨论并结合专门委员会与工作小组的工作，最终通过与其职责相对应级别的主要方针政策。行政机构须进行政治选择，根据大多数人的意见作出决策，行政机构须保证这些决策在落实过程中得到遵守。

7.4 全国委员会主席

全国委员会主席由全国委员会选举产生。

全国委员会主席对准备和组织全国委员会会议进行协调工作，尽可能创造各种条件，使所有共产党员、工作组以及与日程相关的委员会和网络都能参与到准备工作中。主席负责组织民主讨论，并组织进行会议记录。

全国委员会主席须保证全国委员会委员同全国执行委员会之间的联系。

7.5 省级执行委员会和全国执行委员会由相关行政机构根据书记提名选举产生。为保证提名的集体决策性，书记身边应配备一个省级委员会或全国委员会的代表委员会，该代表委员会由相关行政机构选举产生。

7.6 执行委员会负责落实根据大多数意见产生的本级别的大政方针和决策。为此,执行委员会须提出所有必要的提案,推进并协调工作小组的活动,从委员会委员的多样性中汲取财富。在百家争鸣中求同存异有助于培养壮大政治组织和法国共产党本身。执行委员会须关注相关行政机构采取的行动,这包括党支部全体党员大会、省级委员会和全国委员会。

7.7 地方级、省级、国家级书记是践行相关行政机构(分别为党支部全体党员大会、省级委员会、全国委员会)所作决策的负责人。在此头衔下,书记推动并协调地方级、省级、国家级执行委员会的活动。为此,书记身边应配备一个协调小组,小组成员从执行委员会中产生。每位书记代表本级别的法国共产党,在公共生活的各个领域内以党的名义行事。书记是由党签署的政治协定的担保人,须对外宣传党的意见和提案,宣传由全国委员会或大多数党员根据少数服从多数原则制定的决策和方针,推动开展党的活动及民主生活。书记还负责监督党章的遵守情况。

第三章 代表大会

第8条 代表大会会议

共产党通过代表大会的形式进行大政方针的制定和地方执行委员会、省及国家行政机构的选举。地方代表大会(即党支部全体党员大会)、省级代表大会和全国代表大会共同组成代表大会会议。

代表大会至少每三年召开一次,会期和会议日程都由全国委员会决定。如果三分之一的省级委员会或者百分之十的党员要求召开会议,则必须召开代表大会。这百分之十的党员中必须有至少三分之一来自党的联合会中至少各百分之十的党员。如果经由省级委员会决定或者有百分之十的党的联合会的党员要求,则可以在全国代表大会非准备期间召开省级代表大会特别会议。这百分之十的党员必须来自至少三分之一的党支部中至少各百分之十的党员。

为通过某一方针政策，须同行政机构选举一样组织讨论和投票，以此追求两个目标：一是聚集大多数党员的意见共同作出选择，二是让没有作出这些选择的少数党员将可替代方案付诸投票。由此，我们作出的选择可以汇聚多元化的观点，这是我们行事方式的权利和原则。这项权利不能通过组织党内派别的方式表现出来。

第9条　大会办公室

大会办公室是在大会工作刚开始时选举产生的，地方一级的大会办公室由地方执行委员会提名，省级和全国的大会办公室由相应级别的委员会提名。大会办公室代替任期已满的地方执行委员会或相应级别的委员会，竭尽全力组织讨论和投票，以促使党员或党员代表能够共同成为所有决策的制定者和监督者。

为便于工作的推进，大会办公室内部组建一个负责在共同商议的基础上组织讨论的专门委员会，还成立一个负责候选人的专门委员会，该委员会成员由大会办公室代表团以及每个党支部（省级代表大会）或每个党的联合会（全国代表大会）至少一名代表组成。

第10条　大会代表的选举

根据由省级委员会和期满到任的全国委员会分别制定的基数，在尊重不同意见表达的基础上，地方代表大会和省级代表大会分别按相同比例选举产生更高一级代表。任何党支部的党员以及任何省代表大会的代表只要按期缴纳党费，都可以成为候选人。非代表身份的省级委员会委员和全国委员会委员分别参与省级代表大会和全国代表大会工作时，不具有投票权。

第11条　大政方针的选择

11.1　共同讨论基础的通过

全国委员会根据议题和提问决定议程安排。全国委员会提前一个月号召所有党员提供需要讨论的问题。任何个人或集体身份的党员、任何党支部全体代表大会和任何省级委员会都能提供一个或多个需要讨论的问题，全部或部分构成大会的议程。所有问题都可以供共产党员使用。全国委员会在考察所有问题的基础上制定出一个共同讨论基础的计划，作为代表大会议程的依据，并全力制定一份书面文本，将大多数党员的意见集中到共同作出的选择上来。随后，在最多五个星期的时限内将这份计划发到每个党员手上。时限结束后，三百名按时缴纳党费的党员可以提出一份替代讨论计划。这三百党员必须来自至少四分之一的党的联合会，每个党的联合会的签名人数不能超过名单总人数的百分之十。这些党员须提交一份签名证明及党费缴纳凭证。替代讨论计划必须阐明代表大会议程，并尊重议程的一致性和连贯性，其篇幅不能超过全国委员会通过的相关规定。

任何文本都须附有一份主要大政方针的概述，各篇概述的篇幅应保持一致。

由全国委员会选举产生的专门委员会组织进行公开讨论，并宣布提交文本的有效性。

须将共同基础计划通知到每个党员，组织征求意见的投票以便确定将哪个文本作为地方、省级和全国代表大会的共同讨论基础。得票最多的文本将成为所有共产党员共同讨论的基础。

11.2　大政方针的投票

地方代表大会的全体党员以及省级代表大会的代表均就共同基础进行讨论，他们可以自由修改共同基础的全部内容或部分内容。修改后的文本最终付诸投票。随后，这份文本连同未被采纳的修改内容一并提交全国代表大会，由全国代表大会对这一文本进行讨论、修改和投票。

第 12 条　党的行政机构的候选人资格与选举

12.1　每位连续三个月以上按时缴纳党费的党员可以自荐成为候选人，并/或经其本人同意由其他党员、党支部全体党员大会、省级委员会及任何党的行政机构推荐成为候选人。任何行政机构选举产生专门委员会，可以在其管辖范围内推荐候选人。

12.2　在各个级别中，由党支部全体党员大会选举产生的专门委员会、省级委员会或大区委员会均须确保候选人信息的透明性。专门委员会必须包括每个支部至少一名代表（省级委员会）或者每个党的联合会至少一名代表（全国代表大会）。专门委员会集中所有的候选人资格，代表大会召开前48小时须向党员公开所有工作进展（包括推荐名单）以及淘汰的候选人资格。待代表大会开幕，专门委员会须向大会办公室提交所有工作成果：一份包括地方执行委员会、省级委员会、全国委员会以及所有淘汰候选人的推荐名单。

12.3 通过对当地每一个宣布参选的候选人进行不记名投票的方式，在讨论结束并征求候选人委员会意见之后，地方代表大会可以公布省级委员会的候选人资格，省级代表大会可以公布全国委员会的候选人资格。投票结果送交各个级别保证信息透明的专门委员会，同时还要附上所有未当选候选人的名单。

12.4 行政机构选举（地方执行委员会、省级委员会和全国委员会）：

——讨论首先由大会办公室发起，须在全体代表大会代表间展开。所有登记有效的候选人资格都应提交讨论。大会办公室在讨论结果的基础上，提出一份男女比例相同的候选人名单，目的是让领导层的工作更有效率（参见第一章第二条）。名单的构成必须保证讨论中所表达的不同意见具有公正的代表性，代表大会的大部分代表能够作出共同选择。为选出地方执行委员会、省级委员会和全国委员会，该名单还应包括一名书记的推荐人选。

——所做的努力是为了通过一份共同认可的名单，然而不在这份共同推荐名单上的代表大会代表可以提出替代名单，并向代表大会与会者阐明提出替代名单的理由。大会代表在候选人中指定一名名单代表，由代表指定各个阶段的整体名单。

替代名单必须在候选人委员会第一次会议开始前提交代表大会办公室。

替代名单必须遵守并符合与共同名单相同的标准：

——男女比例相等；

——具有地域代表性（全国委员会至少涵盖四分之一个省，省级委员

会至少涵盖多个市镇)

——替代名单不能超过共同名单中候选人的人数；

——对于全国委员会选举，替代名单必须包括来自至少四分之一个省的至少百分之十的代表大会代表；

——对于省级委员会选举，替代名单必须包括来自四分之一个党支部的百分之二十的代表大会代表；

——候选人不能出现在多个不同的名单中，也不能出现在一个名单中，同时支持另一个名单；

——这些名单须包括一名书记的推荐人选；

——根据已有名单，大会办公室会推荐一份最终确定的名单。取消与其他名单全部或部分合并的名单。如果未能实现合并，则最初提交的替代名单可以维持原状并提交投票。由指定代表宣告选择哪份名单；

——投票采取等额无记名方式。名单上得票最多的候选人当选。可以根据候选人数和得票数的比例，按照介绍顺序增补其他名单上的候选人。名单上得票最多的书记候选人当选书记。

第四章　经费及其管理

第 13 条　经费来源

党员的活动经费，即党的资金来源主要包括党员的党费、捐款、法共民选代表竞选费用、党组织及公共援助的创制经费。

捐款和赠品主要由省级和全国筹资协会征收；全国和欧洲民选代表的竞选费用由全国筹资协会征收，其他竞选费用由省级筹资协会征收。

全体党员大会以及省级和全国行政机构使用经费的目的主要是最大限度地推动党员的就近活动，促使党员更好地获取信息，促进党员行使最高权力。

每年在必要时，法共党员会讨论并决定进行捐款以及款项的使用，制定年度预算并负责完成预算。

第 14 条　财务主管的作用

财务主管与地方、省级和全国领导集体一同主持党的财务工作，还要考虑每项活动的资金自给。他们监督资金互助以及各级资金的使用，以最大程度地保证政治和财务的效率。财务主管还特别负责民选代表及其党团的活动经费，以及由民选代表提供的必要经费。

每届代表大会，每个行政机构的财务主管都会特别注意到任领导集体的经费管理及预算的完成情况。

第 15 条　党费

15.1　党员的党费

通过收取党费，每个级别的行政机构都有责任加强与党员的政治联系。这种联系主要构成并决定了法国共产党的其他经费来源。

党费缴纳是个人行为，收取的形式多种多样，由党支部财务主管根据实地情况通过党小组与党员商议决定。党费交付法国共产党省级筹资协会，后者有权根据关于政党筹资的法律法规开具年度财务收据。党费是每个共产党员行使投票权的具体基础。

党费征收标准定为工资的百分之一，同时要考虑到情况的多样性，最低基线为年费 12 欧元，这是针对无收入者、低收入者或家庭负担过重者。

党费的使用权分配给三方：党支部、党的联合会和全国委员会。根据共同商定的优先考量，每个行政机构的预算必须包括对党组织的经费支持，根据地方、省级或全国的地域划分，优先满足就近需要。

15.2　民选代表的党费

作为法共党员的民选代表不从他们的任期附加收入中扣除党费。民选代表的党费征收标准不同于普通党员，他们如约向党缴纳当选费；议员缴纳给全国筹资协会，本地或地方民选代表缴纳给省级筹资协会。除了民选代表的党费之外，法共的民选代表还参加相关地区的经费互助。在与相关人员进行讨论之后，党为民选代表的履职提供必要的经费保障。如果民选代表必须减少或停止其职业活动,则须缴纳一定的赔偿金,具体数额须与相关行政机构明确。

民选代表的党费可根据关于政党筹资的法律法规开具年度财务收据。

第 16 条　募捐

募捐是长期行为,其分摊标准根据募捐的性质和目的而作出调整,最终由集体讨论决定。

第 17 条　选战经费推动委员会

针对每个党的联合会,省级委员会都会组建一个"选战经费推动委员会",由财务主管、委员会成员和每个党支部至少一名代表组成。具体职能包括:

——与财务主管密切合作,制定经费来源表,并在省级委员会的领导下筹备选战经费的组织和推动工作。

——监督并检查向各个行政机构再分配党费份额的公正性与合规性。

在全国一级,应由全国执行委员会负责主持争取经费。

第 18 条　法国共产党的财务监督

自 1988 年出台允许收受公众援助的政党财务法以来,法共组建了一支审计队伍,进行账户结算,通过两名稽核员进行账户审查(负责核查每个法人的合规性与财务漏洞),在每个财政年度之后的 6 月 30 日前派稽核员向全国竞选审计和政治资助委员会提交财务审查报告。

在党的具体实践中,除了筹资协会和财务专业人员之外,只有全国委员会和隶属账户验证领域的联合会有资格向省级党的联合会、全国委员会和选战账户提供经费。其他单位或法人(党支部、党小组、协会等)均不具备本条所列职能。

第五章 党的民选代表

第 19 条 候选人资格

党员自行决定是否以党的名义参加选举或在不同的选举中支持哪些候选人。

19.1 候选人资格提名

在发出征召候选人资格的通知后，全体党员大会、省级行政机构和全国行政机构可以产生候选人资格提名，以个人名义推荐到党内。所有居住在选举相关地区的党员都会被告知所有候选人资格提名者的信息。

19.2 共产党拟定提名

共产党在与选区相对应的行政机构中拟定候选人资格提名，候选人资格提名须由以下机构宣布生效：

——市镇选举、市镇联合组织和区委会选举：在与省级委员会相关的市镇中居住或组织起来的全体党员大会；

——居民人口两万以上城市的市镇选举：与国家委员会相关的党支部和党的联合会；

——区县选举和巴黎委员会选举：省级委员会；

——大区选举：大区党员大会；

——国民议会和参议院选举：全国委员会从省级委员会提名开始；

——欧盟选举：全国委员会；

——总统选举：全国党员大会。

除了严格执行法律之外，共产党每次投票都会遵守男女比例均等的原则，在所有执行委员会中均奉行这一原则。共产党致力于为候选人资格的更新和比例均等创造条件，以促进人员轮换，避免任期过长。

19.3 选票

标明候选人资格提名的选票须经由党员或党员代表通过。对于国民议会和参议院选举，须由全国委员会宣布选票的有效性，由此，党的全国性政治纲领能够得以遵循，而国民议会选举中全国范围内的比例均等原则也能够得到遵循。

一切努力的最终目标是要达成一份代表大部分党员或其代表意见的候选人资格方案。尽管如此，如果其他具有候选人资格的提名仍然保留，则仍需付诸投票表决。获得最多选票的具有候选人资格的名字会出现在选票上，作为行政机构（党员大会、省级委员会、大区党员大会、全国委员会、全国党员大会、代表大会）的最终选择。

19.4 党员投票：相关选区的党员以个人名义通过不记名投票的方式对候选人资格提名表态。如果候选人资格提名者获得多数选票，则候选人资格终获通过。在整个程序的最后，只有通过该方式指定的候选人才能够获得党的授权，使用法国共产党的标志或签名。在仍保留其他候选人的情况下，党的相关行政机构能够中止该名党员的权利。

第 20 条 民选代表

共产党的民选代表由党提名推荐，通过普选获得任职机会。在成为全民选出的代表之后，民选代表开展的活动主要是促使公民参与到决策的制定和实施中来。

在每届议会中，共产党的民选代表以独立或合作的方式，决定组建一支团队，选举产生其组织团队的负责人。

在每个级别的选举中，民选代表注意开展集体劳动，推动民众的参与民主。

共产党的民选代表与其他具有相同意愿的民选代表共同组成共产主义与共和主义民选代表全国联盟（ANECR）。这是一个自治联盟，可以在百家争鸣的原则下，在为人民服务的特定工作框架内接纳民选代表，因为人民决定了民选代表能否任职。这是一个研究与交流经验的场所，也是一种行动与联合的手段，该联盟有利于与其他联盟和机构开展合作。

共产党员民选代表与其他各个级别的党的行政机构之间的合作与常规性交流是在彼此尊重的基础上实现的，有助于互相加强思考、充实提案并提高效率。

第六章 负责人与合作者

第 21 条 酬劳

21.1 党的负责人

共产党在党内选出的各个岗位的负责人为了履行职责可能会调整或离开原本的工作。为了党的活动,他们可以获取一笔酬劳,酬劳的金额由相关行政机构决定。

21.2 雇用合作者

根据相关财务规定,党的行政机构为满足活动需要,可以配备各种职业合作者,根据他们的必要资质按劳获酬。一旦决定创建这样的工作岗位,行政机构须承担所有的雇主的责任和社会义务,特别是在培训方面。合作者的劳动合同须明确他们带薪活动的目的和条件,雇主的责任,尊重劳动权利。

第 22 条 共产党负责人和合作者的晋升

有效推行干部不兼职和干部轮换原则,意味着在必要的级别上需要就政治负责人的公共身份展开竞争。

党的行政机构将责任全权委托给一些党内活动分子,因为这些责任需要完全的或部分的自主权,这样出身于劳动界的活动分子就可以具有政治上晋升的机会。他们在各种各样具有连续性的职务中获取需要具备的能力。党的行政机构也会开展必要的培训,以长期确保相关活动分子能够从事职业活动。

第七章 矛盾冲突

第 23 条 矛盾冲突的调解

法国共产党的民主机制是解决可能出现的矛盾冲突的保障。全国冲突调解委员会通过提交旨在消除矛盾冲突的提案,寻求解决方法。任何情况下,在尊重党员最高权力和多样性的基础上进行政治讨论都是应当优先考虑的途径。

如果一位党员遭遇一项他（她）认为不正当的决议，则他（她）可以向自己所在的地方、省级和全国行政机构提出意见，该行政机构有责任协调人员和机构的力量寻求积极解决冲突的方案。

如果在行政机构框架内无法找到解决方案，则应提交全国冲突调解委员会寻求解决。

第 24 条　全国冲突调解委员会

全国代表大会选举产生全国冲突调解委员会及委员会主席，委员会对代表大会负责并由代表大会确认其合法性。

全国冲突调解委员会并不介入政治抉择的讨论，而是根据党章的字义和精神对决策的一致性发表意见。材料由相关各方提供，委员会致力于审查材料的基础工作，组织与各方的沟通、会谈、讨论程序。委员会提出一些可能的建议，使各方观点逐渐靠拢。

委员会在最短期限内公布审查结果，各方必须实施并遵守审查结果。

第 25 条　剥夺权利与开除党籍

不遵守全国冲突调解委员会审查结果的行为可能引发剥夺权利的处罚。

法共党员的以下行为会受到开除党籍的处分：质疑正直和人类尊严的基本价值观，腐败，参加其他政党组织。

开除党籍的处分措施须由党员所属的行政机构或另一个与之行为相关的行政机构提出，交由全国冲突调解委员会作出裁决，宣告开除党籍的提议是否有效。

第八章　《人道报》

作为法共中央的机关报，《人道报》在法国报业独树一帜，为法共反对现存的不合理制度、创建具有美好前景的工作作出了贡献，是法共改造社会、解放全人类奋斗目标的喉舌。

尽管共产党被视为《人道报》存在的保证，但是《人道报》是属于所有那些致力于发展共产党日报并使之有利于改造社会的人士。饶勒斯创建的这份报纸就是朝这个方向发展的成功手段。法国共产党党员可以在阅读中为充分思考、政治活动和批判精神汲取养分。《人道报》影响力的扩大被视为获取成功的王牌，并通过积极行动参与社会活动提高读者数量。

监督委员会代表着维护和参与《人道报》的各方力量。监督委员会决定报社的大政方针，确保政策的良好实施，任命《人道报》的董事会成员及董事会主席。董事会成员及其主席全权负责《人道报》的经营运作。

第九章　对党章的修改

只有党的全国代表大会可以对本党章进行修改。

经全国委员会决定，可以通过一份内部修改条例。全国党章专门委员会负责草拟修改条例，该专门委员会由全国委员会委员和每个党的联合会的一名代表组成。这份内部修改条例须经全国委员会投票通过并生效。

（文本来源于法国共产党官方网站该章程的法文版）

（赵超　译）

欧洲环保—绿党章程

（2010年11月）

运动的基本价值观和原则宪章

欧洲环保—绿党确认2001年在堪培拉通过的世界绿党宪章为全体政治生态运动的基本文件，并将欧洲和国际上公布的重要的人权方面的文件奉为自身的基本原则。

欧洲环保—绿党的全体合作者和党员宣布遵从以下价值观和原则：

● 人类共同体在为后代保护环境和生态系统方面负有整体责任，面对可预见性灾难时采取谨慎和预防性干预的原则。

● 保护生态多样性和生命体，在人类与自然之间建立一种尊重和非暴力的关系。

● 人人有权在健康和受保护的环境下生活。

● 与气候变化做斗争，这意味着能源资源的调整和实行大规模节约能源的政策。

● 享有自由支配时间的权利和个人及相互之间充分发展的权利。

● 拒绝生产本位主义和无极限增长的观念，这种观念没有考虑到我们星球资源的有限性。

● 承认存在不可被特殊利益剥夺的公共财产。

● 为社会公正、减少社会不平等而斗争，并反对一切形式的对人的剥削。

● 在人与人之间、代际之间、地域之间及更通常地在社会内部保持团结并平等地分享财富与资源。

●向经济自由主义和捕食、竞争及挥霍的逻辑的灾难性后果提出质疑，促进朴素的生活方式。

●有必要通过发展社会经济和团结经济、强化非商业部门和加强对金融市场的管理，开发出一些建立在生产和消费模式的生态转型基础上的替代性经济可使用的方法。

●思想、表达、集会和传播的自由。

●个体解放与独立权，有终身教育权、培训权、文化权和健康权。

●人民拥有掌握自身命运和民主地自我治理的权利。

●在尊重政教分离原则和个人享有不可转让的自决权的基础上，宗教信仰自由。

●防止国家专断，尤其是尊重平等诉讼权和私生活受尊重权。

●有持不同政见和反抗压制的权利，与一切形式的独裁和极权主义作斗争。

●承认多样性是我们瑰丽多彩社会的组成部分。

●维护多元化，充分尊重少数派及其权利。

●促进语言的多样性和保护地区文化。

●切实维护人的尊严，承认人的尊严优先于一切正义。

●所有人享有改正权、平反权和再次被接纳权。

●确认男女平等主义无论对男性还是对女性都具有解放的价值。

●与种族主义和一切形式的歧视作斗争——无论是涉及性、性取向、性别、社会出身/种族、肤色、语言、年龄、残疾、疾病或一切其他状况的歧视。

●与一切腐败作斗争，支持经济、金融领域和政治领域的决策透明化。

●对政治、经济和环境难民的接待义务和积极声援。

●和平、宽容和非暴力的文化；支持裁军。

●拒绝军事核武器，支持退出民用核工业。

- 建立基于团结和国际合作基础上的新型南北关系。
- 抵制哪怕是以"紧急保护地球"名义而提出的专制的解决办法，捍卫民主政治。
- 对有利于世界治理、民主治理和平等治理的倡议予以支持。
- 参与联合的欧洲、社会欧洲、生态欧洲和民主欧洲的建设。

序　言

我们，行动起来的公民、成员、积极分子、党员，在创立政治生态统一运动的过程中确认，迫切需要建立一种新的权力和责任文化，承认有必要从我们现时代的民主政体向一种全新的最终包含我们社会所有的多样性和丰富性的民主政体演进。换言之，我们的运动回应了对变革的渴望，并表现出与某些人的取消政治活动的主张相决裂。我们的运动主张向世界开放，团结所有居住在世界上的人，实现每个人的解放与自主，拒绝不平等，将团结与责任作为行动的动力。

这个运动是我们与加入其中的人们共同创立的，它将超越传统的政党形式，并在传统的功能当中加入以下要素：网络的动力；最广泛的公民参与；以及那些不愿等到将来，而想现在就改变，在这里和所有地方创造舒适未来的人们的日常动议。

我们想要建立一种培育尊重每个人的言论，尊重所有人的经验和行动的运动；一种通过地方网络和积极分子而达到不停创造和再创造的运动；在这里，通过对运动各层次所有人开放的不停更新的创意能力，所有人都是参与者，从运动、经常性的拟定计划，到参加选举。在提出共同创意、进行评论和战略、计划和纲领拟定方面，所有人，只要他们想要，并正如他们所愿，都可以自由参与。

这一政治的、民主的和多元化的运动建立在价值观宪章所宣称的原则基础上，也建立在章程的强制力基础上。

我们进行的是一项冒险的事业，并非不知道复制已知事物要比创造另一事物更为容易。但我们懂得，为了前进，应该去冒险、设想、构建和调整。既没有必要恐惧，也不仅仅是期望，而是要找到新的答案和实现它的新的方法。

运作的原则

——以一人一票为基础的成员平等。

——在运作中尊重范例的原则。

——伴随着适当选举模式的采纳，在内部和外部层面实现负责职务和候选人的男女对等以及行政机关的男女对等。

——在内部和外部的所有领导层面承认社会的多样性。

——严格限制内外权责的兼职，无论是同时兼任和/或兼任过去的职务。

——在所有层面承认民主：联邦制、辅助性、当选者的代表性、分权。

——在尊重少数派的同时，在一致或特定多数的框架内，尊重多元化。有退出权。

——由分化引起的联邦制；欧洲环保—绿党是一个联合组织，按大区加以组织，其基础是地方网络。

——账目透明与独立：欧洲环保—绿党的预算对所有人和公共账目透明。欧洲环保—绿党是独立的，尤其独立于国家与公共权力、私人企业及一切性质的压力集团。

——新型集体行动和战斗性的试验权。

——知情权。

——培训权。

——通过适当的机构和平解决冲突。

章 程

第 1 条 构成

拥护本章程的自然人创立一个"政党或政治团体",遵守 1990 年 1 月 15 日修订的 1988 年 3 月 11 日第 88—226 号组织法的要求。

该政治运动是欧洲绿党的成员,遵从 2001 年 4 月在堪培拉制定的世界绿党宪章中的原则。

第 2 条 名称

该政治运动命名为欧洲环保—绿党。

第 3 条 目标

欧洲环保—绿党的目标是:

- 制定惠及全社会的生态、社会和民主转变的前景与纲领;
- 其有关修改公共政策的建议将付诸于公共讨论及选举投票;
- 在欧洲环保—绿党将拥有代表的所有机构或行政机关内,确保对其公共政策建议的关注与落实;
- 动员社会,并凭着全部的首创精神投入到带有这一变化涵义的行动中去;
- 参与生态的大众教育。

第 4 条 总体原则

欧洲环保—绿党是按合作网络和政党方式组织起来的政治运动。

欧洲环保—绿党完全属于一个致力于政治生态思想发展的更大的整体之中。以此名义,为扩大和加强其网络,欧洲环保—绿党被准许与分享其价值观和目标的组织建立持续的伙伴关系。根据合作伙伴关系协议确定的方式,这些组织及其成员可以成为这一网络的一部分。该协议的主要作用是明确共同的组织方式、它们在各自机构,尤其在"区域政治生活广场"的代表制,以及由对纲领的思考而参与到集体起草中来。

作为政党,欧洲环保—绿党是由那些同时加入欧洲环保—绿党全国组织并仅加入唯一的欧洲环保—绿党大区组织的个人组成。

欧洲环保—绿党的大区组织直接并仅与欧洲环保—绿党相联系，属于欧洲环保—绿党的成员。每位欧洲环保—绿党的党员都拥护其章程和附录，以及世界绿党宪章。每位欧洲环保—绿党合作网络的成员都赞同欧洲环保—绿党价值观宪章和世界绿党宪章。

欧洲环保—绿党在其目标之中，确认要深化民主政治并超越政党形式的不足。她将其行动纳入一个更广阔的整体，一个网络和组织的生态系统之中，这一行动超越了单一政党政治的功能，力求扎根于社会生态之中。

大区组织由居住在相关大区的所有党员构成。

大区的划分由联合会理事会决定。大区组织包括一个由长期居住在外国的法国人组成的"大区"，而且不必模仿法国的行政结构。

大区组织的章程和内部条例应与联合会组织的章程和内部条例保持一致。当出现矛盾时，执行全国条例。欧洲环保—绿党的内部条例确定大区章程最基本的要点。

地方网络构成欧洲环保—绿党的基层组织，基层组织的创立和管理由欧洲环保—绿党内部条例和大区章程来确定。在任何情况下，不经相关大区政治理事会和联合会理事会的同意，地方网络不能被授予法人资格。地方网络可以按内部条例确定的方式，以跨大区合作的形式安排自己的活动。

表达和讨论的自由是基本准则，但在尊重本章程和内部条例的情况下所采纳的决定将受到尊重。任何人，如果其采取与欧洲环保—绿党所采纳的原则、价值观和决定相决裂的态度，都不得利用组织的名义。当不同意组织的立场时，每位党员有权弃权，弃权表示一种退出的权利。所有机构都是人数对等的。当一项职务由两个人分担时，两人分属不同性别。

第 5 条 总部

总部位于巴黎 10 区的圣马丁区街道，247 号。经联合会理事会决定，总部可以迁移到其他地点。

第 6 条 时限

欧洲环保—绿党的存在期限为无限期。

第一章 政治生态运动

第 7 条 定义

欧洲环保—绿党致力于其协助推动的全球政治生态运动。

该运动由一个合作网络、一个政党和一个资源极构成。

第 8 条 政治生活广场

8.1 使命

政治生活广场是为政治生态的整体行动起草计划、纲领和战略的地点。政治生活广场也为全国性的选举纲领和协议拿出意见，也可以就自发感兴趣的所有其他政治生态的主题而召集会议。每年至少召集一次会议。

8.2 构成

政治生活广场最初由 300 人构成，其中：

——百分之五十来自联合会理事会；

——百分之五十来自于合作网络的不同组成部分，包括合作者（他们在一定的限度内并根据内部条例确定的方式，以在自愿者当中随机抽取的方式获得加入的资格）以及可能的合作运动的代表。

内部条例明确成员选派的方式和分配的方式。

8.3 职能

政治生活广场在决定其自身的运作规制和制定其内部条例方面拥有全权。经联合会理事会的同意，政治生活广场的构成可以发生变化。

欧洲环保—绿党积极参与政治生活广场推动的活动。

政治生活广场的会议由集体负责的执行局负责组织，执行局根据内部条例确定的方式在政治生活广场内部选举产生。

8.4 关注运作方式的常任委员会

常任委员会在政治生活广场内部组成并按内部条例描述的方式进行运作，它负责研究欧洲环保—绿党的运作方式。该委员会应撰写一份年度报告，该报告可以形成对章程和内部条例可能的修改建议。该报告将提交给合作者、党员以及权力机构，以便讨论并实施所提出的建议。

第 9 条 政治生活广场的推动团队

9.1 使命

政治生活广场推动团队的目标是筹备运动的内部集体活动。在政治生活广场和联合会理事会确定的框架内，这里是政治生活广场相关方之间持续交流的地方。

在联合会理事会和/或政治生活广场两次会议之间，政治生活广场推动团队自己召集聚会。

政治生活广场推动团队确定政治生活广场会议议事日程。

9.2 构成

政治生活广场推动团队由政治方向理事会成员、同等人数的合作网络不同参与者的代表和执行局 4 人代表团构成。

第 10 条 欧洲环保—绿党运动的地方网络、地方组织

地方网络把欧洲环保—绿党的党员和合作者重新集合在一起。地方网络是讨论的组织，是把欧洲环保—绿党基层集合起来的组织，并拥有倡议权，在其层面上拥有代表。地方网络筹备地方行动、运动的活动和地方政治倡议。该网络负责确保欧洲环保—绿党基层行动的统一。

地方网络每年至少召开一次党员和合作者会议。党员和合作者确定该网络的目标、协同其行动，根据他们选择的方式来选举或指定一个推动团队。该网络也是筹备积极分子任务的地方，尤其在选举竞选期间，要根据由生态之家和地方支部决定的关于积极分子任务的提议而进行筹备。

临近的几个地方网络可以建立协调机制。

第二章 合作网络

第 11 条 定义

欧洲环保—绿党将行动扎根于个人和集体的多重伙伴关系之中，并与所有承认是政治生态运动的组成部分的团体和组织缔结关系。

创立一个合作网络，它的功能是对一切创造和互通生态知识与技能的创意及行动给以支持。在这一动力之下，欧洲环保—绿党通过以纲领、公共政策以及行为活动的形式构建可实施的行动建议来促进和检验这些实践。

该网络是政治生态运动横向联系的地点。在该网络所介入的每一个地域，以该网络认为最适当的形式，比如：政治生活广场、全国、生态之家、主题委员会等，该网络推动建立起草、交流和动员方面的民主与开放的空间。

该网络是一个与"资源极"、社会活动家以及更为普遍的情况下所有甚至只是部分承认党的目标的未入党的合作者一起工作和合作的地点。

如果地方层面存在生态之家，合作网络要依靠生态之家，还要依靠区域性的政治生活广场组织，在尊重该网络内部条例确定的原则的情况下，召集开放式的聚会，以便共同起草纲领并对指定候选人的操作办法给出意见。

资源极参加全国政治生活广场的活动，以便推动有关政治生态问题的理智讨论、培训和研究，大规模地传播和普及这些思想。特别是资源极拥有一个"大众生态教育"机构和一个互助与民选代表培训中心。该中心特别依靠生态基金会的工作。

资源极由一个网络负责协调，该网络包含每个组成机构的代表。

第 12 条 合作者

合作网络主要把所有个人身份的合作者和党员集合在一起。

合作者拥护本章程序言中所阐述的价值观、价值观宪章以及世界绿党宪章。他们可以是除欧洲环保—绿党之外的其他政治组织或运动的成员。

合作者缴纳一笔赞助费。他们在地方上重组为地方网络。

合作者是地方或大区决策的参与方，尤其是纲领起草和行动参与（行动的决定和行动的方式等）的决策方面。同样，欧洲环保—绿党的政治计划将由合作者进行思考、讨论、分享和共同起草。合作者可以加入生态之家、区域性的政治生活广场和主题委员会，并拥有同党员一样的培训权。

合作者参与总统选举的候选人的指定。党的内部机构的选举限于党员。根据内部条例确定的方式，合作者的代表将进入党的所有机构，保留咨询权。

当合作者代表要成为选举候选人或以咨询方式进入党的机构时，这些合作者不可以属于其他的政治运动，除非有特殊规定。

第 13 条　合作网络的协会和非正式的成员团体

欧洲环保—绿党作为政治生态星系的一部分，完全处于合作伙伴组织的整体之中。为了在社会中传播欧洲环保—绿党的政治计划，合作网络对组建的协会或非正式团体开放。协会或非正式团体可以被看作是合作网络的积极成员。合作网络与这些不同协会之间可以签订全国及地方性合作伙伴关系协议，以便确定交流的性质和与其之间的联系。

这些协会或非正式团体被免除赞助费。

欧洲环保—绿党同样支持职业部门、业务部门的聚会，这些聚会在隶属于合作网络的机构内自由组建。

因此，欧洲环保—绿党在尊重相关政治生活资金立法并在其限度内，积极参与合作组织的融资、管理和推动，如思考性团体、联合会和民选代表的网络、联合会理事会承认的作为共同利益团体组成部分的运动和不同机构。这些合作组织都加入政治生活广场。

第 14 条　网络的组织

合作网络在大区和跨大区层面上由自由组织的协调来推动。在全国层面，合作网络由网络的全国代表和副代表来推动和协调。夏季日是合作网络每年会晤的地方。这些会晤可以对其行动进行总结并对今后的路线图提出建议。

合作网络拥有其本身的内部条例。

第 15 条　主题委员会

引入主题委员会。主题委员会参与方针的制定，协助对运动的思考，明确提出行动建议。主题委员会对所有人开放。主题委员会在其内部指定推动者。全国的主题代表的工作与这些委员会保持紧密联系。

第 16 条　转移给合作网络的资金

欧洲环保—绿党采取必要的方法，尤其是人员和财政的方法，使该网络的成员能够具有合作工作、交流和网上投票的手段。在尊重政治生活资金的相关立法并在其限度内，有可能对由协会或非正式团体成员发起的行动给予特别的资金协助。为此，在全国层面创建一个特别行动基金，该基金主要由合作者的赞助费来提供资金。

第 17 条　推动网络的全国代表

全国政治生活广场指定推动网络的一名全国代表和一名副代表。这些代表参与全国执行局的工作。

第三章　政治组织

一、成员

第 18 条　党员

党员是所有拥护本章程及附录、欧洲环保—绿党价值观宪章和世界绿党宪章的个人。要成为党员，应按内部条例规定的方式及时缴纳党费。

个人入党要加入一个地方支部或一个不以地域，而以其他标准构成的支部，如企业支部、主题支部，或与特别关注中心相联系的支部。

这些不同于地域的支部宣布直属全国执行局，全国执行局将预审它们的组建要求。任何一个这类支部的成员在管理上都属于其居住地的地方支部，他将在地方支部行使其对内和对外的投票权。

如同在普通代表大会和特别代表大会上那样，政治组织的每名党员都拥有在其权限范围内就集体的整体决定行使个人投票的权利。

党员在本章程规定的条件下可以提议进行全党公决。

一名党员不可以同时属于另一个政治组织，除非有特殊的规定。

欧洲环保—绿党重视让党员们受到长期培养。为此，欧洲环保—绿党制定一些培训的措施。地方网络特别关注欢迎新党员，并在他们入党的第一个月内向他们提出在地方网络或所属大区进行培训的建议。

第19条　入党

党的成员为党员。

与入党请求相关的大区组织可以拒绝所有持与党的基本方针相反立场者入党。这一决定可以上诉至章程机构。如果对具有全国影响力的某人入党持有异议的话，所有成员都可以请求联合会理事会进行审理。在这种情况下，联合会理事会作为终审，决定批准或不批准其入党。

第20条　党员的注销

20.1　注销

成员资格的丧失：

——在内部条例规定的条件下，正式的辞退通知；

——死亡；

——在内部条例明确的条件下，未缴纳年度党费；

——由严重的理由而被临时或最终开除，在内部条例明确规定的条件下，当事者已事先受到邀请并到场作出解释。

20.2　注销的程序和重新入党

所有的开除或暂时开除都需通知大区的所有组织。根据内部条例的规定，可以向联合会理事会进行政治上诉。

所有被开除欧洲环保—绿党者可以在至少一年之后着手递交入党申请书。如果联合会理事会与会者在投票时有三分之二的多数同意，他的入党就得到批准。

二、地区和地方组织

第 21 条　政治组织中的地方组织——地方支部

地方支部是政治组织的基层组织，它把党员重新聚集在一起。地方支部代表政治组织并以其名义进行行动。地方支部组织党员培训，使他们了解政治组织的思考和倡议，推动政治组织的活动和民主生活的开展。地方支部准备并组织所有属于政治组织的活动并负责使地方支部的活动最大程度地融合在一起，并在更大程度上融入同一区域的积极的地方网络。

内部条例规定管理和创建一个地方支部的相关规定。

地方支部代表会议每年召开一次。

第 22 条　地方支部的合作

地方支部可以在省、市或全国建立跨大区的合作。可以在同一大区进行跨两个省的地域合作。

由这种合作的机构作出的决定是合法的，并且如果这些决定与大区章程保持一致，那么也得到大区层面的承认。

全国内部条例以及大区章程和内部条例规定这些合作的建立与运作的方式。

第 23 条　大区

政治运动在大区层面组织，该大区可以与行政大区的划分有所不同。

大区组织根据全国内部条例明确的指示，制定并修改其自身的章程和内部条例。大区组织不可以在其章程和内部条例中采纳与全国章程和运动的内部条例相反的规定。

大区需尊重并负责使地方支部尊重党的原则及代表大会和联合会理事会的决定。

大区政治组织把同一大区所有的地方支部和全体党员集合到一起。

大区拥有法人资格，大区可以与全国组织使用同一筹资协会或拥有其自身的协会，后者应得到全国竞选审计和政治资助委员会的同意。

第 24 条　大区政治理事会

大区政治理事会是大区的决策机构。除非在全国和大区章程中有特别的例外，大区政治理事会根据内部条例确定的特定多数规则形成决议。

根据内部条例明确的指示，大区政治理事会由大区代表大会选派，大区代表大会每三年至少召开一次。男女对等的大区执行局在大区政治理事会内选举产生。

在全国内部条例所提供的准确名额的范围内，大区章程确定大区政治理事会当选者的总人数。

这些当选者分为两个团体：地方支部代表团和大区代表大会当选者团。根据内部条例确定的条件，地方支部代表应在大区政治理事会中占百分之五十的成员。

大区政治理事会内必须包含一个大区合作者团，该团拥有表达权。

第 25 条　大区仲裁委员会

在每个大区内设立负责预防及解决冲突的仲裁委员会。内部条例明确其构成、任务和运作的方式。

三、联合会理事会

第 26 条　联合会理事会

26.1　构成

根据内部条例规定的方式，联合会理事会集中 150 名当选者，任期三年。

联合会理事会应包含同等数额的男性和女性。

联合会理事会的构成为：

——由大区层面的党员选派的 120 名当选者代表及其候补者；

——由全国层面的党员选派的 30 名当选者代表及其候补者。

联合会理事会咨询成员：

——主题委员会负责人；

——大区负责人代表团；

——欧洲环保—绿党在欧洲绿党的代表；

——国民议会、参议院和欧洲议会议会党团的 12 名代表，按每个议会四个名额的规则，由各自议会党团负责选派。

26.2　联合会理事会执行局

联合会理事会执行局负责工作的开展和落实联合会理事会的决议。根据内部条例确定的方式，在联合会理事会第一次会议上，联合会理事会执行局由联合会理事会当选者代表选举组成。

执行局包括联合会理事会主席。联合会理事会主席由联合会理事会选举，按内部条例确定的方式选定。

在征求资金委员会的意见后，根据联合会理事会的决定，联合会理事会执行局成员可以在内部条例确定的条件下获得津贴。

根据内部条例确定的条件，联合会理事会办公厅成员可以被撤职。

26.3　联合会理事会资金委员会

在代表大会后召开联合会理事会第一次会议时，指定一个特别的资金委员会。该委员会准备与全国司库（财务总管）和资金专员进行资金方面的讨论。内部条例明确资金委员会的构成。资金委员会出自联合会理事会，其运作完全独立于执行局。内部条例确定，资金委员会运作和召集的方式依赖于自身的管理。资金委员会被授予必要的手段进行运作。

26.4　参加政治生活广场

联合会理事会是政治生活广场不可分割的组成部分并参与其全部工作。

26.5　合作者的参与

在自愿合作者中，随机抽取 20 名合作者参加联合会理事会的工作，并且他们拥有表达权。他们负责保持该机构与合作网络的联系。

26.6　政治方向理事会

联合会理事会推选 20 人负责在两次联合会理事会会议之间确定党的立场，这是其权限。他们的决定采取一致通过。当出现成员之间的分歧时，分歧点提交联合会理事会进行审查和讨论。

这 20 人向联合会理事会建议一份名单，由欧洲环保—绿党党员中够资格者担任全国主题代表。全国主题代表和联合会理事会指定的 20 人共同构成政治方向理事会。

在集体工作的框架下，政治方向理事会负责收集和考虑当选代表所表述的其联合会和议会党团的意见，以及欧洲环保—绿党在欧洲绿党的代表及主题委员会代表的意见。

执行局可以参与政治方向理事会的工作。

第 27 条　任务

联合会理事会是欧洲环保—绿党全国政治组织的领导机构。在全国代表大会确定的政治框架下，当有一个目标时，在全国政治生活广场或其方向理事会提出建议后，联合会理事会是负责确定政治方向的机构。

除联合会代表大会或全党公决就此问题作出决定之外，联合会理事会投票表决预算并批准账目。联合会理事会有权以欧洲环保—绿党的名义进行诉讼。

第 28 条　权力

在联合会理事会执行局的召集下，或在联合会理事会四分之一成员的要求下，或在联合会理事会执行局或全国执行局半数的要求下，联合会理事会每季度至少召集一次会议。在联合会理事会执行局的集体负责下，安排联合会理事会的组织工作。

在收到代表/当选者和主题代表的建议后，经与全国执行局保持联系，联合会理事会的议事日程由其执行局负责确定。

联合会理事会主席可以参加全国执行局会议。

四、全国主题代表

第 30 条　全国主题代表的选择

根据第 26.6 条提到的联合会理事会成员代表团的建议，联合会理事会负责指定全国主题代表。

第 31 条 全国主题代表的职责

每位全国主题代表负责一个领域，他应与运动委员会、政治机构、联系组织或伙伴组织保持联络，推动该领域的政治思考。

全国主题代表可以获得由联合会理事会规定的职务津贴。

五、执行局

第 32 条 构成

执行局成员由代表大会根据内部条例确定的方式选举产生。

执行局包括 11—15 名成员，特别包括一名全国书记，一名全国司库，一或两名发言人。要成为执行局候选人，应该至少是具备一年党龄的欧洲环保—绿党党员，或至少两年来先是合作者，后成为党员。

第 33 条 任务

在内部条例规定的条件下，全国执行局保证党的决议的实施和欧洲环保—绿党的正常运作。

在尊重联合会理事会、代表大会和全党公决的决定的情况下，全国执行局保证党的政治上的连续性。

执行局有权以运动的名义进行诉讼。

第 34 条 撤职

联合会理事会在任何时候都可以按内部条例确定的特定多数要求，作出撤销全国执行局成员职务的决定。

第 35 条 全国执行局成员职务补贴

在征求资金委员会的意见后，全国执行局成员可以获得由联合会理事会确定的职务津贴。

第 36 条 全国执行局的审议会议

除了按内部条例确定的方式由全国执行局多数成员决定的禁止旁听的情况外，全国执行局的审议会议对联合会理事会和管理机构开放。

六、参与选举

第 37 条 外部选举中候选人的指定方式

欧洲环保—绿党推荐的选举候选人由党员为此特别举行的有序投票进行选择。合作者参加总统选举中候选人的选择。

对于参与候选人的选拔来讲,在任何情况下都不会参照上一次选举的结果。在接受来自希望加入欧洲环保—绿党的人的候选人资格时,要特别予以当心。

内部条例详述了对每种类型的选举的指定方式。这些方式将明确一些方法,使欧洲环保—绿党保证在区域选举中居于名单首位者的对等。

第 38 条 限制职权的兼职

为了有利于全身心投入到职权之中,更换新人,以及使更多的人担负责任,对如同过去那样同时行使党内党外职权的兼职的限制在内部条例中作出规定。

七、管理机构

第 39 条 章程理事会

39.1 构成

章程理事会由 12 人组成,其中四人根据内部条例规定的安排,在全体党员中随机抽取,另外的八人按内部条例明确的方式,由联合会理事会在已经行使地方或全国内部行政职务至少两年的欧洲环保—绿党党员中间推选。

39.2 任务

章程理事会负责确保全党对全国和大区的章程和内部条例、以及欧洲环保—绿党主管机构的决议的尊重。章程理事会还负责确保对不兼职、对等和符合现行规则的代表制的尊重。

第二部分 主要政党内部规章制度

39.3 权力

章程理事会可以宣布一切不合规则的决定无效并启动一项紧急程序。章程理事会可以选择中止一项决定。

为履行其使命，章程理事会拥有全权进行调查。章程理事会有权自动请求审理。章程理事会的制裁以内部条例中明确的违反行为条目为根据。

内部条例描述了可能发生的请求审理、送达和上诉的程序。章程理事会在内部条例确定的条件下进行裁决。

章程理事会拥有审计权并有权对一切直接从属于运动的法人组织提出批评指责。

向章程理事会提交的上诉不可以被中止。

39.4 请求审理

在内部条例确定的条件下，所有欧洲环保—绿党的党员都可以向章程理事会提出请求审理的要求。

第 40 条 全国道德委员会

40.1 构成

全国道德委员会由六人组成，半数来自运动的决策机构，半数是够资格的知名人士。其成员根据内部条例规定的方式加以指定。

40.2 任务

全国道德委员会负责保证整个运动尊重运动所秉持的政治生态价值观，以及运动的决策机关或负责人所从事的行为之间的协调一致性。

40.3 权力

除章程理事会介入的领域之外，全国道德委员会拥有审计权，并且可以就运动负责人在行使其职权时的行为、运动的所有决策机关的行为以及直接从属于运动的各法人的行为发表意见。

全国道德委员会把其所传达的意见递交给相关的机构或人员。

40.4 请求审理

在内部条例规定的条件下，所有欧洲环保—绿党的党员都可以向全国道德委员会提出请求审理的要求。全国道德委员会在其至少两名成员的请求下，可以自动提交一个问题。

运动的领导机构可以要求全国道德委员会提供意见。

第 41 条　对等观察所

根据内部条例确定的规定，成立对等观察所，其成员由政治生活广场成员和普通群众构成。对等观察所负责监督女性在各级组织的代表问题，并关注外部选举中对等选派的模式问题。

该观察所拥有定期进行分析并发布信息的能力。该观察所享有警告权并能够请求章程理事会进行审理。该观察所提出建议以预防一些困难并纠正所观察到的问题。该观察所每年至少向联合会理事会提交一次工作成果，联合会理事会最迟在六个月内考虑这些观察报告。

第 42 条　多样性观察所

根据内部条例确定的规定，成立多样性观察所，其成员由政治生活广场成员和普通群众构成。

该观察所负责在外部选举和各级组织中的种族、文化和社会上的少数群体的代表问题。

该观察所拥有定期进行分析并发布信息的能力。该观察所享有警告权并能够请求章程理事会进行审理。该观察所提出建议以预防一些困难并纠正所观察到的问题。该观察所每年至少向联合会理事会提交一次工作成果，联合会理事会最迟在六个月内考虑这些观察报告。

第 43 条　资金专员

资金专员按对等方式选出两人。他们承担调查和提供建议的职责。在行使其职权时，他们可以获取所有必要的文件。在代表大会上，在批准账目时或在资金专员证明有必要这样做时，他们向联合会理事会或其资金委员会提交一份资金状况和组织内部监督的报告。他们可以提出建议。他们保证向党员提供适当的信息。

第四章 资源极

第 44 条 定义

资源极指欧洲环保—绿党宣布与其保持紧密合作伙伴关系的所有第三方机构。根据内部条例确定的规定,这些机构被邀请参加政治生活广场。

第 45 条 目标

资源极推动理智的讨论,主持对当选者和积极分子的培训,并组织对政治生态问题进行研究。资源极积极参与把政治生态学说所促使的创新最大程度地广为传播并加以普及。

第 46 条 构成

资源极主要由基金会、生态思考团体、生态领域的大众教育机构和一个当选者和积极分子互助与培训中心构成。

在与政治生活广场所陈述的目标保持一致的情况下,欧洲环保—绿党可以与构成资源极的每一个组织保持持续的和签约的合作伙伴关系。欧洲环保—绿党参与资源极成员之间的协调工作,并负责使政治生活广场的工作与资源极保持紧密联系。

第五章 代表大会和全党公决

第 47 条 所有代表大会的共同规则

按时缴纳党费,并且没有得到正式通知被临时或最终开除的党员,以平等的权利参加普通和特别代表大会。

第 48 条 普通代表大会

代表大会是欧洲环保—绿党的最高权力机构,在这里最终决定其政治方向。

普通代表大会每三年召开一次。普通代表大会召开的日期至少在七周之前通知党员。内部条例明确通知工作的开展。

由联合会理事会确定的议事日程在普通代表大会召开的三周之前寄给党员，并附有一份开会通知。只能就列入议事日程的问题进行讨论和投票。

代表大会分两个阶段进行。第一阶段称为"分散的代表大会"，包括以大区大会的形式召开的会议，或根据内部条例规定的方式，联合会理事会经对大区进行任意切割，可以决定在一个更小的范围内举行有投票权的全体党员大会。

第二阶段为在单一会场集中召开的大会，称为"联合会代表大会"，由第一个分散阶段按完全或不完全的比例选举制选定的代表构成。根据内部条例规定的方式，联合会代表大会必须在分散代表大会召开一个月之后举行。联合会代表大会推选负责保证内部监督条款落到实处的资金专员、联合会理事会全国层面的代表和全国执行局成员。

第 49 条　特别代表大会

在两次普通代表大会之间，按内部条例确定的方式由联合会理事会发起倡议，或应欧洲环保—绿党至少百分之二十的党员的要求，或按内部条例规定的方式应大区政治理事会至少八名成员的要求，可以召集特别代表大会。

第 50 条　全党公决

在欧洲环保—绿党运作的一切行为方面，欧洲环保—绿党可以通过采取向全体党员提出明确问题的形式求助于全党公决程序。

在至少分布在三个大区的十分之一的党员的要求下就可以组织全党公决（这种情况称为"积极分子倡议"）。一个单一大区，在五分之一以上必要多数的党员要求下才可以启动全党公决程序。联合会理事会、代表大会或由大区政治理事会至少 8 名成员组成的小组可以发起组织全党公决。

全党公决的结果等同于代表大会的决议。

地方支部或地方联合支部在该组织权限之内提出具有法律和政治性质

的文本而发起的地方全党公决的倡议，根据内部条例规定的方式，可以作为积极分子倡议的全党公决，提交给执行机构。

总统选举候选人的确定通过党员和合作者共同参与的全党公决来决定。

第六章 章程的修改/解散

第 51 条 章程的修改

只有通过特别代表大会或全党公决，得到百分之六十六的赞成票才可以修改章程。

第 52 条 解散

只有通过特别代表大会以百分之七十五的得票率才可以宣布解散欧洲环保—绿党。

当出现解散的情况，特别代表大会应指定一名到几名专员来清算欧洲环保—绿党的财产。如果存在资产，这些资产只能分配给所追求的目标与欧洲环保—绿党相似的机构。

在紧急情况下，联合会理事会或全国执行局可以阻止解散一个大区组织。不管怎样，该组织的资产属于欧洲环保—绿党全国组织。

第七章 司法和资金规定

第 53 条 党费、财源

53.1 党费

党员的入党费由联合会理事会确定的全国费用、大区费用和地方支部费用构成。

党费数额根据全国等级表计算。

制定一条针对低收入人员的规定。

合作者根据政治生活广场确定的方式向合作网络的资金给以赞助。

53.2 其他财源

欧洲环保——绿党还拥有民选代表的党费、与政治生活公共资金相联系的捐赠和其他合法财源。

关于不同来源的资金在全国、大区和地方机构之间分配，由联合会理事会就这一问题的文本进行投票表决。

第54条 责任与透明度

全国司库在符合政治运动的特别规章方面，对账目的恰当管理和账目合并负有责任。资金专员、全国道德委员会成员、章程理事会成员、联合会理事会资金委员会成员可以获知不同的账目文件。

第55条 内部条例

本章程的规定由内部条例来补充，制定内部条例的目的是确定章程未规定的种种问题。

当在联合会理事会获得百分之六十六的多数，或在代表大会和全党公决时获得百分之六十的多数即可对内部条例进行修改。

第56条 程序

欧洲环保——绿党将履行由法律和现条例所要求的申报和公开的程序。

（文本来源于法国欧洲环保——绿党官方网站该章程的法文版）

（陈露 译）

欧洲环保—绿党内部条例

(2015年1月)

第一章　欧洲环保—绿党

第1.1节　政治生活广场

〔本节已删除〕

第1.2节　地方网络

地方网络把欧洲环保—绿党的党员和合作者重新集合在一起,并每年至少召开一次党员和合作者会议。地方网络筹备地方行动、运动的活动和地方政治倡议。临近的几个地方网络可以建立协调机制。

第1.3节　合作者

合作者拥护欧洲环保—绿党章程序言中所阐述的价值观、价值观宪章及世界绿党宪章。

合作者每年缴纳一笔赞助费,其数额由欧洲环保—绿党的联合会理事会确定。

合作者可以参与纲领的制定,以及所组织的地方、大区和全国性的行动。合作者参与总统选举候选人的指定。

党的内部机构的选举限于党员。合作者的代表将根据以下对每个机构的定义进入党的所有机构,保留咨询权。

合作者可以成为除欧洲环保—绿党之外的其他政治组织或运动的成

员。然而，当合作者要成为选举候选人或以咨询方式进入党的机构时，这些合作者不可以属于其他的政治运动，除非在两个组织之间存在一个被欧洲环保—绿党联合会理事会采纳的，符合欧洲环保—绿党章程序言、价值观宪章及世界绿党宪章中所阐述的价值观的协议。

第二章 政治组织

第2.1节 入 党

第2.1.1条 入党申请

入党申请格式如下。"本人姓名，出生地……，住址……，不属于其他政治组织，已经了解全国（和大区，如果有的话）章程，申请加入'欧洲环保—绿党'"。日期和签字。

第2.1.2条 入党方式

某大区欧洲环保—绿党由那些同时并仅仅属于欧洲环保—绿党全国组织和该大区欧洲环保—绿党的个人党员构成。

一名党员只能依其居住地、工作地或选民名册注册地而属于唯一的一个地方支部。大区政治理事会或大区执行局可给予一项说明理由的特许。

入党申请书立即递交给有资格提出意见的（大区、地方支部）机构知晓，由大区管理机构进行预审。只对附上个人支付方式或允许从银行账户提款的入党申请书进行预审。对没有银行账户者，提供一张邮政汇票并附上一份居住地声明，用作证明文件。网上入党可以使用银行卡支付。

大区政治理事会或大区政治理事会委托大区执行局就入党问题表明接受或拒绝的理由。

大区机构应自大区秘书处收到申请书最长两个月之内就申请书表态（7月递交的申请书作为特例可以延长到10周）。伴随第一次付费，入党申请书的提交日期定为两个月预审期的开始日。如果在这个期限内大区机构没有回应，就认为如同入党已被接受。对于需要进行信息增补的情况，只要涉及延期的投票在头两个月之内进行，大区机构就可以推迟一个月的预审期。

新党员自大区政治理事会批准之日或预审期到期之日入党生效后就有权参加投票，但对内部职务任命的投票、涉及选举战略的投票以及对参加外部选举的候选人的指定的投票例外，新党员自大区政治理事会批准之日或预审期到期之日起的三个月后有权参加这些选举的投票。

第 2.1.3 条　渗透

当受个人推动或在团体的操纵下存在渗透的企图时（指的是一些不公开表示其目标的人的受到指使或操纵的行动，不能与那些参与集体工作并每个人都各自表示其目标的人们同时申请加入相混淆），大区和/或全国执行局可以暂停这个小组成员的所有入党程序，直到他们与章程理事会合作展开的调查有结果为止。一旦预审结束，这一调查工作的结果将提交给联合会理事会由其作出决定。

第 2.1.4 条　党员身份的丧失

欧洲环保—绿党执行局可以紧急暂停欧洲环保—绿党任何党员的党籍。其入党的那个大区的大区政治理事会应在宣布之后最长两个月内就最终的处分作出决定。

在对开除一名党员的全部审议之前，该党员受邀以写信说明情况的方式向大区政治理事会做自我介绍，该信件以挂号信并附带回执的方式至少在审议前一周的期限内寄到。

对于严重的错误，可以由大区政治理事会或大区执行局立即宣布暂时开除。暂时开除最长为 6 个月。相关党员有权前往大区政治理事会表明其意见。可以向全国机构（联合会理事会、章程理事会）进行上诉。

第 2.1.5 条　上诉程序

2.1.5.1　上诉委员会的构成

在实施开除或来自高层的暂停党籍三个月的措施之后，根据章程第 20 条，相关党员可以向联合会理事会执行局进行不可中止的上诉。

执行局安排一个由两名联合会理事会执行局成员、两名执行局成员和两名章程理事会成员组成的研究上诉的专门委员会。该委员会应在（除假期之外的）一个月的期限内召集会议。

2.1.5.2 上诉程序

——所有涉及开除或来自高层的暂停党籍三个月的上诉都提交给研究上诉的专门委员会，由其处理该请求。

——如果开除是由大区政治理事会（或经授权由大区执行局）宣布的，并且该上诉至少部分取决于法律论证，则移交给章程理事会。

——如果开除是由章程理事会宣布的，根据可能的新因素以及对该文件的政治判断，专门委员会决定或者予以了结，或者请求章程理事会重新审理，或者提交给联合会理事会。

——如果上诉属于政治范畴，可以以无根据予以了结，或提交给相关的冲突预防和解决仲裁委员会或联合会理事会。

——开除或由（全国或大区）执行局采取的紧急暂停党籍的措施在未经裁定机构的确认之前不能向联合会理事会上诉。

2.1.5.3 联合会理事会对上诉的处理

联合会理事会在辩论并投票之后，可以肯定或取消最初的决定。

第2.2节 大区和地方组织

第2.2.1条 地方支部

欧洲环保—绿党以地方支部的形式在地方组织起来。这些支部的章程不得与全国和大区章程相矛盾，特别在涉及入党条件和更为一般的党员条例时。地方机构不能作出与大区机构相反的决定，然而它可以实行集体良心异议原则，不参与大区的决定。

大区以下的组织要经大区代表大会或大区政治理事会的批准。该机构的良好运作属于其管理范畴。五名党员是构成和保持地方支部的最低门槛。大区政治理事会确认地方支部的区域范围，它可以根据辖区的实际情况来调整这一门槛。地方支部应与地理和政治上的统一相一致。地方支部的最低层级是市镇或区政府一级，大区政治理事会提出并确认的例外情况除外。

在大区政治理事会提供的拨款范围，地方支部或多个地方支部组成的联动会对支出选择具有独立决策权。这些支出按大区政治理事会所规定的方式加以管理。

第2.2.2条 地方支部联动会

当每个相关地方支部的党员的有效多数支持建立联动会时，可以组建地方支部联动会。大区内部条例规定这个有效多数的门槛。在召集地方支部全体党员举行代表大会时进行投票；联合的建议事先列入这次召集通知的议事日程上。想成立联动会的全体地方支部的书记联合向大区政治理事会递交一份建立联动会的请求，以便得到批准。

在大区政治理事会提供的拨款的范围内，地方支部和地方支部联动会对支出选择具有独立决策权。这些支出按大区政治理事会规定的方式加以管理。大区章程可以提及一种可能将大区的权限转移给地方支部联动会的机制。在这种情况下，大区章程应明确提出可以转移的权限有哪些。

地方支部联动会在相关地方支部的全体党员的代表大会上推选他们的代表。

第2.2.3条 大区

2.2.3.1 组织

大区制订大区章程和内部条例，该条例不能与全国条例相矛盾。当出现矛盾时，出现在全国章程和全国内部条例中的规定适用。同样，所有地方机构所制订的章程都不能与全国条例和大区条例相矛盾。

2.2.3.2 创建

按照1988年3月11日和1990年1月15日的法律规定的要求，由遵守本章程的党员建立的大区组织，拥有某大区欧洲环保—绿党的名称。这一组织是"欧洲环保—绿党"全国政党在大区的代表。除联合会理事会批准的特殊规定之外，适用"欧洲环保—绿党"这一名称。"欧洲环保—绿党"的全国章程和内部条例对"欧洲环保—绿党"的全国机构和大区机构作出规定。

2.2.3.3 大区欧洲环保—绿党的构成

大区欧洲环保—绿党由居住在相关欧洲环保—绿党辖区内的全体党员构成。

2.2.3.4 目标

大区欧洲环保—绿党的目标是：

参与政治生活，特别关注欧洲环保—绿党在大区的特有态度不被歪曲；

讨论在现实社会中可能的替代方案；根据这些主张提出规划；努力使规划付诸实施，其中，特别重视必不可少的过渡阶段；

在所有与生态有关的领域内进行行动。某大区欧洲环保—绿党参考欧洲环保—绿党全国性的基本文献，并视其为自身的文献。某欧洲环保—绿党大区组织负责在该大区内欧洲环保—绿党章程和党员权利得到尊重。某欧洲环保—绿党大区组织以这样的身份监督地方支部活动平稳有序。

2.2.3.5 财源

某大区欧洲环保—绿党的财源来自：

——党员的党费，归联合会的那部分党费除外；

——大区和其他地方行政单位的民选代表的党费；

——欧洲环保—绿党全国层面的拨款；

——由大区欧洲环保—绿党的"大区融资组织协会"募集的基金；

——法律授予的其他财源。

2.2.3.6 组织

某大区欧洲环保—绿党的大区管理工作由大区执行局掌管。大区执行局是全国机构的对话者。作为以大区为基础建立起来的联邦组织，欧洲环保—绿党因此有两个层面的合法代表：负责全国计划的全国书记，负责大区和大区以下计划的大区书记。

2.2.3.7 （已转到第二章第2.1.3条）

2.2.3.8 党员身份的丧失

根据欧洲环保—绿党全国章程第20条，党员由于辞职、死亡、未支付年度党费或因临时或永久性开除而丧失其身份。

2.2.3.9 大区代表大会

大区代表大会由全体有投票权的党员参加，它是某大区欧洲环保—绿党的最高权力机构。大区代表大会每三年至少召开一次。

在两次代表大会之间，应至少百分之三十的党员的要求或大区政治理事会至少百分之六成员的要求（该要求就召集大会问题列上所建议的议事日程），大区政治理事会或党员可以召开特别代表大会。当该要求来自党员时，在距上次代表大会不足三个月时不得召开特别代表大会。大区代表大会根据提交党员进行投票的大区方向性提案，确定某大区欧洲环保—绿党的总的政治方向。大区代表大会按对等名单下的比例选举方式指定进入大区政治理事会的代表。所有某大区欧洲环保—绿党的大区代表大会都由大区执行局召集，并至少在代表大会召开之前三周通知党员。召集通知除议事日程之外，应包括代表大会开始和结束的时间、将要讨论并表决的文本。召集通知的样本应事先寄送给欧洲环保—绿党的上级机构。为事务牵制的党员可以给他们选择的党员提供一份委托书；任何党员都不能持有一份以上的委任。为确定大区代表大会议事日程的某些准确要点，大区政治理事会可以着手一项通信投票。

2.2.3.10 代表大会的组织

至少在代表大会召开之前三周，由主管层面的行政机关邮寄代表大会的召开通知，并且除了议事日程之外，通知应包括将要讨论并表决的文本。召集通知的样本应寄送上级机构的行政机关。某大区欧洲环保—绿党代表大会的投票方式要符合全国内部条例中的"投票方式"一条。

2.2.3.11 某大区欧洲环保—绿党的财政机构

大区财务主管管理某大区欧洲环保—绿党的账目，并管理由大区政治理事会投票通过的预算。根据欧洲环保—绿党全国财务总管的要求，大区财务主管需每年制作某大区欧洲环保—绿党的账目资产负债表。根据以下定义的方式，大区财务主管建立某大区欧洲环保—绿党大区以下全部组织的合并账目。

大区财务主管还应每年至少向大区政治理事会递交一次账目资产负债表。大区财务主管还应在下一个自然年的第一个季度末之前，向欧洲环保—绿党全国财务总管递交某大区欧洲环保—绿党大区的合并账目。这些账目由有资质的经大区选择并资助的财务专家提交。所有大区以下组织保持其预算独立性（即对支出的选择），并且应每年在其收入的限度内制定预计的预算。

大区政治理事会至少每年一次在党员中间推选两名财政专员负责管理账目并跟踪当选者的转账。

这些专员负责起草一份专门年度报告，把集中了财务的盈余和亏损以及资产负债表的账目提交给大区政治理事会。在每次大区代表大会上也同样应提交这些报告。

2.2.3.12　大区政治理事会

大区政治理事会是两次代表大会之间的主要决策机构。

大区政治理事会成员的总人数由大区内部条例或大区章程作出规定。大区内部条例确定可能的方式，使其能够保证总体的对等。

根据大区执行局的召集通知或应大区政治理事会三分之一成员的要求，大区政治理事会每年至少召开五次会议。

大区政治理事会由三个拥有表决权的团体构成：

——第一个是由抽签决定的党员团；

——第二个是在大区代表大会上当选的党员团；

——第三个是代表地方支部的党员团。

在这三个有表决权的团上再加上一个拥有咨询权的合作者团。

大区政治理事会成员在四个团之间的分布：抽签决定的党员人数应代表大区政治理事会的成员百分之五至百分之二十之间的比例。这一数目由大区内部条例确定。因此，如果 N 是大区政治理事会成员中的党员的总数，n 是抽签决定的党员数，各团的构成如下：抽签决定，n。大区代表大会的当选者，N—n/2；地方支部的当选者，N—n/21。合作者团由大区内部条例确定，占 N 的百分之十至百分之二十之间。

第三个团在地方支部之间的席位分配：每个地方支部可以要求得到一个大区政治理事会的席位。如果席位数可能超过地方支部数，其余下的席位根据每个地方支部的党员人数按比例分配。相反，在地方支部数超过席位数的情况下，席位按每个支部党员人数递减的顺序授予。为避免一些支部在大区政治理事会中得不到代表，两个或几个毗邻的支部可以自由结合在一起，要求组织下一级的大区代表大会，并在大区政治理事会中得到一个共同的代表。在准备大区代表大会的背景下，这一重组的建议应得到大区政治理事会的同意。在辞职或注销之后，地方支部的在委任期间的代表的更换需根据大区内部条例规定的方式进行。

第一，由抽签决定的党员团：以自愿人员为基础在党员中抽签选取。候选人在下一级大区代表大会上进行登记。任何人，如果他/她是其他两个团的候选人，就不能成为这个团的候选人。抽签以男女候选人分开的方式在大区代表大会上进行，以便实现此团的男女对等。

第二，在大区代表大会上当选的党员团：成员由大区代表大会按最大余数法比例代表制以对等名单为基础选举产生，可以按照运动内部指定候选人的共同方式进行安排。

第三，代表地方支部的党员团：该团人数与第二个在大区代表大会上按名单进行选举而当选的人数相等。地方支部党员团的选举按运动内部指定候选人的共同方式进行。该选举发生于大区代表大会的第一阶段，选举以分散的方式在每个地方支部层级召集的代表大会上进行。

拥有咨询权的大区合作者团：一个大区的合作网络的成员自由指定他们的代表。如果不存在允许大区合作网络成员指定合法代表的框架的话，大区政治理事会组织征召候选人并通过抽签的方法指定两个团（"女"和"男"）的合作组织成员。

2.2.3.13　大区执行局

大区执行局在运动的政治方向的框架内实施大区代表大会和大区政治理事会的决议。

大区执行局是对等的。它包括大区章程中所规定的一些成员，其中有一名大区书记，两名发言人（男女各一名），一名大区财务主管。大区执行局的成员是大区政治理事会的成员。

根据每个大区的章程，大区执行局由大区代表大会或大区政治理事会选举产生。在大区执行局由大区代表大会选举产生的情况下，候选人应事先已当选为大区政治理事会成员。如果一部分大区执行局成员在大区代表大会上当选，那么其余大区执行局成员要在大区政治理事会第一次全体会议上选举。经大区政治理事会有效多数的同意，可以在任何时候对由大区政治理事会选举产生的大区执行局成员进行解职，大区内部条例对有效多数作出明确规定。由大区代表大会选举产生的大区执行局成员的解职要由大区代表大会投票，经有效多数同意即可决定解职，大区内部条例对有效多数作出明确规定。

当大区执行局成员的委任到期（辞职、解职、空缺等）时，大区政治理事会根据上次大区代表大会投票结果的比例，按比例代表制组织进行替换。当一部分大区执行局成员直接由大区代表大会选举产生时，大区内部条例对空缺时的替代方式作出明确规定。

2.2.3.14 以运动的名义作出的公共政治表达

大区书记和大区发言人共同负责欧洲环保—绿党在整个大区领域的公共关系；他们保证大区的表达，确保集体一致性和全国、大区和地方三个层次之间的辅从性得到尊重。地方支部和多个地方支部联动会的有发言权的负责人就本区域内的专题进行公关。来自局外的当选者在他们委任的权限范围和管辖的区域之内进行公关，确保运动的一致性得到尊重。

2.2.3.15 融资协会

成立某大区欧洲环保—绿党的大区融资协会，该协会应得到某大区欧洲环保—绿党和欧洲环保—绿党的承认并由其宣布成立。该协会应得到全国政党资金委员会的同意。该协会的目标是筹集所有供某大区欧洲环保—绿党之用的资金并把此资金（除管理费用之外）全部转给某大区欧洲环保—绿党的财务主管。应每年向某大区欧洲环保—绿党的财务主管提交该协会的账目,使其并入大区合并账目并遵从修订后的1988年法律。该协会章程附在本章程之后。

2.2.3.16 大区会议

在全国书记负责之下,大区书记形成一个组织系统。大区书记会议每年至少召开三次。通过分享他们的思考、经验和方法,该会议负责协调以确保运动所制定的各种活动以及主题和选举活动付诸实施。

大区财务主管也同样形成一个组织系统。在全国财务总管的负责之下,大区财务主管定期召开会议,以便监控大区预算。

大区书记出席联合会理事会会议,拥有咨询权,他与在大区层面当选的联合会理事会成员一起,告知联合会理事会大区的现实情况和态度。按照在大区层面当选的联合会理事会成员所选择的程序,大区书记在其中委托由2人组成的代表团进入政治方向理事会。执行局或联合会理事会执行局就先前按大区划分的行动和计划向大区进行咨询,这些行动和计划是由欧洲环保—绿党整体制定的,或者由大区政治理事会制定的,或在紧急情况下由大区负责人制定的。

2.2.3.17 积极分子倡议的全党公决

根据章程第50条,一个地方支部或一个地方支部联动会可以提出一份具有司法或政治性的文本,作为来自积极分子的倡议而成为进行全党公决的对象。由地方支部在代表大会上通过并由一名代理人提交给大区秘书处备案的所有组织积极分子倡议的全党公决的请求,都授权给代理人公布全文,陈述该草案的理由并以请求党员签名作为补充。所发表的内容应包含要进行公决的文本、代理人的地址和最初签名人的名单。

签名总人数限制在2500人,并在请求备案后的15天之内通知全体党员。草案代理人按照大区内部条例预定条文所确定的两个月之内的期限负责收集签名。如果收集成功,得到大区党员百分之二十的签名的最低门槛线,代理人可向大区执行局备案。大区执行局核实其合法性,发表要进行公决的文本、投票开始和截止的日期,以及公开统计票数的日期和地点。

投票通过通信方式进行。投票持续八个工作日。选票包含四种可能性：同意、不同意、空白票、拒绝投票。在统计票数结束之后，投票结果在向大区秘书处提交签名备案起的两个月之内公布。签名者和投票者在签名或投票时都需是按时缴纳党费的党员。通过全党公决而采纳一个文本所要求的多数是同一问题在代表大会上所要求获得的多数，在代表大会上近乎于一次全党公决，已经参加通信投票的党员，他们构成"出席者或代表"。一份相同的全党公决草案只能由运动付费加以出版。在可能导致的必要预算修改也提交全党公决的情况下，所有通过全党公决的文本都立即执行。如果没有，应由大区政治理事会决定必要的预算修改。

2.2.3.18　大区内部条例

所有大区的其他规定都包含在大区内部条例里。其他规定不得违背有关大区的章程，也不得违背全国内部条例。当任何大区章程或大区内部条例所作出的规定都不能解决所提出的问题时，全国规定适用。

2.2.3.18（补）　　与其他政党的协议

在大区政治理事会和大区执行局联合建议下，并经大区代表大会投票表决，大区可以与其他政党签订协议，旨在建立长期合作伙伴关系。

这些协议应必须指明：

——双重归属的规则；

——不同选举（在地方和大区层面）中指定候选人的方式；

——当选者转换的方式。

这些协议应由联合会理事会批准。

2.2.3.19　大区的数字工具

依靠欧洲环保—绿党提供的使用工具，大区在大区层面组织一个电子讨论系统。该系统有一个使用规则。大区的管理机构可以请求数字工具委员会对这些使用规则发表意见或提出建议。

2.2.3.20　解散

当某大区欧洲环保—绿党解散时，节余的金额将转给欧洲环保—绿党。当出现欠债时，欧洲环保—绿党将不对所解散组织的账目担负责任。

2.2.3.21 托管

当面对质疑运动的廉洁性这样严重的理由时,执行局可以决定进行托管。在这种情况下,执行局承担有关大区的责任和权限。

所实行的托管可以是全面的或部分的(例如,仅涉及资金部分、文件或其他方面的管理)。执行局的这一决定可能是在紧急情况下作出的,要经联合会理事会的批准。托管由执行局负责与该大区联系的成员行使。解除托管的决定由执行局作出,然后经联合会理事会批准。

所有大区都可以决定对一个大区以下的组织进行托管。在这种情况下,大区执行局承担相关组织的责任和权限。所实行的托管可以是全面的或部分的。大区执行局的这一决定可能是在紧急情况下作出的,要经大区政治理事会的批准。托管由大区执行局所委派的成员行使。解除监督的决定由大区执行局作出,然后经大区政治理事会批准。

第2.2.4条 大区冲突预防和解决仲裁委员会

2.2.4.1 作用

每个大区都设立一个负责预防及解决冲突的大区仲裁委员会。该仲裁委员会的作用是防止冲突和在欧洲环保—绿党大区范围内进行调解。在发生诉讼时,大区仲裁委员会对案卷进行预审并可以将其不能解决的案卷或不属于其职权范围的案卷交给章程理事会审理。该仲裁委员会的成员同时有权利和责任进行冲突的调解和以非暴力方式解决。该委员会向大区政治理事会提出裁决建议。

2.2.4.2 构成和功能

负责预防及解决冲突的大区仲裁委员会至少由四人组成。他们由大区代表大会或大区政治理事会选举产生,并更新其中的二分之一。该仲裁委员会的成员不能兼任大区执行局成员。

该仲裁委员会成员的任期、任职条件以及更新的速度由大区章程或大区内部条例确定。在征集候选人之后,按单记名投票进行选举。大区内部条例确定地方支部代表人数的最大额;另一方面,候选人应尽可能代表大区的区域多样性。当席位出现空缺时,大区政治理事会有权加以替换。要成为冲突预防及解决大区仲裁委员会成员，应至少有欧洲环保—绿党的两年党龄。

在预审案卷之后，冲突预防及解决大区仲裁委员会向大区政治理事会提交他们的结论，大区政治理事会是唯一的决策者，包括在临时开除和最终开除的情况下。

2.2.4.3 请求审理

大区所有党员，或大区或地方机构，都可以向冲突预防及解决大区仲裁委员会提出请求审理的要求。向冲突预防及解决大区仲裁委员会提出请求审理的要求应书面（亲自递交，邮件或电子邮件）进行。如果冲突预防及解决大区仲裁委员会观察到影响欧洲环保—绿党信誉的严重功能问题时，可以自动进行审理。该仲裁委员需向大区政治理事会说明理由，并收集大区政治理事会的相同意见，或者他们的建议和保留意见。当一项请求大区仲裁委员会进行审理的案卷针对一个地方支部，且大区仲裁委员会其中一名成员属于该地方支部时，该成员不得作为预审成员并不得参与最终决定。在出现紧急问题的情况下，冲突预防及解决大区仲裁委员会可以请求大区政治理事会或大区执行局进行紧急审理。进行调解的大区执行局或大区政治理事会成员对涉及该调解的最终决定没有发言权。

第 2.3 节 联合会理事会

第 2.3.1 条 成员人数

本条款已删除。

第 2.3.2 条 选举

由大区选派的 120 名联合会理事会成员在分散的代表大会上选举产生。在每个大区，组成成对的对等名单，并提交给相关分散的代表大会秘书处。这些名单不必作为方向性提案的依据。在分散代表大会上，党员通过投票表决选出这些名单中的一个。每个名单当选者的人数在由联合会理事会指定的那一天，按每个大区党员人数的最大余数法比例代表制决定。

该日期至少在代表大会第一阶段之前七周确定。

每个大区在联合会理事会内至少占有两个席位。

如果显示有必要进行调整,以便使成对当选的性别与执行局所确定的结果一致,应调整性别过度代表中较最少当选者的成对问题。

当日的党员人数称为"参考人数"。执行局在当日之后决定每个大区联合会理事会成员成对的数目。

对于那些由成对的奇数代表的大区,分别在面临增补男性的大区和面临增补女性的大区着手一次全国性的抽签。抽签与确定代表人数和每个大区联合会理事会成员人数的同一天进行。

联合会理事会有30名代表由联合会代表大会根据对等的全部名单,按最大余数法比例代表制以无记名投票方式选定,任期三年。

第2.3.3条 资历

要成为联合会理事会成员,必须至少有一年党龄。

第2.3.4条 候补

所有联合会理事会成员可以由一名同性别的当选者来候补,并给其配成男女一对。鼓励正式任职者让候补者偶尔参与联合会理事会。

第2.3.5条 空缺

遇到以下情况宣布席位空缺:

——如果观察到两名成对的当选代表中有一方丧失党员资格;

——如果代表和其候补者连续缺席三次以上联合会理事会会议,或自当选后缺席五次以上会议。

当成对的两个人有一人空缺时,留下者成为正式任职者,另一人由名单上排在其后的已当选的同性别的,且已组成对的正式任职者候补,在不可能的情况下,由随后的正式任职者候补。

当后面没有成对者无法候补时,这一对仅由一个人构成,直至总体的更新。

由于联合会理事会成员的离开引起空缺,只要联合会理事会不是对等的，辞职的配对者就要有步骤地由性别上最少得到代表的随后的成对者候补，该成对者来自于推选联合会理事会成员的名单，但未当选。在不可能在一个名单中提出新的成对者以候补辞职的成对者的情况下，该席位保留空缺。

每个分散代表大会的组织者通过汇集到会议记录的方式把所有名单上安排出现的成对者记录下来，以便通报联合会理事会执行局。

第2.3.6条 投票权

在联合会理事会内举行投票时，每位联合会理事会成员拥有不可转让的一票，在联合会理事会所定义的条件下正式任职者和其候补者之间进行的转让除外。

第2.3.7条 日程表

章程规定联合会理事会每三个月召开一次会议，按其每年预先制订的日程表进行。该预先制订的日程表通过运动的媒体散发给党员。

第2.3.8条 特别会议

应联合会理事会至少四分之一成员的要求，或在全国执行局或联合会理事会执行局的召集下，联合会理事会召开特别会议。

第2.3.9条 决策制定

需要考虑：

——有效票："是""否"；

——投票者："是""否"和"空白票"的总和；承认"空白票"并计数。

未参加投票者和"无效票"要在会议记录上标明。

联合会理事会在双重条件下作出决策：

——百分之五十的投票者：总体"是"或赞成票应超过百分之五十的投票者，即"是""否"和"空白票"的总和；

——百分之六十的有效票：总体"是"或赞成票应超过百分之六十。

联合会理事会任何成员都可请求进行一次记名投票。

第 2.3.10 条 联合会理事会的议事日程和召集通知

除联合会理事会会议文件外,联合会理事会召集通知和其他文件都通过电子发送。

召集通知至少在联合会理事会会议日的三周之前寄送给联合会理事会全体成员,包括正式任职者和候补者、执行局全体成员、章程理事会全体成员、政治方向理事会全体成员、对等观察所全体成员、多样性观察所全体成员、全国道德委员会全体成员、资金专员、全国主题委员会负责人、国民议会议员、大区书记,以及抽签参加联合会理事会的合作者。随召集通知附上关于议事日程的第 1 号文件。

第 1 号文件将在联合会理事会会议召开之前至少 15 天发出。该文件包括会议的议事日程、交联合会理事会审查的提案,需要时,各种不同的报告。

最后,联合会理事会的会议文件作为第 3 号文件把议事日程的建议、所有的信息、提案、综合提案、向执行局和国民议会议员提出的各种问题、关于联合会理事会进展情况的报告都汇集在一起。该文件按联合会理事会每次会议的时间顺序进行排序。会议文件分发给联合会理事会成员,需要签收。

联合会理事会在线进行工作,也经常有必要使用便于合作起草的软件和通过小组来进行。各小组审查提交上来的提案并就提案发表意见。各小组可以向联合会理事会执行局提交与现实和修正案相关的文本和提案。由联合会理事会执行局组织的,在联合会理事会召集的各小组对以上所述的决策机构的所有成员开放。

第 2.3.11 条 文本和提案

2.3.11.1 提交文本和提案的方式

有资格提交文本供联合会理事会审查者:联合会理事会成员、全国主题委员会成员、政治方向理事会的主题代表、大区政治理事会成员、大区代表大会成员、执行局成员、对等观察所成员、多样性观察所成员,以及全国道德委员会成员。

所有提案要被接受，应至少有 15 名来自三个不同大区的联合会理事会成员（正式任职者或候补者）的签名，并在会议召开日之前至少三周提交给联合会理事会执行局（周五晚上的 12 点是最后期限）。在每次会议上，每位联合会理事会成员不得签署三个以上的不同提案。除联合会理事会成员需要的签名人数以外，由主题委员会提交的提案必须由该委员会负责人和其至少四名成员签名。

主题提案由联合会理事会执行局送交主题委员会和主管的主题代表，供其了解信息。

主题委员会和主题代表的观点应该发送给联合会理事会执行局以便写入第 2 号会议文件。

向执行局和国民议会议员提出的各种问题可以按同样的条件提交。这些问题将转交给有关人员并出现在会议文件中，除非该问题属于议事日程预定为禁止公开的主题。在属于后者的情况下，该问题的存在仍在议事日程和会议文件上有所提及。

2.3.11.2　就内部条例的修改所提的提案

针对内部条例的修改的提案应是一项专门提案，其标题明确指明该提案涉及内部条例的修改，并在规定的期限内提交。该提案不可紧急提交。要求章程理事会事先发表意见，并事后予以批准。联合会理事会执行局将对这类提案的批准和应用的流程特别警惕（在联合会理事会的报告中单独处理，转交给章程理事会）。

2.3.11.3　对提交的提案的验证和提案的传递

提案在作为会议文件分发之后，可以得到批准并由联合会理事会执行局纳入议事日程。超过期限所提交的提案上交给联合会理事会执行局，执行局特别根据该提案的现实性、议事日程和可用时间，评估对该提案进行审查的机会。除了有不可抗力的情况之外，联合会理事会执行局和/或发起人负责将打印的文本至少在投票两小时之前在会议上散发。该文件上方的按语将提及该文本的附加属性。

对相似和/互补的提案进行合成是可能的。在寄发第 2 号会议文件之前，将合成提案通知联合会理事会执行局。如果在联合会理事会召开之前还不能产生合成提案的话，将邀请提案人参加一个为此而召集的小组会议。在这种情况下，这些提案在周日提交。

如果拒绝接受在期限内向联合会理事会提交的提案，应由联合会理事会执行局以书面方式明白地说明理由，并在第 1 号文件中邮寄给联合会理事会所有成员。拒绝的唯一理由是：文本违反价值观宪章，具有诽谤性，或文本受到刑事申斥。

当对拒绝的理由的解释存在分歧时，作为掌握最后权限的机构，章程理事会有资格拿出有约束力的意见，该意见对所有人具有强制性。

2.3.11.4 修正案

提案的修正案在会议上提交，条件是修正案不超过 500 个字，即少于 10 行。修正案应以书面方式提交给会议主席。不论是什么样的修正案，起草者都应把其修改、纠正或补充的参考文本包括在内。

第 2.3.12 条　联合会理事会主席和联合会理事会的进程

联合会理事会任命一个联合会理事会执行局建议下的主席团主持理事会的工作。该主席团在联合会理事会执行局和执行局内部产生。

2.3.12.1 联合会理事会主席的职责

联合会理事会主席团的构成在同一次会议期间可以有几次变化，联合会理事会主席团负责确保辩论无论是在内容上还是在形式上都顺利进行。为此，主席团必须以公正和有效的方式组织发言（特别是"拉链"原则将适用）、可能的合成和投票。主席团还要保证辩论平静进行，以及尊重时间限制。联合会理事会按议事日程指定的时间开始，并可以由主席团的一名成员宣布开幕。会议主席确保章程规则得到实行，并可以宣布会议的暂停。当相对于所给予的时间来讲，参与讨论的人数太多时（由会议主席进行评估），在尊重对等的情况下，对报名者的名字进行抽签。

2.3.12.2 进程

联合会理事会在两天之内围绕必不可少的路径安排其活动。必不可少的路径如下：

——对联合会理事会的议事日程进行投票表决；

——联合会理事会执行局的报告和上次会议决议的跟踪检查；

——向执行局和欧盟议员以及国民议会议员提问；

——一般性政治辩论：执行局参与；然后是给予代表大会每项提案的发言时间；

——对提交给联合会理事会的提案的审查；

——章程理事会工作介绍。

在这些必不可少的内容中间，可以穿插其他内容，尤其是由相关领域具有特别专长的受邀人所引导的一段时间的主题讨论。当叫到该提案，该提案者缺席并且该提案未受到禁止时，在不修改议事日程的情况下，该提案推迟到下一次联合会理事会。

第2.3.13条 联合会理事会的报告

由联合会理事会主席负责起草的联合会理事会报告，在通知全国秘书处的48小时之后，由联合会理事会执行局批准，并由其主席签字。该报告在会议结束后的3周之内邮寄给联合会理事会所有成员、正式任职者和候补者、执行局成员、章程理事会成员、资金专员、全国委员会负责人、大区秘书处、政治方向理事会成员、对等观察所成员、多样性观察所成员、全国道德委员会成员，以及抽签参加联合会理事会的合作者。联合会理事会的全面报告是专门的内部文件。

联合会理事会报告的传达途径以保证大区和地方支部最大可能了解信息的方式加以组织，只要能够推广运动的观点。联合会理事会执行局特别关注采取必要的方法在最佳期限内使他们工作的结果以综合的和可以直接使用的方式传达至最广大的公众、党员和合作者。

第2.3.14条 预算的投票表决

联合会理事会根据执行局的建议和资金委员会的意见，每年投票表决欧洲环保—绿党的全国预算。在这一年间，联合会理事会可以在资金委员会提出意见后着手修改预算。

第2.3.15条 工作组

联合会理事会可以在欧洲环保—绿党的全体党员和合作者中间组成零散的特别工作组，明确规定其要实现的目标、要遵守的日程表，并且必要的话，用于运转的预算。

第2.3.16条 选举常设委员会

联合会理事会可以推选一个代表自身的选举产生的常设委员会。该委员会是对等的，并按比例代表制当选。联合会理事会确定或者根据上一次代表大会的提案为基础进行推选，或者以候选人名单为基础进行推选。选举产生的常设委员会在尊重对等的、比例代表制的、多样性的、不兼职的和开放的章程原则下，负责向联合会理事会建议候选人方案。

第2.3.17条 辩论的公开性

欧洲环保—绿党的所有党员和合作者都可以列席联合会理事会的协商。

第2.3.18条 禁止旁听

联合会理事会可以在批准议事日程时宣布一部分辩论和投票表决禁止旁听。在这种情况下，会议只对已经收到联合会理事会执行局的召集通知的人开放。

第2.3.19条 时间表

联合会理事会的投票在周六最迟于19∶30结束（附在召集通知上的最初议事日程明确规定的夜间会议除外，在这种情况下，投票活动于22∶30结束），周日最迟于16∶30结束。

第2.3.20条 在实施开除措施情况下的上诉

（该条款已转移到第二章第2.1.5条）

第2.3.21条 资金委员会

资金委员会由在联合会理事会成员中对资金管理和人力资源管理有兴趣的人员，按名单的最大余数比例代表制选出的12名成员构成。

资金委员会在其内部以有效多数的方式选定两名对等的二元结构的负责人。

资金委员会成员可以获取全部财务文件。

与其职责相关的开支由本党负担。

第2.4节 联合会理事会执行局

第2.4.1条 联合会理事会执行局的选举

在联合会理事会第一次会议上，或当执行局在任期内意外空缺时，联合会理事会在其任期内在内部指定一个对等的联合会理事会执行局，由一名主席和四名成员构成。

联合会理事会执行局主席由联合会理事会按单记名两轮多数选举制，以不记名的投票方式选举产生。获得领先票数的候选人进入第二轮。获得联合会理事会百分之七十五的选票即可罢免该主席。

联合会理事会执行局的其他成员按比例代表制，根据对等的名单进行选举。联合会理事会执行局成员人数可以增加，以便使至少在联合会代表大会上得到百分之十的选票的每项代表大会的提案都在该机构得到代表。联合会理事会执行局成员只可在联合会理事会获得百分之六十选票的情况下被集体罢免。

新的执行局的选举最迟在下次会议上进行。

第2.4.2条 联合会理事会执行局的职责

联合会理事会执行局的职责是准备联合会理事会的工作，确保联合会理事会工作的质量，并对联合会理事会的工作进行跟踪检查。联合会理事会执行局与执行局一起，提议联合会理事会每年的日程表。联合会理事会执行局起草联合会理事会每次会议的议事日程。在联合会理事会的每次会议时，该执行局就上次会议所采纳的决议的执行情况，以口头或书面形式拟定一份报告。联合会理事会执行局参加执行局的会议，并应提醒联合会理事会采纳提案而产生的义务。

第2.5节 政治方向理事会

第2.5.1条 构成

政治方向理事会由下列人员构成：

——来自联合会理事会的20名成员；

——主题代表；

——委员会负责人。

主题代表的人数在联合会代表大会之后的联合会理事会第一次会议上确定，并且不能超过30人。

大区书记代表、联合会理事会执行局、民选代表和议会党团、欧洲绿党的代表和议会党团以及执行局成员，受邀成为政治方向理事会的专职人员。

第2.5.2条 选举

代表大会后的第一届联合会理事会在其成员中按代表大会提案的比例代表制，推选20人（10名男性，10名女性）为其在政治方向理事会中的代表。

在第一批20名政治方向理事会成员选定之后，这些成员在联合会理事会第一次会议时向联合会理事会提交一份主题代表的对等名单。联合会理事会根据章程和现在的内部条例明确规定的联合会理事会提案通过的通常条件通过该名单。该委任针对专门的或行业性的主题，是对现存和有效的委员会的一种补充。

为政治方向理事会每个团体提出的名单不得由同一大区三分之一以上的党员构成。

大区书记、民选代表和国民议会议会党团以及欧洲绿党代表在他们内部挑选他们在政治方向理事会中的代表。

第2.5.3条 执行局

在来自联合会理事会的政治方向理事会的成员中，选定六名成员组成政治方向理事会执行局，该执行局根据需要召集会议。该执行局应达到其成员中四人的法定人数才能作出决定。各项决定以一致同意的方式作出。

第2.5.4条　主题代表

主题代表的职责是，通过深入研究和他们所负责并区分于委员会的专门的或行业性的主题相关的一些问题，来推动运动的政治性思考。每位代表参与一个或几个委员会的工作，他/她与该委员会一起密切合作，另外，他/她也可以成为该委员会的负责人。

主题代表把公民社会与运动的决策机构联系起来。除其他事项之外，他们/她们可以向机构推荐提案、公报、报告等。

主题委员会是暂时的，并取决于运动对所委托的主题的需要。在来自联合会理事会的政治方向理事会成员的建议下，联合会理事会在委任6个月后可以更改主题委员会的主题。

政治方向理事会可以就其专长的领域向主题代表请求帮助。

第2.5.5条　工作组

政治方向理事会可以由自身发起或在其他机构的请求下组成工作组，以便探讨一些在他们看来是十分重要的现实和/或基础问题。

这些工作组把主题代表、政治方向理事会成员、各委员会的负责人或所有由政治方向理事会推荐的其他人员集中起来。工作组适合于协调人（如果有的话）、主题代表和/或相应委员会的负责人。这些工作组的界定和命名由政治方向理事会或召集它们的机构来确定。

每个工作组至少每月一次向政治方向理事会提交他们对现实问题的分析和研究成果。

第2.5.6条　使命

政治方向理事会协助运动确定其基本方向。为此，他们可以由其发起，或根据联合会顾问、执行局顾问、主题委员会顾问或议会党团顾问的请求，向联合会理事会提交主题提案或方向性提案，旨在深化运动的计划。

在两次联合会理事会之间，政治方向理事会准备对现实问题的回应。为此，政治方向理事会可以利用主题代表和运动中的其他人力资源，包括主题委员会的负责人，以便启动工作组，并撰写向联合会理事会提交的公报（由发言人和主题代表或委员会主席签名）或关于现实问题的提案。政治方向理事会还可以向不同层级的议会（国民议会、大区议会等）推荐现实性文章或提交的各项决议。

第 2.5.7 条　运作

政治方向理事会至少每月召集一次会议。

政治方向理事会成员有出勤率的要求，并且不能无故连续缺席三次以上会议。

政治方向理事会被授予一定的时间，通过联合会理事会执行局的一名代表或由执行局明确委托的人，在联合会理事会每次会议上介绍他们的工作成果，以及每季度一次向执行局介绍他们的工作成果。

政治方向理事会也可以在联合会理事会会议期间建议进行辩论，如果联合会理事会认为直接相关的话，可以有外部参与者加入。政治方向理事会还可以请求党内那些对它们的工作必不可少的机构的帮助。

第 2.5.8 条　空缺

如果成员当中有人辞职或无故缺席，将宣布其席位空缺，在联合会理事会下次会议上进行替换。政治方向理事会可以向联合会理事会推荐一名候选人。该候选人被提交给联合会理事会，按以上第五章第二节选举中所规定的条件加以批准。

第 2.6 节　主题委员会

主题委员会是在以下领域协助行政机关提供建议的力量：现实分析、公共立场建设、关于技术文件的专门知识和拟定有助于运动计划的提案。

第 2.6.1 条　职责

每个委员会研究一个特定的主题。但是，具体工作可以由主要委员会认可的几个下属委员会承担。

所有委员会在其专长的领域内的使命是：

——向联合会理事会提供分析的要素和方向与行动的建议；由此，主题委员会有责任定期提供欧洲环保—绿党的纲领性成果；

——撰写联合会理事会和执行局认为有用的所有文件；

——与执行局建立和保持一种联系和信息更新的关系；

——经相关机构同意，筹备各种重大事件（夏季日、媒体会议、研究日），创造一个将我们的分析与其他公民和政治团体相面对的机会；

——参与在全国层面和大区层面的对运动成员的培训；

——在与全国发言人的关系上，作为社会参与者和其他团体在运动中的代表；

——建立一个技能网络和一个大区通讯员网络；

——通过与欧洲绿党联合会的联系，协调与欧盟其他绿党委员会的关系。

主题委员会的职责也是准备运动对现实问题的回应。在遇到现实问题时，主题委员会的组织者把本委员会所做的分析通知发言人，并可以向论坛或新闻公报建议基本要素。在遇到紧急的现实问题时，发言人尽可能地咨询主题委员会的组织者。

第2.6.2条 构成

主题委员会由党员、合作者和运动之外的人员构成。其成员应每年缴纳由联合会理事会确定的会费。其成员也可以向欧洲环保—绿党捐款，指定捐款用于其委员会。

主题委员会的非党人士可以在一个全国委员会进行注册，他们参加主题委员会的工作，但不享有党员所具有的权利：投票、筹备活动、提交提案等。这些人不可以宣称处于其所注册的委员会之外。

第2.6.3条 运作、全体大会和选举组织者

每个委员会的全体大会公布其成员名单。全体大会在有六个月以上党

龄的委员会成员中，向联合会理事会推选一个管理处和一位组织者，组织者可以是对等的二元结构，由联合会理事会予以批准。在联合会理事会拒绝委员会全体大会提议的情况下，应在两个月之内召开新的全体大会，以便推选一个新的管理处。

委员会的一名组织者或两名对等的组织者负责组织委员会的会议和协调委员会的工作。

组织者或共同组织者由联合会理事会根据委员会一次全体大会的提名来选择。委员会全体大会至少每三年召开一次，并推举委员会的组织者。联合会理事会列出一览表介绍不同的全体大会的日期。

委员会组织者或共同组织者的职责是，组织会议和培训课程、寻找有资源的人、准备在媒体上的回应、最终定稿以及与联合会理事会联系。在执行局在委员会中的代表的负责下，委员会组织者每年召开三次会议。

全体大会允许编制一份总结（成员名单、成果、回应、会议等）提交给联合会理事会。委员会的全体大会将至少每三年召开一次。

委员会至少每个季度召开一次会议。会议将拟出一份关于会议的汇报，汇报将根据委员会的名单寄出。这些会议可以远程召开。

第 2.6.4 条　与其他机构的关系

2.6.4.1　与联合会理事会的关系

委员会的组织者参加联合会理事会会议，没有投票权。他们参加主题小组，使得能够就提交给联合会理事会的提案进行修改。委员会的出差由运动的预算承担，在委员会的预算之外。

每次联合会理事会都留出一定时间，以便使委员会组织者与联合会委员进行对话。

联合会理事会列出一览表介绍不同委员会的全体大会的日期。

主题提案应邮寄给相关委员会，以便进行研究。

委员会的组织者参加政治方向理事会会议。

2.6.4.2　与政治方向理事会和主题代表的关系

委员会的组织者参加政治方向理事会会议。

主题代表应通过相关委员会的委托，参加他们的工作。

主题代表在适当时候，通过他们的研究成果向可能相关的委员会传播他们的作品，以便能够进行交流，并且必要时进行修改。

2.6.4.3　与执行局的关系

当执行局处理属于现有委员会专长的现实问题时，在执行局的邀请下，或者由委员会负责人或其有资质的代表请求，执行局听取后者的意见。如果他们不能出席，至少要请求他们提供意见。执行局与委员会共同工作的信息要点可以提交给每个联合会理事会。至少在每届联合会理事会上，召开委员会负责人会议并与执行局一起工作。

委员会保证对现实问题进行追踪，并在合理的时间内回应行政机关的以下请求——对媒体进行回应、对纲领提出建议、协助组织示威游行或提供新闻评论要点。

当执行局在委员会内有一名代表时，该人负责保证委员会运作的基本条件，并在两者之间，即运动与其机构之间进行总体协调。所有委员会有一名执行局的通信员，负责把他们的主题传递给执行局。执行局定期召集委员会组织者会议，以协调他们的工作，交流他们的经验，比较他们的研究方法。

第2.6.5条　出版

委员会的文本优先发表在运动的出版物上。在欧洲环保—绿党的《论坛》上，至少给委员会保留双页纸中的一张插页，在全国性网站上也给委员会保留一个页面。电子播放目录使委员会的每位成员可以参加正在进行的工作。

第2.6.6条　培训

在对积极分子和同情者的培训中，每个委员会应在其领域内提供一份或几份培训材料。大区受邀就不同的主题组织培训日，培训以这些文件为基础，由一名有专长的委员会成员主持。当大区没有委员会成员时，在联合会理事会规定的条件下，由运动承担主持人出差的费用。

第2.6.7条 预算

每年拨给委员会一项整体预算，它高于其会费和捐款的数额。委员会应提供活动报告和年度资金的资产负债表。在预定预算提交之后，执行局可以针对项目给予特殊补贴。

第2.6.8条 创立与解散

所有创立一个新的委员会的建议都应由联合会理事会批准。提案应明确委员会的目标、范围、工作方法及运作方式。要创立一个新的委员会必须至少有来自三个大区的10名成员，并且只有达到这个标准才认为该委员会存在。如果一个委员会连续两年没有达到这个党员人数，则下一年的第一次联合会理事会会议应解散该委员会，至少提议重建该委员会的方法。

也可以在合作网络的请求或联合会理事会的建议下创立有时效的或永久性的委员会。以同样的方式，可以提议和批准委员会的合并与重组。

第2.6.9条 交流

在夏季日时将预先安排一个委员会时段，委员会可以在这个时段介绍他们的工作。

第2.7节 执行局

第2.7.1条 构成

执行局内配备的席位数是11—15个。执行局成员的人数由联合会理事会在其召集代表大会期间的会议上予以确定。四分之一的职位授予联合会代表大会上得票最多的提案，以增进高层的统一，其余席位则根据该代表大会的结果按最大余数法比例代表制的方法进行授予。当出现对等不平衡的情况时，性别较多的当选者由男/女名单上的下一名候补。

执行局必须包括以下职位：两名全国发言人（一名男性一名女性），一名全国书记，一或两名全国副书记，一名全国财务总管。这些强制性职位的名单在执行局内部自由配备完整。

执行局成员参加联合会理事会会议，但无投票权。执行局成员向联合会理事会汇报他们的权责。

第2.7.2条 任命的程序

在（第一轮）分散代表大会上所提交的方向性提案都要通过在文本上签字的方式附上一份完整和对等的推荐党员名单，以便在执行局中能够代表这些党员。执行局只能由出现在名单上的候选人构成，这些名单附在分散代表大会的方向性提案上。

每份名单唯有前两名候选人才有可能当选为全国书记。在（第二轮）联合会代表大会上，在文本合成的情况下，合成文本所建议的执行局成员名单只能来自合成提案最初名单中所出现的名字。位于合成提案名单之首者只能是合成名单中两名最初位于名单之首者之一。未合成文本不得改变名单顺序。

联合会代表大会上提交的名单包括与享有权力的席位数相等的候选人，且同一大区的党员人数不能超过三分之一。所有名单都得按顺序排列，并且那些法定强制性职位将以指名的方式加以任命。所有名单上居于首位的是法定强制性职位的候选者，他/她们从各自的名单上被委任到这些职位上。合成名单通过来自不同名单的每位受委任人的签名而加以批准，合成名单的成员来自这些不同的名单中。

来自联合会理事会的执行局成员从联合会理事会辞职，其职位将根据规定的递补明确空缺的联合会理事会成员的方式得到递补。他/她们当选为执行局成员后在联合会理事会内保留投票权。

第2.7.3条 空缺

当执行局在当选任期内有一个或几个席位空缺时，在尊重执行局最终对等的情况下，出现在缺席者成员所属的分散代表大会名单上的未当选的第一候选人填补该空缺。当强制性职位有席位空缺时，联合会理事会以有效多数批准在执行局内递补该职位。全国书记只能由出现在分散代表大会的每个名单上的两位第一候选人之一加以递补，或由全国副书记递补。

但是，由于其性别过度代表而在递补时未被任命进入执行局的未当选的第一候选人依然在其位置上留在名单中。

如执行局成员在没有通知其他成员并没有正当理由的情况下缺席，则按季度寄信正式予以通知，责令其履行其义务。若连续对通知不予回应，则其职位被认定为空缺。

第2.7.4条 运作规则

执行局的实际运作规则，尤其是管理发言人、秘书处及财务总管行为的运作规则由执行局在其换届后予以制定。这些规则记载在专门登记册上，并提交联合会理事会批准。

第2.7.5条 撤职

联合会理事会以百分之六十六的有效多数票可在任何时候以集体或个别的方式撤销执行局成员的职务。

第2.7.6条 执行局会议和审议

执行局每周至少召集一次会议。但是，全国书记应执行局要求，至少二分之一执行局成员要求或至少三分之一联合会理事会成员要求，得在接到要求后四天内召集执行局会议。

执行局议事日程的计划及要在其内部进行辩论并投票的文本最迟在执行局会议开始前24小时交给执行局成员及联合会理事会执行局成员传阅。

执行局根据百分之五十的投票者意愿作出决策。所有"是"或"赞成"票应超过百分之五十的投票。

在执行局内部进行投票时，每位执行局成员拥有不可转让的一票。在票数相等的情况下，全国书记的一票是有裁决权的一票。可以在执行局进行记名投票。

第2.7.7条 辩论的公开性

所有联合会理事会或管理机构的成员都可以参加执行局的审议。然而，执行局可以严肃宣布其部分辩论和投票禁止旁听。执行局每次会议的备忘录尽可能如实地提及各种不同观点，在相关会议后2周内提交给执行局、联合会理事会和章程理事会成员。

第2.7.8条 全国秘书处和负责秘书处及账目的技术组

全国秘书处的组织和运作原则及其组织机构图由经执行局批准的文件加以规定，并通报联合会理事会。

第2.8节 内部选举中候选人的指定方式

所有受欧洲环保—绿党内部条例管理的机构都是对等的。如果缺乏力求构建对等的方法的规则时，如果没有更好的办法，将适用内部条例附录1所描述的公平分配席位的 d'Hondt 规则。

所有这些机构都应反映运动的多样性，尤其照顾种族、文化和社会上的少数群体在各级组织的代表性。

内部选举的候选人按最大余数法从名单中按比例指定，并附有投票者对候选人顺序的安排。每份名单都是对等的并以排序的方式出现，而且只要严格遵守男女交替规律，每位选举人都有办法在其所投票的那份名单上更改候选人排序。可以更改名单上居于首位者的性别。

每份名单的当选者数额按比例代表制的计算方式决定，而每份名单的当选者名字则应遵循选举者对每份名单所选择的最终排序。如一张选票因排序选择错误而被宣布无效，则该选票在排序时不予考虑，但它被归于相关的名单中。排序的决定变为给候选人授予绩点。位于名单首位的人拥有与出现在名单上的人名数同样多的绩点。位于名单第二位的人少一个绩点，等等。因此，总计得到绩点最多的人被指定位于名单的首位。然后再根据性别以及绩点总数的递减，候选人交替出现。

相关机构按最大余数法计算当选者人数。无论用什么方法，都应尊重对等的排序规则。所选择的名单上的所有名字都应公布出来并加以排序。

无论哪个相关机构，批准候选人资格时都必须得到百分之六十的有效票和百分之五十的投票者支持。

第2.9节 投票方式

第2.9.1条 选举团的定义

需要考虑：

——有效票："是"和"否"（或"赞成"和"反对"）的总数；

——投票者："是""否"和"空白票"的总和；承认"空白票"并计数。拒绝投票要进行标明，但不算在投票者之内。

——登记的选举者：有投票权的所有党员、潜在的选举者。

第2.9.2条 进行决策

机构进行决策所需的有效多数指的是：

——百分之五十的投票者支持："是"（或"赞成"）的总票数应超过百分之五十的投票者（指"是""否"和"空白票"的总和）；

——百分之六十的有效票："是"（或"赞成"）的总票数应超过百分之六十的有效票（指"是"和"否"的总和），相关机构的特殊决定除外。

对全国代表大会而言，全国代表大会作出决策得有百分之五十的投票者支持。赞成票需超过百分之五十的投票者（指"是""否"和"空白票"的总和）。

第2.9.3条 委托投票

对代表大会或全体会议而言，不论是哪一级的会议或会议的主题是什么，不能参会的党员都可以向一名他选择的在同一代表大会或全体会议上拥有投票权的党员交托一份委托投票书。任何党员都不能持有一份以上的委托书。

为具有效力，委托书不能是空白的。委托书应包含委托人和已缴纳党费的受委托人的姓名。如果受委托人已经拥有一份委托书，他/她可以把委托书转交给另外一名已缴纳党费的党员。

（文本来源于法国欧洲环保—绿党官方网站该内部条例的法文版，由于篇幅有限，只收录该条例第1—2章）

（陈露 译）

左翼党章程

(2013年3月22—24日波尔多代表大会通过)

原则宣言

(2008年11月29日于圣德尼)

创建左翼党是为了应对资本主义危机以及生态和社会灾难而作出的必要反应。左翼党是与右翼进行斗争的有力武器，是为政治征服战略服务的，其使命是变成多数派以推行与资本主义统治彻底决裂的共和主义纲领。左翼党主张建立以人民主权为基础的社会共和国。

左翼党倡导一种建立在经济、社会和环境发展基础上、与生产本位主义模式截然相反的生态政策。尽管我们希望同所有加入我们创建者代表大会的志同道合者更加明确地制定我们的行动方针和纲领，但是有必要首先在此阐明以下构成本党特征的原则：

一支政党。左翼党是一支政党，换言之，是一个为某一结构严密的计划和战略服务而进行规划和集体行动的工具。在全国和地方层面，左翼党会推荐候选人参加选举。左翼党抱有依靠发动人民群众和全体市民成为多数党并执掌政府的使命。

一支开放而民主的政党。左翼党并不想成为政治专家的庙堂，而是欢迎多种多样的经验汇聚于此，向注重博爱和团结却"没有发言权"的言论敞开大门。

一支重视大众化教育的政党。左翼党要求其每名党员注重开展政治学习，并帮助其他党员接受政治学习。在左翼党内部，各种左翼的和政治生态的政治文化传统聚合在一起，重新创造出一支满足新世纪需求的左翼政党。

一支思考与行动并重的政党。左翼党力求依靠其积极分子的集体力量，参与并发起反对右翼的意识形态和政治斗争。左翼党是一支有组织、有效率的政党，不会在内斗中耗尽自己的能量。左翼党为社会动员及推动社团、工会、知识分子和社会文化界的社会运动贡献大量的力量。左翼党为促进公民参与各个层次的社会生活而积极行动，无论是抗议还是支持政府的行动。左翼党的目标在于培养一支为深刻改造社会的替代计划而服务的群众力量。

一支拥护联盟的单一型政党。左翼党尊重左翼联合及其政治文化，不断探求趋同及统一的形式，始终将同右派斗争放在首位，着手进行共同利益所要求的改造。

一支国际主义政党。我们必须利用人民群众的力量反对金融和资本主义全球化，拒绝单极世界。由于如今全球层面的挑战愈发严峻，左翼党必须通过结成必要的伙伴关系，以便在法国和欧洲之外更广阔的区域内拓展行动。

一支依靠工人和工会的斗争以及人民反抗的历史给养的政党。左翼党拥有丰富的妇女主义、反种族主义、生态主义和替代全球主义的斗争经验，是一支面向未来的政党，有意识地创造适应我们所生活的时代变化的新的解决方案。

一支全新的政党。左翼党力求带来新的政治发展方向以及全新的运行方式，特别是在民主和人民文化方面。因此，左翼党是一支正在践行其计划、纲领和组织的政党，我们号召所有希望加入我们的志同道合者都能为此而努力。

我们的愿望

我们想要解放全人类。资本主义会将我们引向人类未来经济、社会、政治和生态的危险动荡。人类在摧毁生态系统的同时，也对自己构成了威胁。一些人不停地追求更多利益，这只会导致更多人的贫困化和不平等。

资本主义力图毁灭一切经济干预、团结一致和再分配的公共资源，特别是用委托人替代公民，用契约替代法律，用权利的差异替代普遍利益的要求。为实现我们既定的解放目标，我们既不能接受这样一种制度，也不能仅满足于对这种制度进行修正和使之变得人性化，我们应当超越这种制度，提出另一种发展模式，为商业领域确定新的限制，为公共领域打开新的前景，提出更加民主、透明的新的企业所有制形式。

我们想要重新构建民主共和制，普遍利益必须通过公民参与和动员群众使广大民众所接受。我们想要争取一种公民身份，能够延伸到我们的制度、经济组织以及包括生态系统保护、司法、医疗、劳动在内的所有公共生活领域。我们想要创建一种优于议会民主的制度，与第五共和国总统制的逻辑截然相反。我们认为，对权利平等的捍卫和提升需要在社会的共和主义组织形式下实现完全的政教分离。

我们想要保护地球的生态系统，这也是为了保护人类自己。我们知道，要求资本主义具有高尚的道德并对公共福利承担责任只能是幻想。

我们质疑生产本位主义，同时相信进步。我们确信改变由资本主义创造的消费和生产模式迫在眉睫。我们提出一种"可替代发展"，这是为另一种发展服务的生态规划。

我们想要为左翼提出一套改造社会的方法，这特别是指从一种教育人民的工作转向行动，帮助人民明确提出为获得自我解放而进行彻底改革的内容以及新的政府实践和公共机构管理。但是我们也不能忘记社会进步往往是各种力量对立和统一而产生的结果。只有依靠动员起来的公民和进行自我改变的参与者，才能有效实现夺取国家主权的目标。

最后，我们在欧洲和全球框架内长期记录我们的提议和我们的行动，因为如今我们应对日常生活的挑战正是在这个框架内推进的。

我们的共同行动

——创建一支真正全新的左翼政党，使其在左翼当中成为一支不能回避的政治力量。

——在欧洲乃至全世界，特别是拉丁美洲地区，迅速建立与其他左翼力量的密切关系，为建立新的国际主义奠定基础。

——在法国，致力于组建左翼力量阵线，使命是在未来的欧洲选举中获得多数票支持。

——我们千方百计地通过各种共和主义的行动手段，带头反对右翼在各个领域内提出的政策。

第1条 组织构成

创建左翼党及其目标设定基于2008年11月29日左翼党的原则宣言。左翼党可以加入任何与其基础和定位志同道合的国际政治组织（欧洲级或世界级）。

"左翼党"的存在期限为无限期。根据内部条例确定其社会总部的地址，该地址也可以根据全国办公室的简单决议进行变更，决议须经全国委员会批准通过。

根据1988年3月11日第88—227条法律第7条的规定，左翼党享有法人资格。左翼党也有诉讼权以及无偿或有偿获得动产或不动产的权利。左翼党可以采取所有与其任务相符的行动，特别是可以创建报纸刊物和培训机构。

左翼党的合法代表性由两位党的联合主席共同予以保证。

第2条 党员

任何保证遵守以下左翼党原则宣言基础的人士均可成为左翼党党员：

——声明不属于其他任何推出候选人参加法国大选的政治组织，不属于任何由于与左翼党的原则宣言不兼容而受到全国委员会决议否定的政治组织；

——按时缴纳党费，如果是民选代表则按时缴纳代表费；

——遵守本党章及内部条例。

每份入党申请须提交书面申请，并由申请者签名，或者通过电子技术宣布有效。党委会办公室、省级协调会、全国办公室或全国秘书处可以否决入党申请。在这种情况下，须提请争端解决委员会处理，并由争端解决委员会向全国办公室出具一份决议提案。

由全体党员制定并决定左翼党的政治路线。

党员通过参加不同的积极分子活动在其所属党委会中发挥作用并产生影响。党员参加其所属党委会及其所在省份的全体党员大会，在会上可以直接行使投票权。

党员直接选举产生其所属党委会办公室、省级协调会、大区协调会、全国委员会和党员代表大会的代表。

第3条 丧失党员资格

左翼党党员会由于以下情况丧失党员资格：

——提交书面退党申请；

——死亡；

——超过12个月未能按期缴纳党费则丧失党员各项权利。所属地方党委会以电子邮件或邮寄信件的方式提前两个月发出缴费提醒，提醒发出的两个月后予以除名；

——参加另一个推出候选人参加法国大选的政治组织，或者参加因与左翼党的原则宣言不兼容而受到全国委员会决议否定的任何组织，则丧失党员各项权利；

——根据第15条的规定宣布开除党籍。

民选代表超过三个月未能缴纳党费则丧失党员资格。

第4条 收入与使用

左翼党的收入包括以下内容：

——党员以及民选代表每年缴纳的党费，民选代表的党费最低额度由内部条例规定；

——获得的捐赠资金，对这部分资金的限定由相关适用文件规定，还要扣除税费；

——国家给予的公共拨款；

——根据1988年3月11日法律修正案第11条规定所指定的财务代理人的结转款；

——固有活动津贴（出版、讨论会、示威游行等）；

——由于"左翼党"提供服务而向其支付的费用；

——左翼党所持有的物资和证券的分红及收益；

——以特殊的名义创造的收入；

——现行法律法规所允许的其他任何收入。

左翼党可以订立借款合同，也可以对其过剩的流动资金进行有道德的货币投资。根据1988年3月11日第88—227号法律第11条的规定，左翼党接受通过左翼党筹资协会（AFPG）获得的基金。

根据1995年1月19日法律规定，左翼党禁止直接或间接接受来自除政党或政治团体之外任何法人的任何捐赠或党费。

接受的基金不能用于左翼党之外的任何用途。

第5条 党费

党费交付左翼党筹资协会，可以以预先扣除的方式结清。

内部条例规定党费的费率。党员以个人为单位支付党费，同时获取党员证。

正在执行任期的民选代表除须缴纳党费之外，还须缴付一笔民选代表的特殊党费，内部条例规定特殊党费的额度。民选代表的特殊党费的支付方式参照普通党费。付清普通党员的党费和民选代表的党费之后可以获得一份收据，从收据上可以裁剪出由全国竞选审计和政治资助委员会制作的编码表格，用于以支票或预先扣除的方式结清党费而享受税费优惠的政策。

内部条例根据地区之间平衡原则，规定应向党的各级机构分配多少份额的党费。

决策机构

第6条　一般运行条例

在左翼党的各个层级中,当投票对象涉及个人时,必须采用无记名投票的方式。为政治文件投票时,则与此相反,采用举手投票的方式,这种方式在必要时也会用于对即将采取的行动进行投票。在对唯一候选人进行无记名投票的情况下,若候选人获得绝对多数选票则应当选。

召集党员参加投票时,应当以党委会或省级全体党员大会为单位组织投票,设置一个允许所有党员出入的单一的投票场地。只有党委会的党员可以参加其党委会内部的投票。根据本党章或内部条例的相关规定,应当在投票活动举行前至少提前14天通过电子邮件或邮寄信件的方式,将党委会或省级全体党员大会的开会通知发放到每位党员手中(邮寄信件以信封上的邮戳日期为准)。

不允许委托投票。可以为海外省的党员和国外党委会的党员设计一些特殊的投票方式,以避免将这些党员排除在国家级投票之外。

只有党龄超过两个月且按时缴纳党费的党员才能参加各种各样的投票。入党日期从全国总部确认接纳入党申请开始算起,这个日期会记录在党员证上。

为成为任何内部选举的候选人,必须按时缴纳党费并且党龄超过四个月,除非在合作建党的框架内,全国办公室在省级合作协调会议结束后作出特殊人选的决议,该决议还要由全国委员会宣布有效。

任何选举产生的拥有左翼党内部职务的当选代表,都可以被对其进行任命的选举人团解职。一旦当选代表的任期过去一半,只要选举人团中有三分之一成员提出申请,就可以召开进行解职投票的下一届选举人团会议。该会议必须在递交解职申请后的两个月内召开。如果达到选举人团成员的百分之二十五这一法定人数,就可以组织投票。须组织无记名投票。

左翼党竭力促使其各级代表能够反映出法国人口的社会多样性。左翼党承诺对所有积极分子进行培训并对其负责，践行并承诺政治上男女平等的原则。左翼党特别注重通过增加会议日程的变化以及配备设备以联合没有电子联系方式的党员，或者注意内部决策机构不能将大多数职位授予外部当选代表或职业当选代表，以此创造各种条件使更多人能够参加党的行动。

只有章程规定的组织机构才可以代表左翼党行事。

任何人、任何党员或任何地方组织机构都不能以左翼党的名义，公开表示与全国决策机构通过的政治方针相违背的立场。

第7条 党委会

党委会是左翼党的基础政治机构。党委会参加党的纲领性工作以及战略性方向的确定，还是组织积极分子任务的场所，特别是关于党员、联谊会、党委会办公室或省级、市级协调会的提案。在遵守由党员代表大会、全国委员会和省级领导机构通过的文本的前提下，党委会具有行动自由和言论自由。

每个党委会都与一块固定的地理区域相联，每块地理区域都与立法选区相对应。除了特殊情况之外，党委会的成员都应该满足登记地址位于该党委会所对应地理区域之内的条件。每位党员只能成为一个党委会的成员。

党委会选举产生任期为一年的办公室。办公室的组成成员至少包括两名联合秘书长、一名兼管入党后续手续和账户管理的财务官、数名参加省级协调会的党委会代表（具体人数由全国内部条例规定）。办公室负责组织讨论和创制行动。

党委会一年至少召开八次会议，由办公室召集会议。

全国内部条例还对本条款所涉及的法国人的外国党委会作出了特殊规定。

若几个省内只有一个党委会共管整片区域，则该党委会须承担原属省级协调会的政治组织职能。在这种情况下，党委会办公室应设立省级协调办公室。

第 8 条　联谊会

左翼党是一个积极活动的政党,其使命为培养和解放成员。由此,每个党委会都应支持组建联谊会,以联合一些左翼党的同情者。

全国内部条例对创建和组织联谊会作出了具体规定。

第 9 条　省级决策机构

9.1　省级全体党员大会

省级全体党员大会须由省内各党委会的全体成员出席。

大会选举产生省秘书处。

根据本党章第 11 条规定,大会选举产生出自本省的全国委员会委员。

大会每年至少召开一次。

9.2　省级协调会

若一个省内拥有若干党委会,则应组建省级协调会。

省级协调会每年至少召开十次。

9.2.1　省级协调会的构成

省级协调会由省内各党委会的代表和负责本省事务的人员构成。每个党委会的代表包括联合秘书长及其委派常驻省级协调会的代表。负责本省事务的人员是指由本省党员全体大会选举产生的省秘书处成员。

省级协调会的成员任期为一年。

省级地理区域内的全国办公室成员和全国委员会委员以及省议会议员参与省级协调会的工作。参与工作并不影响上述人员的投票权,除非他们自己成为被选举人。

省级事务负责人的协调工作交由主管全国秘书负责。

9.2.2　省级协调会的作用

省级协调会参加左翼党在省一级的政治战略规划,能够在全省范围内与其他政治组织进行关系构建和政治谈判,还可以发起一些影响全省的行动。省级协调会注意对党委会发起的行动进行协调和补充,可以协助党委会开展行动,还可以邀请诸多党委会参与协助由省级协调会或某一党委会发起的行动。

9.3 省秘书处

秘书处的整体构成尊重性别平衡的原则。

省秘书处必须包括两名省级联合秘书长，两名秘书长的设立须尊重性别和职务平衡的原则，特别是以下职务：

——负责关注党员档案；

——关注省级协调会的开支核算；

——关注省内选举。

秘书长与负责这些领域内行动的党的全国决策机构共同努力协作。

省级全体党员大会可以将其他职能赋予省秘书处内的人员。在省级全体党员大会闭会期间发生紧急情况下，可以派省级协调会指定的预备党员承担这些任务。

9.4 市级协调会

在拥有若干党委会的大城市内，省级全体党员大会可以根据省级协调会或者一个或多个党委会的提议，决定创建一个专门针对该城市的整体政治协调会（可以包括郊区也可以不包括郊区），特别是为了更好地承担起解决属于市一级组织当地政治生活的问题。

第 10 条 大区协调会

每个拥有若干省的大区都会组建大区协调会，发挥推动与监督本地区政治和社会活动的作用，以便成为应对大区现行政策的一支反抗与行动的工具。没有任何一个省级协调会可以在不与大区内其他省级机构组织进行协商的情况下，独立承担这项任务。

大区协调会由大区内的联合秘书长组成，每年在共同约定的传统地点至少召开两次，并在每次换届之后自行组织。这种结构组织可以保持对大区内政治和社会事件的及时反应，使大区议员参与作出决策。大区议员参与大区协调会的工作，但是没有投票权，除非他们被自己所在省指定为协调会成员。大区议员须向大区委员会汇报自己的行动。

大区协调会保证左翼党在大区一级的动力和认同感，认同感特别是针对大区内政治合作伙伴以及大区内其他任何组织机构（联合会或工会）。

大区一级地理区域内的全国办公室成员可以参加大区协调会工作，但是没有投票权。对于大区协调会的决策，其他党员也可以应邀参与工作，但是没有投票权。

大区协调会可以召集举办面向全体党员的大区讨论会。全国办公室可以向大区协调会申请召开这类大区讨论会。

第 11 条　全国委员会

全国委员会由省级全体党员大会的当选代表和全国办公室的成员组成。

来自各省的全国委员会委员由选举产生，任期一年，人数大约有 350 名。每次换届之前，根据每个省的党员人数，将这 350 个名额在各省之间进行分配，每个省至少选举产生两名全国委员会委员。内部条例对增补选举进行了规定。全国委员会的正式委员和候补委员代表团必须尊重性别平衡原则。

全国委员会每年至少召开三次会议。

11.1　全国委员会的作用

全国委员会根据全国办公室和专题委员会提交的报告审慎考虑党的大政方针。这些材料须至少提前一周转交给全国委员会。

若遇到事关重大事件的紧急情况，则全国办公室可以在全国委员会开始工作前提出对这些材料的修改建议，前提是要保证在全国委员会的全体委员会议召开前已将书面修改建议送交各委员手中。这些材料会得到充分讨论并提交全国委员会进行投票。每位全国委员会委员都拥有修正权。

全国委员会须就全国办公室的提案，确认希望加入左翼党的政治团体的入党行为以及这些政治团体参加全国办公室的成员人数有效。

11.2　全国委员会办公室

每届全国委员会换届时，都会成立全国委员会办公室以协调其组织工作，全国委员会办公室由四名全国办公室成员和由全国委员会内部选举产生的四名正式代表组成。

全国委员会在召开会议前的至少三周开始进行召集，与全国办公室一同提出日程安排的建议，任何一位代表或者任何一家专题委员会都可以向全国委员会办公室建议增加日程安排的内容。

全国委员会办公室负责制定一份决策清单，发送给全国委员会的全体委员及其候补委员。

第 12 条　全国大会

在党员代表大会闭会期间，全国委员会可以根据全国办公室或者全国委员会百分之四十的委员的提议召开全国大会。全国大会由全国办公室成员、全国委员会委员、专题委员会负责人以及各省联合秘书长出席。根据全国办公室的提议，全国委员会可以决定党委会的联合秘书长是否能够参加会议，并拥有跟上述与会者同样的权利。召开全国大会的目的一般是为了通过党的竞选纲领或者竞选战略，以及决定是否扩大党派联盟。

第 13 条　全国办公室

全国办公室在秘书处的召集下举行会议，一般至少提前七天召集，除非发生特殊情况；也可以经常召开会议，而不是等有需要的时候才召开。在全国委员会闭会期间，全国办公室拥有决策权。全国办公室对全国委员会负责。全国办公室所做的任何需要进行投票的决策都需要征得百分之三十三以上正式成员的同意。

全国办公室由 60 名成员组成，其构成须尊重性别平衡的原则，并体现出本国的社会和地理的多样性。全国办公室每年至少召开八次会议。

选举产生六名候补成员，以便在正式成员任期内出现辞职、开除、死亡或者经过全国办公室许可临时假期超过六个月的情况下填补空位。

全国办公室的成员有责任发展左翼党，在党委会和全国决策机构之间推动信息流通。全国办公室成员在其活动的各个领域内均代表左翼党。

全国办公室联合左翼党的全国议员和欧洲议员参与工作，各位议员向全国办公室汇报自己的行动。

全国办公室可以将已启动与左翼党融合进程的政党或运动的代表吸纳

进来，这一决定需要由全国委员会或者全国大会宣布有效。

全国办公室在内部组织必要的职能部门，特别是全国秘书处和联合主任，担负着寻求发展和扩大政党联合的责任。

全国办公室在每次会议之后都要为党员拟定一份决策清单和地址。

第 14 条　全国秘书处

全国秘书处有成员 22 人，尊重性别平衡的原则。

全国秘书处在全国办公室内部选举产生。

全国秘书处的成员为左翼党的全国秘书。

全国秘书处每周召开会议。全国办公室闭会期间，全国秘书处在全国办公室的任期框架内拥有决策权。全国秘书处向全国办公室汇报自己的行动。全国秘书处在其活动的各个领域内均代表左翼党。

全国秘书处在每次会议之后都要为全国办公室成员拟定一份决策清单和地址。如果会议涉及某一地方问题，则全国秘书处会在同相关地方决策机构协商后再作出决策。

第 15 条　冲突解决委员会

冲突解决委员会处理左翼党的党员之间和/或组织机构之间的冲突。委员会共有 11 名委员，尊重性别平衡的原则，并且这 11 名委员都不能兼任全国办公室成员。

冲突解决委员会由党员代表大会选举产生。

冲突解决委员会主席出席全国办公室会议，但是不具有表决权，须向全国办公室汇报冲突解决委员会的任务完成情况。

冲突解决委员会每年向全国委员会提交报告。

一名或多名党员可以向冲突解决委员会提出控诉。委员会的首要任务是组织调解并寻求和解方案。委员会可以负责委托一名党员进行调解。若调解失败，委员会决定如何推进随后的受理程序，必要时在其内部进行投票。按照受理程序，指定至少两名或多名委员对事实进行调查，由他们提出书面建议并向委员会负责人进行汇报，委员会负责人负责向全国办公室报告情况。全国办公室会在考虑所受理的反对要素的程序基础上,对冲突解决委员会的建议进行投票决定。冲突解决委员会将这一决定传达给原告方和被告方。

任何受到惩罚的个人都应当能够让冲突解决委员会听到他的意见,还应当可以在投票前向全国办公室为自己辩护。

如果源自控诉的事实表明,某一或某些行为未遵守党章和内部条例或者原则宣言所确定的政治原则从而侵犯了左翼党的利益,则可以决定对作出该行为的成员实行以下惩罚措施:

——警告;

——最多为期两年的暂时除名;

——最多为期两年的撤销党内职务;

——永久性除名。

如果能够向全国办公室提交新的证据,则可以对全国办公室的决定进行上诉。如果源自控诉的事实表明,一个党委会或同省的多个党委会内部具有普遍性的机能障碍,则可以决定采取以下的特殊措施之一:

——将一个党委会或同省的多个党委会置于省级协调会的监管之下。在这种情况下,决策中须明确监管客体及其预期时间表。指定由全国办公室的两名或三名成员在监管期限内作出重要决策,同时要与冲突解决委员会保持联系。

——解散一个党委会或同省的多个党委会。在这种情况下,相关党委会委员被视为不再属于左翼党,若要重新入党,则必须以个人名义向全国办公室提交申请,而全国办公室可以根据冲突解决委员会的建议拒绝一些重新入党的申请。

全国办公室闭会期间如遇紧急状况,则冲突解决委员会可以以保全措施的名义采取上述任何措施,但是要得到全国秘书处的批准。实施这些措施最多不能超过三个月。

冲突解决委员会派一名或多名代表参加省级全体党员大会,对其作出的决定向省内党员和/或党委会进行汇报。委员会须在决定作出后的三个月内派代表参加大会。

须对冲突解决委员会决议的产生过程予以保存。

第 16 条 财务监管委员会

财务监管委员会由五名委员组成，尊重性别平衡的原则，由党员代表大会选举产生，任期一直持续到下届党员代表大会。财务监管委员会在其内部任命一名主任，每年至少召开一次会议，也可以根据绝大部分委员的提议或者应全国办公室或全国委员会的要求召开临时会议。每次财务管理的账目结算之后，都由财务监管委员会进行监督并保证账目的透明度。委员会可以给出劝导意见。对每年资产负债表的有效性发表意见，向全国委员会做年度报告，全国委员会将交割证明书发给财务监管委员会及财务部门。财务监管委员向党员代表大会做工作报告。

全国办公室的成员和左翼党筹资协会的成员不能成为财务监管委员会委员。

第 17 条 党员代表大会

党员代表大会通过党的纲领及其大政方针。党员代表大会是唯一可以修改本党章的机构。党员代表大会选举产生全国办公室、冲突解决委员会委员和财务监管委员会委员。全国委员会确定大会日程安排。

常规代表大会至少每三年召开一次。

17.1 常规代表大会进程

党员代表大会须至少提前六个月由全国委员会召集。如果发生重大事件，则全国委员会或全国办公室可以在常规代表大会闭会期间召集特别代表大会，期限是事件发生后的一个月时间内。

当至少百分之二十的省级全体党员大会或至少百分之二十的全国委员会代表提出开会要求时，全国委员会必须在要求发出后的两个月期限内就是否召开特别代表大会进行投票。

常规代表大会包括三个阶段。

第一阶段是全国委员会从举行召集会议到举行代表大会筹备会议，筹备会议须在代表大会日期之前的三个月召开。全国办公室确定接受大会提案的方式。这些提案可以是综合性的，也可以是分主题的，每份提案必须有10名全国委员会正式委员或50名党员的签名，或者提案由专题委员会提交。第一阶段结束时，全国办公室须在全国委员会举行代表大会筹备会议之前至少提前四个星期提出一份纲领性计划（"路线文本"），该计划须在综合所有大会提案的工作基础上根据代表大会内部条例的相关规定草拟完成。

在代表大会筹备大会召开之前的四个星期时间内，还可以提交其他纲领，其他纲领须征得至少10名全国委员会正式委员（包括全国办公室的成员）的支持，同时还须指派一人作为纲领代理人，确保追踪整个代表大会的进程。全国委员会对其收到的纲领进行投票。获得全国委员会多数委员票数支持的纲领将同其他得票率超过百分之二十门槛的替代性纲领一道发送到党员手中。

在代表大会的第二阶段中，党员们分别在各自所属的党委会中对全国委员会投过票的各份纲领进行投票。全国范围内得票率最高的纲领将成为全国代表大会第三阶段产生修正案的基础。当党委会只收到一份纲领而无需对纲领进行投票时，第二阶段即成为对代表大会的准备讨论。

第三阶段即代表大会召开会议。党员可以在各自的党委会内或者以党委会自身的名义提交关于文本的修正案。

专题委员会也可以在内部讨论之后提交集体修正案，委托专题委员会负责人转交。代表大会仅接受由一个或多个党委会以及一个或多个专题委员会通过的修正案，或者由至少10名全国委员会正式委员或50名具有投票权的党员提交的修正案。全国委员会根据决定了代表大会运行方式的内部条例，组建一个讨论委员会，负责接收修正案并在大会期间分主题组织讨论。所有的纲领都应按照性别平衡原则配备两名代表、讨论委员会、全国委员会选举产生的数名委员。

根据代表大会内部条例确定的代表规定，代表大会由全国办公室历任成员和各党委会代表组成。

17.2 全国办公室、冲突解决委员会和财务监管委员会的选举

党员代表大会开幕后会根据大会内部条例确定的方式选举产生候选人资格委员会。委员会成员不能成为由代表大会选举产生的国家级决策机构任何职务的候选人。候选人资格委员会负责提出一份参加全国办公室选举的候选人名单，提名交给党员代表大会，必要时要连同只获得少数投票的替代性纲领方案一同提交。

如果只有唯一的一份名单，则代表大会的成员以无记名投票的方式选举产生全国办公室的成员，可能还要在尊重性别平衡的原则基础上对所有候选人采取混合圈选。如果唯一名单没有获得超过百分之五十的选票，则获得选票数最多的团体候选人当选。冲突解决委员会和财务监管委员会采取同候选人资格委员会一样的选举方式，这两个委员会的委员不能是全国办公室的成员。

如果不止一份纲领（"路线文本"）在得到全国委员会宣布生效之后转交到党员手中，则大会代表按照一轮比例制选举产生全国办公室，随后纲领代表提交每份纲领的名单，除非纲领代表在代表大会召开前或期间达成统一意见只提交一份名单。得票最高的名单会被分配10个席位作为多数奖励，在每份名单内部根据介绍顺序依次分摊席位，席位比例最高的候选人留到最后。

提交上会的任何一份名单都必须遵守性别平衡原则，所包含的候选人数量至少应当相当于全国办公室成员人数的一半加一，必须获得至少百分之十的选举代表的投票率。不能同时提交多份名单。

如果只有一份名单提交上会，则该名单必须是完整的。

向全国办公室、冲突解决委员会和财务监管委员会提交候选人资格必须按照代表大会内部条例规定的方式，最迟在代表大会召开前两周完成。只有超过六个月党龄且按时缴纳党费的党员才有资格成为候选人。全国秘书处负责向代表大会分发候选人名单及候选人资格介绍。这些机构的候选人必须准备一份篇幅至少一页纸的自我介绍。到任的候选人必须对其任内的活动进行阐释说明。要具备候选人资格并不必须成为代表大会的代表。

第 18 条　专题委员会和职能委员会

专题委员会向所有左翼党党员开放。专题委员会履行的任务包括对现实进行思考、规划和反应，对自己负责的领域进行动员。专题委员会还可以根据某一具有明确动机的合规决策联合非左翼党员的积极分子。专题委员会由根据平衡原则设立的联合负责人主持工作，联合负责人可以为自己配备一个工作团队。联合负责人的人选由全国书记处提名，再由全国办公室宣布有效。每个专题委员会每年至少一次向全国委员会提交书面报告。

职能委员会的任务是推动党的一般性活动，比如网站、选战设备、后勤、总部管理……

无论是专题委员会还是职能委员会，每个委员会都由全国秘书处负责领导，全国秘书处可以在若干委员会之间进行协调工作。

现有的各个委员会、委员会联合负责人以及全国秘书处成员都是党员们联络和交流的对象。

在必要情况下，全国办公室或者全国秘书处可以向某一委员会分配任务，并/或要求听取委员会负责人关于某一特别主题的意见。

委员会运行的基本规则已在内部条例中作出具体规定。

第 19 条　候选人

党员使左翼党的参选生效，他们在各自所属党委会的地理范围内，根据由全国办公室确定并经全国委员会认可有效的选举程序和政治路线（联盟战略等），为各种选举选出代表他们的候选人。全国办公室最终确定代表左翼党参加选举的参与行为及候选人资格有效。

成为候选人的条件包括按时缴纳党费，党龄超过六个月（全国办公室作出的特殊政治决定除外），选举过程中须根据委任类型与各委员会、党委会以及省级和大区协调会共同行事。

在补选的情况下，全国办公室负责决定左翼党的态度，并着手确定选派候选人的方式。

19.1　关于禁止兼任选举职务

左翼党承诺禁止兼任选举职务，以促进新的候选人出现，特别是女性候选人。由此，左翼党的民选代表应当履行以下规定：

——唯一的国家级议员任职；

——大区议员和省议员任职不可兼任；

——地方行政主管（居民在 3500 人以上市镇的市长或者居民在 3500 人以上的市际合作公共机构主席、省议会议长或大区议会议长）不得参与其他地方行政职务。

如果某一左翼党党员遵守本条禁止兼任的规定但希望改变任职，则该党员可以实现任职的变更，条件是在新任职选举结束后的两个月内履行承诺，辞去以前的职务。

左翼党党员不能连续两次以左翼党介绍或支持的候选人名义担任同一选举任职。

第 20 条　内部条例

内部条例由全国委员会通过，详细规定了党章的具体实施方式。

（文本来源于法国左翼党官方网站左翼党章程法文版）

（赵超　译）

新中间党的价值理念

新中间党成立于2007年5月10日法国总统大选之后,其政治倾向为中间和中间偏右。

新中间党由前国防部长埃尔维·莫林创立,在他的领导下,新中间党旗下聚集了近17000名党员,约40名议员,2000余名地区议员,几个非常活跃的思想库和一个朝气蓬勃的青年组织。新中间党拥有资金自主权。

新中间党继承了许多伟大的思想流派的理念,如托克维尔的政治自由主义(他指出了权力制衡和设立中间机构的必要性,并捍卫个人和集体自由),阿兰的激进主义(不可以让个人直面国家),莱昂·布尔热瓦的社会连带主义,还有艾玛纽尔·穆尼埃尔的基督教民主主义(个人主义、社会进步和欧洲一体化的思想)。

对人道主义的肯定、对欧洲一体化的支持和对一切极端主义的否定是我们参加政治活动的基础,也是我们正在建设的想要为国人呈现的社会蓝图的基础。

新中间党是自由之党,维护一切领域的自由权利:政治自由、社会经济自由、媒体自由、个人和集体自由。因为这些自由权利对于我们来说是社会更具负责感、更团结的保证。为了维护我们的自由权利,我们努力申请政府重新审议了关于埃德威治档案①的决议。我们捍卫基本权利,即人

---

① 埃德威治档案(Fichier Edvige):法国建立的一种档案库,涉及很多个人隐私。——译者注

应享有的最基本的权利和尊严得到尊重的权利。我们还制定了一个关于数字信息方面基本权利的规定,用来保障网民的权利。

新中间党是平等公正之党,服务于弱势群体。社会援助方面,我们更倾向于建立在如家庭、学校、企业、工会、基金会、互助会等中间机构基础上的活跃的团结互助。我们想要为不同年代的人构筑一种新的关系,彻底地与之前压制年轻人且放弃年长者的那个社会决裂。要实现这种公平,首先就需要降低政府赤字、削减国债——因为财政赤字和国债都只有利于一代人,却损害了下一代人的利益,因而会破坏代际之间的团结关系。此外,社会公正也需要通过公正的税收来实现。这就是为什么2007年以来我们一直致力于取消"税盾"① 和免税优惠封顶制度,目的是使那些最富有的人能够为国家税收作出更多贡献。

新中间党是支持欧洲一体化之党。我们秉承罗贝尔·舒曼和让·莫奈的理念,意图为欧洲发展注入新的动力。欧洲是我们的力量之源:我们希望它更政治化、更团结、更具竞争力。我们在努力让欧洲变成一个真正强大的政治体,而不简单是一个巨大的市场。我们希望它能够成为这个地球上最好的社会组织模式。我们提议更快地推进欧洲一体化,并让那些有着同样意愿的国家在如建立欧洲能源共同体等具体问题上取得进展。

之所以有这样的想法和理念,是因为我们希望法国可以有一个平稳、和谐的社会环境。不论在任何情况下,我们都不会放弃这样的希望。正相反,面对各种严峻问题(退休制度、债务、公共安全、教育等)和当今法国令人忧心的社会环境,我们必须要推行集体决策模式,并找到一条集结人才而不是离间人才之路。

我们想要建立一个高认知度的社会,以便更好地发挥每个人的才华和长处。在这样的社会里,每个人,无论他有什么样的身份和学历,都可以

---

① 税盾(bouclier fiscal):指保护高收入纳税人缴纳的所得税不得高于其收入的固定百分比的限额。——译者注

拥有一席之地。在这样的社会里，没有下等公民，没有下等职员，更没有下等文凭。这样的社会绝不允许抛弃那些被共和国遗忘的人。

今天，我们前所未有地相信：我们的人民渴望的是中间党派可以在我国的政治生活中持久地发展。这也是为什么新中间党是集结所有中间派人士的先锋力量，它可以让中间派的声音更大，影响更广。

我们与时代接轨的理念，我们规划的美好蓝图，我们充满信仰、热情与活力的积极分子和支持者，这些都是我们凝聚人心的力量，更是我们中间派人士在总统选举中的必胜武器。

（文本来源于法国新中间党官方网站"新中间党的价值理念"法文版）

（赵晓琦 译）

新中间党章程

(2014年6月24日全国委员会通过的修订版)

序　言

新中间党旗下集结了所有拥有如下共同价值理念的人们，他们用现代的眼光看当今社会，并在以下方面有共同的认知：

——建立欧洲联邦的愿景，并认为这是应对全球化的唯一出路；

——人道主义信仰，这种人道主义源于保护弱势群体的个体和集体的责任感；

——重塑法国为制造大国的决心、对国家活跃势力复苏法国经济的信任。

第1条　党的建立

新中间党是由拥护本党章的党员建立起来的党派组织，受1901年7月1日法律制约管理。

第2条　党的宗旨

根据1958年10月4日宪法第4条，新中间党的成立旨在促进普选民意的表达。新中间党在其组织的构成中致力于促进对等。

新中间党的宗旨是：在尊重宪法规定的基本原则的前提下，推行共和国的理想和价值。

新中间党致力于个人自由和集体自由的发展，推动对弱势群体的积极援助。

它致力于建立责任民主制，发展能够保证社会公平和对话的市场经济。

新中间党忠实于地方分权的传统，主张加强地方行政区的自治。

新中间党受到欧洲联盟创始人理念的鼓舞，致力于建设一个能够在全球化中推行其模式、维护其利益和理念的欧洲联邦。

第 3 条　所在地

新中间党本部位于巴黎的沃隆泰尔街 22 号乙，邮编是 75015。

其本部可根据执行委员会的决定迁址至其他地方。

第 4 条　入党

凡按照党的内部条例递交入党申请，且申请经执行委员会通过的、年满 16 周岁的公民均可加入新中间党。

党员自缴纳党费之日起有权利参加党内讨论和投票。

党员须在每年 1 月 1 日至 12 月 31 日期间缴清当年党费。在次年 12 月 31 日前仍未缴纳党费的党员将不再有资格行使党内职务、参与党内讨论和投票。

加入新中间党后的党员不得再加入其他 1958 年 10 月 4 日宪法第 4 条所定义的政治党派。

违背该条者将自动脱离党籍。特例：新中间党党员自动加入独立民主联盟，新中间党作为法人是该联盟的创始成员。

犯有严重错误或违背党的宗旨的党员将根据党的内部条例的程序要求被开除或者放弃其党员资格。

当在议会中存在一个新中间党的政治团体，党员必须参加该政治团体。

第 5 条　全国机构

新中间党的全国机构有：全国大会、全国委员会、政治局、执行委员会。

第 6 条　全国大会

全国大会制定新中间党的整体政策。大会集合了本章程第四条所指的全部党员。

全国大会选举新中间党主席。

全国大会在新中间党主席的召集下每三年至少召开一次，或在全国委员会多数成员的要求下随时召开，大会的议程在主席提议下由执行委员会确定或依第七条规定由全国委员会确定。

全国大会的召开是为了在审阅财政官的报告后决定党的活动计划，确定由主席汇报的党的总体情况，更经常地是为了审议日程内的议题。

全国大会审议党的政治方向，并对所提交的提案进行投票。

全国大会以两轮多数单记名投票制选举出新中间党的主席。

第7条　全国委员会

全国委员会是新中间党的审议机关。它负责落实全国大会制定的总政策的方向，参与制定新中间党的政治规划，并对所提交的提案通过多数制进行投票。

全国委员会由两个团体组成：

——第一团体由法定成员构成：省联合会主席、全国秘书、政治局的成员和执行委员会的成员。

——第二团体由每个联合会选出的全国委员组成，任期为三年，选举遵照各分会内部条例的规定，每十位党员可选出一名委员。

全国委员会在新中间党主席的召集下每年至少召开一次，或在执行委员会简单多数成员的要求下随时召开。

当全国委员会按党章第六条的规定决定召开全国大会时，由它来确定会议议程。

第8条　政治局

政治局负责组织新中间党政治生活。它参加制定新中间党的选举战略。

政治局会议在需要时由新中间党主席召集举行，或在执行委员会简单多数成员的要求下召开。

政治局由新中间党执行委员会成员、省联合会主席、市长或跨市镇合作机构的主席、大区议会和省议会的主席和海外议会的当选者组成。

在新中间党主席的提议下，省代表可以参加政治局会议，但只有发言权。

第9条 执行委员会

执行委员会尊重由全国大会和全国委员会制定的方向，确保党的政治领导。它监督党章和内部条例的执行，制定党的财政预算和财政方向。

执行委员会是唯一有资格以主席或其合法代表之一发言的方式表达新中间党立场的机关。

执行委员会把其提议的党的方针、计划、草案、决议和提案递交至政治局和全国委员会审议。

在本章程第15条所指的全国审判和检查委员会对其汇报的基础上，执行委员会行使维护纪律的权力。

执行委员会由主席、秘书长、副主席、财政官、副财政官、副秘书长、发言人、发言人助理、全国和欧洲议员、青年中间派的主席和其他由委员会多数成员通过的任职人员组成。

该名单可以在政治局简单多数成员的决议下扩大。

第10条 主席

新中间党主席由全国大会选举产生，任期三年。

主席召集和领导党内各部门。

主席监督新中间党的政治方向，并在与其他政治组织的关系中代表新中间党。

主席有权任命和罢免秘书长、财政官和副财政官。

在主席和执行委员会的提议下，由政治局任命副主席、副秘书长、全国秘书、发言人、发言人助理，并在他们任期结束时撤销其职务。

主席还可以向政治局建议设立有益于党的组织的职位。

第11条 财政官

财政官负责新中间党的收入和支出。

执行委员会可以委任财政官以新中间党的名义进行所有的金融谈判，为新中间党或其候选人带来利益，尤其是关于用于支持全国或地区选举的贷款担保或信用条款的谈判。

财政官每年两次向管理和监督委员会汇报账目，该委员负责协助财政官履行职责，共有七名成员，都是在执行委员会的提议下由政治局任命的。

第12条　内部条例

内部条例由全国委员会以三分之二有效多数票表决通过，它明确规定了本党章的执行条件。

第13条　地区组织

新中间党的基层组织是省联合会或大区协调组织。

第14条　选举提名

全国候选人提名委员会成员由执行委员会任命，不超过七人。该委员会由党的全国主席或其代表主持。委员会负责预审参加市镇（人数在一万人以上）、省、大区、全国乃至欧洲选举的候选人资格。

执行委员会对全国候选人提名委员会的提案作出决定。

所有党员都必须接受根据本条规定所提名的候选人。

第15条　全国审判和检查委员会

全国审判和检查委员会负责解决党员内部纠纷和处理一切本章程在实施中的问题。在处理诉讼之前，执行委员会可申请询问审判和检查委员会。

此外，全国审判和检查委员会负责监督有关全国大会组织的规则的实施。它向执行委员会建议全国大会的内部规章并负责投票活动的正常进行。

委员会的七名成员由执行委员会任命产生。委员会自行选出其主席，在作决定时采用简单多数制。在同意和否决票数一样时，主席有裁决权。

新中间党的主席、政治局（当其申请成员数过半时）和执行委员会

（当其申请成员数过半时）都可以向全国审判和检查委员会申请协助审议。

委员会把它的意见转达给执行委员会，但执行委员会的决议并不受此意见的约束。

第16条　党章的修改和废除

在政治局或执行委员会的提议下，本党章可经全国委员会至少三分之二的有效投票表决通过进行修改。

本党章的废除需要至少三分之二的全国委员会成员表决通过。

（文本来源于法国新中间党官方网站该章程法文版）

（赵晓琦　译）

第二部分 主要政党内部规章制度

新中间党内部条例

(2014 年)

第一章 党 员

第 1 条 入党、缴纳党费和捐款

1.1 入党申请人可把申请书提交至省分会或直接上交至新中间党中央党部。提交至省分会的入党申请人必须长期定居在该分会辖区内。但只要在当地拥有一处房产,申请人也可以要求加入该省分会,这种特例最多只能占到一个分会党员数目的十分之一。

入党申请自递交之日起两个月之后才能被正式确立,期间须经过执行委员会的审核通过。

1.2 党员每年需缴纳的党费金额以及党费在各级地区分会的分配由执行委员会确立

1.3 经执行委员会批准,青年中间团体可确定其成员缴纳的较小的党费金额。

1.4 递交给省分会的入党申请在通过省办公室审核后,被移交至新中间党党部进行有效性确认。

1.5 只有当入党名册上的信息填写得完整、可读、可以利用时,党员身份才正式登记在册。

1.6 入党需缴纳的费用只可以用支票或个人银行卡结算,不得用现金结算。只有一个家庭的党员才可以共同支付入党费用。

1.7 所有加入新中间党的当选者每年都要为党内财政捐款。捐款金额或者和当选者的津贴成一定比例（地区代表），或者是固定的（国会议员和部长）。其金额或比例每年都是由执行委员会规定的。捐款主要涉及部长、国会议员、欧洲议会议员、拥有两万名以上居民城市的市长和拥有10万名以上居民城市的副市长、省议员、大区议员、省和大区议会主席、城市共同体和居民区联合会的主席。未捐款的当选者不得担任党内职务也不得参与党内讨论和投票。

1.8 根据国家为政党拨款的第二部分的要求，所有代表和议员需在财政上附属于新中间党，否则，当选者不得担任党内职务也不得参与党内讨论和投票。

第 2 条 对党员的惩罚措施

2.1 可实施的惩罚措施有停职和开除党籍。在对审判决、尤其在是对当事人公布案卷和在当事人的要求下进行有一个或几个顾问参加的听证会之后，惩罚决定才会被公布。司法裁决将以附带回执的挂号信的方式通知给当事人。

2.2 在党章第 15 条所指的全国审判和检查委员会对其汇报的基础上，执行委员会行使维护纪律的权力。在等待判决过程中，执行委员会有权撤销被提起诉讼的当选者或任何一名成员的党员资格。

2.3 根据党的章程第 4 条，加入新中间党的党员如果加入另一个 1958 年 10 月 4 日宪法第 4 条所定义的政治组织（新中间党机构将决定加入的联盟除外），将自动脱离党籍。

第二章 全国大会

第 3 条

3.1 全国大会投票只能采用两种方式：现场投票和电子投票。

只有在大会召开两个月之前按照党的章程第四条缴纳当年党费的党员才可以参加投票。

党章第 15 条所指的全国审判和检查委员会负责投票的有序进行。基于此，由该委员会宣布参加投票的党员身份的有效性。

检察机关决定在什么情况下组织无法参加全国大会的党员进行投票。

在实行本条例第 4 条时，每名党员只能委托一名代理人。

电子投票的截止日期由全国审判和检查委员会规定，并由执行委员会选派的一名专家核查其有效性。在全国大会现场投票开始前，采用电子投票的党员将被核实身份并被列入选民名单上。现场投票和电子投票将一起开票。

3.2 大会投票以匿名方式进行。

3.3 在投票结束后进行开箱计票。由全国审判和检查委员会主席宣读选举结果。

3.4 所有参加新中间党主席选举的候选人指定一名代表进入全国审判和检查委员会内部，该代表有咨询权，存续时间为竞选活动期间，直至正式宣布全国大会的选举结果为止。参加政治局选举的候选人也依此进行。

第 4 条 所有党员都可以正式委托另一名党员作为其代表，但一名党员最多只能接受一人的委托。委任书需要符合全国审判和检查委员会规定的格式，写明署名人的姓氏、常用名和住址，且只能在一次全国大会上使用。

第三章　全国委员会

第 5 条 全国委员会的成员每三年在全国大会时进行一次换届。

第 6 条 由执行委员会确定全国委员会召开的日期、地点和日程安排。它还确定党章第五条提到的递交提案的日期，并决定在全国委员会讨论这些提案的条件。

第 7 条 全国委员会的表决采用简单多数制。

第四章 政治局

第 8 条 政治局由新中间党主席领导，由秘书长负责秘书工作。政治局的表决采用有效投票的简单多数制。

第五章 新中间党主席

第 9 条

9.1 新中间党主席的选举每三年举行一次，党章第六条规定了该选举的细则。主席选举须在全国审判和检查委员会的监督下进行，该委员会负责接收候选人资格申请并公布其有效性。

9.2 在全国审判和检查委员会的监督下，所有候选人的名单及其承诺书将于全国大会召开一个月前分发给每名党员。

在全国审判和检查委员会的监督下，执行委员会可决定将竞选活动的可支配款平均分发给每名候选人。

9.3 新中间党的主席通过单记名两轮多数投票制选举产生。若要在第一轮当选，候选人须获得绝对多数的有效选票。在两轮选出的情况下，只有在第一轮获得票数最高的两名候选人可以进入第二轮选举。

在每轮投票前，每名候选人都可以陈词发言。全国审判和检查委员会将决定每个人的发言时间，确保公平公正。

选举结果将在全国大会上公布。

第 11 条

11.1 参加新中间党主席选举的候选人资格须在全国大会两个月前以附带回执的挂号信的方式递交至全国审判和检查委员会。参选宣言需要附带一份不超过一万个字符的选举承诺书。

11.2 全国审判和检查委员会将按上述要求核对候选资格的有效性，并在全国大会召开 45 天之前把核实有效的候选人名单转交至执行委员会。

第 12 条 新中间党主席席位空缺时,全国审判和检查委员会将在四个月内组织一次新的投票选举。

在此期间,党内日常事务由秘书长负责或由执行委员会指定的一名其他成员负责,其权限在执行委员会所规定的范围内。

(文本来源于法国新中间党官方网站该条例法文版)

(赵晓琦 译)

民主运动党价值宪章

(2007年12月2日全体大会通过)

1. 本党的奋斗目标是：建立一个促进人的品德智慧及其所属共同体全面发展的自由、公平和担责的社会。

2. 这种社会的原则就是旨在提升公民意识和责任心的民主。民主要求（严格按照《欧洲人权公约》和《人权和公民权宣言》的规定）充分尊重人的权利并反对所有形式的歧视。民主要求政治分权（立法、行政、司法）、经济分权和媒体分权。

3. 多元主义是民主价值的首要观点。政治与媒体的多元化保证了思想自由、言论自由、公民的解放和政治参与能力。

4. 每个公民都应当是公共选择的主体。公民在公共决策过程中享有完全知情权。每个公民都是权利和义务的主体。

5. 政治领导者在行使权力时应当首先代表那些没有话语权的人们，尤其是要代表贫困群体、年轻人和下一代的利益。

6. 民主社会的兴起基于一种持续发展的社会经济的活力，因为这是一种兼具创新性和开拓性，并且充满生机和具有较高社会要求的经济，它最终要实现可持续发展。

7. 社会经济的发展要求经济主体、社会主体以及公民和组织主体的自由和责任的实现。

8. 国家不是代替社会各种主体的全能决策者。国家是后者的保护者、合作者和权利的维护者。

9. 本党的社会纲领旨在保护除生活必需品外所有"高层次"的权利，

如教育，文化，传承与创造，科学，道德、哲学与精神价值观等。

10. 政教分离是和平共处的保证。我们认为法兰西共和国逐步确立的政教分离原则是为欧洲和全人类的未来贡献的宝贵财富。

11. 要在各种超级大国威胁下的世界秩序中寻求平衡，必须要建立维护这种平衡的国际组织。

12. 一个属于人民和公民的积极与团结的欧洲，一个由拥有共同文明遗产的民族国家共同维护其利益和价值观的欧洲，堪称自由国际组织的典范。建立这样的欧洲不仅是历史的必然，更是我们的使命。

（文本来源于法国民主运动党官方网站该价值宪章法文版）

（马京鹏 译）

民主运动党伦理宪章

（2007年12月2日全体大会通过）

1. 民主运动党是具有政治参与意识的公民的运动。

2. 民主运动党内部严格遵守对外倡导的民主原则，尤其是知情权、参与权、辩论自由和决策透明。

3. 民主运动党独立于所有经济、政治和媒体势力集团，倡导节约公共财产，推进公共账目平衡与透明，反对各种形式的贪污腐败。

4. 民选代表不接受强制委托，他们根据良心履行自己的权责。

5. 在所有挂靠民主运动党的由民选代表组成的政治团体中，应遵循自由投票的规则。

6. 民主运动党的成员享有关于党的信息的知情权。

7. 民主运动党组织的各项活动均保证所有成员充分了解本党信息，以增强成员的理解力和参与力。

8. 民主运动党成员承认共同行动中组织的必要性，并同意在行动中遵守纪律、加强协调。

9. 民主运动党成员接受内部辩论，并认为党员不能从外部诋毁本党。

10. 民主运动党成员应坚决拥护本党的集体决策，尤其要拥护各种选举中对本党候选人的正式提名。

11. 选举中对候选人的正式提名应遵循章程规定的透明程序。

12. 民主运动党内部所有选举产生的职位均属自愿服务，应不计个人利益得失。

（文本来源于法国民主运动党官方网站该伦理宪章法文版）

（马京鹏 译）

民主运动党章程

(2010年12月12日全体大会通过)

序 言

承认本章程的成员郑重确认遵守民主运动党的价值宪章和伦理宪章。

民主运动党确保本组织成员的表达自由与代表原则和领导机构的团结与责任原则的平衡。

第1条 党的创立

根据1901年7月1日法律,承认本章程的成员共同成立一个联合组织,并命名为民主运动党。

第2条 党的目标

民主运动党为一个统一的政治性运动,旨在依据宪法第4条精神,推进普选制。

民主运动党的价值体系可概括为人道主义的价值观,即所有行动均以人为中心。

民主运动党致力于通过在法国、欧洲和世界政治生活中以及经济和社会生活中广泛建立负责的民主制,来推进共和理想和可持续发展。

民主运动党成员承诺遵守价值宪章、伦理宪章和本章程附带的内部条例规定,并遵守本党的政治选择和决策。

民主运动党作为欧洲民主党成员,遵守《欧洲民主党宣言》。

第3条 党的总部

民主运动党的总部地址设在巴黎的大学路133号乙,邮编75007。总部迁址须经全国执行局批准。

第4条 党的成员

入党由个人提出申请。党的所有成员享有同样的权利和义务。党员参加投票表达观点并履行仅属于民主运动党员的应尽责任。

入党申请须按照民主运动党内部条例规定的程序，由本党批准。

法国、欧洲公民以及任何居住在法国的人均可申请加入本党。

其他国家的侨民加入本党，须经全国委员会同意。

党员身份必须在全国执行局确认的政治团体中注册。

从属于民主运动党意味着不能加入遵守宪法第四条精神的其他任何形式的政治派别，但法国民主联盟（UDF）成员除外（民主联盟是民主运动党前身）。违背该项规定将被自动注销党员资格。

本党成员身份的丧失主要是经调解与监管委员会宣布的辞职、注销或开除等形式。

如无全国执行局下发的决定，连续两年没有缴纳党费的成员将被注销资格。

党员的接纳、信息、培训、权利和义务由内部条例作出规定。

第5条 资金来源

民主运动党的资金主要来源于：

——成员缴纳的党费（由全国执行局制定标准）；

——自然人的捐赠和遗赠；

——借贷；

——关于政党资金的法律规定范围内的其他收入。

第6条 党的机构

民主运动党的中央机构设置：

——全体大会；

——全国代表会议；

——全国委员会；

——调解与监管委员会；

——全国执行局；

——党的主席。

第 7 条　全体大会

7.1　职能

全体大会是民主运动党的最高权力机构。全体大会通过直接普选选举党的主席（任期三年）。

全体大会决定民主运动党的大政方针。

7.2　组成

全体大会由民主运动党所有成员组成，是党的全体成员会议。

全体大会由主席负责召集，至少每三年召开一次。会议可在同一地点举行，或在同一时间按照统一日程在不同地点举行。会议要严格按照第22条规定的内部条例所决定的条件，并依据主席制定的会议日程召开。会议日程的扩展议题须经全国委员会三分之一以上成员或全国代表会议三分之一以上成员支持方可提交大会。

此外，经全国委员会绝大多数成员提议或10个以上省代表的四分之一成员提议，也可召开全体大会。按照内部条例有关规定，按时缴纳党费的本党成员具有选举权。

第 8 条　全国代表会议

8.1　职能

全国代表会议，即民主运动党的代表大会，通过批准纲要和提案来制定党的总体政策。

全国代表会议审议全国委员会关于民主运动工作的报告，并就其陈述进行讨论。

全国代表会议由主席负责召集，或由全国委员会三分之一成员提议召开，至少每年举行一次。会议日程由主席制定。会议日程的扩展议题须经全国委员会30名以上成员或全国代表会议100名以上成员支持方可提交大会。

党的成员享有向全国代表会议提交审理事关法国和欧洲政治问题的权利。经百分之一以上按时缴纳党费的党员要求，全国代表会议可审理相关议题。

8.2 组成

全国代表会议的组成如下：

——各省委员会；

——全国执行局成员；

——全国委员会成员。

经主席提议，全国委员会可指定相关人士参加会议，参加人数不能超过全国代表会议总人数的百分之二。

第 9 条　全国委员会

9.1 职能

全国委员会是民主运动党的议会。

在两次全国代表会议之间，全国委员会负责主持工作，作出党的决定。

全国委员会通过党的主席或由主席委托的委员会成员表达本党的立场。

全国委员会制定的纲要、规划和声明应提交全国代表会议审议。

全国委员会监督全国执行局。每次会议上，全国委员会具有对全国执行局的建议权和听证权。全国委员会指定一名成员担任常务书记。

全国委员会可根据实际需要，向全国执行局授权。

党的成员享有向全国委员会请求审理与政治生活相关议题的权利。经 10 名党员要求，会议可受理相关议题。

9.2 组成

全国委员会的委员由选举产生，任期三年。

全国委员会构成如下：

——在各大区根据最高平均数法比例代表制、通过名单选举产生的

180人代表团。各大区和海外法国人的席次分配见附件；

——由各省民主运动和海外法国人民主运动（均隶属于民主运动党）的领导人组成的代表团；

——在民选代表联盟的框架内，由同级推选的地方民选代表或议会代表组成的60人代表团；

——全国执行局成员；

制定上述党员代表团和民选代表代表团的成员名单时，应采用平衡原则。

名单上的候选人数量应与席次相等，候补数量应为总席次的百分之十。

经主席提议、在不超过委员会成员百分之五的范围内，全国委员会可自行遴选能够胜任使命的人士。

经主席提议，全国执行局可指定符合条件的人士加入。

全国委员会集体会议由主席负责召集，根据主席审批的日程举行，或由三分之二以上成员提议召开。全国委员会至少每季度召开一次会议。

第10条 全国执行局

全国执行局负责贯彻实施全国代表会议通过的政策。

民主运动党的主席与其任命的30位成员共同组成民主运动党的全国执行局，主席拥有解除这些成员职务的权力。组建执行委员会时，主席应将名单提交全国委员会投票通过。

全国执行局的任命须经全国委员会批准。

经主席提议，全国执行局可根据本党运行或发展的需要，设置各种必要的岗位。

全国执行局每月至少召开两次会议。

第11条 党的主席

党的主席由全体大会选举产生，任期三年。

调解与监管委员会根据至少20个省的委员会成员的200张支持签名

（其中 20 名为全国委员会成员）确定候选人名单。

选举方式由全国执行局根据调解与监管委员会的提议确定。

党的主席要保证本党政治路线的贯彻执行。在与其他政治派别的交往中，主席是民主运动党的代言人。

党的主席负责召集和主持全体大会、全国代表会议、全国委员会和全国执行局，并确定会议日程。

党的主席要保证党的中央机构各项决策的贯彻执行。

主席在法律上和日常行为中代表民主运动党。

所有与民主运动党的财产管理和保存相关的事宜均由主席作出决定，尤其是涉及资金使用、办公场所租赁、人事管理等事项。

当主席辞职或因各种原因无法履职时，全国执行局应在六个星期内组织选举新的党主席。

第 12 条 财务主管

财务主管是全国执行局成员，由党的主席任命。财务主管负责制定和执行经全国委员会通过的预算。每个预算年度结束后，财务主管将资产负债表和损益表呈递全国委员会。资产负债表和损益表应由全国执行局指定的两名审计专员认证。

财务报表由全国执行局批准。本党成员经申请可查看报表。

依据法律规定，民主运动党的账目表每年要报送全国竞选审计和政治资助委员会。

第 13 条 调解与监管委员会

调解与监管委员会负责本党章程、价值和伦理宪章以及内部条例规定的贯彻执行。

根据上述职能，调解与监管委员会主要负责党的纪律监管（见第 20 条规定的纪律）。

在党员违反党章、宪章和内部条例规定时，由调解与监管委员会宣布开除、注销资格或停职等决定。

党员对本党决定提出的异议，必须提请调解与监管委员会受理。违反本条规定视为严重违反党章行为。

调解与监管委员会可受理党的主席和本章程规定的中央或地方机构提交的申请，或直接受理由20名党员（须按时缴纳党费）提交的申请。

调解与监管委员会由九名成员组成。所有成员均由全国执行局提出建议，经全国委员会选举产生，任期三年。调解与监管委员会内部选举产生委员会主席，任期三年。

当调解与监管委员会会议日程中的审议议题涉及其某一成员时，该成员应在审议中回避。在此情况下，委员会主席具有（赞成与反对票同数时的）裁决票。

第14条　战略委员会

战略委员会在涉及现实重大问题上，协助民主运动党的机构工作，通过研究分析和提交报告，起到智囊作用。

经全国执行局提议，战略委员会由全国委员会任命组成。

第15条　各省的民主运动

民主运动党是在各省、各地区（包括科西嘉岛、圣皮埃尔—密克隆岛、马约特岛一些地位特殊的地方行政单位，以及海外行政单位和海外属国）或各种专门的民主运动基础上组建而成。

在遵守党的全国章程的前提下，各省或各地区的民主运动党可自行组建，并制定自己的内部条例。调解与监管委员会负责监督地方的条例与党的全国章程及全国内部条例相一致。

党的内部条例应根据第22条规定的条件制定。

各种运动（主题性或特殊性活动）的组织原则应报请调解与监管委员会同意后，由全国委员会批准，并参照党的内部条例执行。

在违反党章、宪章或内部条例的规定时，经全国执行局提议，调解与监管委员会宣布解散某一省级民主运动的决定。

根据党的全国内部条例规定的方式，各省的民主运动党主席经两轮多数单名制选举产生，任期三年。主席代表本省的全体党员参加全国委员会。

根据党的全国内部条例规定的方式，各省严格按照最高平均数法比例代表制、通过名单选举产生各省的民主运动理事会。

根据相关省份的民主运动党办公室提议，全国执行局可在该省或地区指定一名代表作为本省民主运动机构的法定成员。

各省的民主运动可以按照党的内部条例规定的方式，由多个支部组成。

各省的民主运动不具备法人资格，其存在的资格均源于本章程。

各省民主运动的资金主要来源于：全国党费和捐赠的部分结转（按照全国执行局制定的分配方案）。

各省的民主运动党办公室可按照大区的划分联合起来，负责每年的大区党员会议组织筹备工作。

各省的民主运动党具有自主实验权，但必须经全国委员会批准，并遵循相关条件规定。

第16条　民选代表联合会

民主运动党设有一个民选代表联合会。该联合会根据地区级别划分为若干特别支部开展工作。

联合会的主要任务是培训本会成员及传达信息，并组织本会成员在法定机构中表达意见。

民选代表联合会的工作原则要按照全国执行局通过的内部规定执行。

第16条（补1）　在外法国人民主运动联合会

民主运动党设有一个居住在法国以外国家的党员联合会，该组织名称为"在外法国人民主运动联合会"。该会由按照国别划分的支部组成，组建方式严格遵守党的内部条例规定。该组织受全国委员会领导。

第16条（补2）　网络联合会

民主运动党设有一个网络联合会，严格按党的内部条例所规定的方式组建。

第 17 条 联合运动组织

旨在组织公共辩论会或各种思潮表达的俱乐部或协会组织可向民主运动党申请与之结盟。

申请报调解与监管委员会同意后，由全国委员会四分之三多数票作出决定，经全国代表会议以简单多数通过方可被批准。

全国委员会负责监督领导这些联合运动组织，规定这些组织参加全国代表会议的党员代表人数。全国委员会可收回给各组织的申请批准。

第 18 条 选举中的提名

全国委员会负责制定参加各种选举的策略。

在征求各省民主运动党意见并在其建议的基础上，全国委员会提名本党参加欧洲、国家和地方选举的候选人。

全国委员会对选举具有决定权，并可授予各省机构具体人选提名权。

在补选中，由全国执行局赋予该项权力。

所有党员必须服从根据本条款执行的决定。如有违反，将被停职或开除。

第 19 条 总统选举

在广泛征求本党成员意见基础上，按照内部特别条例规定，民主运动党应支持本党候选人参加总统选举。

经全国执行局提议和调解与监管委员会同意，根据全国代表会议通过的特殊条例规定，依据本条规定的原则，由第 13 条中的调解与监管委员会负责组织征求全体党员意见。

所有党员必须服从根据本条款执行的决定。如有违反，将受开除处分。

第 20 条 党的纪律

党的纪律处分为停职和开除党籍。

在严重违反党章、宪章和内部条例规定时，由调解与监管委员会宣布对违纪党员的停职（有期限）决定。

在紧急状况下，特别是在违反第 18 条关于选举正式提名的决定时，由调解与监管委员会宣布对违纪党员的临时停职决定。

在被证实违反党章、宪章和内部条例规定，特别是违反对选举正式提名或支持候选人参选的决定时，由调解与监管委员会宣布对违纪成员的永久开除决定。

宣布党的纪律处分要遵守对辩程序，并按照党的内部条例规定的方式进行。

违纪党员可向全国委员会的上诉委员会提出上诉，该委员会被授予同调解与监管委员会相同的特权，并依据同样的程序。

党的所有成员必须执行调解与监管委员会的决定。

第 21 条　章程的修改

经调解与监管委员会同意，由全国委员会三分之二多数提议，全国代表大会可修改本章程。修改意见须经全体大会批准通过。

经全国委员会或全国代表会议同意，全国执行局在三分之四多数票作出决定后，可在本章程中加入附件。

经全体大会简单多数作出决定后，章程附加的文件即刻生效。

第 22 条　内部条例

本章程中没有明文规定的民主运动党运行的实际条件，以及章程中涉及的条款执行方式，由全国委员会通过的内部条例作出规定。

第 23 条　司法管辖

法国巴黎大审法院是唯一能够对本党章程、宪章和内部条例的解释、执行和有效性作出决定的司法机构。

（文本来源于法国民主运动党官方网站该章程法文版）

（马京鹏　译）

国民阵线章程①

（2011年4月11日）

第1条 本党章的签订者与其他所有拥护本党章的人士组成联盟，该联盟须遵守1901年7月1日法律及其后续法律法规，也要遵守本党章的规定。

第2条 名称与标志

联盟采用以下名称："国民阵线"。名称缩写为首字母"F. N."。标志为三色旗。

第3条 目标

国民阵线是一个政治组织，旨在促进在共和政体与民主多元化的制度框架内的投票表达。国民阵线奉行所有法国公民无论其出身、种族或宗教如何法律面前一律平等的原则，捍卫国家主权和民族独立。

国民阵线还奉行言论自由的原则，支持民有、民治、民享的政府。

第4条 总部

联盟的总部位于南泰尔（上塞纳省省会），具体地址为瑞士人路78号（2011年4月11日行政委员会决议）。该地址也可以根据行政委员会的简单决议进行变更。

第5条 期限

联盟的存在期限为无限期。

---

① 国民阵线是法国的极右政党，当前发展势头迅猛，为了使读者对国民阵线的立场和观点有所了解，我们将国民阵线的章程及其候选人玛丽娜·勒旁参加2012年总统竞选时提出的竞选纲领一并列出，供读者参考。

第 6 条　成员资格

联盟由出资成员和行动成员构成。

出资成员是所有致力于实现联盟目标的法人和自然人，他们遵守本党章的规定，缴纳固定的党费，每年党费额度由行政委员会确定并批准。

行动成员是所有致力于实现联盟目标的法人和自然人，他们遵守本党章的规定，缴纳的党费按级别浮动，每年党费额度由行政委员会确定并批准。

联盟成员根据联盟内部条例规定的条款缴纳党费。

行政委员会、委员会办公室或委员会主席针对入党申请以及党员除名具有最高决定权。

若拒绝入党申请，则该决定不必提供拒绝的理由，申请者不能申诉。

若选择加入国民阵线则不能同时加入其他任何政党或政治团体。违反此规定的国民阵线党员将自动被开除，如发生这种情况，则投票完全无效，除非行政委员会办公室表示同意保留投票结果。

第 7 条　青年国民阵线

青年国民阵线（FNJ）是联盟的一个组成部分。

根据本党章第 31 条规定，其组织形式由联盟内部条例确定。

第 8 条　成员资格的丧失

联盟成员的资格会由于以下原因丧失：

——死亡；

——自行放弃；

——参加另一个政党组织；

——因违背名誉或廉洁的事实被判刑；

——拖欠党费超过 12 个月以上；

——由于严重的问题被行政委员会、委员会办公室或委员会主席宣布开除或除名，该成员此前已被要求提供所有的解释——要么向纪律检查委员会作出解释，要么向行政委员会主席、行政委员会委员或者主席为此案指定的办公室作出解释。

行政委员会、办公室或主席在纪检方面的决策不允许申诉，并且根据惯例，不能采取任何关于联盟资产的司法行动。

第 9 条　财产

联盟的财产只担保由联盟签订的契约，而不包括联盟成员签订的任何契约，即使行政人员也只能以个人名义担保契约。

第 10 条　领导机构

领导机构包括：

——主席；

——执行办公室，隶属于行政委员会办公室的机构；

——政治办公室，隶属于行政委员会的机构；

——中央委员会；

——全国委员会；

——全国代表大会，隶属于全体党员大会的机构，包括常规会议和特别会议。

中央委员会由全体党员大会经简单多数选举产生的 100 多名委员以及另外 20 名由党主席任命的委员组成。行政委员会委员由党主席提名任命。若中央委员会委员被开除、辞职或死亡，则由党主席临时任命增补委员，临时委员任期可以持续到下届中央委员会委员换届为止。中央委员会中任何无故连续缺席三次会议的委员，将会被行政委员会视为自动辞职。

党主席候选人必须是中央委员会的法定委员（2011 年 1 月 15 日图尔全体党员大会特别会议）。

中央委员会的委员可以由另一名委员代表出席。

中央委员会由党主席至少一年召集开会一次，会上确定党的大政方针，并对思考大政方针所涉及的各议题进行投票。

第 11 条　党主席的任命

党主席即行政委员会主席，由全体党员大会常规会议以简单多数的方式选举产生。主席候选人必须由至少 20 名省级秘书长在党的内部条例所确定的期限前进行推荐。每个省级秘书长只能推荐一名候选人。

第 11 条（附） 党的荣誉主席

全体党员大会常规会议（代表大会）可以根据行政委员会（政治办公室）的推荐任命一名荣誉主席。

他是党的所有机构的法定成员（全国委员会、中央委员会、政治办公室、执行办公室、全国受职委员会）。

为获得任命资格，该主席必须完成两任国民阵线主席的任期，即至少五年时间（2011 年 1 月 15 日图尔全体党员大会特别会议）。

第 12 条 行政委员会及其办公室的构成

党主席经中央委员会批准可以提名其他委员会委员，特别是委员会秘书长和财务主管。

这些委员经由简单多数的方式在中央委员会中选举产生。任期在下一届代表大会召开时结束。

委员可以多次当选。

秘书长为党的法定总秘书长。

行政委员会主席经中央委员会批准可以提名所有副主席及其顺位。

行政委员会办公室（即执行办公室）由党主席、副主席、总秘书长、财务主管和总代表组成。

第 13 条 纪律检查委员会

设立纪律检查与调节委员会，其构成、职能及运作规则由专门的内部条例予以规定。

第 14 条 行政委员会会议

当行政委员会主席出面召集或者有四分之一的委员提出开会要求时，行政委员会召开会议。

可以召开协商会议，全体党员均能参加，会议目的是有利于推进党的事业；还可以在全体党员的协助下就某一确定目标组建研究委员会。

在行政委员会的所有会议中，只有行政委员会委员才具有协商发言权。

若各方意见僵持不下，则委员会主席的意见具有决定性作用。

协商的有效性要求至少四分之一的行政委员会委员出席会议。

行政委员会召开会议时必须有专门的会议记录，记录上须有党主席和秘书长的签名。

第 15 条　无偿职务

行政委员会委员的职务是没有报酬的。

第 16 条　党主席

党主席召集全体党员大会和行政委员会会议。他代表党签订所有文件，并被赋有这方面的权力。他特别需要代表党进行诉讼、出面应诉或构建权力、达成和解。他可以赋予某一党员特殊权力，使该党员能够代表党主席出现在各种有必要现身的司法场合中。

党主席主持全体党员大会。

若党主席缺席或生病，可由副主席取而代之（如果存在多名副主席，则由排名第一的副主席代替）。若副主席缺席或生病，则由秘书长取而代之。

最后，若所有上述党内领导均因故无法出席，则由行政委员会中资格最老的委员取而代之。若有多名委员资历相当，则由其中最年长的委员取而代之。

第 17 条　秘书长

秘书长负责所有涉及通信和档案的事务。

他负责撰写会议或全会记录，总而言之，负责除财务之外所有涉及政党运转的书面工作。

根据 1901 年 7 月 1 日法律及 1901 年 8 月 16 日命令第 6 条至第 31 条规定，他需要进行特殊登记，并确保上述条款规定的程序得以执行。

第 18 条　全国财务主管

财务主管负责所有涉及联盟财产核算的事务；负责所有支出，并在党主席的监督下接受所有支付给联盟的款项。除非征得行政委员会允许，否则他不能割让构成保证金的证券。

财务主管负责处理所有完成交易的常规性核算，并向全体党员大会汇报财务状况，由全体党员大会批准其年度结算。

第 19 条　行政委员会权力

行政委员会确保全体党员大会决议的执行，并拥有批准所有不由全体党员大会负责的文件的最广泛的权力。

该委员会监督行政委员会办公室成员的管理行为，并始终拥有要求办公室成员就其行为进行汇报的权力。

如遇紧急情况，则行政委员会办公室可以根据委员会主席及大多数委员的意见，暂停一名委员的职务，甚至开除该委员。

行政委员会允许党主席和财务主管根据联盟运行情况购置物资、租赁屋舍或开展其他必要业务。

行政委员会允许党主席和财务主管对属于联盟的物资和证券进行必要的割让。

行政委员会为党主席、财务主管、秘书长及其他委员会成员的辛勤劳动所应支付的金额予以确定，这笔津贴可视为待遇性质，与第 15 条的规定不冲突。

行政委员会每年须编制年度结算的账目。

行政委员会确定党费的缴纳方式及额度标准。

第 20 条　联盟收入

联盟收入包括以下内容：

——成员缴纳的党费；

——属于联盟的物资和证券的分红及收益；

——法律所允许的捐赠，一般来说就是法律所允许的所有收入；

——联盟向其成员或第三方提供的服务产品,特别是培训、鉴定、协助出版等方面,一般来说就是如第3条所规定的直接或间接关系到联盟目标的法律所允许的所有活动。

第 21 条　财务

每日应当对收入和开支进行核算,必要时还有物资核算。

第 22 条　全国委员会

联盟能够在省、行政区或大城市中设立代表团或支部。

行政委员会根据秘书长的提名任命大区和省级负责人。可以在任何时候、以任何形式结束负责人的职务。这些措施是根据联盟的部门利益适时采取的,措施本身并不具有任何纪律检查性质。这些措施不会招致任何申诉。

全国委员会的组成成员包括中央委员会委员,省级和大区秘书长,国民阵线在法国议会、欧洲议会、大区议会及省议会的民选代表,国民阵线在居民超万人城市的市长,科技委员会委员、其办公室成员或主席。

根据行政委员会或其主席的召集,全国委员会每年至少召开一次,会议就党的大政方针提出意见。

第 23 条　代表大会

全体党员大会或代表大会代表整个联盟,其常规性决议对缺席者也具有强制作用。当党员人数过多,以至于无法聚集所有党员同时开会时,则优先考虑以省为单位召开全体大会,其次考虑召开代表大会,如此可以给予全体党员出席会议的机会,会议由一名政治办公室的成员主持。内部条例规定每个省拥有的代表人数、代表任命方案以及代表所拥有的票数。

第 24 条　召开全体党员大会

全体党员大会可以召开常规会议或特别会议。会议的主持工作按照第 16 条的规定施行。

常规会议原则上每三年召开一次,由党主席个人召集,或者至少提前 15 天通过媒体发出通知。

特别会议是在特殊情况下由党主席召集的，应全体党员大会主席要求，或者有至少五分之一党员签名的提交给秘书处的书面申请。应书面申请的特别会议，必须在申请提交给秘书处之后的三个月内召开。

无论是常规会议还是特别会议，都可以通过个人名义召集，或者至少提前15天通过媒体召集，召集会议的同时需要附上会议日程安排说明。

在紧急情况下，全体党员大会还可以通过媒体召集，至少提前八天发出通知。

第25条 日程安排

除了由行政委员会提供的日程安排方面的材料之外，任何提案都须具有至少来自10个政党联合会的100名党员的签名，至少在会议召开前一个月送交秘书处，随后才能提交全体党员大会讨论。

第26条 常规会议的工作

全体党员大会常规会议听取党主席的述职报告，必要时还会接收委员会办公室其他委员的工作总结以及财务主管的报告，拥有对这些报告和总结的批准权。

常规会议对关系到联盟运转的所有问题具有权威决策权，对行政委员会、党主席和财务主管为实现联盟目标而采取的不违反1901年7月1日法律规定的任何行为拥有绝对的许可权，不过本党章授予行政委员会、党主席和财务主管的权力可能还不足以完成这些行为。

全体党员大会的所有决议都由出席会议的或者通过信件投票的党员的大多数决定（2007年11月17日全体党员大会特别会议）。

第27条 特别会议

全体党员大会特别会议对提交上来的紧急问题进行裁决。只有特别会议有权对党章进行修改，有权决定联盟的延期或解散、与其他志同道合的联盟合并或者加入任何的政党联盟。

第28条 协商登记

全体党员大会的协商过程会被秘书长登记在案，上面必须有参加协商的行政委员会委员签名。这些书面记录会确认出席全体党员大会的党员人数。

行政委员会的协商过程会被秘书长登记在案,上面必须有秘书长和党主席签名。秘书长可以提交经由他证实的复制版本。

第 29 条　全体党员大会的会议记录

全体党员大会的会议记录包括秘书长的报告和财务主管的报告,会议记录送交至所有中央委员会委员以及大区秘书长和省级秘书长。

第 30 条　解散联盟

在自愿或被迫的情况下解散联盟,必须由全体党员大会特别会议或行政委员会(无法召开特别会议时)决定联盟财产的归属,除了将党员之前投入的财产返还给他们之外,其他财产不能授予党员。在偿清所有联盟的债务和费用,并支付所有清理工作所需投入的必要的人力和物力之后,须由特别会议或行政委员会指定接受资产余额的公共机构或私人机构。

第 31 条　内部条例

行政委员会有权制定并修改内部条例,该内部条例确定了联盟内部运转的条件。

只有内部条例能够规定确保本党章得以贯彻落实的具体条件,或者实现联盟目标的行动方式。

第 32 条　法定手续

根据 1901 年 7 月 1 日法律和 1901 年 8 月 16 日命令,党主席代表行政委员会负责办理所有声明、公布、回绝收据的手续,这些手续既包括关于创建联盟的手续,也包括关于经常对联盟进行改造的手续。

(文本来源于法国网站:http://fr.scribd.com/doc/261239290/Statuts-du-Front-national)

(赵超　译)

国民阵线 2012 年总统竞选纲领

一、筹备经济与社会的复兴

购买力：经济的复兴

低于 1500 欧元的工资都享有 200 欧元的净增幅。这一措施将主要由设立对进口物资征收百分之三的社会分摊金来提供资助。

天然气、电力和火车都立即降低百分之五的税赋。

已亡人共同缴纳的可复归的养老金将从现在每年 18720 欧元提高到每年 3 万欧元，同样，所有退休人的养老金都将提高。公共部门低薪者的指数点将提升。

碳税降低百分之二十，加油站的价格降低百分之十二。这一措施将由大型石油和天然气企业的税收提供资金。

最低老年保险金，又称为"老年人团结津贴"，应优先发放给法国人，并且每年的增值至少等同于通货膨胀。

如同为禁止借贷机构以过高的利率进行借贷而对高利贷利率进行法律管控那样，为了保护消费者，消费借贷率和不动产借贷率将由法律设定框架。

欧元：重新找回我们的货币自由

单一货币欧元十年以来从未履行其诺言。欧元的成绩并不理想：价格飙升、失业增加、企业外迁、债务增长。法国应与其欧洲伙伴一起为欧元的变化做准备。欧元会变成与法郎并存的共同货币，法郎会重新恢复。这一措施将以全民公决的方式由法国人民作出决断，它会给我们的经济充氧并重新找到繁荣的道路。

为了接济希腊、爱尔兰和葡萄牙，法国已经负债600亿欧元。法国刚刚给"欧盟稳定机制"投入1430亿欧元。

按一位经济学家的表述，留在欧元内是一种"慢性自杀"。实际上，只存在两种重新找回竞争力的方式：或者降低工资并摧毁社会保护体系，这是人民运动联盟的选择；或者拒绝社会紧缩的悲剧性计划，依靠我们的货币进行操作，这是玛丽娜·勒庞的选择。

有必要采取措施对资本的投机性流动加以控制。储蓄银行将在必要时间内部分国有化，以便整顿银行的习惯做法并确保法国人的储蓄安全。

就业：支持企业与商业

将对边界实行有效保护，以便抵御一些国家以极低的人工成本而展开的不诚信竞争及其导致的企业外迁。

国家和管理机关有义务购买法国企业的产品（参见本党提出的重大法律：《购买法国产品》）。

小商业将受到保护，以防止大规模的批发：国家将在采购中心层面采取一项行动，以便在独立商业和大型批发之间建立起一种平衡。采购中心与大型批发商之间的专营权链条将被禁止。

在地域治理和农业政策的框架内，将赋予农业地区的小商业的维持和发展以优先权。

成立专门负责管理中小企业的机构，以简化官僚主义，我们的企业家是这种官僚主义的受害者。

将从 14 岁起开始学徒。

债务：摆脱金融市场

通过公共资金的去私有化而废除银行垄断。由此，法国银行将可以以无息贷款方式借钱给财政部。40 年来，法国向金融市场投入 1.4 万亿欧元的利息，但我们却只得到 1.7 万亿欧元的债务。

将强制降低权力机构的一系列生活待遇：奢侈的开支、民选代表的过分津贴及不合理的特权将一律取消。同样，机构和协会的津贴如果不属于公共利益范畴，也将重新考虑。

将实行一项坚决的行动计划，用于鉴别和大幅减少对国家无用和有害的开支：社会和税收欺诈、无效的税收减免、权力下放的成本、不加控制的移民对社会预算的负担。

退休：提高养老金，由社会保险制度支付不能自理者的医疗费用

由于现实政策和未来政策的需要，分摊的退休体制将永久化。重新找回充分就业已成为第一需要，这意味着与人民运动联盟的政策完全决裂。面对全球化，法国应重新武装起来。我们更主张实行鼓励生育的政策，而不是成本高并且不稳定的移民政策。作为我们退休体制基石的代际之间的团结，必须以人数众多的新生代为前提，新生代将是法国未来的力量所在。

将恢复缴纳 40 年的年金保险即可完全退休的制度，并且退休年龄恢复到 60 岁。现在的实际基数（工作收入）太窄，并且对我们的竞争力有影响。因此，可以把资本收入加入到这个基数内，以便资助属于全国团结原则之下的全部津贴。而且退休体制的不平衡还与暂时的人口不平衡相联

系。在这种特殊的情况之下，将从社会和环境关税的收益中拨一部分款项给老年人，以重新回归平衡。

对于没有在法国工作并且未缴纳至少10年社会保险的外国人，将取消其获得最低老年保险金（老年人团结津贴，每月为750欧元）的权利。

在社会保险一般体制下成立针对不能自理者的第五个分支机构，旨在允许集体能够对不能自理者进行照料，否则这部分机构就只能依靠私营保险机制。该第五分支机构将受到委托，现在由省（个人自主津贴）和卫生机构掌管的全部财政和人力资源都交其负责。该机构的主要使命将是改善对社会医疗机构内的丧失自理能力者和收容者的照料条件。该机构还将负责科学评估与不能自理相关的需求，以便采取相应的公共政策和提供相应的生活方式，并对不能自理者组织培训。短期内，将减少要由丧失自理能力者负担的其余费用，以便使所有人都能够有尊严地生活。同时，启动一项涉及所有领域（健康、医疗、城市规划、建筑、劳动经济学、设备、接受公共服务等）的对丧失自理能力的需求的深入分析，以便在中期能够采取适合人口变化的政策。

全体相关专业人员和丧失自理能力者的家庭看护者都可以获得特别的培训。

公共养老院将得到保留和发展，而目前是私营部门占据越来越重要的份额，价格越来越昂贵。

税收制度：累进性与税收公正

模糊不清的居住税将以附加税的形式并入更为公正的收入税，附加税将和收入税一样也实行累进制。

通过设立新的中间税档，在不加重个人收入税的情况下，优先提高累进性。收入税的高级档的税率为百分之四十六。由此，中间阶层将缴纳更少的收入税，但过于富裕的家庭将缴纳更多的税收。将再次征收股息税，目的在于相对于劳动收入，不给资本收入以优惠。

在保证税收公正的创新基础上，通过把土地税和财产税合并，将设立单一的累进制的遗产税。这意味着取消现行的自1970年开始实行的，建立在不公正基础上的土地税。财产税应并入这一单一税，与附加税一致，遵照与当今同等的税率。

第一必需品将继续享受增值税税率降低到百分之五点五的优惠。但是，增值税可以更具有累进性，以便抽取新的收入并符合税收公正的优先目标。将对奢侈品设立提高的增值税税率。

企业税制

将设立针对公司的三档税率：百分之十五、百分之二十五和百分之三十四。最低税率将使个体和中小企业家受益。所得的收入将按以下方式分配：三分之二纳入国家预算，三分之一纳入地方行政区域预算。

涉及企业税制，将把公司税和地方行政区域经济捐税合并。实际上，在由国家抽取的公司税和用于资助地方行政区域的地方行政区域经济捐税（并且其本身还分为企业的土地捐税和附加价值的缴费）之间，税收压力得不到控制。

营业资本的分期偿还将按所得加以减免，并按增值部分的出售进行征税。

个体企业家将享有同公司税一样的制度（对公司税的三档累进税率）。

二、重建国家权威

移民：扭转趋势

合法移民将从每年进入20万人降低到每年1万人，并优先能给我们国家带来荣誉和创新的人才。

所有非法进入并停留在法国的人将被驱逐。

禁止支持地下移民。在法国人的权利中，地下移民者合法化的可能性将被取消。切断地下移民的非法渠道,同样取消发放给地下移民的国家医疗救助,该救助使得他们能够在法国得以免费医疗。

国民优先权将给予所有法国人,不论其来自哪里。鼓励企业在能力相等时录用拥有法国国籍者。管理机构将同样尊重这一原则。所谓的"主权"就业名单将扩大,尤其在国家部门,那里的职业将保留给持有法国国籍者。工作并缴纳分摊费的外国人将享有按其缴纳的分摊费而带来的正常福利。

取消因在法国出生而享有权利,深刻改革《法国国籍法》。要取得国籍,需符合有合法地位、在领土内和平长久地居住、掌握法语等严格的条件。更一般地讲,除了与另一个欧盟国家之外,不再授予双重国籍。

有合法地位的外国人,如一年之内找不到工作将被鼓励回本国,其退休缴纳金将以资本的形式得到归还。在社会住房方面,在同等条件下,住房首先提供给持有法国国籍者。家庭津贴将保留给至少父母一方是法国人或欧洲人的家庭。

受反法国人的种族主义所驱动的犯罪或轻罪将被认为是一种严重的特殊情况并因此加重所受到的刑罚。

由于与其他国家缔结的双边协定,针对外国人所宣判的监禁刑罚将在其原籍国执行,签约的这些国家是在法国的犯罪统计方面最有代表性的侨民来源国。

将实行加强合作的政策,尤其是与非洲国家。发展援助将取决于在移民流动和秘密驱逐非法移民到原籍国的程序方面是否与法国官方紧密合作。

安全:零容忍

将在全国建立零容忍政策。

针对治安力量、救援或消防队员的有组织的攻击将受到严厉的镇压。

抢劫、"黑帮"和帮主的网络将被摧毁。对犯罪活动猖獗的地区施加治安压力，以便"重新夺取这些地区"，并且将开发一项真正的教育政策，这一政策目前仅用于反对恐怖主义的斗争。

在未来5年中，警察和自2005年取消的宪兵的编制人数都将被重组。另外，警察和宪兵的设备工具（武器、车辆、远程通讯……）都将得到改善。这还包括停止关闭宪兵小分队和警察分局，并恢复把解散的共和国保安部队与宪兵骑兵队合并。

要加强对累犯的惩罚。此外，任何社会津贴（援助、住房、积极互助收入等）都不得涉及累犯或应监禁一年或以上的罪犯。

消防队员的地位将得到保障，现时，其地位受到政府和欧盟的威胁。

将恢复死刑或将设立真正的永久性拘禁。这两种方式是用来强化我们的刑罚的，对它们的选择权将通过全民公决的方式提交给法国人。永久性拘禁带有确定性和不可逆性，罪犯将处于一天都不可能出狱的状态。

政教分离：统一和不可分裂的共和国

在公职部门、私营企业及至少部分由公共资金所资助的学校和教育机构中，录用或接受实习生、学生和学徒时将禁止实施积极歧视。

以下原则将被列入宪法中："共和国不承认任何共同体"。

将禁止地方公共团体为礼拜场所或礼拜活动提供资金。将坚决实行1905年法律。不论涉及哪种宗教，信徒都应用他们自己的资金建造其礼拜场所。为了限制宗教—政治意识形态的任何渗透，将不再可能求助于来自国外的资金。

无论是公共服务的代理机构还是公共服务的使用者，都禁止使用明显的宗教标记。

司法：独立与威严

司法预算将在未来五年内提高百分之二十五：迫切需要给予司法机关行使其使命的手段。

根据《刑法》的规定并由法院所宣判的监禁刑罚将有效执行。将取消自动减刑。

将在司法程序中给予受害者以真正的地位。现时，受害者经常遭到拒绝、蔑视和忽视。

地方法官的数额将再次扩充以便使审判更为迅速，因此也更为公正。法国应在2017年力求达到每10万名居民有20名地方法官，目前，每10万居民有12名地方法官。

将启动一项大规模的监狱计划，在最短时间内增加四万个监狱位置。在这方面，涉及良好的管理措施、人道主义的迫切需要，但也涉及实施刑罚所有政策的先决条件。增加四万个监狱位置，法国将达到欧洲的平均水平。

通过取消地方法官加入工会、从事政治活动、成为候选人、就与其职责有关的任何案件提出见解或在法庭作证的权利，地方法官的独立和中立将得到保证。实际上，司法官员能讲述他所做的审查是不可忍受的。

为保证对未成年人犯罪进行有力和有效的处理，刑事责任扩大到所有超过13岁的未成年者，将加快对涉及未成年人的文件的处理，并且在有父母不负责任的证据的情况下，对惯犯儿童父母的社会援助将取消。

按诉讼法庭模式，成立临近的刑事法庭。

在诉讼结束后，重罪法庭陪审团将决定是否同意对拘禁犯人实行配有准确期限的有条件释放。

民主和公共道德：尊重和服务法国人

由人民提议的全民公决将列入宪法，并且将降低组织这种全民公决的条件，以便允许真正行使直接民主。

共和国总统任期七年，不得连任。选票主义变成我们国家的一种真正的祸害。国家首脑应当只为法国人而行动，而不是为其连任。全民公决将是修改宪法的唯一方式。因此，只有人民才能够取消曾由人民所作出的决定。

在所有选举中，无论是全国或地方选举、直接选举或间接选举，都实行比例选举模式，以确保由选民所选出的所有政治倾向的代表性，尤其是在国民议会里。行政职责的兼职将不再可能。

为保证出版自由，依靠公共订购的大集团将不能再掌握媒体。

公共服务：人人、处处都可获得公共服务

为了使商业性的公共服务实现现代化和合理化，将进行一次组织和效率的改革。

就公共服务问题重新谈判欧盟条约，将终结"自由竞争和不失灵"的教条，特别涉及铁路运输和邮政服务。

在所实行的提高购买力的政策框架内，私人操作者之间的违法串通将受到刑事惩罚。

实行"全部高铁"政策本身并不能代替铁路政策。为了使铁路网覆盖国家的全部地域，一些大区线路将得到更新或重建。

将重新恢复临近的邮局。邮政部门将恢复为公共机构。

公务活动

政府各部门的组织和预算将合理化。将成立一个具有相当独立地位的唯一的总监察机构，以便对行政机关进行监督。

将通过普遍使用因特网和新技术而使公务活动现代化。

在确保独立性的情况下，公务活动的地位将得到保留，而且应该确立规则，以便在行政机关的高层去除利益冲突。在公务员培养的框架内，突出国家和爱国主义的意义。

防卫：保卫自由的手段

将重建一支有效的海上力量，以便保护国家宝藏中的自然资源，这些资源在我们1100万平方公里的海上空间以内。

防卫投入将在五年内逐渐恢复到国内生产总值的百分之二，为了使计划能够持久、装备变得现代化和人员编制得到维持，这样的投入是必要的。

法国参加北约的统一指挥将被废止。我们的战略将集中于保持法国的独立性，法国应通过其自身来确保其利益和安全。

我们的核威慑概念将再次得到确认和明确。核威慑应成为我们防卫战略的基础和国家安全与独立的最终保证。

将在（包括海外地区在内的）全国领地组建一支由五万男女组成的预备役军人国家队伍，并可在很短时间内入伍。

通过与一些欧洲伙伴合作，对一系列国防工业进行重组。这样的努力将使国家经济和相关领域的众多企业受益。

老战士

根据领退休金的老战士人数降低的事实（五年内下降百分之二十二），将通过这些可用资金来提高老战士的退休金。

铭记阿尔及利亚法国人和保安队官兵对我们国家的服务，并最终向他们支付应付的津贴，法国将证明它对阿尔及利亚法国人和对保安队官兵及其家庭的承认。

11月11日将作为世界大战的纪念日。

三、确保国家的未来

医疗：使每个法国人在全国都能接受治疗

在全国所有地域都能获得医疗将成为政策的优先考虑，确保每个人口聚居地都有多学科的医院或医疗中心，荒漠化对农村来讲是一种悲剧。

将实行一项新的药品政策，以便脱离纯粹的财务逻辑。药品的真正效力将通过更为仔细的识别来进行审查。某些无法报销的药品将可以由社会保险机构按正常的比例恢复报销。

反对社会欺诈行为，创建生物识别的医疗卡来保证医疗卡的安全性，并禁用编外的和欺诈性的医疗卡。通过传递其所掌握的信息，地方公共团体有义务无保留地协助反欺诈行为。取消对欺诈惯犯的社会援助。

将出台由社会保险机构规定和报销的药品的详细的出售程序，以便限制挥霍。

将突出中等机构的重要性，而不是那些通常低效的太小的卫生机构和农村居民很难进入特大机构。

病人将通过代表他们的协会更多地参与到与其相关的决策中：病人的作用特别应当在最高卫生管理局透明委员会内得到承认。

就阿尔茨海默氏症而言，加强研究以及私人研究与公共研究的更好合作都将置于优先位置。由于取消国家医疗援助而节约下来的资金，将拨给跟踪检查和配备给病人和其家属。尽管抗阿尔茨海默氏症的药品还不理想，但也不取消其能够报销的资格。

将重新安排诊所工作和行医证书，以便允许私人诊所能够得到发展，这些诊所将负责"轻微的急诊"，从而排除医院急诊室的困难。

加强政府医疗部门对大区医疗机构的监督，以便确保全国卫生政策的协调。

家庭：支持家庭和鼓励生育的政策

将设立一项相当于法定最低工资百分之八十的"父母津贴"，以便允许父母真正有可能在从事职业活动和全职教育儿童之间作出选择。自从有第二个孩子起就可领取三年"父母津贴"，有第三个孩子后，可以延续到四年。由于享有一种真正的法律和社会地位，因此，"父母津贴"的受益者将享有相应的权利（社会保障、退休、获取职业培训等）。

将提高对至少父母一方是法国人的家庭所拨付的家庭补助金，并按生活成本指数计算。家庭补助金的目标是覆盖为抚养孩子所需的大部分实际成本。

家庭是社会的基本组成单位，是不可替代的机构。家庭应该只能建立在男女结合的基础上，旨在迎接由父母生育的儿童。因此，我们将反对所有建立同性婚姻的要求和/或由同性伴侣收养的要求。因此，共同生活引发的共同利益，民事同居契约足以解决问题，将不会受到挑战。

将采纳《团结互助与市区翻新法》以强制所有市镇增加留给托儿所的地方。

对于抚养至少三个孩子或抚养一个残疾儿童的母亲，退休年龄可以降低。

通过协助单亲父母寻找住房、在劳动条件（时间的灵活性等）上对大企业进行动员，解决法国单亲家庭的贫困问题。

女性的自由选择应当有能够选择不堕胎的自由：更有效的预防和信息应是必不可少的，父母的责任是必要的，应提出产前领养可能性的建议，应着手改善许多家庭的家庭补助。

应保护儿童不受暴力的侵害：1949年7月公布的关于青少年出版物的法律，以及家庭协会的受到鼓励的行动，应能够更好地保护儿童免受各种形式的暴力侵害，包括色情暴力和经因特网传播的精神暴力。所有针对儿童的暴力虐待行为，尤其是恋童癖都将受到严厉的惩罚。

残　疾

将简化和明确判断残疾和不能自理的标准。

将提高成年人的残疾补助金。

将扩建残疾儿童接待中心，尽可能在专业人员的协助下使残疾儿童能够留在家里。

积极与虐待残疾人的行为做斗争。这一恶行最终将得以消灭。

将建立大区层面的教育机构。

学校：知识的传承，量才录取制和纪律

从幼儿园开始，一直到小学，学校将集中致力于基本的知识传承：读、写、算。

将结束"教育"冒险：在预备课程阶段，音节方法将是强制性的，法国史将重新回到教育的核心地位并在整个入学期间，按年代的方式进行学习。法国地理的学习是强制性的，并按地图进行教授。

在五年内逐渐取消独立的初中，独立初中已成为一种可怕的失败。

将保留中学毕业会考并提高其价值，以便恢复其选拔的特性：拒绝接连不断地进行测试，只有全国性考试才有可能平等。

将推进技术和手工操作的一系列等级，它们常常能够提供职业前景。

重新整顿学校纪律。重建教员的权威及对他们的尊重。

恢复14岁起开始学徒的制度。

文化：保护遗产并结束私下交易

今后将禁止让与国家遗产，以避免属于人民的产业被当作旧货大幅度廉价出售。将终结30年可续订的用益权契约。

与省相比,文化部的预算过于倾向于巴黎及其没有丰厚创作作品的伙伴。应当扭转这种关系。业余艺术创作应受到更多重视。

我们的遗产和文化将更加受到重视:遗产保护将被列为第一位的计划,这涉及历史遗迹或农村地区的遗产(教堂或其他遗产),应使其成为紧急计划的对象。如同艺术市场那样,对文学艺术的资助也将获得税收措施的鼓励。

因特网

在因特网这一领域,法国人的自由和对其私生活的尊重应得到保证和加强。将建立私人网上交易的通行许可证,网上私人交易应保持自由。破坏自由的措施(因特网知识产权保护法、第二套国内治安效果计划导向法、反伪造商业协定)将被修改或废除。消除儿童犯罪将被置于优先地位。

农业与农村:坚决的农业政策

农村是一种应加以保护的优势。尤其应通过恢复邻近公共服务和在全国所有地域普及高流量的因特网,消除农村地区的荒漠化。

放弃共同农业政策,采取法国农业政策,实施使资源在小规模和大规模农业组织之间更公正地分配的战略性发展。

将提高农业退休金,特别是针对那些还活着的配偶。最低农业退休金将定为法定最低收入的百分之八十五。

事实上,在共同农业政策的框架下,法国向欧盟贡献200亿欧元,但只"收回"130亿欧元。在重新谈判自2012年实行的欧盟条约的框架内,法国将通过减少对欧盟预算的贡献,资助采纳一项雄心勃勃的国家农业政策。

法国的农业政策将受益于"购买国货"的法律，该法律强制国家机关、地方公共团体机关、企业食堂和饭店优先采购在法国生产的食品。

为保证食品安全，向欧洲进口的货物应服从对我们农业生产者所实施的同样的食品安全强制规定。此项要求应该通过征收中间关税来实行。

捕　鱼

职业捕鱼对我们沿海地带的平衡是至关重要的。对捕鱼资源的负责任的管理与对捕鱼船的保护完全兼容。

应鼓励船舶的现代化和捕鱼技术的改善，而不是使上百个船队报废，由此把农业食品和分销领域让与多国之手。

与欧盟谈判的共同捕鱼政策不利于法国的捕鱼。现行的配额体制依赖于一种资源共享的自由主义的概念，使人们不去关注可供给的存储，因为现行配额体制适用的区域太广，完全缺乏灵活性。将建立一种以季节性和捕鱼方式的选择为基础的体制。新体制更简便易行，将减少对海上捕鱼者的强制。

我们的经济专属区将完全在国家层面上进行管理。

涉及经济专属区以外的捕鱼地带，以及法国捕鱼队传统上经过的地带，将与相关国家谈判双边协定。

狩　猎

为终结欧盟技术官僚的操纵，法国将决定狩猎开放和关闭的日期。与现实政策相反，狩猎者和狩猎协会应得到政府机构的支持，它们对保护我们的生态系统发挥着重要的作用。

生态：就近生产，就地加工

在法国再工业化的框架下，将对企业生产力实行再地方化，这将使生产可以在离配发系统和消费者更近的地方进行。对国家边界进行的合理保护（关税和配额）将根据出口国的社会保障水平来决定，也根据其产品的生态质量来决定。

动物保护是一项迫切的需要：将复核涉及群养的立法，以便给动物提供适当的必不可少的空间。饲养员将受到协助，以使其设施符合新标准。

将遵守法国强制实行的规定，即用于消费的动物，禁止未经事先麻醉而屠宰。有关动物实验的立法将变得更加严厉，尤其是在研究可以避免用动物做实验的情况下。反对抛弃群体动物的计划将得到由国家授予的公共视听服务的免费广告时间段的支持，并增加对从事这一斗争的社会团体的支持。

将实行一项生态能源政策。生态问题不能忽略能源政策问题，而法国在能源政策方面欠缺考虑。

除水利能源外，所说的"绿色"能源当今都不现实：例如，要在法国生产必要的电力，需安装27.5万个风力发电机，或50亿平方米的光伏电池板（一个中等规模的省那么大），或将法国一半的耕地用于生产生态碳氢燃料，以便替代我们对石化碳氢燃料的消耗。我们将支持研究，以便使这些技术在地方利用的框架内具有可能性并可以使用（特别是市镇或企业）。目标是绿色能源最终覆盖我们对百分之十至十五的能源的需求。要加大对水利方面的研究。我们支持在加达哈石（Cadarache）进行的国际热核实验反应堆计划。

为保证食品安全的优先性，应排除一切利益冲突的可能性，确保法国食品公共卫生安全机构的有效独立。应保护评估的自由，而不是像欧盟和国际机构一样，独立性不能完全得到保证。

要保持法国能源的独立性以及在二氧化碳排放方面的良好成绩，就必须在中期内保留核能源。这必须以对研究进行投资为前提，特别是对核工业的安全装置和新反应堆的功率的研究，这些新反应堆准备用作替代已结束寿命的旧反应堆。由于核工业的危险性不能降低为零，长期来看，还是希望能够退出核工业。为了降低核工业的比例，将加强对可再生能源以及科学能够创造的新能源的研究。

海外省：战略眼光与公民之间的平等

法国的海外省是我们立于世界的一个必不可少的组成部分。海外省使我们国家和1100万平方公里的专属经济区构成世界第二大海上强国。我们为分散在世界每个角落的法国领土而感到骄傲，从那里可以获取财富、人才和生气勃勃的力量。

法国应保持一种战略眼光，对海外省进行必要的投资，从意味着财富和巨大潜力的"蓝金"中充分受益。

无论是对圭亚那的石油或含金矿的开发，还是对新喀里多尼亚的与镍矿相关的开发，我们地下财富的开发都将得到支持。公共资金将保证港口和公路的发展。

为便利本土与海外省之间的流动，应确保领土连续性原则，而国家正是领土连续性的保证者。由国家来谈判航空公司的价目表，以避免出现过高的价格，尤其在学校放假期间。

本土和海外法国人应平等地获得公共服务，尤其是在数码通信方面。应就过高的因特网价位采取一项特别的措施。

欧盟条约：为了一个由自由国家组成的欧洲

在《欧盟条约》第50条的框架下，将重新启动对欧盟条约的谈判，以便与完全失败的专断的欧洲建设决裂。今后应建立一个以尊重人民主权、国家身份特征、语言和文化为基础的欧洲，而且统一的欧洲应该通过具体的行动真正服务于人民。

法国应恢复对边界的控制，愿意留在一个欧洲国家的自由联盟内，这些国家在移民、外贸和资本流通规制等这类主题方面有同样的观点和同样的利益。

法国应恢复对货币和货币政策的控制。

应实施一项创新的大欧洲计划，服务于人民。应提及的是，它应该在欧洲共同体机构之外从自愿合作伙伴关系开始。

将建议设立一个（主权国家的）泛欧洲联盟，它包括俄罗斯和瑞士，并尊重中立地位、国家权利、国家税收等。土耳其将不在这项计划之中。

所有与马格里布国家的经济合作伙伴关系将在停止移民进入法国的基础上重新进行谈判。

玛丽娜·勒庞的12项行动

1. 提高最低收入者的工资和退休金以改善购买力。通过简化税收和累进税，建立真正的税收公正。

2. 停止移民，并在就业、住房和社会救助方面设立国民优先权。

3. 通过实行零容忍来保证法国人的安全。

4. 通过在重大政治选择方面实行全民公决而恢复公共道德，并重新赋予法国人民以发言权。

5. 尤其通过使所有人都能得到高质量的治疗而在全国建立起真正的公共服务。

6. 通过设立"父母津贴"而帮助家庭。

7. 对学校在知识传承方面的作用进行重新定位。恢复权威和量才录取制。

8. 通过合理的边界保护来实现法国的再工业化。

9. 摆脱金融市场的控制以防止债务的螺旋上升。

10. 为恢复国家主权，重新谈判欧盟条约。

11. 面对宗教的政治性要求，强制实行共和国的政教分离。
12. 恢复法国外交与军事的独立性。

（文本来源于国民阵线官方网站 2012 年总统竞选纲领法文版）

（陈露 译）

参考文献

[1] Andrew Knapp, *Parties and the Party System in France: a Disconnected Democracy?* Houndmills, Basingstoke, Hampshire; New York: Palgrave Macmillan 2004.

[2] Jocelyn A. J. Evans ed., *The French Party System*, Manchester, UK; New York, USA: Manchester University Press, 2003.

[3] Robert Elgie, *Political Institutions in Contemporary France*, Oxford: Oxford University Press, 2003.

[4] William Safran, *The French Polity*, New York: Longman, 2003.

[5] Michael Koss, *The Politics of Party Funding: State Funding to Political Parties and Party Competition in Western Europe*, Oxford: Oxford University Press, 2010.

[6] Raymond Huard, *La Naissance du Parti Politique en France*, Paris: Presses de la Fondation Nationale des Sciences Politiques, 1996.

[7] "Special Issue on France's Political Institutions at 50", *West European Politics*, March 2009, Vol. 32, No. 2.

[8] [法] 皮埃尔·罗桑瓦龙:《法兰西政治模式: 1789 年至今公民社会与雅各宾主义的对立》, 高振华译, 北京: 生活·读书·新知三联书店 2012 年版。

[9] [意] G. 萨托利:《政党与政党体制》, 王明进译, 北京: 商务印书馆 2006 年版。

[10] 吴国庆:《法国》, 北京: 社会科学文献出版社 2010 年版。

[11] 许振洲：《法国议会》，北京：华夏出版社 2002 年版。

[12]《世界各国宪法》编辑委员会编译：《世界各国宪法·欧洲卷》，北京：中国检察出版社 2012 年版。

法国立法网址：http://www.legifrance.gouv.fr。

法国国民议会网址：http://www.assemblee-nationale.fr。

法国参议院网址：http://www.senat.fr。

法国内政部网址：http://www.interieur.gouv.fr。

全国竞选审计和政治资助委员会网址：http://www.cnccfp.fr。

公共生活透明最高管理局网址：http://www.hatvp.fr。

社会党网址：http://www.parti-socialiste.fr。

法国共产党网址：http://www.pcf.fr。

欧洲生态—绿党网址：http://eelv.fr。

左翼党网址：https://www.lepartidegauche.fr。

共和党网址：http://www.republicains.fr。

新中间党网址：http://www.nouveaucentre.fr。

民主运动网址：http://www.mouvementdemocrate.fr。

国民阵线网址：www.frontnational.com。

后 记

法国有着悠久的历史和深厚的思想文化传统，本书所收录的法律法规和所涉及的政党数量较多，包括的内容比较广泛，因此在编辑过程中遇到不少的困难，所幸在各位老师和朋友的支持和帮助下，很多问题得到了解决。在本书即将付梓之际，对给予过关心和帮助的各位老师和朋友表示衷心的感谢。

首先，感谢中央编译局退休专家李其庆、陈露和费新录三位老师的帮助。李老师和陈老师耐心地进行了稿件的翻译和审读，为项目的完成提供了切实的保障；费老师贡献的《法国共产党章程（2006年）》中文版为该章程新版本的翻译提供了参考。其次，要感谢中央编译局中央文献翻译部法文处同志的鼎力相助，他们帮助完成了许多法律和政党规章的翻译，并且对一些稿件进行了审读和校订，对他们不辞辛劳和一丝不苟的工作精神表示由衷的敬意。此外，对在编辑过程中帮助联系法国左翼党、国民阵线的章程法文文本的法国鲁昂大学讲师让-努马·迪康热（Jean-Numa Ducange）先生表示感谢，正是通过他的帮助，我们才能将法国政党的规章更完整地呈现给大家。最后，对所有参与翻译、编辑、校订工作的朋友表示感谢。

由于水平有限，在翻译和编辑过程中仍然存在很多不足之处，敬请广大读者不吝指正。

编者

2015年7月

图书在版编目（CIP）数据

世界主要政党规章制度文献. 法国 / 俞可平，陈家刚主编；李姿姿，赵超分册主编. —北京：中央编译出版社，2016.12

ISBN 978-7-5117-3155-5

Ⅰ. ①世…　Ⅱ. ①俞…　②陈…　③李…　④赵…
Ⅲ. ①政党-规章制度-文献-法国　Ⅳ. ①D564

中国版本图书馆 CIP 数据核字（2016）第 256418 号

世界主要政党规章制度文献. 法国

| 出 版 人：葛海彦 |
| 出版统筹：贾宇琰 |
| 责任编辑：杜永明 |
| 责任印制：尹　珺 |
| 出版发行：中央编译出版社 |
| 地　　址：北京西城区车公庄大街乙 5 号鸿儒大厦 B 座（100044） |
| 电　　话：（010）52612345（总编室）　　（010）52612342（编辑室） |
|　　　　　（010）52612316（发行部）　　（010）52612317（网络销售） |
|　　　　　（010）52612346（馆配部）　　（010）55626985（读者服务部） |
| 传　　真：（010）66515838 |
| 经　　销：全国新华书店 |
| 印　　刷：山东鸿君杰文化发展有限公司 |
| 开　　本：787 毫米×1092 毫米　1/16 |
| 字　　数：427 千字 |
| 印　　张：29.75 |
| 版　　次：2016 年 12 月第 1 版第 1 次印刷 |
| 定　　价：180.00 元 |

网　　址：www.cctphome.com　　邮　　箱：cctp@cctphome.com
新浪微博：@中央编译出版社　　微　　信：中央编译出版社（ID：cctphome）
淘宝店铺：中央编译出版社直销店（http：//shop108367160.taobao.com）　　（010）52612349

凡有印装质量问题，本社负责调换。电话：（010）55626985